Gustav Adolph von Kloeden

Leitfaden beim Unterrichte in der Geographie

Gustav Adolph von Kloeden

Leitfaden beim Unterrichte in der Geographie

ISBN/EAN: 9783743647282

Hergestellt in Europa, USA, Kanada, Australien, Japan

Cover: Foto ©Paul-Georg Meister /pixelio.de

Weitere Bücher finden Sie auf **www.hansebooks.com**

Leitfaden

beim

Unterrichte in der Geographie.

Von

Gustav Adolph von Klöden, Dr. phil.,

Ritter des roten Adlerordens vierter Klasse,
Königl. Professor und ehemals Oberlehrer an der städtischen Friedrichs-Werderschen
Gewerbeschule zu Berlin, Mitglied der Ober-Militär-Examinations-Commission,
Mitglied der geographischen Gesellschaft zu Berlin, Ehren-Mitglied der geographischen
Gesellschaft zu München, so wie der für Erdkunde in den Niederlanden, correspon-
direndem Mitglied der geographischen Gesellschaft zu Frankfurt a. M., auch Mitglied
der naturforschenden Gesellschaft in Florenz und der naturforschenden Gesellschaft
zu Athen.

Siebente berichtigte Auflage.

Berlin,

Weidmannsche Buchhandlung

1880.

Seinem

verehrten Direktor

Herrn Wilhelm Gallenkamp,

als

ein Zeichen wahrer Hochachtung

Vorwort zur ersten Auflage.

Der Aufforderung, den Schülern der Elementarklassen die Namen, welche sie für den geographischen Unterricht lernen sollen, gedruckt in die Hand zu geben, bin ich in diesen Bogen nachgekommen. Im Falle die Auswahl hie und da etwas reichlich erscheinen sollte, so ist dem Schüler leicht anzugeben, welche Nummern er unbeachtet lassen soll. — Nicht ein Leitfaden der Geographie soll diese Aufzählung genannt werden; vielmehr ist sie nur das ABC oder das Einmaleins, welches zuvor eingeprägt werden soll, ehe man mit den Schülern Geographie treiben kann; es sind die Bausteine, aus denen ein Gebäude aufzuführen möglich gemacht werden soll. Ohne zuvor dem Gedächtniß und der Anschauung Namen und Lage der verschiedenen Örtlichkeiten auf der Erdkugel eingeprägt zu haben, ist dies aber nicht möglich.

An Zahlen sollte man dem Gedächtniß der Schüler nur ein Minimum zumuten, da demselben heut zu Tage schon zu viel aufgelaben wird. Die in dem Folgenden angegebenen Zahlen stehen daher auch nicht behufs des Auswendiglernens da; um der Vorstellung zu Hülfe zu kommen und um der Vergleichung willen sind sie indes unentbehrlich.

Möge diese kleine Arbeit dem Anfänger von Nutzen sein!

G. A. v. K.

Vorwort zur dritten Auflage.

Um dem „geographischen Leitfaden für die Elementarklassen der Gymnasien und Realschulen" eine ausgedehntere Brauchbarkeit zu geben, habe ich bei dieser notwendig gewordenen dritten Auflage diejenigen Abschnitte hinzugefügt, welche bei der üblichen Einteilung der Kursen in der Mehrzahl der Schul-Anstalten für die nächsthöheren Klassen wünschenswert oder gebräuchlich sind. Das Ganze ist dadurch auf etwas mehr als den doppelten Umfang angewachsen, und aus den 142 Paragraphen sind 331 geworden. Den einzelnen Paragraphen habe ich in Klammern die entsprechende Nummer der früheren Auflage beigefügt, damit Exemplare derselben für die untersten Klassen auch noch neben der neuen Bearbeitung gebraucht werden können. — Aber auch der erste Abschnitt, die Grundzüge der mathematischen und physischen Geographie, hat eine Vermehrung um 20 Paragraphen erfahren, indem ich Bemerkungen über die Himmelskörper, über den Verlauf der Jahreszeiten, über die Tageslänge und über die Zonen hinzugefügt habe. — Der zweite Abschnitt enthält eine Aufzählung der behufs des Lernens ausgewählten Einzelheiten vom Umriß der Festländer, zunächst die Meere, Meerbusen oder Baien, Meerengen, Halbinseln, Inseln, Landengen und Vorgebirge; darauf eine Übersicht der Flüsse und Seen; dann die Höhen der Erde, und endlich die Staaten nebst den wichtigsten Städten, denen die Länder-Tabellen angefügt sind (§ 60 bis 171, S. 36 bis 92). Diese Übersicht der zu memorirenden Namen-Menge ist durchweg numerirt, so daß bei geringer gestellten Forderungen dem Schüler leicht angegeben werden kann, welche Nummern er fortzulassen habe; indeß wird die Zahl der ausgewählten Namen kaum hie und da diejenige übertreffen, welche in den gebräuchlichsten Leitfäden anderer Verfasser sich vorfinden. Dieser Abschnitt hat also den Zweck, vorbereitend vertraut zu machen mit den Namen und den durch sie bezeichneten Objecten, über welche die folgenden Abschnitte weitere Ausführungen bringen; er wird aber zugleich auch nach Absolvirung der folgenden drei Abschnitte eine ergänzende Wiederholung gewähren, indem einerseits freilich die ausgeführten Abschnitte eine neue Summe von Namen hinzubringen, anderseits aber auch nicht alle im zweiten Abschnitte aufgeführten weiterhin abermals auftreten. Der zweite Abschnitt wird also vor dem 3., 4. und 5., und nach diesen wiederum in Betreff der Abrundung und festen Einprägung des geographischen Materials von guter Wirkung sein. — Der dritte Abschnitt enthält die außereuropäischen Erdteile von Seite 92 bis 148; der vierte Abschnitt die Länder und Staaten Europas, von Seite 149 bis 197; der fünfte Abschnitt endlich Deutschland und Österreich, und zwar zunächst die Alpen und Karpaten, dann die Flüsse und Mittelgebirge Deutschlands, die Deutschen Bundesstaaten, und den Österreichisch-Ungarischen Staat, von S. 198 bis 232.

Die im Jahre 1867 von mir bei Dietrich Reimer in Berlin herausgegebenen Repetitions-Karten, 17 Blatt im Umschlage für 2 Mk. 40 Pf., einzeln das Blatt zu 15 Pf., enthalten das in meinem Lehrbuche der Geographie ausgewählte Material vollständig; sie sind aber ebensowohl neben diesem Leitfaden, wie neben jedem anderen geographischen Lehrbuche zu verwenden. Die sehr günstige Aufnahme, welche dieselben auf allen Seiten gefunden haben, liefert den besten Beweis dafür, und gewährt mir die angenehme Überzeugung, daß ein durch so lange Jahre bewährtes Unterrichtsmittel fernerhin nicht bloß mir allein nutzenbringend sein werde.

Möge es mir gelungen sein, mit dieser Auflage eine wesentliche Verbesserung meiner Arbeit erzielt zu haben.

Berlin, im August 1868.

G. A. v. K.

Vorwort zur fünften Auflage.

In dieser neuen Auflage habe ich keine andere wesentliche Veränderung vorgenommen, als daß ich die im zweiten Abschnitte gegebene Übersicht über die Erdteile nach diesen geordnet habe, während die Namen früher nach den Einschnitten und Vorsprüngen der Küsten, den Flüssen, Gebirgen und Bergen, den Ländern, Staaten und Städten zusammengeordnet standen. Es erschien eine solche Ordnung aus verschiedenen Rücksichten erwünschter.

Eine durch drei und dreißig Jahre fortgesetzte Thätigkeit im geographischen Unterrichte, die, wie ich glaube, gute Erfolge erzielt hat, so wie ein stetes Fortschreiten mit der Wissenschaft und Verbessern der Methode lassen mich hoffen, daß mein Leitfaden sich in immer weiteren Kreisen Beifall erwerben und in der Hand eines geschickten Lehrers, der selbst lebendige Methode ist und keine Schablone verlangt, gute Frucht bringen werde.

Berlin, 15. September 1872.

G. A. v. K.

Vorwort zur siebenten Auflage.

Ich habe dieser verbesserten Auflage meines Leitfadens nichts Anderes hinzuzufügen als den Wunsch, daß die Zahl der Freunde desselben noch immer höher steigen möge.

Berlin, 1. April 1880.

G. A. v. K.

Inhalt.

Erster Abschnitt.

Grundzüge der mathematischen und physischen Geographie.
§ 1 bis 62 . . . . 1—34

Zweiter Abschnitt.

Übersicht über die Festländer oder Continente. § 63 bis 65   35—36
Asien. Der Umriß: die Meere, Meerbusen, die Baien, Meerengen (Kanäle), Halbinseln, Inseln, Landengen und Vorgebirge. § 66 bis 90 . . . . 36—46
Oceanien. § 91 bis 94 . . . . 46—48
Afrika. § 95 bis 106 . . . . 48—52
Süd-Amerika. § 107 bis 112 . . . . 53—56
Nord-Amerika. § 113 bis 130 . . . . 56—63
Besitzungen der europäischen Mächte in anderen Erdteilen.
§ 131 bis 134 . . . . 63—65
Europa. § 135 bis 172 . . . . 66—81
Fluß-Tabelle. § 173 . . . . 82—83
See-Tabelle. § 173 83
Staaten-Tabelle von Europa. § 174 . . . . . . 83—85
   „   „   „ Afrika. § 174 85
   „   „   „ Asien. § 174 . . . . 85—86
   „   „   „ Oceanien. § 174 . . . . . 86—87
   „   „   „ Süd-Amerika. § 174 87
   „   „   „ Nord-Amerika. § 174 . . . 87—88
Einige der größten Städte der Erde. § 175 . . . . . 88—91

Dritter Abschnitt.

Die außereuropäischen Erdteile. § 176 bis 253 . . . 92—148
Asien. § 176 bis 207 . . . . 92—115
Oceanien. § 208 bis 212 . . . . 115—118
Afrika. § 213 bis 231 . . . . 119—131
Süd-Amerika. § 232 bis 240 . . . . 131—138
Nord-Amerika. § 241 bis 253 . . . . 138—148

Vierter Abschnitt.

Europa. § 254 bis 328 . . . . 149—197
Bodenbildung. Bewohner. § 254 bis 259 . . . . . 148—153

Das Königreich Spanien. § 260 bis 267	152—158
Das Königreich Portugal. § 268 bis 269	158—159
Das Königreich Italien. § 270 bis 277	159—164
Das Königreich Griechenland. § 278 bis 280	165—166
Das osmanische oder türkische Reich. § 281 bis 284	166—169
Das europäische Rußland. § 285 bis 291	169—173
Das Großfürstentum Finland. § 292	173—174
Die Königreiche Schweden und Norwegen. § 293 bis 296	174—177
Das Königreich Dänemark. § 297	177
Die Vereinigten Königreiche oder Großbritannien und Irland. § 298 bis 307	178—184
Die Republik Frankreich. § 308 bis 319	184—190
Das Königreich Belgien. § 320 bis 321	190—192
Das Königreich der Niederlande. § 322 bis 325	192—194
Die Schweiz. § 326 bis 328	195—197

Fünfter Abschnitt.

Deutschland und Österreich. § 329 bis 391	198—232
I. Die Alpen und Karpaten. § 329 bis 333	198—201
II. Die Flüsse und Mittelgebirge Deutschlands. § 334 bis 355	201—212
Gebiet der Nordsee.	
Der Rhein. § 334 bis 339	201—204
Die Weser. § 340 bis 341	204—205
Die Elbe. § 342 bis 348	205—208
Gebiet der Ostsee.	
Die Oder. § 349 bis 350	208—209
Die Weichsel. § 351	209—210
Die Donau. § 352 bis 355	210—212
III. Die Staaten des deutschen Kaiserreiches. § 356 bis 380	212—226
IV. Die österreichisch-ungarische Monarchie. § 381 bis 390	226—232

Erster Abschnitt.

Grundzüge der mathematischen und physischen Geographie.

§ 1. Wer auf freiem Felde oder auf einem Berge*) oder Turme steht, sieht rings um sich ein kreisrundes Stück der Erde, welches in der Ferne überall den Himmel zu berühren scheint. Diese Kreislinie, in welcher scheinbar der Himmel auf der Erde aufliegt, heißt der Horizont. Sonach scheint die Erde eine runde Scheibe zu sein, und dafür hielt man sie auch in alter Zeit. Man weiß aber jetzt, daß dieselbe die Gestalt einer Kugel hat und schließt das aus verschiedenen Gründen.

1) Wer nach irgend welcher Seite über Land und Meer immer in gleicher Richtung weiter reis't, der kommt endlich wieder an denselben Punkt, von welchem er ausgegangen ist. Dabei hat er stets und überall einen kreisrunden Horizont gefunden. Ueberdies hat er den Sternenhimmel allmählich sich verändern sehen. Daraus folgt, daß die Erde ein nirgend aufliegender, frei schwebender, runder Körper sein muß; die ganz allmählichen Veränderungen und die überall wiederkehrende Kreisgestalt des Horizontes nötigen aber zu der Annahme, daß dieser runde Körper kugelförmig sei. — 2) Der Schatten, welchen die Erde bei Mondfinsternissen auf den Mond wirft, ist bei jeder Stellung der Erde kreisförmig; das ist nur möglich, wenn die Erde die Gestalt einer Kugel hat. — 3) Daß die Oberfläche der Erde gekrümmt sein muß, folgt auch aus dem Umstande, daß man aus der Ferne von Schiffen oder Türmen zuerst nur die obersten Spitzen wahrnimmt und erst bei größerer Annäherung die anfangs durch die Krümmung der Erde verdeckten unteren Teile der Gegenstände. — 4) Endlich sehen wir, daß auch die der Erde ähnlichen Himmelskörper die Gestalt einer Kugel haben und schließen auch für sie auf eine solche. Könnten wir uns weit von der Erde fort in den Weltraum versetzen, so würden wir in der Nacht am Himmel die Erde gerade

---

*) Auf einem 10.000 Fuß hohen Berge übersieht man etwa den viertausendsten Teil der Erde.

wie einen der anderen Sterne glänzen sehen; sie ist ein Himmelskörper wie die anderen unzähligen, welche in der Nacht leuchten.

§ 2. Wir nehmen am Sternenhimmel vier verschiedene Arten von Himmelskörpern wahr. — 1) Die große Menge der funkelnden Sterne, welche jeden Abend in gleicher Stellung zu einander am Himmel erscheinen, nennen wir Fixsterne oder feststehende Sterne. Man nimmt mit bloßen Augen ihrer etwa 4 bis 5000 wahr; mit Hülfe von Fernröhren aber erkennt man, daß ihre Zahl wohl millionenmal so groß ist. Schon in früheren Zeiten hat man in Arabien, wo die sehr klare Luft zahlreichere Sterne erkennen läßt, als bei uns, das ganze Sternenheer in Abteilungen gesondert, welche man Sternbilder nennt und deren jede eine Gruppe von Sternen enthält, die mit dem Namen einer Person, eines Tieres oder eines anderen Gegenstandes bezeichnet und auf der Sternkarte mit deren Bilde versehen ist. So bilden z. B. 7 helle Sterne (durch ein Fernrohr gesehen, 90 Sterne) das Sternbild des Großen Bären oder des Wagen. Solcher Sternbilder giebt es, einschließlich der in neueren Zeiten hinzugefügten, etwa 120. Diese Fixsterne sind so unermeßlich weit von uns entfernt, daß wir wenig von ihnen wissen und erst von einigen derselben die Entfernung hat berechnet werden können.

§ 3. 2) Einige wenige der Sterne (für bloße Augen 6 sichtbare) haben kein funkelndes, sondern ein ruhiges Licht und erscheinen uns wie kleine Lichtscheiben. Dieselben behalten nicht stets dieselbe Stellung zu den übrigen, sondern stehen jede Nacht an anderen Stellen. Sie heißen Planeten oder Wandersterne. Sie sind die der Erde ähnlichen Geschwister derselben und bewegen sich, wie die Erde es thut, um unsere Sonne. Je nach der Stelle in ihrem Umlaufe sind sie der Erde bald näher, bald ferner. Am nächsten um die Sonne ☉ läuft der kleine Merkur ☿; wenn er der Erde am nächsten ist, dann beträgt seine Entfernung von derselben 11 Millionen Meilen; wenn er von ihr am weitesten entfernt ist, 30 Millionen Meilen. — Der zweite ist die Venus ♀, die fast eben so groß ist wie die Erde. Der dritte ist die Erde ♁; sie ist im Durchschnitt 20 Millionen Meilen von der Sonne entfernt, steht ihr aber am 1. Januar um 671.000 Meilen (d. i. $1/_{30}$ der Entfernung) näher, als am 1. Juli. Ein schnellfahrender Dampfwagen würde 680 Jahre fahren müssen, um von der Erde aus die Sonne zu erreichen. Der vierte ist der Mars ♂, bedeutend kleiner als die Erde. Statt eines fünften Planeten finden sich 204 (soviel sind bisher bekannt) ganz kleine, mit bloßem Auge gar nicht sichtbare Planetoïden. Der sechste Planet ist der Jupiter ♃, so groß wie 1233 Erdkugeln. Der siebente ist Saturn ♄, so groß wie 700 Erdkugeln. Der achte ist Uranus ♅, so groß wie 82 Erdkugeln. Der neunte, Neptun ♆, ist so groß wie 74 Erdkugeln. — Die Sonne selbst ist so groß wie 1.415.000 Erdkugeln, so daß innerhalb derselben die Erde und der sich um dieselbe bewegende Mond reichlich Platz hätten.

§ 4. 3) Um diese Planeten bewegen sich Monde oder Trabanten und laufen mit den zu ihnen gehörenden Planeten um die Sonne. Die Erde hat einen solchen Mond, dessen Größe aber nur $1/_{45}$ von der Erde ist und welcher bald näher bald ferner, 48.000 bis 55.000 Meilen, von der Erde entfernt ist. Der Mars hat 2, Jupiter 4 Monde, der Saturn deren 8 (der achte ist mehr als 1 Mill. M. von ihm entfernt), der Uranus hat 6, der Neptun 2 Monde. Um den Saturn läuft außerdem eine feste, flache, ringförmige Scheibe, die in 3 ineinanderliegende Ringe zersprungen erscheint.

§ 5. 4) Um die Sonne bewegen sich noch andere Himmelskörper, die Kometen oder Haarsterne oder Schweifsterne, deren aber selten einer am Himmel sichtbar ist. Sie bestehen meist aus einem leichten, selbst durchsichtigen Lichtkopf und einem sich an denselben anschließenden, mit einem Haarschopfe zu vergleichenden Lichtschweife, den sie hinter sich herziehen. Sie kommen der Sonne ziemlich nahe und entfernen sich dann meist unermeßlich weit von ihr. Sichtbar werden sie nur, wenn sie in die Nähe der Erde kommen. Im Jahre 1819 ging die Erde sogar durch einen solchen Kometenschweif, ohne daß etwas davon zu spüren war. Der Komet, welcher im Jahre 1811 erschien, war größer als die Sonne, sein Schweif war 12 Mill. M. lang, und er wird nach 3065 Jahren wieder erscheinen. Der vom Jahre 1860 kehrt erst in 4400 Jahren wieder.

§ 6 (3). Die Sonne nebst den um sie herumwandelnden Planeten und den um diese herumwandelnden Monden bilden das Planetensystem. Darin ist die Sonne so überwiegend der Hauptkörper, daß alle Planeten und Monde 700mal genommen erst den Sonnenkörper geben. Aus weiter Ferne gesehen würde dieses Planetensystem am Himmel wie ein Fixstern erscheinen. In der That scheint jeder der unzähligen Fixsterne eine Sonne mit Planeten zu sein, wie unsere Sonne. Die

Sonne bescheint die ihr jedesmal zugewendete Seite der Planeten, die also ihr Licht von derselben erhalten.

Das Sonnenlicht bewegt sich so schnell durch den Weltraum, daß es in einer Sekunde siebenmal die Erde umkreisen würde und also in einer Minute 2.460.000 M. zurücklegen würde, in einem Jahre also 1.300.000 Mill. M. Die letztere Strecke nennt man einen Jahreslichtweg oder ein Lichtjahr. Um von der Sonne zur Erde zu gelangen (20 Mill. M.), braucht das Licht 8 Minuten 15 Sekunden; um aber vom nächsten Fixsterne, dem Sterne α im Sternbilde Centaur, bis zur Erde zu gelangen, würde das Licht $3\frac{1}{2}$ Jahr gebrauchen, da derselbe 225.000 Sonnenweiten oder $4\frac{1}{2}$ Bill. M. entfernt ist. Der Sirius ist gar 1.373.000 Sonnenweiten entfernt ($27\frac{1}{2}$ Bill. M.) und das Licht von ihm braucht 22 Jahre, um zur Erde zu gelangen. Der Polarstern ist fast 2 Mill. Sonnenweiten oder 31 Jahreslichtwege: der Fixstern Capella $4\frac{1}{2}$ Mill. Sonnenweiten oder 72 Jahreslichtwege (das wären nahe an 90 Bill. M.) entfernt. Diese sind die **nächsten Fixsterne**. Die zahllosen Sterne, welche die sogenannte **Milchstraße** bilden, sind wohl Tausende von Lichtjahren entfernt; und die **Nebelflecke** genannten Sternsysteme, jeder vielleicht eine ganze Sternenwelt wie die unsrige, sind vermutlich Millionen von Lichtjahren entfernt.

§ 7 (4). Die Erdkugel dreht sich um eine durch ihre Mitte gedachte Linie, welche wir ihre **Achse** nennen, von West nach Ost. Die beiden Punkte, an welchen diese Achse die Erdoberfläche durchbohren würde und welche sich also, wie die ganze Achse selbst, nicht bewegen, heißen die **Pole** der Erde. Man nennt denjenigen Pol, welcher dem stets an demselben Punkte des Himmels sichtbaren Polarsterne zugewendet ist, den **Nordpol**, und den entgegengesetzten den **Südpol** der Erde. In der Gegend dieser beiden Pole ist die Erdkugel um ein Weniges zusammengedrückt, ähnlich einem Apfel oder einer Apfelsine. Daraus folgt, daß der die beiden Pole verbindende Durchmesser, nämlich die Achse, um ein Weniges kürzer sein muß, als die auf derselben senkrecht stehenden Durchmesser, nämlich um $5\frac{3}{10}$ Meilen, d. h. etwa um den dreihundertsten Teil des großen Durchmessers. Das ist aber eine so geringe Zusammendrückung, daß man dieselbe an einer Kugel von 10 Fuß Durchmesser noch gar nicht wahrnehmen würde, wenn dieselbe in diesem Verhältnisse zusammengedrückt oder abgeplattet wäre.

§ 8 (5). Denjenigen Kreis, welchen wir so um die Erde gezogen denken, daß derselbe überall gleichweit von beiden Polen entfernt bleibt, nennen wir **Äquator oder Gleicher**; ein durch denselben gelegter Schnitt würde die Erdkugel in zwei gleiche Hälften, eine nördliche und eine südliche Hälfte, teilen. Dieser Kreis ist also der Umfang der Erde, und er hat eine Länge von 5400 Meilen. Wir teilen ihn, wie überhaupt jeder Kreis geteilt wird, in 360 Grade (°); demnach kommen auf 1° derselben 15 geographische Meilen. — Alle mit ihm parallel und um die Pole herumlaufenden Kreise auf der Erdkugel heißen Parallel- oder Breitenkreise. Diese sind, je weiter sie vom Äquator entfernt liegen, um so kleiner, und daher muß auf jedem derselben auch die Länge eines Grades oder der 360ste Teil des Kreises eine andere Größe sein; und zwar ist ein solcher Grad um so kleiner, je weiter der Parallelkreis vom Äquator entfernt liegt. Während also am Äquator 1° = 15 Meilen ist, hat ein solcher auf dem 20° vom Äquator entfernten Parallelkreise nur 14 M. Länge; auf dem 30° vom Äquator entfernten Parallelkreise nur 13 M. Länge; auf dem 50° vom Äquator entfernten nur $9^{64}/_{100}$ M.; auf dem 60° vom Äquator entfernten nur $7^{1}/_{2}$ M.; auf dem 80° entfernten nur $2^{6}/_{10}$ M.; auf dem 86° entfernten nur 1 M. Länge. Man unterscheidet nördliche und südliche Breitenkreise, je nachdem dieselben nördlich oder südlich von dem Äquator liegen. Demnach nennt man geographische Breite eines Ortes auf der Erde seine Entfernung vom Äquator; dieselbe kann nördlich oder südlich sein.

§ 9 (6). Alle um die Erde laufenden Kreise, welche durch beide Pole gehen, heißen Mittagskreise oder Meridiane; dieselben sind alle untereinander gleich groß und nur um ein sehr Unbedeutendes vom Äquator verschieden. Während die Äquatorlinie 5400 M. lang ist, ist ein Meridian nur 5391 M. lang. Jeder ihrer Grade ist demnach beinahe 15 M. lang. Also sind alle Punkte des um 1° vom Äquator abstehenden Parallelkreises um $14^{9}/_{10}$ M. von diesem entfernt. Man nennt die Meridiane auch Längenkreise.

Jeder Meridian schneidet den Äquator in zwei Punkten, welche um den halben Umfang desselben, also um 180°, von einander entfernt liegen. Obwohl unzählige solcher Meridiane gezogen werden könnten, so zeichnet man auf den Karten doch nur die, welche durch die einzelnen Grade des Äquators gehen, und bezeichnet dieselben rund um die Erde mit Zahlen. Es giebt sonach solcher Kreise, welche am Äquator um 1° von einander entfernt sind, 180; und jeder derselben ist am Äquator, welchen er zweimal durchschneidet, mit zwei um 180 von einander verschiedenen Zahlen bezeichnet. Man versteht daher z. B. unter dem 35sten Meridiane eigentlich nur die Hälfte des mit dieser Zahl am Äquator bezeichneten Kreises, von einem Pole bis zum anderen; während die andere, auf der entgegengesetzten Erdseite liegende Hälfte desselben Kreises die Zahl 215 führt und der 215te Meridian heißt, obwohl beide ein und derselbe Kreis sind. Demnach zählt man von einem als Anfang zu bestimmenden Meridiane rings um die Erde auf dem Äquator oder auf einem der Parallelkreise 360 Meridiane (eigentlich Halb-Meridiane).

§ 10. Wir Deutsche beginnen und schließen die Zählung derselben mit demjenigen, welcher fast durch eine der Canarischen Inseln geht, die Ferro heißt; und ihn bezeichnen wir mit 0 und 360. Gewöhnlich nennt man ihn aber den ersten Meridian. Ein Punkt des Äquators im ersten oder 359sten Meridiane ist also um 15 Meilen nach der einen oder nach der anderen Seite vom Schneidepunkte des Äquators und des durch Ferro gehenden Meridianes entfernt. Sonach ist der 10te und 190ste, der 90ste und 270ste Meridian u. s. w. ein und derselbe ganz um die Erde gehende Kreis.

Die Franzosen beginnen die Zählung der Längengrade mit dem durch die Sternwarte von Paris gehenden, die Engländer mit dem durch die Sternwarte von Greenwich (sprich Grinitsch) gehenden Meridian.

Man zählt diese Meridiane nun entweder alle 360 in der Richtung von West nach Ost; oder 180 nach Ost und 180 nach West, so daß der 110te Grad nach Ost gezählt, der 250ste nach West gezählt ist; der 270ste nach Ost, der 90ste nach West gezählt ist. Man unterscheidet danach östliche und westliche Längengrade. Geographische Länge heißt demnach die Entfernung eines Punktes auf der Erde von dem Null-Meridiane, und dieselbe kann östlich oder westlich sein.

§ 11 (7). Jeder Grad wird in 60 Minuten (′) und jede Minute in 60 Sekunden (″) geteilt gedacht. — Mit Hülfe dieser Breiten- und Längenkreise bestimmt man nun jeden Punkt auf der Erdoberfläche seiner Lage nach ganz genau. Wenn es demnach heißt: Paris habe 48° 50′ nördliche geographische Breite und 20° östliche geographische Länge, so ist damit gemeint, es liege innerhalb eines Parallelkreises der nördlichen Halbkugel, welcher $48^5/_6$° vom Äquator entfernt ist, und zwar in demjenigen Punkte dieses Parallelkreises, durch welchen der Meridian hindurchgeht, der 20° vom ersten Meridiane nach Osten hin absteht. Greenwich hat 51° 28′ 38″ nördliche Breite und 17° 39′ 46″ östliche Länge.

Grundzüge der mathematischen und physischen Geographie. 7

§ 12 (8). Beide Pole in der gedachten Verlängerung der Achse denkt man sich auch als Himmelspole an das scheinbare Himmelsgewölbe versetzt und zieht zwischen ihnen den Himmels-Äquator und Meridiane und Breitenkreise am Himmel, alle gewissermaßen die Erweiterungen der auf der Erde gezogenen.

§ 13 (9). Die Entfernung der beiden Pole von einander oder die Länge der Achse der Erde ist = 1713 Meilen. Der Durchmesser des Äquators aber ist, wie schon gesagt, um $5^9/_{10}$ M. größer, also = $1718^9/_{10}$ oder fast 1719 M. Die ganze trockene nebst der vom Wasser bedeckten Erdoberfläche hat 9.261.238 Quadratmeilen Flächeninhalt.

§ 14 (10). Den über uns, also über dem Mittelpunkt unseres Horizontes gelegenen Punkt des Himmels nennt man das Zenith; und den diesem gegenüberliegenden Punkt unter unseren Füßen und jenseit der Erdkugel das Nadir. — Denken wir uns durch unseren Standpunkt den zu ihm gehörenden Mittagskreis oder Meridian gezogen, so durchschneidet dieser den Horizont genau unterhalb des Punktes am Himmel, welchen die Sonne gerade um 12 Uhr Mittags einnimmt, und welcher der Südpunkt heißt; der diesem gegenüberliegende Punkt des Horizontes auf der nach dem Polarsterne hin gerichteten Seite heißt der Nordpunkt. In der Mitte zwischen beiden liegt auf derjenigen Seite, auf welcher die Sonne aufgeht, der Ostpunkt, und ihm gegenüber auf derjenigen Seite, auf welcher die Sonne untergeht, der Westpunkt. Zwischen diesen vier sogenannten Cardinalpunkten Nord, Süd, Ost und West (auf unseren Karten Oben, Unten, Rechts und Links) nimmt man weitere Unter-Einteilungen vor und nennt die mitten dazwischen gelegenen Punkte des Horizontes Nordost, Südwest u. s. w.; und weiter Nord-Nord-Ost, Ost-Nord-Ost, West-Nord-West u. s. w. Die sternförmige Darstellung aller dieser sogenannten Himmelsrichtungen nennt man die Windrose.

§ 15 (11). Die Erde bewegt sich in einem wenig von der Kreisgestalt abweichenden Ovale während eines Jahres, d. h. in 365 Tagen 5 Stunden 48 Minuten 47,4 Sekunden um die Sonne. Dies ist die Länge eines Sonnenjahres oder eines tropischen Jahres. In dieser Zeit durchläuft sie einen fast kreisförmigen Weg von etwa 123 Mill. M. Länge (dessen Durchmesser fast 42 Mill. Meilen Länge hat), so daß sie in jeder Sekunde $4^1/_8$ M. weiter fliegt. Wir befinden uns also jeder Zeit an einer Stelle im Weltraume, welche etwa 42 Mill.

Meilen entfernt ist von derjenigen, wo wir uns ein halbes Jahr früher oder später befinden. Wenn die Erde diesen Kreis von 360 Graden in 365 Tagen zurücklegt, so durchläuft sie also täglich etwa 1°. Es kann also nach Verlauf eines Tages oder von 24 Stunden, weil die Erde mittlerweile um 1° im Weltraume weiter gegangen ist, die Sonne noch nicht wieder an derselben Stelle des Himmels stehen, an welcher sie 24 Stunden zuvor gestanden, sondern sie muß um einen entsprechenden Teil zurückgeblieben sein, nämlich um den 360sten Teil von 24 Stunden, d. i. $^1/_{15}$-Stunde oder 4 Minuten. So muß also im Vergleich zu den, freilich am Tage mit bloßen Augen nicht sichtbaren Sternen, neben denen sie z. B. um 12 Uhr ihren Platz am Himmel hat, um ein solches Stückchen östlich zurückgeblieben oder scheinbar am Himmel nach Osten gewandert sein. Da sich dies täglich wiederholt, so rückt sie aus einem Sternbild in ein anderes und ist nach Ablauf eines Jahres durch 12 Sternbilder rings um den ganzen Himmel gerückt. Diesen Kreis am Himmel, die scheinbare Sonnenbahn, in der That aber die Bahn der Erde, nennt man die Ekliptik; und die Sternbilder, durch welche die Ekliptik hindurchschneidet, bilden den Tierkreis oder den Zodiakus. Die 12 Zeichen des Tierkreises sind:

♈	♉	♊	♋	♌	♍
Widder.	Stier.	Zwillinge.	Krebs.	Löwe.	Jungfrau.
♎	♏	♐	♑	♒	♓
Wage.	Skorpion.	Schütze.	Steinbock.	Wassermann.	Fische.

Die ersteren 6 heißen die nördlichen, die anderen 6 die südlichen.

Die Zeichen ♑ bis ♋ heißen die sechs aufsteigenden, und die ♋ bis ♑ die 6 absteigenden. ♈ ♉ ♊ sind die Frühlings-, ♋ ♌ ♍ die Sommer-, ♎ ♏ ♐ die Herbst-, ♑ ♒ ♓ die Winter-Zeichen.

§ 16 (12). Die Erde durchläuft diese ihre Bahn wie ein schräg stehender Kreisel; ihre Achse steht nämlich nicht senkrecht zu der durch die Bahn gelegten Ebene, sondern weicht von der senkrechten Linie um 23½° ab, und demnach macht auch der Äquator mit der Ekliptik einen Winkel von 23½°. Diesen Winkel nennt man die Schiefe der Ekliptik. Stände die Achse der Erde senkrecht zu der durch ihren Jahresring gedachten Ebene, so wäre stets die der Sonne zugekehrte Erdhälfte von einem Pole bis zum andern beleuchtet und hätte Tag; es würde sich alsdann jeder Punkt eines jeden Breitenkreises während einer halben Umdrehung der Erde durch das Sonnenlicht und während der anderen halben Umdrehung auf der von der Sonne abgewendeten Seite durch den Schatten bewegen, d. h. jeder Punkt der Erde hätte überall und immer gleiche Länge der Tage und der Nächte. Dabei ginge also die Beleuchtungs- oder die Schattengrenze stets durch beide Pole. Da nun aber die Achse der Erde um $23\frac{1}{2}°$ geneigt ist und diese Achse stets nach einem und demselben Punkte des Himmels gerichtet ist, so geschieht es, daß die Schattengrenze nicht immer durch beide Pole geht, sondern sogar durch Punkte, welche auf der Erdoberfläche $23\frac{1}{2}°$ von den Polen entfernt sind; und daß zu einer Zeit der Nordpol der Erde gegen die Sonne hingeneigt ist, während ein halbes Jahr später der Südpol nach der Sonne hingeneigt ist. Es bleiben sonach einmal im Jahre alle um den von der Sonne abgewendeten Pol gelegenen Orte, welche sich innerhalb des $23\frac{1}{2}°$ vom Pol abstehenden Kreises befinden, stets im Schatten, haben also ganz Nacht und keinen Tag; und fast alle übrigen Orte derselben Erdhälfte bewegen sich lange Zeit durch die unbeleuchtete Hälfte und kurze Zeit durch die beleuchtete, haben also lange Nächte und kurze Tage. Dagegen bleiben um den der Sonne zugewendeten Pol alle Orte, welche innerhalb des $23\frac{1}{2}°$ vom Pol abstehenden Kreises liegen, stets im Lichte, haben also nur Tag und gar keine Nacht; und fast alle übrigen Orte derselben Halbkugel bewegen sich lange Zeit durch die beleuchtete Hälfte, und kurze Zeit durch die unbeleuchtete, haben also lange Tage und kurze Nächte. Ein halbes Jahr später ist aber der vorher von der Sonne abgewendete Pol ihr zugewendet, und der vorher ihr zugewendete von ihr abgewendet, und es findet daher das Umgekehrte statt. Befindet sich aber die Erde ein Vierteljahr früher oder später, als die zuletzt erwähnte Zeit besagte, in ihrem Jahresringe in der Mitte zwischen den beiden ein halbes Jahr auseinander liegenden Stellen desselben, so ist keiner der Pole von der Sonne ab- oder ihr zugewendet, die Schattengrenze geht demnach alsdann durch beide Pole, und die innerhalb der genannten Kreise, welche $23\frac{1}{2}°$ vom Pole entfernt sind, gelegenen Orte, wie jeder andre Ort der Erde, haben somit gleich lange Tage und Nächte.

§ 17 (13). Man nennt den $23\frac{1}{2}°$ vom Pole entfernt liegenden Breitenkreis den Polarkreis und unterscheidet einen nördlichen und einen südlichen Polarkreis. Die von denselben umschlossenen Erdstücke, jedes $1/24$ der Erdoberfläche, heißen die nördliche kalte oder arktische und die südliche kalte oder antarktische Zone. Dieselben erhalten viel weniger von der Wärme der Sonne, als die übrigen Teile der Erdoberfläche, und sind daher mit fast ewigem Eise und Schnee bedeckt.

§ 18 (14). Der Äquator wird stets und überall von der Schattengrenze halbiert, und die auf ihm gelegenen Orte der Erdoberfläche haben somit stets gleich lange Tage und gleich lange Nächte. Da aber, wie gesagt, der Äquator mit der durch den Jahresring der Erde gedachten Ebene einen Winkel von $23\frac{1}{2}°$ macht, so haben die unter dem Äquator liegenden Orte also nicht immer die Sonne in ihrem Zenith, sondern nur zweimal im Jahre, nämlich wenn sich die Erde in denjenigen beiden Punkten ihrer Bahn befindet, in welchen diese die durch den Äquator gelegte Ebene durchschneidet, d. h. am 21. März und am 23. September. An diesen beiden Tagen findet, wie gesagt, auf der ganzen Erde überall Tag- und Nachtgleiche statt, da die Schattengrenze alsdann alle Parallelkreise, wie auch den Äquator, halbiert. Rückt die Erde weiter, so bekommen andere, nicht unter dem Äquator gelegene Orte die Sonne in das Zenith; allmählich immer weiter vom Äquator entfernt liegende, bis sie in denjenigen Orten im Zenith steht, welche in einem um $23\frac{1}{2}°$ vom Äquator abstehenden Breitenkreise liegen, während die unter dem Äquator sie täglich haben etwas weiter nördlich oder südlich vom Zenithe abweichen sehen. Dies geschieht am 21. Juni und am 21. Dezember; und weil um diese Zeit die Tageslängen auf der Erde weniger merklich von einander verschieden sind, als im übrigen Verlaufe des Jahres, so als wenn die Sonne still stände, so nennt man diese beiden Punkte der Ekliptik die Sonnenstillstandspunkte oder Solstitien. Weil aber auch mit diesen Tagen das Entfernen der Sonne vom Zenith der Äquatorbewohner aufhört und sich dieselbe wieder diesem zuwendet, heißen diese Punkte auch die Wendepunkte oder Tropen und die $23\frac{1}{2}°$ vom Äquator entfernten Breitenkreise die Wendekreise. Man unterscheidet einen nördlichen und einen südlichen Wendekreis, oder nach dem Sternbilde, in welchem zu der einen und der anderen Zeit die Sonne am Himmel steht, nennt man den nördlichen den Wendekreis des Krebses, und den südlichen den Wendekreis des Steinbockes. Alle Punkte der Erde zwischen diesen beiden Wendekreisen haben die Sonne zweimal in ihrem Zenithe, erstens bei ihrer Entfernung vom Himmelsäquator, und zweitens bei ihrer Rückkehr zu demselben hin. Die Zwischenzeit beträgt für die im Äquator liegenden Orte ein halbes Jahr und wird um so kleiner, je weiter die innerhalb der Wendekreise liegenden Orte vom Äquator entfernt sind; und eine solche Zwischenzeit endlich ist in den Wendekreisen selbst gar nicht vorhanden, weil ihnen ja die Sonne nur einmal im Zenith steht.

§ 19 (15). Der zwischen beiden Wendekreisen gelegene Teil der Erde, $2/3$ der Erdoberfläche, heißt die **tropische** oder **heiße Zone**, weil ihr im Laufe des Jahres eine größere Sonnenwärme zu Teil wird, als der übrigen Erde. Innerhalb dieser Zone sinkt die Sonne nicht bedeutend unter die Zenithrichtung. Die Tage und Nächte sind dort ziemlich einander gleich, weil die Schattengrenze die innerhalb dieser Zone gelegenen Parallelkreise fast stets so ziemlich halbiert.

Zwischen dem nördlichen Polarkreise und dem nördlichen Wendekreise, liegt die **nördliche gemäßigte Zone**, fast $1/4$ der Erdoberfläche; und zwischen dem südlichen Polarkreise und dem südlichen Wendekreise die **südliche gemäßigte Zone**, ebenfalls fast $1/4$ der Erdoberfläche. Auch für alle innerhalb dieser Zone gelegenen Punkte der Erde tritt natürlich zweimal im Jahre eine Tages- und Nachtgleiche ein, und einmal ein längster Tag, wenn die Sonne Mittags 12 Uhr am höchsten steht, und eine längste Nacht, wenn die Sonne ihren tiefsten mittäglichen Stand hat.

§ 20 (16). Sonach sind vier Punkte des Erdlaufes von besonderem Interesse. Wenn die Erde diejenige Stelle hat, an welcher die Sonne senkrecht über dem nördlichen Wendekreise steht und demnach der Nordpol der Erde nach der Sonne hin gewendet ist: dann befindet sie sich im Sommersolstitium; es ist der 21. Juni und die Sonne tritt in das Sternbild des Krebses; die nördliche Halbkugel hat den längsten Tag und Sommers-Anfang, die südliche Halbkugel den kürzesten Tag und Winters-Anfang. Den Äquator ausgenommen, findet überall eine große Ungleichheit der Tage und Nächte statt, und diese Ungleichheit nimmt zu, je weiter wir nach den Polen kommen: nach dem Nordpole hin werden die Tage immer länger, nach dem Südpole hin die Nächte immer länger. Innerhalb des nördlichen Polarkreises ist gar nicht Nacht, und der Tag dauert 24 Stunden bis 6 Monat; innerhalb des südlichen Polarkreises ist gar nicht Tag, und die Nacht dauert 24 Stunden bis 6 Monat, je nach der Entfernung des Ortes vom Pole; nämlich am Nordpole selbst dauert der Tag 6 Monate, am Südpole die Nacht 6 Monate. Zwischen dem nördlichen Polarkreise und dem Äquator dauert der Tag 24 Stunden bis 12 Stunden; und zwischen dem südlichen Polarkreise und dem Äquator dauert die Nacht 24 Stunden bis 12 Stunden, je nach der Entfernung des Ortes vom Äquator. Die Jahreszeiten auf beiden Erdhälften stehen zu einander im Gegensatze.

§ 21 (17). Nachdem der Sommer 3 Monate gedauert, erreicht die Erde am 22. bis 23. September den Punkt der Tag- und Nachtgleiche (Äquinoctium); es beginnt der Herbst, und die Sonne tritt in das Sternbild der Wage. Die Sonne steht im Zenith des Äquators und beleuchtet beide Pole, so daß die Schattengrenze durch die Pole geht und alle Tage und Nächte der Erde gleich lang sind. Der Nordpol hat bis zu diesem Augenblick seinen 6 Monate langen Tag gehabt; nun sinkt ihm die Sonne unter den Horizont und es beginnt seine 6 Monate lange Nacht. Umgekehrt am Südpol.

§ 22 (18). Nachdem der Herbst drei Monate gewährt, erreicht die Erde ihr Wintersolstitium; es ist der 21. Dezember, und die Sonne tritt in das Sternbild des Steinbockes; die nördliche Halbkugel hat den kürzesten Tag und Winters-Anfang. Die Sonne steht senkrecht über dem südlichen Wendekreise, und der Südpol ist nach der Sonne hingewendet. Nun hat die nördliche Halbkugel Winter und den kürzesten Tag, die südliche dagegen hat Sommer und den längsten Tag. Innerhalb des nördlichen Polarkreises ist gar nicht Tag, innerhalb des südlichen Polarkreises gar nicht Nacht. Zwischen dem südlichen Polarkreise und dem Äquator dauert der Tag 24 Stunden bis 12 Stunden, je nach der Entfernung des Ortes vom Äquator.

§ 23 (19). Drei Monate später erreicht die Erde ihr Frühlings-Äquinoctium; die Sonne tritt in das Sternbild des Widders und bescheint senkrecht den Äquator. Es beginnt mit dem 21. März der Frühling der nördlichen Erdhälfte, der Herbst der Südhälfte. Auf der ganzen Erde herrscht Tag- und Nachtgleiche; für den Südpol endet der 6 Monate lange Tag, für den Nordpol endet die 6 Monate lange Nacht.

Diese vier Jahreszeiten sind aber nicht unter sich völlig gleich lang. Es dauert nämlich:

der Winter 88 Tage 19 Stunden 29 Minuten,
der Herbst 89 „ 17 „ 24 „
der Frühling 92 „ 21 „ 11 „
der Sommer 93 „ 13 „ 56 „

so, daß der Sommer der nördlichen Erdhälfte fast ganze fünf Tage länger ist als der Winter; dafür ist die Erde im Sommer der südlichen Erdhälfte der Sonne um 700.000 Meilen näher als im Winter.

§ 24 (21). Unter dem Äquator steigt die Sonne an den Tagen der Tag- und Nachtgleichen vom Ostpunkt des Horizontes senkrecht in die Höhe, erreicht um 12 Uhr das Zenith und senkt sich ebenfalls senkrecht zum Westpunkte hinab. Sie durchläuft also den Himmels-Äquator. Während der nächsten drei Monate erreicht sie jeden Tag um 12 Uhr einen etwas nördlich (auf der andern Erdhälfte südlich) vom Zenith abstehenden Punkt, bis sie am Mittage des Solstitiums $23\frac{1}{2}°$ vom Zenithe entfernt ist. Von nun an steht sie jeden Mittag wieder dem Zenithe um ein wenig näher, bis sie dasselbe nach neuen drei Monaten wieder erreicht hat. Da wir nun diejenige Zeit, in welcher die Sonne ihren höchsten Stand über dem Horizonte erreicht, Sommer nennen, und diejenige, in welcher sie sich am weitesten von diesem Stande entfernt, Winter, so haben alle Orte zwischen beiden Wendekreisen zweimal im Jahre Sommer und Winter. — An Orten unter den Wendekreisen erreicht die Sonne zu Sommers-Anfang, am 21. Juni, das Zenith; der Tag ist etwa 14 Stunden lang, die Nacht 10 Stunden. Nun geht sie jeden Tag auch hier etwas weiter südlich am Horizonte auf, bis sie im Ostpunkte aufgeht und Tag und Nacht gleich sind. Endlich, zu Winters-Anfang, erreicht sie den Wendekreis des Steinbockes, steigt zu Mittag nur zu $43°$ Höhe auf, und die Nächte sind 14 Stunden, die Tage 10 Stunden lang.

§ 25 (22). An den Polen erscheint die Sonne an den Tagen der Tag- und Nachtgleichen am Horizonte und läuft an diesem ringsum. Vom Frühlings-Anfange an steigt sie nun, indem sie im Schraubengange um den Nordpol läuft, täglich ein wenig höher, bis sie am Tage des Sommer-Anfanges um 12 Uhr $23\frac{1}{2}°$ hoch über dem Horizonte steht. Von nun ab macht sie ihren Schraubengang abwärts und erreicht mit dem Herbst-Anfange wieder den Horizont oder den Himmels-Äquator. Dann versinkt sie unter denselben (erscheint also dem Südpole), bewegt sich sechs Monate unterhalb desselben, bis sie $23\frac{1}{2}°$ unterhalb desselben erreicht hat, und veranlaßt somit die halbjährige Nacht. Da sie aber so wenig tief unter den Horizont sinkt, so gibt sie noch lange Zeit so viel Dämmerungslicht, daß die wirkliche Nacht um etwa hundert Tage verkürzt wird. Innerhalb der Polarzonen haben die verschiedenen Orte je nach ihrer geographischen Breite Tageslängen von 24 Stunden bis 6 Monat. Auf dem Polarkreise selbst dauert der längste Tag 24 Stunden; danach wird jeder Tag kürzer und jede Nacht länger, bis beide gleich lang sind; und am kürzesten Tage geht die Sonne gar nicht auf, er dauert also 0 Stunden.

§ 26 (23). In Berlin (in $52\frac{1}{2}°$ nördl. Breite) erscheint am Tage der Frühlings-Tag- und Nachtgleiche, am 21. März, die Sonne im Ostpunkte um 6 Uhr Morgens, durchläuft den Himmels-Äquator, erreicht am Mittage $37\frac{1}{2}°$ über dem Horizonte, und geht um 6 Uhr Abends im Westpunkte unter. Von nun an geht sie jeden Morgen an einem etwas nördlicher gelegenen Punkte auf, erreicht eine bedeutendere Mittagshöhe und geht an einem etwas nördlicher gelegenen Punkte unter, durchläuft also jeden Tag einen größeren Bogen über dem Horizonte und jede folgende Nacht einen kürzeren Bogen unter dem Horizonte. Am 21. Juni geht sie an einer 41° nördlich vom Ostpunkte gelegenen Stelle des Horizontes um $3\frac{3}{4}$ Uhr Morgens auf, durchläuft den nördlichen Wendekreis am Himmel, erreicht Mittags eine Höhe von 61° über dem Horizonte, und geht um $8\frac{3}{4}$ Uhr Abends an einer 41° nördlich vom Westpunkte gelegenen Stelle des Horizontes unter. Unterhalb des Horizontes entfernt sie sich von demselben bis in 14° Tiefe, bleibt also dem Horizonte so nahe, daß die Dämmerung die ganze Nacht hindurch währt. Nun geht sie wieder jeden Tag um etwas näher dem Äquator oder dem Ost- und Westpunkte auf und unter, bis sie dieselben am 23. September erreicht und nun am Mittag wieder nur $37\frac{1}{2}°$ über dem Horizonte steht. Von nun an geht sie jeden Tag an einer etwas weiter nach Süden gelegenen Stelle des Horizontes auf, erreicht eine immer geringere Höhe um 12 Uhr, und geht an einer immer weiter nach Süden gelegenen Stelle des Horizontes unter, beschreibt also jeden Tag einen kürzeren Bogen über dem Horizonte und jede Nacht einen längeren unterhalb des Horizontes. Endlich, am 21. Dezember, geht sie um $8\frac{3}{4}$ Uhr Morgens an einer Stelle auf, welche 41° südlich vom Ostpunkte liegt, steigt am Mittage bis 14° über den Horizont, und versinkt um $3\frac{3}{4}$ Uhr Nachmittags an einer 41° südlich vom Westpunkte gelegenen Stelle des Horizontes.

§ 27 (24). Der längste Tag, der 21. Juni, dauert auf dem Äquator 12 Stunden:

auf dem	Breitenkreise	16° 44′	13	Stunden,
„	„	„	30° 48′	14	„
„	„	„	41° 24′	15	„
„	„	„	49° 2′	16	„
„	„	„	54° 31′	17	„
„	„	„	58° 27′	18	„
„	„	„	61° 19′	19	„
„	„	„	63° 23′	20	„
„	„	„	64° 50′	21	„
„	„	„	65° 48′	22	„
„	„	„	66° 21′	23	„
„	„	„	67° 24′	1	Monat,
„	„	„	69° 51′	2	„
„	„	„	73° 40′	3	„
„	„	„	78° 11′	4	„
„	„	„	84° 5′	5	„
„	„	„	90° 0′	6	„

§ 28 (25). Wer sich am Äquator befindet, dem liegen die Himmelspole im Horizonte; bewegt man sich aber nach Norden oder Süden, nähert man sich also den Polen, so steigen diese über den Horizont hinauf, bis sie, wenn man sich am Erdpol befindet, im Zenith liegen. Jede andere geographische Breite (d. i. Entfernung vom Äquator) hat also eine andere Höhe des Pols über dem Horizonte, und zwar ist die geographische Breite edes Ortes stets gleich seiner Polhöhe.

§ 29 (26). Bewegt man sich nach Osten oder Westen, so findet man überall eine andere Zeit; die Uhr, welche man mit sich bringt, geht falsch. Da sich die Erde von West nach Ost um ihre Achse dreht, so bewegt sich die Beleuchtungsgrenze von Ost nach West um dieselbe. In dem Augenblicke also, wo uns die Sonne aufgeht, ist sie den weiter östlich gelegenen Orten bereits aufgegangen und dieselben haben schon Tag, während sie den weiter westlich gelegenen Orten noch nicht aufgegangen ist und dieselben sich noch in der Dämmerung und Nacht befinden. Ebenso haben, wenn wir 12 Uhr Mittags haben, die östlicher gelegenen Orte bereits Mittag gehabt, die westlicher gelegenen aber erwarten ihn noch. Der Unterschied beträgt nach § 5 bei jedem Grade 4 Minuten. Wir werden also z. B. auf dem durch Mainz gehenden Breitenkreise, wenn wir 9½ Meilen, d. i. nach Osten 1 Grad reisen, unsere Uhr um 4 Minuten nachgehen finden; wenn wir dagegen um ebensoweit nach Westen reisen, wird unsere Uhr 4 Minuten vorgehen. Bei einer Reise rings um die Erde durch alle 360° muß der Unterschied also 360mal 4 Minuten, d. i. 24 Stunden oder einen ganzen Tag betragen; sonach wird ein nach Westen um die Erde Reisender bei seiner Rückkehr um einen Tag im Kalender zurückgeblieben sein, während ein nach Osten Reisender um einen Tag im Kalender voraus ist; kommt er also nach seiner Zählung am 1. Mai zurück, so hat er am folgenden Tage noch einmal den 1. Mai des Ankunftsortes.

§ 30 (27). Dieser Zeitunterschied beträgt zwischen Paris und Wien nahe 1 Stunde, zwischen London und Petersburg oder zwischen Algier und Kairo 2 Stunden, zwischen New-York und San Francisco $4^1/_2$ Stunden, zwischen Jerusalem und Peking $5^1/_2$ Stunden u. s. w. — Die Meridiane von Berlin und Petersburg sind um $16^1/_2$° verschieden; für jeden Grad 4 Minuten gerechnet, giebt also einen Zeitunterschied von 66 Minuten, d. h. wenn Berlin Mittag 12 Uhr hat, hat Petersburg 1 Uhr 6 Minuten. — Wenn Paris 12 Uhr Mittag hat, so fragt sich, an welchem Orte ist 6 Uhr 40 Minuten Morgens? Der Zeitunterschied ist $5^1/_3$ Stunden oder 320 Minuten; 4 Minuten entsprechen 1°, also erhalte ich 80° westlicher Länge, d. i.° Richmond in Virginien oder ungefähr Quito in Süd-Amerika. — Sonach können telegraphische Depeschen in westlicher gelegenen Orten zu einer früheren Stunde ankommen, als sie abgehen; denn während die Electricität das atlantische Kabel von Irland bis Newfoundland in $18_{/16}$ Sekunden durchläuft, braucht die Lichtgrenze dazu $2^3/_4$ Stunden. Eine um 7 Uhr 40 Minuten Abends in Paris aufgegebene Depesche kam um 1 Uhr 50 Minuten Nachmittags desselben Tages nach New-York.

§ 31 (28). Die Erdkugel besteht aus festen Massen, deren Beschaffenheit wir freilich nur an der äußersten, ganz dünnen Schicht der Erdoberfläche kennen zu lernen Gelegenheit haben. Die Einsenkungen oder Vertiefungen an der fast überall unebenen Oberfläche sind mit einer Wassermenge erfüllt, welche die Meere bildet und welche im Verhältnis zum Volumen der ganzen Erdkugel eine äußerst geringe ist ($1/_{1786}$ der ganzen Erdkugel). Rings um die Erdkugel hüllt dieselbe eine Luftschicht von so geringem Höhenmaße ein, daß (wie es wahrscheinlich ist) der Durchmesser der Erde 172mal so groß ist, als die Höhe dieser Luftschicht. — Demnach muß die Erdkunde sich beschäftigen: 1) mit der Beschaffenheit des Kernes der Erde und der denselben umgebenden festen Schale; 2) mit der Beschaffenheit des tropfbar-flüssigen Elementes auf seiner Oberfläche; 3) mit der Beschaffenheit des die Erde einhüllenden Luftkreises.

§ 32 (29). Der größere Teil der Erdoberfläche ist mit Wasser bedeckt und erscheint als Meer, der kleinere über dem Wasser hervorragend, als sogenanntes Land; das vom Wasser bedeckte Stück ist 6.815.000, die aus dem Wasser hervorragenden Stücke sind 2.445.000 Quadrat-Meilen groß. Beide verhalten sich demnach zu einander etwa wie 27:10, d. h. das erstere ist nicht ganz dreimal so groß, wie die letzteren. Schneidet man im Äquator die Erdkugel in 2 Hälften, so liegt von dem Lande $2^6/_7$ mal so viel auf der Nordhälfte der Erdkugel, als auf der überwiegend mit Meer bedeckten Südhälfte derselben. Schneidet man im Null-Meridiane die Erdkugel in 2 Hälften, so liegt auf der östlich von dem durch Ferro gezogenen Meridiane befindlichen Erdhälfte $2^2/_{11}$ mal so viel Land (nämlich 1.700.00 Quadrat-Meilen), als auf der westlich von diesem Meridiane befindlichen Erdhälfte (d. i. nämlich 745.500 Quadrat-Meilen). Man nennt diese beiden Teile des Landes: die alte Welt und die neue Welt. — Den 17ten Teil alles Landes bilden die unzähligen kleinen Stückchen Landes, welche wir Inseln nennen. — Von der Masse der ganzen Erde macht das Wasser nur den 1786sten Teil aus.

§ 33 (30). Die großen zusammenhängenden Strecken Landes nennt man Festländer oder Kontinente. Die neue Welt besteht aus zweien derselben, welche mit einander verbunden sind. Nord-Amerika und Süd-Amerika; die alte Welt aus drei derselben, welche ebenfalls unter einander verbunden sind, Europa, Asien und Afrika. Die große Insel und die unzähligen kleinen Inseln, welche im Südosten von Asien liegen, bilden zusammen einen sechsten Erdteil, Oceanien oder Polynesien. Ueberdies nennen wir Nordpolar-Land die große Insel Grönland und die mit Eis bedeckte Inselwelt im Norden von Nord-Amerika; und Südpolar-Land das mit Eis bedeckte Land, von welchem man vermutet, daß es sich rings um den Südpol ausbreitet. —

§ 34. Wiederholen wir hier die dem Gedächtnis einzuprägenden bisherigen Zahlen-Angaben:

1. Die Länge des Äquators oder Gleichers beträgt 5400 geogr. Meilen.
2. Die Länge eines Äquatorgrades ist 15 g. M.
3. Die Länge der Erd-Achse oder des kleinsten Durchmessers ist von einem Pole bis zum anderen 1713 g. M.

4. Die Länge des großen oder äquatorialen Durchmessers ist von einem Punkte des Äquators bis zum gegenübergelegenen 1718,9 g. M.

5. Also ist der Unterschied des großen Durchmessers und der Achse 5,9 g. M. oder gleich dem 300sten Teile des großen Durchmessers. Man sagt deshalb: die Abplattung der Erde beträgt $1/300$.

6. Die Neigung der Erdachse oder die Schiefe der Ekliptik gegen die Ebene der Erdbahn beträgt $23\frac{1}{2}°$ (Grad).

7. Die Länge eines Jahres oder eines Umlaufes der Erde um die Sonne ist: 365 Tage 5 Stunden 48 Minuten 47,8 Sekunden. Die Länge der Erdbahn beträgt etwa 123 Mill. Meilen.

8. $23\frac{1}{2}°$ von den Polen entfernt liegen die Polarkreise; $23\frac{1}{2}°$ vom Äquator entfernt liegen die Wendekreise, und zwar nördlich vom Äquator der Wendekreis des Krebses, und südlich vom Äquator der Wendekreis des Steinbockes.

9. Die zwischen beiden Wendekreisen gelegene heiße Zone umfaßt $3/5$ der Erdoberfläche; jede der beiden gemäßigten Zonen $1/4$, jede der beiden kalten Zonen $1/24$.

10. Die ganze Erdoberfläche enthält etwa $9\frac{1}{4}$ Mill. Quadrat-Meilen.

11. Die Landfläche verhält sich zur Wasserfläche wie 10 zu 27, also sind $10/37$ Land und $27/37$ Wasser. Die Landfläche umfaßt nahe an $2\frac{1}{4}$ Mill. Quadrat-Meilen, die Wasserfläche über $6\frac{2}{3}$ Mill.

12. Die Alte Welt oder das Land auf der östlichen Erdhälfte ist etwa $2\frac{2}{11}$ mal so groß, als die neue Welt oder das Land auf der westlichen Erdhälfte.

13. Das Land auf der nördlichen Erdhälfte ist etwa $2\frac{6}{7}$ mal so groß, als das auf der südlichen Erdhälfte.

14. Von der gesammten Wasserfläche ist der große Ocean etwa die Hälfte; in ihm würden alle Festländer Platz haben. Der atlantische Ocean ist etwa $1/4$, der indische Ocean $1/5$, das südliche Eismeer $1/20$, das nördliche Eismeer $1/34$ der gesammten Wasserfläche.

15. Geographische Breite eines Ortes auf der Erde nennt man die Entfernung desselben vom Äquator; dieselbe kann nördlich oder südlich sein.

16. Geographische Länge eines Ortes auf der Erde nennt man die Entfernung desselben vom Null-Meridiane; dieselbe kann östlich oder westlich sein.

17. Asien hat 814.000 Quadrat-Meilen, ist $1/3$ alles

Festlandes, etwa $4\frac{1}{2}$ mal so groß als Europa, und hat etwa 831 Mill. oder $\frac{3}{5}$ aller Menschen.

18. Afrika hat 544.000 Quadrat-Meilen, ist mehr als $\frac{1}{5}$ alles Festlandes, etwa 3 mal so groß als Europa und hat etwa 200 Mill. oder $\frac{1}{7}$ aller Menschen.

19. Nord-Amerika hat 410.000 Quadrat-Meilen, ist etwa $\frac{1}{6}$ alles Festlandes, $2\frac{1}{3}$ mal so groß als Europa, und hat etwa 60 Mill. oder $\frac{1}{23}$ aller Menschen.

20. Süd-Amerika hat 322.000 Quadrat-Meilen, ist etwa $\frac{1}{8}$ alles Festlandes, $1\frac{4}{5}$ mal so groß als Europa, und hat etwa 27 Mill. oder $\frac{1}{56}$ aller Menschen.

21. Europa hat etwa 180.000 Quadrat-Meilen, ist also $\frac{1}{12}$ alles Festlandes, und hat etwa 312 Mill. oder $\frac{2}{9}$ aller Menschen.

22. Oceanien hat etwa 161.000 Quadrat-Meilen, ist also etwa $\frac{1}{15}$ alles Festlandes, um $\frac{1}{9}$ kleiner als Europa, und hat etwa $4\frac{1}{2}$ Mill. oder $\frac{1}{380}$ aller Menschen.

§ 35 (31). Das Meer finden wir durch die Kontinente in verschiedene Oceane geteilt. Von denselben liegt einer, meist mit Eis bedeckt, im Norden der Kontinente, um den Nordpol; er heißt das **nördliche Eismeer**. Ein anderer liegt im Westen der alten Welt, so daß er dieselbe von der neuen Welt trennt, der **atlantische Ocean**; ein dritter im Osten der alten Welt, so daß er dieselbe nach dieser Seite hin ebenfalls von der neuen Welt scheidet, der **Große Ocean**; ein vierter liegt im Süden Asiens und scheidet Afrika von Australien, der **indische Ocean**. Den südlichen Teil der drei letzteren, vom Südpole bis in $66\frac{1}{2}°$ südlicher Breite, nennt man das **südliche Eismeer**. — Von der gesammten Wasserfläche, welche also nahe $2\frac{7}{10}$ mal so groß ist als die gesammte Landfläche, macht der große Ocean etwa die Hälfte aus, ist also etwa $1\frac{1}{2}$ mal so groß als alles Land; der atlantische Ocean ist nahe halb so groß als ersterer, bildet also etwa $\frac{1}{4}$ der ganzen Wasserfläche; der indische Ocean ist etwa $\frac{1}{5}$ derselben; das südliche Eismeer etwa $\frac{1}{20}$ derselben; das nördliche Eismeer etwa $\frac{1}{34}$ derselben.

Kleinere Meere, welche größtenteils vom Lande umschlossen sind, nennt man **Binnenmeere**; solche sind z. B. das **Mittelländische Meer**, dessen Größe fast $\frac{1}{3}$ von der Größe Europa's ist; und die **Ostsee**, welche nahe $1\frac{1}{2}$ mal so groß als der Preußische Staat ist.

§ 36 (32). Die Linie, auf welcher sich Meer und Land berühren, heißt das **Ufer**. Dasselbe kann steil und felsig sein,

oder flach und sandig. In letzterem Falle heißt es der **Strand**.
Das Land längs dieser Berührungslinie wird die **Küste** genannt. Schneidet irgendwo das Ufer in das Land ein, so nennt man diesen eindringenden Meeresteil einen **Meerbusen** oder **Golf** oder eine **Bai**. Tritt dagegen irgendwo das Land auf eine Strecke weit ins Meer vor, so nennt man solche Strecken eine **Halbinsel**; ist eine solche schmal und lang, so heißt sie eine **Landzunge**. Eine vorspringende Spitze heißt ein **Kap**, auch **Vorgebirge**, namentlich wenn sie hoch ist; ein niedriges Kap heißt auch bloß **Spitze**. — Eine schmale Landstrecke, welche größere Massen Landes verbindet, nennt man eine **Land-Enge**; eine schmale Meeresstelle, welche größere Massen Landes scheidet, eine **Meer-Enge**, einen **Sund**, eine **Straße** oder einen **Kanal**. — Die an Fels- oder Klippenküsten weit ins Land hineingreifenden schmalen Meerbusen mit steilen Ufern heißen in Norwegen **Fjorde**, in Schottland **Firth** (spr. Firs). — Wo das Meer auf weite Strecken nur wenig tief ist, da nennt man solchen Meeresgrund eine **Bank**; je nachdem dieselbe aus losem Sande besteht oder durch die Korallenthiere entstanden ist, heißt sie **Sandbank** oder **Korallenbank**. Auch Felsenbänke finden sich, welche nicht aus Korallenkalk bestehen. Eine langgestreckte Sand- oder Fels-Untiefe heißt ein **Riff**.

§ 37 (33). Die ganze Erdoberfläche, die vom Wasser bedeckte sowie die trockene, ist uneben, indem Vertiefungen und Erhöhungen auf derselben mit einander abwechseln. Weite Strecken Landes, welche sich nur wenig über den Meeresspiegel erheben und nicht zu größerer Höhe, als zu 260 m. über dem Meere aufsteigen, nennt man **Tiefebenen**; dagegen nennt man Ebenen, welche mehr als 260 m. Erhebung über dem Meere haben, **Hochebenen** oder **Plateaux**. — Erhebungen über die Fläche solcher Ebenen finden sich nun vielfach und in der mannigfaltigsten Gestalt. Die Zahl, welche angiebt, wie viel m. sie über die benachbarte Ebene aufsteigen, heißt ihre **relative Höhe**. Diese bezeichnet also die Linie vom höchsten Punkte senkrecht bis auf die darunter fortgehend gedachte Ebene; die Linie dagegen, welche vom höchsten Punkte senkrecht bis auf den darunter fortgehend gedachten Meeresspiegel reicht, heißt die **absolute Höhe** einer Erhebung. Unter der ohne nähere Bezeichnung angegebenen Höhe irgend eines Punktes der Erdoberfläche wird immer seine absolute oder seine Höhe über dem Meeresspiegel verstanden.

§ 38 (34). An jeder Erhebung bezeichnet man die Stelle,

an welcher das Aufsteigen beginnt, als Fuß; die höchste Stelle als Gipfel oder Scheitel; den zwischen beiden gelegenen Raum als Abhang oder Seite. Letzterer kann mehr oder weniger steil sein. Der Gipfel hat entweder eine spitzige Gestalt, und dann heißt der Berg ein Spitz oder Kegel, Horn, Pik, Dent oder Zahn, oder eine Nadel; oder er hat eine abgerundete Gestalt, und dann heißt er eine Kuppe oder Koppe oder ein Kopf, ein Ballon, ein Dom. Eine oben abgestumpfte Kegelform nennt man im mittleren Frankreich ein l'uy (spr. Püi). Berge, welche auf dem Scheitel eine Fläche tragen, heißen Tafelberge. — Die Linie, in welcher die beiderseitigen Abhänge zusammentreffen, nennt man den Kamm; wenn er scharf ist, den Grat. So wie die Gipfel meist die höchsten Teile des Kammes sind, so sind die tiefsten Einschnitte in demselben die Pässe oder Thore. Ein breiter und flachgerundeter Kamm heißt ein Rücken.

Geringere vereinzelte Erhebungen nennt man Hügel, bedeutendere dagegen heißen Berge; zahlreiche Hügel, welche nicht fern von einander liegen, bilden eine Hügelgruppe oder ein Hügelland, zu welchem gewöhnlich eine wellenförmige Ebene den Übergang von der vollkommenen Ebene her macht. Ähnlich gebraucht man die Ausdrücke Berggruppe und Bergland.

§ 39 (35). Zusammenhängende bedeutende Erhebungen von gleichmäßiger Höhe und aus festem Gestein gebildet nennt man Gebirge. Erscheinen sie wie in einer Reihe geordnet, so heißen sie Kettengebirge; sind sie mehr gerundet zusammengeordnet, so nennt man sie Massengebirge. Die Kettengebirge haben selbst zuweilen an einer ihrer Stellen eine bedeutendere Höhe und bilden eine großartige Masse, und solche Anschwellungen heißen dann Gebirgsknoten oder Gebirgsstöcke; diese sind gewöhnlich durch die höchsten Gipfel bezeichnet und liegen oft an solchen Stellen, wo die Gebirgskette ihre Richtung ändert oder wo eine Hauptkette sich in mehrere Ketten teilt. — Ein Kettengebirge, welches an einer Seite einer Hochebene hinzieht, wo dann gewöhnlich der Fuß des Gebirges auf der einen Seite höher gelegen ist als auf der anderen, heißt ein Randgebirge; und wenn deren mehrere von abnehmender Höhe parallel nebeneinander hinziehen, so bezeichnet man sie insgesamt mit dem Namen eines Terrassen-Abfalles.

§ 40 (36). Die durchschnittliche Erhebung des Kammes nennt man die mittlere Kammhöhe eines Gebirges. Nach derselben unterscheidet man **Mittelgebirge** als solche, welche eine mittlere Kammhöhe von 650 bis 1300 m. und Gipfel von 1600 bis 2300 m. Höhe haben; Vorberge und Hügellandschaften machen fast überall den Übergang zu ihnen aus der Tiefebene. **Hoch- oder Alpengebirge** aber heißen solche, deren mittlere Kammhöhe 1300 bis 3000 m. beträgt, und deren Gipfel 2600 oder 3000 m. übersteigt, die in der gemäßigten Zone also mit ewigem Schnee bedeckt sind. — In ähnlicher Weise unterscheidet man auch die **Massengebirge**.

Selbst die höchsten Berge sind im Verhältniß zur ganzen Erdkugel sehr unbedeutende Erhebungen; wollte man ihnen auf einer künstlichen Erdkugel die Höhe der Papierdicke geben, so müßte die Erdkugel 3,25 m. im Durchmesser haben.

§ 41 (37). Den Raum zwischen zwei in die Länge gestreckten Gebirgen nennen wir ein **Thal**; der tiefste Teil eines solchen heißt die **Thalsohle** oder **Thalrinne**; die Abhänge der Berge werden **Thalwände** genannt. Ein schmales Thal heißt eine **Schlucht**, und wenn die Wände desselben sich fast senkrecht erheben, eine **Kluft** oder **Spalte**, auch ein **Schlund**. — Wenn der Boden rings um eine Vertiefung allmählich und nur zu unbedeutender Höhe ansteigt, so nennt man dieselbe ein **Becken** oder **Bassin**. Man nennt sie einen **Kessel**, wenn Berge die Einfassung bilden. — Ein Thal, welches dieselbe Richtung hat, wie die Haupt-Erstreckung des Gebirges, heißt ein **Längenthal**; Thäler dagegen, welche die Haupt-Erstreckung unterbrechen, nennt man **Querthäler**. — **Hochthäler** sind solche, deren Sohle sehr hoch über dem Meere liegt. — Ein und dasselbe Thal kann an verschiedenen Stellen sehr verschiedene Weiten haben, indem zuweilen **Thalweiten** und **Thalengen** wechseln. Wo sich plötzlich ein Ansteigen vorfindet, das quer über die Thalsohle zieht, da nennt man dasselbe eine **Thalstufe**; der das Thal durchströmende Fluß muß an solcher Stelle einen **Wasserfall** bilden.

§ 42 (38). Der Grund des Meeres ist nur die Fortsetzung von der Oberfläche des Landes. Der Übergang ist gewöhnlich an den **Flachküsten** ein allmählicher, indem das Meer erst in großer Entfernung von der Küste tief wird, dagegen an den **Steilküsten** in der Regel ein plötzlicher, so daß dieselben häufig von sehr tiefem Meere bespült werden. Tausende von Metern ist eine gewöhnliche Tiefe des Meeres; $^2/_3$ Meilen oder 5200 bis 5850 Fuß nimmt man als die durchschnittliche Tiefe des Weltmeeres an; 8513 m. oder etwa $1^1/_2$ g. M. ist die bedeutendste gemessene Tiefe.

§ 43 (39). Die Felsgesteine der Erde, welche die Rinde der Erdkugel und die Gebirge bilden, sind 1) solche, welche in Schichten übereinander gelagert sind, wie die Blätter eines Buches. Sie bestehen aus zertrümmerten und zerkleinerten Gesteinsmassen, und haben sich offenbar aus dem Wasser abgesetzt, daher sie auch versteinerte Seetiere und Pflanzen umschließen, ganz ähnlich denjenigen Gesteinsbildungen, welche noch heut zu Tage in Seen und an einigen Stellen des Meeresgestades vor sich gehen. 2) Solche, welche nur in ungeschichteten Massen auftreten. Sie sind durchweg aus körnigen und krystallisirten Bestandteilen zusammengesetzt und offenbar einst in geschmolzenem Zustande aus dem Innern der Erde hervor und durch die geschichteten Felsmassen hindurch gebrochen, ganz ähnlich den geschmolzenen Lavamassen, welche noch heut zu Tage aus den feuerspeienden Bergen hervor- und an diesen herabfließen. Wie diese dann nach der Abkühlung zu Felsen erstarren, gerade so sind die massigen Felsarten auch allmählich abgekühlt und zu krystallinischen Felsen erstarrt. Nach dem griechischen Gotte des Meeres, dem Neptun, und dem Gotte des unterirdischen Feuers, Pluto, hat man die ersteren Felsbildungen **neptunische** genannt (wie z. B. die Sandstein- und Kalkbildungen), die anderen dagegen **plutonische** (wie z. B. den Granit, Porphyr, Basalt ꝛc.).

§ 44 (40). Eine besondere Art von Bergen sind die feuerspeienden, die sogenannten Vulkane, deren wir gegenwärtig 880 auf der Erde kennen; viele davon sind erloschen, 320 aber noch immer thätig. Sie finden sich fast überall auf Inseln oder in Küstenländern. Auf ihrem Gipfel haben dieselben eine Vertiefung, den sogenannten **Krater**, durch welchen aus dem Innern heraus von Zeit zu Zeit unermeßliche Mengen von Wasserdampf, von feiner, staubartiger Steinasche und von geschmolzenen glühenden Schlackenmassen hoch in die Lüfte geschleudert werden, während Ströme geschmolzener Felsmasse aus dem Krater die Seiten des Berges hinabrinnen.

§ 45 (41). Was den Boden der Thäler bedeckt und die Ebenen der Erde bildet, ist zerkleinerte und zerriebene Felsmasse, welche durch das Wasser aus den Bergen heruntergeführt und mittelst des Wassers weithin ausgebreitet worden ist. Daher finden sich, wenn man in den Ebenen in die Tiefe gräbt, diese Massen auch immer in Lagern und Schichten übereinander abgesetzt. Wir pflegen alle diese die Ebenen und Gründe bildenden Massen Erde zu nennen. Weniger fein zerrieben, heißen dieselben Kies, Gerölle, Geschiebe. Die Ströme führen noch jetzt immer nicht nur die feineren, sondern auch diese gröberen Massen aus den höher gelegenen Gegenden in tiefere hinab. — Die oberste, mit der Luft in Berührung befindliche Schicht von Erde, welcher in der Regel verweste schwarze Pflanzenstoffe (Humus) beigemengt sind, pflegt man die Ackerkrume zu nennen, und sie ist vorzugsweise für das Wachstum von Pflanzen geeignet.

§ 46 (42). Je nach der Beschaffenheit dieser obersten Schicht und je nach dem, was auf ihr wächst oder nicht wächst, unterscheidet man die ebenen Teile der Erdoberfläche in: 1) Wüsten, oder solche Gegenden, in denen das Wachstum der Pflanzen nur äußerst spärlich, an vielen Stellen sogar durchaus gar nicht möglich ist, und in denen es nicht nur an fließenden und stehenden Gewässern, sondern namentlich an Brunnen und an Trinkwasser fehlt. Der letztere Grund ist in Afrika häufig entscheidend. Denn dort heißen nicht nur die pflanzenlosen Landstrecken Wüsten; sondern auch große Wälder werden so genannt, in denen sich kein Brunnen und kein Wasser vorfindet, oder wo dasselbe doch nur in solcher Tiefe vorhanden ist, daß nur die Wurzeln der Bäume es erreichen. Eine Gegend, in welcher sich innerhalb einer Wüste vereinzelt Wasser vorfindet, heißt Oase. — 2) Steppen, oder solche Gegenden, in denen die auf festem Fels aufliegende Erdschicht nicht dick genug ist, als daß Bäume für ihre Wurzeln Raum genug vorfänden, die daher baumlos bleiben und nur mit (freilich zuweilen baumhohen) Kräutern und Gräsern bedeckt sind. Solche mit niedrigem, gleichartigem Pflanzenwuchse bedeckte Ebenen, welche in Asien und im südöstlichen Europa Steppen heißen, nennt man im übrigen Europa, wo sie sich freilich nicht so ausgedehnt vorfinden wie in jenen Gegenden, und wo sie meist mit Haidekraut und ähnlichen Pflanzen bewachsen sind, Haiden. In Nord-Amerika heißen sie Savannen oder Prärien, d. h. Wiesen, in Süd-Amerika Llanos (spr. Ljanos) und Pampas. — 3) Waldland nennt man weite Ebenen, welche dicht mit wildwachsenden Bäumen bedeckt sind. Solche gehören ganz besonders der nördlichen gemäßigten Zone an. — Wo der Mensch die wildwachsenden Bäume ausgerodet hat, um den Boden zur Anpflanzung von Nahrungsgewächsen zu bebauen, da nennt man die Ebenen Kulturland.

§ 47 (43). Das Wasser des Meeres ist nicht rein, sondern enthält andere Stoffe aufgelöst und schmeckt danach bittersalzig;

gewöhnliches Kochsalz in ziemlicher Menge, mit etwas sogenanntem Bittersalz, bleibt als fester Bestandteil zurück, wenn das Meerwasser verdunstet. Durch solche Verdunstung gewinnt man das sogenannte Seesalz an den Meeresküsten. Die Farbe des Meerwassers ist je nach der Klarheit des Himmels dunkelstahlblau oder blaugrün oder blaßgrün; auch die Farbe des Grundes und fremde, verunreinigende Beimischungen haben Einfluß auf seine Färbung. Die Zahl der im Meere lebenden großen und namentlich der kleinen, auch der mit bloßem Auge gar nicht sichtbaren Tiere übersteigt jede Vorstellung; daher ist auch die Verunreinigung durch die in ihm abgestorbenen Tiere eine bedeutende. Unermeßliche Scharen kleiner, nur unter einem Vergrößerungsglase sichtbarer Tiere veranlassen das Leuchten, welches man in vielen Gegenden auf der Oberfläche des Meerwassers meilenweit hin wahrnimmt. — Auch in dem Meere finden sich ungeheure Strömungen, welche das Wasser derselben aus einer Gegend in weit entlegene andere fortführen. Die bedeutendste derselben, die Äquatorial-Strömung, wird durch die Umdrehung der Erde um ihre Achse verursacht. — Außerdem bemerkt man an den Küsten des Meeres ein regelmäßiges Steigen und Fallen seiner Oberfläche, in manchen Gegenden nur um wenige Zolle, in anderen um viele Fuß, selbst um 23 m. Man nennt diese im Laufe von 24 Stunden zweimal eintretende und durch die vom Monde auf das Wasser ausgeübte Anziehung herrührende Erscheinung die Ebbe und Flut.

§ 48 (44). Das Wasser des Meeres verdunstet unablässig an der Oberfläche, ganz besonders stark in den heißen Gegenden, und diese in die Luft aufsteigenden Wasserdünste werden mittelst der Winde in andere Gegenden der Erde geführt. Dabei werden dieselben abgekühlt, gestalten sich zu Nebel oder Wolken, diese werden zu Tropfen und fallen als solche in ganz anderen Gegenden der Erde nieder, als wo sie aufgestiegen sind. Besonders stark und häufig ist dieses Niederfallen der Tropfen als Regen oder Tau, Hagel und Schnee in den Gebirgen. Dort bringt das niedergefallene Wasser zwischen die Gesteinsschichten, sammelt sich innerhalb derselben und tritt an den Seiten der Gebirge als Quellen hervor. Diese sind entweder rein, oder sie haben innerhalb der Gesteine einzelne Bestandteile derselben aufgelöst. Ist der aufgelöste Bestandteil Kochsalz, so heißen solche Quellen Salzquellen oder Solen; sind andere Bestandteile darin enthalten, so nennt man sie Mineralquellen. — Sauerbrunnen heißen Quellen, welche größere Mengen von kohlensaurem Gas enthalten, das sich in aufsteigenden Blasen aus dem Wasser entfernt. Im Allgemeinen sind die Quellen ebenso warm wie der Erdboden, aus welchem sie hervorkommen; indes gefrieren sie nie. Viele aber sind auch warm, sogar heiß, und solche nennt man **Thermen**. Heilquellen, d. h. solche, welche gegen die Krankheiten wirksam sind, können die kalten wie die warmen sein.

§ 49 (45). Die Wasser verschiedener Quellen vereinigen sich zu einem Bache; das verschiedener Bäche zu einem Flusse; ein solcher wird ein Strom genannt, wenn er ganz besonders wasserreich ist. — Da alles fließende Wasser nach tiefer gelegenen Stellen strebt, so nennt man die Richtung nach der Quelle hin die nach **oben** oder **stromaufwärts**, die nach seiner Mündung hin die nach **unten** oder **stromabwärts**. Der Höhen-Unterschied zwischen der Quelle und irgend einer Stelle im Laufe des Flusses heißt sein Gefälle bis zu diesem Punkte; die Rinne, in welcher der Fluß fließt, sein Bett; die Seiten dieser Rinne sind seine Ufer, und zwar ist das rechte Ufer dasjenige, welches man zur rechten Hand hat, wenn man mit dem Gesichte nach der Richtung des Fließens gewendet ist, sein linkes Ufer das, welches man bei solcher Stellung zur linken Hand hat. Die Stelle, an welcher der Fluß sich in einen anderen Fluß oder ins Meer ergießt, heißt seine Mündung. — Viele Ströme teilen sich, ehe sie sich ins Meer ergießen, in mehrere Arme, und diese teilen sich dann oft abermals mehrfach. Das zwischen den beiden äußersten Haupt-Armen an der Mündung liegende, gewöhnlich einem Dreieck ähnelnde Land heißt ein Delta; ein solches ist gewöhnlich netzartig von unzähligen Wasserläufen durchzogen und dadurch entstanden, daß der Fluß alle die Unreinigkeiten, Erde und Steine, welche er aus den höher gelegenen Gegenden mit sich heruntergeführt hat, hier vor seiner Mündung abgelagert hat. Aus denselben Stoffen bilden sich innerhalb seines Laufes langgestreckte Inseln, gewöhnlich Werder genannt.

§ 50 (46). Wenn in einen Fluß sich andere Flüsse von geringerer Größe ergießen, so heißt der erstere der Hauptfluß; die anderen nennt man seine Nebenflüsse. Der erstere ist in der Regel derjenige, dessen Quelle am weitesten von der Mündung entfernt ist, und der die größte Wassermenge enthält. Die wieder in die Nebenflüsse mündenden kleineren Flüsse nennt man gewöhnlich Zuflüsse. — Die ganze Landstrecke, innerhalb deren die Gewässer alle einem und demselben Hauptflusse ihr Wasser zuführen, heißt das **Flußgebiet**, und das Wassernetz selbst das **Flußsystem**. Zwischen zwei einander benachbarten Flußgebieten ziehen sich die sogenannten **Wasserscheiden** hin. — Ein künstlich durch Ausgrabung hergestellter Wasserlauf heißt ein **Kanal**.

Wenn ein Fluß in der Nähe der Meeresküste entspringt und somit einen kurzen Lauf hat, so heißt er ein **Küstenfluß**. Mündet er in ein stehendes Gewässer oder versiecht er im Sande, so nennt man ihn einen **Steppenfluß**.

Stehende Gewässer oder beckenartige Erweiterungen, durch welche oft ein Fluß hindurchfließt, heißen **Seen**; sind dieselben künstlich durch Ausgrabung entstanden, so nennt man sie **Teiche**. Auch Seen können sehr salzreiches Wasser enthalten, besonders wenn sie in sogenannten Salzsteppen liegen; und dann heißen sie **Salzseen**.

§ 51 (48). Die atmosphärische Luft ist vermöge eines ihrer Bestandteile, des Sauerstoffs, das unentbehrlichste Mittel für die Erhaltung der Pflanzen und Tiere. Von ihr, und namentlich von dem Grade der Wärme, welchen sie hat, und von ihrem Gehalt an Feuchtigkeit hängt es aber auch ab, welchen Anblick die Erdoberfläche in den verschiedenen Gegenden und Zonen bietet. Das, was wir das **Klima** einer Gegend nennen, besteht wesentlich in den Erscheinungen, welche sich aus dem Wärme- und Feuchtigkeits-Grade der Luft ergeben. — Die **Wärme** oder **Temperatur** eines Ortes der Erdoberfläche ist eine fast überall stets wechselnde; denn nicht nur im Verlaufe eines Tages, sondern auch im Verlaufe eines Jahres ändert sie sich beständig. Wenn man nun aber dennoch von einer bestimmten Temperatur, die einem Orte zukommt, spricht, so bezieht sich das auf den mittleren Durchschnitt, der sich ergiebt, wenn man zu verschiedenen Tageszeiten während ganzer Jahre die Wärme eines Ortes beobachtet hat; man nennt diese durchschnittliche Wärme die **mittlere Temperatur des Ortes**. — Die Wärme ist um so geringer, je mehr die auffallenden Sonnenstrahlen von der senkrechten Linie abweichen, dagegen um so stärker, je mehr dieselben der senkrechten Linie nahe kommen. Daher muß die **tropische Zone** am stärksten erwärmt werden. Dieser nahe 700 M. breite Erdgürtel enthält $3/5$ der ganzen trockenen Erdoberfläche, und es gehören von den dazu gehörigen Gegenden Afrika 15 Teile, wie Amerika 10, wie Asien 8 an. — In dieser Zone finden sich mittlere Temperaturen von $23^2/_3°$ des Réaumur'schen Thermometers bis zu 18° R.

§ 52 (49). Weil hier alle Tage ziemlich gleich lang sind, so wird auch die heiße Zone ziemlich gleichmäßig erwärmt; dennoch kann man dort 2 Jahreszeiten unterscheiden: eine nasse oder den sogenannten Winter, und eine trockene, den sogenannten Sommer. Nachdem Monate lang die Luft mit Wasserdunst gesättigt worden ist, bilden sich, wenn die Sonne im Zenith steht, Wolken, und die tropischen Regen stürzen 2 bis 3 Monate hindurch täglich, oft zu bestimmten Stunden, mit ungeheurer Gewalt herab und bringen weit größere Wassermengen auf die Erde, als bei uns das ganze Jahr hindurch fallen. In Ostindien hat die Westküste die nasse Jahreszeit, während auf der Ostküste die trockene herrscht, und umgekehrt. Nahe dem Äquator treten zwei solcher Regenzeiten ein, weil die Sonne zweimal durch das Zenith geht; die übrigen Teile der Tropen haben nur eine, welche 2 bis 3 Monate dauert, und zwar nördlich und südlich vom Äquator in entgegengesetzten Jahreszeiten. — In den den Tropen nahe gelegenen Gegenden rücken beide Regenzeiten näher zusammen, bis sie sich um den 15ten Grad nördlicher und südlicher Breite zu einer einzigen vereinigen.

§ 53 (50). Neben der heißen Zone liegt in beiden gemäßigten die sogenannte warme, etwa von 25° bis 37° Breite reichend; in derselben kann man schon 4 Jahreszeiten unterscheiden, von denen aber die Übergangs-Jahreszeiten Frühling und Herbst noch kurz sind. Der Sommer ist nicht weniger warm, als innerhalb der Tropen, und äußerst trocken; der Winter ist ziemlich kühl, bringt jedoch im Tieflande selten Schnee, wohl aber sehr reichlichen und kalten Regen; Frühling und Herbst dauern jeder nur etwa 6 Wochen. — Neben diesen warmen Zonen liegen zwischen dem 37sten Grade und 58sten Grade der Breite die eigentlichen gemäßigten Zonen, innerhalb deren am häufigsten nasses und trocknes Wetter wechselt, und wo sich die Uebergangs-Jahreszeiten Frühling und Herbst zur Dauer von 3 Monaten ausdehnen, der Sommer zuweilen einen nicht unbedeutenden Grad von Wärme erreicht, und der Winter, während dessen die Vegetation ganz ruht, regelmäßig das Land mit einer Schneedecke überzieht. Die südliche dieser gemäßigten Zonen ist die schmalere von beiden. — Aber zwischen dem 58sten und 66sten Breitengrade schwinden Frühling und Herbst wieder auf einen Zeitraum von 6 Wochen zusammen; während des Frühlings entwickelt sich die Pflanzenwelt mit zauberischer Schnelligkeit. Der Sommer währt kaum länger als 3 Monate, und der Winter erlangt eine halbjährige Dauer;

Schnee, Reif und Nebel sind hier noch viel häufiger, als innerhalb der vorigen Gürtel. Jede der gemäßigten Zone umfaßt etwa $1/4$ der Erdoberfläche. Die Länder der gemäßigten Zone in Asien und Europa machen fast $2/3$ der ganzen trockenen Erdoberfläche aus.

§ 54. Innerhalb der kalten Zone endlich ist das ganze Jahr wiederum nur in Winter und Sommer geteilt, von welchen beiden Jahreszeiten aber die erstere fast 10 Monate währt, und in dieser Zeit ist das Land in Nebel und Schnee gehüllt. In dem kurzen, nur 2 Monate währenden Sommer schwinden die Nebel und Wolkendecken, der Himmel bleibt einige Wochen lang klar, und die Sonnenwärme steigert sich zuweilen, bei Kälte der Luft, zu einer Höhe, bei welcher sogar das Pech in den Fugen der Schiffe schmilzt. Die südliche dieser kalten Zonen ist die ausgedehntere von beiden. Innerhalb eines jeden der Polarkreise liegt etwa $1/24$ der gesammten Erdoberfläche.

§ 55 (51). Eine ähnliche Abnahme der Temperatur wie sie vom Äquator nach den Polen hin stattfindet, zeigt sich nun auch beim Aufsteigen nach der Höhe. Da die Sonnenstrahlen durch die Luft hindurchgehen, ohne dieselben zu erwärmen, die Luft vielmehr ihre Wärme nur durch Mitteilung von der erwärmten Erde erhält, so findet sich am Fuße eines Gebirges natürlich auch die höchste Temperatur, und je weiter man sich über die Erdoberfläche erhebt, um so tiefer sinkt die Temperatur, und zwar bei jeden 244 m. etwa um 1° C. Man erreicht demnach beim Aufsteigen, wie beim Reisen nach den Polen hin, eine Region, in welcher die mittlere Temperatur 0° ist, der Schnee also im ganzen Jahre nicht schmilzt; daher bleiben hohe Gebirge stets mit Schnee bedeckt. Man nennt die Höhe, in welcher dieses stattfindet, die Schneegrenze. Innerhalb der kalten Zone liegt diese also fast in der Meereshöhe, und man braucht gar nicht zu ihr aufzusteigen; je mehr man sich indes dem Äquator nähert, in um so größerer Höhe trifft man auf sie. Daher liegt sie in den verschiedenen Gebirgen verschiedener Zonen in ganz verschiedener Höhe; selbst auf den beiden Seiten eines und desselben Gebirges findet man sie in verschiedener Höhe, wenn die eine den warmen Winden mehr ausgesetzt ist, als die andere. Auf einem in der heißen Zone sich erhebenden Gebirge werden wir also am Fuße Pflanzen finden, wie sie nur in der Wärme der Tropen gedeihen können; in größerer Höhe dagegen Pflanzen, wie sie der gemäßigten Zone angehören, und ganz oben endlich Pflanzen der kalten Zone.

§ 56 (52). Das Klima einer Gegend ist aber nicht allein von ihrer geographischen Breite, d. h. von ihrer Entfernung vom Äquator abhängig und von der Höhe, sondern auch von der Nähe des Meeres. Das Meer wird nämlich von der Sonne gleichmäßiger erwärmt, als das Land, d. h. es nimmt die Wärme langsam an und gibt sie auch wieder langsam ab; das Land dagegen wird schneller erwärmt und schneller abgekühlt. Daher kommt es, daß die große Meeresfläche nie so warm und so kalt wird, wie die Oberfläche des Landes; und das hat einen bedeutenden Einfluß auf die dem Meere nahe gelegenen Länder, namentlich also auf Inseln und die Küstenstriche. In diesen wird nämlich der Sommer eine weniger bedeutende Hitze und der Winter eine weniger strenge Kälte erlangen, als sich mitten in den Festländern zeigt. Man unterscheidet deshalb ein oceanisches oder Insel- und Küsten-Klima, das kühle Sommer und milde Winter hat, und ein kontinentales Klima, das heiße Sommer und sehr kalte Winter hat und trockener und ungleichmäßiger ist, als das erstere. — Natürlich ist auch die Höhe eines Landes über dem Meere von Einfluß auf das Klima, sowie die Nähe eines hohen Gebirges, großer Waldungen, von Sümpfen, Wüsten 2c.

§ 57 (53). Endlich sind die Winde von dem größten Einflusse auf die Wärme und das Klima eines Ortes. Wind ist bewegte Luft, eine Luftströmung; denn wie sich im Meere Strömungen vorfinden, so auch in der Atmosphäre, und zwar langsam und schneller sich bewegende Luftströme, bis zu der Schnelligkeit und Stärke der Ströme oder Orkane; auch Wirbelstürme sind nicht ungewöhnlich, ähnlich den Strudeln im Wasser. — Die gewöhnlichste Veranlassung zur Bewegung der Luft liegt in der Wärme. Die über stark erwärmten Länderstrecken liegende Luft wird durch die Wärme leichter, steigt also in die Höhe, und von den Seiten strömt dafür kältere Luft zu, die sich dann ebenfalls erwärmt und aufsteigt u. s. f. Dieser Vorgang findet nun namentlich und sehr im Großen in der heißen Zone, also rings über dem Äquator statt. Dort steigt überall ein heißer Luftstrom auf, und zum Ersatze strömt von beiden Polen her kältere Luft dorthin, während die aufgestiegene und in der Höhe wieder abgekühlte sich wieder nach den Polen hin senkt und dorthin abfließt. Die zum Ersatz nach dem Äquator hinströmende Luft bildet einen beständig und stets in derselben Richtung wehenden Wind, welcher Passat genannt wird, und auf der nördlichen

Halbkugel aus Nordost, auf der südlichen aus Südost weht, und zwar rings um die Erde, — regelmäßig hauptsächlich auf dem Meere und in großer Höhe über dem Lande, während er in geringerer Höhe über dem Lande sehr häufig durch die Erwärmung des Landes und durch Gebirge in seiner Richtung abgeändert und unkenntlich gemacht ist. In der Gegend des Äquators treffen die Passate der beiden Erdhälften gegeneinander und dadurch entsteht Ruhe in der Luft; man nennt diese Gegend die Zone der Kalmen oder Windstillen. Eine Folge des Aufeinandertreffens und Vermischens beider Passate sind aber hier sehr häufige Gewitter und fürchterliche Orkane.

§ 58 (54). Man nennt die Passate regelmäßige Winde; ebenso heißen auch die abgeänderten Passate, welche den Namen Mussons oder Monsuns führen und welche zwischen Madagaskar und den Marquesas-Inseln im indischen und Großen Oceane wehen. Hier nämlich herrscht vom April bis Oktober ein Südwind, weil die auf den hohen Tafelländern des inneren Asien erwärmte und daher aufsteigende Luft es veranlaßt, daß von Süden her die Luft zum Ersatze herüberweht. Dieser Südwind wird durch die Erdbewegung zu einem Südwest-Winde, dem sogenannten Monsun. In der anderen Hälfte des Jahres dagegen, vom Oktober bis April, weht der gewöhnliche Nordwest-Passat, wie er diesen Gegenden zukommt. Der Übergang des einen zum andern, welcher zur Zeit der Tag- und Nachtgleiche stattfindet, geschieht mit fürchterlichen Orkanen, welche in den chinesischen Meeren Teifuns genannt werden. Südlich vom Äquator aber weht der beständige Südost-Passat.

Heiße schädliche Winde trifft man in der heißen und warmen Zone; sie werden hauptsächlich durch die Wüstenwärme veranlaßt. Zu denselben gehört der Scirocco (spr. Schirocko) in Italien, welcher in der Schweiz Föhn genannt wird; der Solano in Spanien, der Smum (auch Samûm, Samiel) in Persien, Arabien, in der nordafrikanischen Wüste; der Chamsin in Ägypten 2c.

§ 59 (56). Wenn man auf jeder Erdhälfte diejenigen Orte unter einander durch eine Linie verbindet, welche ein und dieselbe mittlere Jahreswärme haben (s. § 51), so erhält man Linien, welche, wie die Breitenkreise, im Allgemeinen von West nach Ost laufen, aber in einzelnen Gegenden, namentlich in größeren Entfernungen vom Äquator doch bedeutend von diesen abweichen. Man nennt solche Linien Isothermen. Die Isotherme von 21° R. liegt in der Gegend des Äquators; die von

16° R. durchzieht das Mittelländische Meer; die von 8° R. das mittlere Deutschland; die von 4° R. die Mitte der Ostsee; die von 0° R. die nördlichste Gegend Europa's; die von — 12° R. die nördlichsten Gegenden Asiens und Nord-Amerikas. Die Isotherme von + 12° R. schneidet die Südspitze Afrikas und Australiens, was also der Jahreswärme des mittleren Frankreichs und der Länder am Schwarzen Meere entspricht.

§ 60 (57). Da es von der Wärme einer Gegend auch abhängig ist, ob das aus der Luft herabfallende Wasser die Gestalt von Regen oder von Schnee annimmt, so hat man auch in Bezug darauf ähnlich laufende Linien gezogen. Die um die beiden Pole liegenden beiden **Zonen des ewigen Schnees** sind also durch eine im Allgemeinen mit der Isotherme von 0° zusammenfallenden Linie begrenzt, innerhalb welcher stets Schnee und nie Regen fällt. Südlich (auf der südlichen Halbkugel nördlich) von diesen beiden Zonen liegt dann die **Zone des veränderlichen Niederschlages**, innerhalb welcher im Winter Schnee, im Sommer Regen fällt. Noch näher dem Äquator liegt die **Zone des Regens**, innerhalb deren nur Regen und nie Schnee fällt. Und endlich giebt es einige Gegenden, in denen nur selten oder fast nie ein anderer Niederschlag als Tau erfolgt und der Regen beinahe ganz ausbleibt.

§ 61 (58). Von der Menge der Wärme und Feuchtigkeit ist nun wiederum das Pflanzenleben abhängig und gestaltet sich in den verschiedenen Gegenden auf verschiedene Weise. Abermals ähnlich laufende Linien zieht man als Vegetations-Grenzen, welche die Erdoberfläche in verschiedene Zonen des Pflanzenreiches abteilen. Die wärmste Gegend, zu beiden Seiten des Äquators, nennt man die **Zone der Bananen und des Brodfruchtbaumes**. Diejenigen Orte, wo sich diese wichtigen Nahrungspflanzen nördlich und südlich vom Äquator noch finden und über welche hinaus sie nicht mehr vorkommen, verbindet man durch eine mit dem Äquator im Ganzen gleichlaufende Linie, und dieselbe heißt demnach die Polargrenze der Banane und der Brodfrucht, d. h. die Grenze derselben in der Richtung zu den Polen hin. — Bis in größere Entfernung vom Äquator finden sich Palmen, und demnach begrenzt man die **Zone der Palmen** durch eine ähnliche Linie nördlich vom Äquator (welche die südlichsten Küsten Europa's durchschneidet) und eine südlich vom Äquator, und nennt diese die Polargrenze der Palmen. — Bis in noch weitere Entfernung vom Äquator reicht die Zone der immergrünen Laubhölzer. In diese Zone fällt auch die Polargrenze der Regenzone. — Durch ähnliche Linien bezeichnet man die Zone des Weinstockes, der europäischen Getreidearten, der Laubhölzer (und unter diesen wieder die der echten Kastanie, der Linde, der Eiche, der Buche, der Birke ꝛc.), und der Nadelhölzer; für jede dieser Zonen hat man aber zwei Linien zu ziehen, eine Polar- und eine Äquatorial-Grenze, weil dieselben nördlich und südlich von einem gewissen Striche nicht mehr gedeihen können. — Noch weiter nach den Polen hin folgt die Zone der Moose und Alpenkräuter.

Eine Änderung der Wärme und Feuchtigkeit findet sich aber nicht nur, wenn wir uns vom Äquator nach den Polen hin bewegen, sondern in ähnlicher Weise, wenn wir von der Meereshöhe aus uns einen Berg hinaufbewegen; und demnach folgen auch an dem Abhange eines jeden Gebirges unter dem Äquator nach oben dieselben Regionen der verschiedenen Pflanzenformen aufeinander, bis sich in höchster Höhe die Region des ewigen Schnees und Eises anschließt. An Gebirgen, welche in größerer Entfernung vom Äquator liegen, fehlen natürlich die unteren Regionen, welche der heißen Zone entsprechen.

§ 62 (59). Weniger unmittelbar von Wärme und Feuchtigkeit abhängig als die Pflanzen sind die Tiere und Menschen, und daher weichen Linien auf der Karte, welche die Verbreitung der Tierarten und Menschenrassen anzeigen, auch ganz von den Breitengraden ab. Nach der verschiedenen Hautfärbung und der Körperbildung pflegt man die etwa 1440 Millionen Menschen, welche auf der Erde wohnen, in folgende Rassen zu unterscheiden: 1) Die kaukasische oder iranische oder arische Rasse, mit vortretender Stirn, ovalem Schädel, in Europa mit weißer Hautfarbe, die im Süden dieses Erdteiles und im nördlichen Afrika, wie im westlichen Asien in Hellbraun und Dunkelbraun übergeht, und in Ostindien braun und selbst schwarz ist. Die Rasse, mit den bedeutendsten geistigen Fähigkeiten und der höchsten Bildung, ist auch in alle anderen Erdteile ausgewandert und macht namentlich in Amerika die Hauptbevölkerung aus. Sie bildet fast ein $1/3$ aller Menschen. 2) Die mongolische oder turanische Rasse, mit zurücktretender Stirn, hervorstehenden Backenknochen, schief geschlitzten Augen, eckigem Schädel und weizengelber bis schmutzig-brauner Hautfarbe. Sie bewohnt das übrige Asien, den südöstlichsten Teil ausgenommen. Sie macht $1/3$ aller Menschen aus. 3) Die malayische oder oceanische Rasse, mit gelblich-brauner bis dunkelrot-brauner Hautfarbe und starkem, schwarzem Haar, in Malaka, auf den südöstlich-asiatischen und australischen Inseln. 4) Die amerikanische oder rote Rasse, mit breiter, eckiger Stirn, niedrigem Schädel, hervortretenden Backenknochen und kupferroter bis gelber Gesichtsfarbe — die sogenannten Wilden in Nord- und Süd-Amerika. 5) Die äthiopische oder afrikanische Rasse, mit zurücktretender Stirn, schmalem Schädel, hervortretenden Kiefern, schwarzem, meist gedrehtem Haare, krummen Schenkeln, übelriechender Haut und schwarzer oder brauner, ausnahmsweise weißer Hautfarbe. Sie bewohnen Afrika und sind in nicht unbedeutender Zahl auch nach Amerika verpflanzt worden. — Von ihnen weichen die australischen Schwarzen, in Australien und auf den nächstgelegenen Inseln, ab. 6) Die boreale Rasse, mit pyramidalem Schädel, vortretenden Backenknochen, von sehr kleiner, untersetzter Figur; sie wohnt in den nördlichen Gegenden Nord-Amerika's, Asiens und Europa's.

In Europa wohnen etwa 312 Millionen, über $1/5$ aller Menschen,
" Asien " " 831 " etwa $3/5$ " "
" Afrika " " 205 " " $1/7$ " "
" Oceanien " " 5 " " $1/280$ " "
" Amerika " " 86 " über $1/15$ " "

Von diesen bekennen sich etwa 340 Millionen oder über $1/4$ aller zur christlichen Religion, 160 Millionen oder $1/9$ zur mohammedanischen Religion, 5 Millionen zur jüdischen Religion. Die übrigen 935 Mill. sind Heiden und verehren mehrere Götter und Götzen; und von diesen bekennen sich zur buddhistischen und brahmanischen Religion etwa 700 Millionen oder die Hälfte aller Menschen.

Zweiter Abschnitt.

Übersicht über die Festländer oder Kontinente.

§ 63 (60). Die alte Welt ist von der neuen Welt (§ 32) einerseits getrennt durch den Atlantischen Ocean, andererseits durch den Großen Ocean; diese beiden Oceane werden durch das südliche Eismeer zu Einem Ganzen verbunden. Im Norden der alten, wie der neuen Welt breitet sich das **nördliche Eismeer** aus. Der Atlantische Ocean greift in die Mitte der neuen Welt tief hinein, so daß hier ein Mittelländisches Meer liegt, durch Inseln in einen nördlichen und einen südlichen Teil geschieden, den Golf von Mejico und das Caribische Meer. Südöstlich davon greift der Ocean in die alte Welt tief hinein und bildet den großen Busen von Guinea. Nach Norden hin greift er zwischen Nord-Amerika und Grönland in der Davis-Straße (spr. Däwis) und Hudsons-Bai (spr. Höbsen) weit hinauf; und an diesen Eingriff schließt sich ein großes Binnenmeer, die Hudsons-Bai. Auch in der alten Welt sind zwei andere Binnenmeere mit dem Atlantischen Oceane in Verbindung: das Mittelländische Meer (nebst dem Schwarzen Meere), zu welchem die Straße von Gibraltar führt, und die Ostsee, welche zur Nordsee nach Westen hin abfließt.

§ 64 (61). Der Große Ocean, welcher durch die Berings-Straße mit dem nördlichen Eismeere in Verbindung steht, macht an der Westseite Südamerika's einen dem Guinea-Busen ähnelnden, aber viel weniger tief greifenden Einschnitt, den Busen von Arica. An der Westseite des Oceans schneiden Inselreihen und Halbinseln ausgedehnte Meeresflächen von ihm ab: das Berings-Meer, das Ochotskische Meer, das Japanische Meer; und mit dem Gelben Meere, in China, schneidet er tiefer in das Festland ein. — Australien und die nördlich und nordöstlich von ihm gelegene weite Inselwelt scheidet den Großen Ocean vom Indischen Oceane, im Süden Asiens, zwischen Afrika und Australien. Er und das nördliche Eismeer berühren also nur drei Kontinente, während der Atlantische und der Große

Ocean jeder vier derselben berühren. Der Indische Ocean greift an der Nordseite zwiefach in das südliche Asien ein: mit dem Busen von Bengalen und dem Persischen Meere. An letzteres schließen sich zwei Binnenmeere: der Persische Meerbusen, zu welchem die Hormusd-Straße führt, und das Rote oder Arabische Meer, zu welchem die Straße Babel Mandeb führt.

§ 65 (62). Die Kontinente Asien und Europa bilden Ein Ganzes, so daß letzteres nur wie eine halbinselartige Fortsetzung des ersteren erscheint; als Begrenzung zwischen beiden nimmt man das in der Meridian-Richtung streichende Uralgebirge an. Asien und Afrika sind durch die 15 M. breite Landenge von Suês mit einander verbunden, welche das Mittelländische und das Rote Meer von einander scheidet. Europa wird von Afrika durch das Mittelländische Meer und die Straße von Gibraltar getrennt. Asien und die Inselwelt in seinem Südosten nebst Australien haben wohl ehemals zusammengehangen, und zwar mittelst der Halbinsel Malaka, indes ist der Zusammenhang nicht mehr bestehend. — Nord- und Süd-Amerika stehen mittelst der 10 M. breiten Landenge von Panamá mit einander in Verbindung.

Asien.

Der Umriß: die Meere, Meerbusen, die Baien, Meerengen, (Kanäle), Halbinseln, Inseln, Landengen und Vorgebirge.

§ 66 (63). Meeresteile: 1) Die Tscheskaja-Bai zwischen der Halbinsel Kanin und der Insel Kolgujew. 2) Das Karische Meer, zu welchem die Baigatsch-Straße führt, zwischen den Baigatsch-I. und dem Festlande. 3) Die Karische Straße oder Eiserne Pforte zwischen der Baigatsch-I. und Nowaja-Semlja. 4) Die Straße Matyuschin (fälschlich Matotschkin)-Schar, welche durch Nowaja-Semlja führt. 5) Der Obische Meerbusen. 6) Der Jeniséiskische Meerbusen. 7) Die Berings-Straße und das Berings-Meer oder Kamtschatkische Meer. 8) Das Ochotskische Meer. 9) Von ihm nach S. führt längs der Festlandsküste die Tatarische Meerenge. 10) Das Japanische Meer. 11) Aus seinem nördl. Teile führen nach O. die Straßen La Pérouse und Sangar. 12) Die Straße von Korea.

§ 67 (64). 13) Das Ost-Chinesische Meer oder Tung-Hai. 14) Das Gelbe Meer. 15) Der Golf von Pe-tschi-li und (im N.-O.) der Golf von Liao-tung. 16) Straße von Fu-kian, zwischen

Formosa und dem Festlande. 17) Das Süd-Chinesische Meer oder Nan-Hai (Süd-Meer). 18) Der Golf von Ton-king. 19) Der Golf von Siam. 20) Die Malaka-Straße. 21) Der Meerb. von Pegu oder Martaban. 22) Das Bengal-Meer oder der Bengalische Meerbusen. 23) Die Palks-Straße und 24) Der Busen von Manaar zwischen Ceylon und dem Festlande. 25) Das Persische oder Arabische oder Grüne Meer. 26) Der Golf von Kambai, am N.-Ende der W.-Seite Vorder-Indiens. 27) Die Straße von Hormusd. 28) Der Persische Meerbusen. 29) Der Busen von Aden.

§ 68 (65). Inseln: 1) Die Inseln Nowaja Semlja. 2) Der Neu-Sibirische Archipel. 3) Die Reihe der Kurilen. Die größte derselben ist Iturup oder Itorpu. 4) Sachalin oder Karaftu. 5) Die Japanesischen Inseln: Jeso, Japán (spr. Djapán) oder Nippon, Schikoku, Kiuschiu. 6) Die Liu-Kiu oder Lu-tschu-Inseln. 7) Thai-wan oder Formosa. 8) Hainan. 9) Die Philippinen-Inseln, darunter Luzon, Mindanao, Mindoro, Palawan. 10) Die Molukkos- oder Gewürz-Inseln, nämlich Halmahera oder Djilólo, Ceram (spr. Serang) mit dem kleinen Ambon, Buru ꝛc. und südlicher die zerstreuten kleinen Banda-Inseln. 11) Celébes. 12) Bórneo. 13) Die großen Sunda-Inseln: Sumátra, nebst Bangka und Bliton; und 14) Jawa (spr. Dschawa). 15) Die kleinen Sunda-Inseln: Bali, Lombok, Sumbawa, Tschinbana, Floris, Timor, Timorláut.

§ 69 (66). Die Mindoro-See zwischen den Philippinen und Borneo. Die Djolo oder Sulu-See zwischen den Philippinen und Celebes. Die Mangkassar-Straße zwischen Borneo und Celebes, und die Molukkos-Straße zwischen Celebes und den Molukkos. Die Banda-See im S. der Molukkos. Die Sunda-See im S. von Borneo. Die Sunda-Straße zwischen Sumatra und Java. Die Pitt-Passage zwischen Celebes und Neu-Guinea. Die Harafura-See zwischen den Kleinen Sunda-Inseln und Australien. 16) Die kleine Insel Singhapur am S.-Ende der Halb-Insel Malaka. Die kleine Insel Pinang oder Prinz Wales in der Straße von Malaka. 17) Die Andamanen und Nikobaren. 18) Ceylon (spr. Seïlang). 19) Die Lakkadiven und Maldiven. 20) Die Inseln Kischm und Hormusd im Eingange zum Persischen Meerbusen.

§ 70 (67). Halbinseln und Kaps: 1) Kap Tscheljuskin, mit Unrecht Nord-Ost-Kap, d. i. auf Russisch Ssewerowostotschij genannt, die Nordspitze Asiens, in 77° n. B. 2) Westlicher Kap Taimyr. 3) Das Ost-Kap, in 152° w. L. an der Tschuktschen

Halbinsel. 4) Halbinsel Kamtschatka mit dem Kap Lopatka. 5) Halbinsel Korea oder Gau-li. 6) Halbinsel von Hinter-Indien mit dem Kap Kambodia. 7) Halbinsel Malaka mit dem Kap Romania, richtiger Remunia, die Südspitze, in 1° n. Br.; die Südwestecke ist Kap Buru. 8) Halbinsel Vorder-Indien oder Dekhan, mit dem Kap Komorin. Die Halbinsel Kattiwar, im W. des Golfs von Kambai (das Land Gutsirate ist ein Teil derselben). 10) Halbinsel Arabien, mit den Kaps el Habb und Mussándom. 11) Halbinsel Klein-Asien, mit dem Kap Baba, der Westspitze Asiens, in 44° ö. L. 12) Landenge von Suês mit der Peträischen oder Sinai-Halbinsel.

Flüsse.

§ 71 (68). Ins nördliche Eismeer münden: 1) Der Ob, links mit dem durch den Dsaissang-See fließenden Irtysch, in welchem links der Ischim und der Tobol münden. 2) Der Jeniseï. In ihn mündet rechts die Angará oder Obere Tunguska, welche aus dem Baikal-See kommt (in den sich die Selenga ergießt); die Mittlere Tunguska; die Untere Tunguska. 3) Die Lena, rechts mit Witim, Olekma, Alban. 4) Ins Eismeer ergießen sich östlich: die Jana, die Indigirka, die Kolyma. — In den Großen Ocean münden: 5) Der Anadyr. 6) Der Amur oder Sachaljan entsteht aus dem Zusammenfluß von Schilka und Argun; letzterer heißt oberhalb des Heiligen-See's, welchen er durchfließt, Kérulun. Rechts in den Amur geht der Sungari. 7) Der Hwang-ho oder Gelbe Fluß. 8) Der Ta-Kiang, d. i. Großer Strom (im unteren Teil seines Laufes heißt er Yangtze-Kiang) oder Blauer Fluß. 9) Der Kantong-Fluß, welcher aus dem Hsi-Kiang oder Tiger und anderen Strömen entsteht. 10) Der Mekhong oder Kambodia. 11) Der Menam. — Ins Indische Meer münden: 12) Der Ssalwehn (engl. Thaluayn). 13) Die Irawady. 14) Der Brahmaputra. 15) Der Ganges, rechts mit der Dschamna. 16) Die Godáwari. 17) Die Krischna.

§ 72 (69). 18) Der Tapti. 19) Die Narbaba. 20) Der Indus, jetzt Sindhu genannt, rechts mit dem Kabul, links mit dem Pandschnâd, der aus dem Satledsch oder Satubra, dem Tschinab und anderen Strömen entsteht (Pandschab oder Fünfflußland). 21) Euphrat oder Frat und Tigris, nach ihrer Vereinigung Schatt-el-Arâb genannt. — Steppenflüsse: 22) Der Ili, mündet in den Balkhasch-See. 23) Der Tarim, mündet in den Lop-See. 24) Der Ssyr, ehemals Jaxartes. 25) Der Amu, ehemals Oxus, wie der vorige in den Aral-See mündend. 26) Ins

Kaspische Meer geht die Kura, rechts mit dem Aras oder Araxes. 27) Der Hilmend mündet in den Hamun-See. 28) Der Jordan durchfließt den See Merom und den See von Tiberias oder Genesareth oder das Galiläische Meer und ergießt sich in das Tote Meer. 29) Nördlicher der Orontes ins Mittelländische Meer. 30) Ins Schwarze Meer mündet der Küsül-Irmak. — Außer den genannten Seen sind zu merken: 31) Südlich vom Balkhasch-See der Issi Kul, d. h. der Warme See. 32) Westlich von China der Khukhu-Nor oder Blaue See und der Tengri-Nor oder Heilige See. 33) Der Wân-See, Urumia-See und Goktscha, südlich vom Kaukasus.

Die Höhen.

§ 73 (70). I. Das östliche hohe Asien, östlich vom Hindu-Kusch. A. Die Alpen Tibets. 1. Im Süden: der Himálaia, d. h. Wohnung des Schnees. a. Der westliche, von NW. nach SO. streichend, besteht aus mehreren Parallelketten, deren nördlichste Kwen-lün, nördlich von Balti aber Belor heißt; in ihm liegt der zweithöchste Berg der Erde, der 26.533 = 8619 m h. Dapsang. Fast 50 Bergspitzen des westlichen Himálaia sind etwa 20.000 Fuß = 6500 m. hoch und höher. An seinem SO.-Ende, also in der Mitte des ganzen Hamálaia-Gebirges, liegt der 24.033 = 7807 m h. Djawâhir. b. Im östlichen Himálaia, der von W. nach O. streicht, sind zu nennen: der 25.172 = 8177 m. h. Dhâolagiri, der 26.340 F. = 8581 m. h. Kantschindschinga, der 27.212 = 8839,6 m. h. Gaurisankar oder Everest-Berg (der höchste Berg der Erde) und der 21.888 = 7110 m. h. Tschamalari. 2) Nördlich vom östlichen Himálaia geht ihm parallel das Koiran-Gebirge, dessen nordwestliche Fortsetzung das Kailasch-Gebirge oder Gangsri, d. h. Eisgebirge, ist. 3) die N.-Seite der Alpen Tibets bildet die nach O. gerichtete Fortsetzung des Kwen-lün, das Bajan-Khara-Gebirge.

§ 74 (71). B. Die chinesischen Gebirge. 4) In der östlichen Fortsetzung des Himálaia liegt das Schneegebirge Lang-tan; von ihm aus nach O. zieht das Nan-ling, d. h. Südchinesische Gebirge. 5) Vom Lang-tan zieht das mächtige Jün-ling, d. h. das Wolkengebirge, nach NO. zu dem im SO. des Sees Khukhu-nor gelegenen Siue-Schan, d. h. das Schneegebirge. 6) Das Gebirge im N. ist die Fortsetzung des Kwen-lün: der Pe-ling oder das Nordchinesische Gebirge. 7) Im N. des Khukhu-nor macht das 15.000 Fuß. = 4870 m. h. Schneegebirge Nan-Schan die Grenze gegen die Hochebene Gobi.

C. An die W.-Ecke des tibetanischen Alpenlandes grenzt 8) der Hindu-Kusch mit dem wohl 16.780 F. = 5480 m. hohen Tiritsch-Mir; und an dasselbe legt sich 9) ein nach NW. gestrecktes ungeheures Plateau von 14.000 F. = 4550 m. H., das Plateau von Pamir oder das Dach der Welt, dessen Ostrand Bulut-Tagh (Wolken-Gebirge) heißt.

§ 75 (72). D. Zwischen dem Tarim-Flusse und dem Dsaissang-See streckt sich von W. nach O. 10) das gewaltige Alpengebirge des Tien-Schan, d. h. Himmelsgebirge, oder Mus-Tagh, aus einem nördlichen und einem südlichen Zuge bestehend, mit dem 22.470 F. = 7300 m. h. Khan-Tengri, dem Vulkane Pe-schan und dem Vulkane bei Hotschéu. Die höchste Masse des ganzen Gebirgs-Systems scheint der Bogdo-Oola zu sein. Der nördlich vom Jli-Flusse liegende Gebirgszug ist der Ala-tau; d. h. Buntes Gebirge, mit 12.000 bis 16.000 F. = 3900 bis 5200 m. h. Gipfeln.

E. Zwischen den tibetanischen, den chinesischen und den Tien-Schan-Alpen-Massen liegt eine Einsenkung, in welcher der Tarim nach O. fließt, vielleicht in nicht mehr als 620 m. H., und eine Kiesel- und Sandwüste, welche wohl größer ist als Deutschland. Nach O. hin schließt sich, im Norden der chinesischen Gebirge, daran die langgestreckte Sand-Wüste Scha-mo, d. h. Sand-Meer, im N. und S. von einer langgedehnten, als Weide dienenden Steppen-Region begrenzt, welche Gobi heißt.

§ 76 (73). F. An die NW.-Seite der Gobi und im N. des Dsaissang-Sees legt sich 11) das Altaï-Gebirge, mit dem 10.213 F. = 3350 m. h. Bjälucha. Oestlich von ihm zieht 12) das Tannu-Gebirge zu den Selenga-Quellen, und nördlich von ihm ist 13) das Sajanische Gebirge. — G. Vom Baikal-See aus dehnen sich die Ostsibirischen oder Dáurisch-lamutischen Gebirge hin. 14) Vom SW.-Ende des Sees, vom 6300 F. = 2050 m. h. Khamar-Dawán, zieht sich an der W.-Seite des Sees 15) das Baikal-Gebirge hin; und nach SO. schließt sich 16) das Kentei-Gebirge an, dessen nördlichster Theil Khin-gan-Oola heißt. Auf der linken Seite des Ononflusses zieht 17) der Jableni-Chrebet (d. h. Jableni-Gebirge) nach NO. — Nach dem Ochotskischen Meere hin erstreckt sich 18) das lange Dschukdschur-Gebirge, und von ihm 19) längs des Meeres der steile Stanowoi-Chrebet, der bis in die Tschuktschen-Halbinsel reicht. 20) Längs des Aldan läuft das Aldanische Gebirge. 21) Nördlich von der Olekma, zwischen der Lena und dem Wilui, der Wiluiski Chrebet. H. Im O. und W. der Gobi streckt sich vom Amur nach SW.: 22) der große Khin-gan, bis 8000 F. = 2600 m. h.

§ 77 (74). II. Das westliche hohe Asien, westlich vom Hindu-Kusch. — J. Das Hochland von Iran, 3000 bis 5000 F. = 970—1620 m. h.; den Ostrand bildet 23) das indopersische Grenzgebirge mit dem 3443 m. h. Takhti-Suleimân (Salomons-Thron). Im W. des Hindu-Kusch ziehen nach W.: 24) die Ketten von Khorassan, und westlich davon, im S. des Kaspischen Meeres, 25) das Elbúrs-Gebirge mit dem 17.452 F. = 5669 m. h. Demawend. Westlicher breitet sich 26) das Armenische Alpenland aus, in welchem der 15.121 F. = 4912 m. h. Ararat liegt. — K. Westlicher schließen sich die Gebirge Klein-Asiens an, namentlich 17) der Taurus, mit Gipfeln bis 11.000 F. = 3570 m. h. Der erloschene Vulkan Argäus ist 11.824 F. = 3841 m. h. In der NW.-Ecke der Halbinsel liegen der 5940 F. = 1930 m. h. Mysische Olymp und der 5400 F. = 1754 m. h. Ida.

§ 78 (75). L. Im S. schließt sich an Klein-Asien das Gebirgsland von Syrien und Palästina, durchzogen 28) vom Libanon und Anti-Libanon, ersterer mit einem 10.362 F. = 3066 m. h. Gipfel, letzterer am S.-Ende mit dem 8800 F. = 2860 m. h. Großen Hermon. Das Tote Meer liegt in einer von N. nach S. bis zum Akabah-Golf gehenden Spalte, 1207 F. = 392 m. unter dem Spiegel des Mittelmeeres.

Tiefländer.

Der Spiegel des Kaspischen Meeres liegt 79 F. = 25,6 m. unter dem Spiegel des Mittelmeeres. Um den Kaspischen und Aral-See und weiter nach W. und N. hin dehnt sich 29) das Kaspisch-sibirische Tiefland aus, die größte Tiefebene der Erde, zum Teil Kirghisen-Steppe, zum Teil Turan genannt. 30) Das Tiefland von Hindostan und Bengalen. 31) Das Tiefland Mesopotamien; die kleineren Tiefländer Hinterindiens und des östlichen China.

§ 79 (76). III. Die Vorder-indische Halbinsel oder Dekhan, eine Hochebene, auf der Ost- und Westseite 32) von den Ghats eingefaßt, die auf der Westseite 4200 F. = 1370 m., auf der Ostseite 1500 F. = 490 m. h. sind. 33) Wo beide im S. zusammenlaufen, erheben sich die bis 8100 F. = 2630 m. h. Gipfel des Nilagiri-Gebirges. 34) Im N. begrenzt Dekhan das längs der Narbada ziehende Vindhja-Gebirge, bis 2000 F. = 650 m. h. 35) Auf Ceylon liegt der 7780 F.

= 2528 m. h. Piburutalagalle und der 6927 F. = 2250 m. h. Adams-Pik. — IV. Die Halbinsel Arabien, vielleicht im Mittel 2000 F. = 650 m. h., hat in ihrem westlichen Teile ein bis 6000 F. = 1950 m. h. Gebirge. Wo sich Arabien an die Gebirge Palästinas schließt, im W. der syrisch-mesopotamischen Wüste, liegt zwischen dem Meerbusen von Sues und Akabah: 36) Die dreieckige Halbinsel des Sinaï mit dem 6910 F. = 2244 m. h. Katharinberge und dem 8010 F. = 2602 m. h. Musa- oder Mosesberge. — V. 37) Der Kaukasus; darin der 17.426 F. = 5662 m. h. Elborús und der 15.525 F. = 5043 m. h. Kasbek.

§ 80 (77). 38) In der Vulkan-Reihe der Halbinsel Kamschatka liegen 38 (12 thätige) Vulkane, deren einer sich vom Meere aus zu 14.800 F. = 4804 m. H. erhebt (der Kliutschewskische Berg). 39) In der 600 Meilen langen Reihe der Vulkane auf den Kurilischen und Japanesischen Inseln liegen 31 Vulkane (bei Jedo der 11.584 F. = 3763 m. h. Fusijama). 40) In der Reihe der Molukken und Philippinen liegen 44 Vulkane, wovon 14 auf Luzon. 41) In der Reihe der Sunda-Inseln 68 (20 thätige auf Java); der höchste auf Sumatra ist 11.100 F. = 3606 m. h., auf Java der 11.500 F. = 3735 m. h. Semeru.

Die Staaten.

§ 81 (76). I. Das russische Asien.

A. Statthalterschaft Kaukasus.

(Cis- und Trans-Kaukasien), in 6 Gouvernements, 3 Gebiete und 3 Bezirke geteilt. Hauptstadt Tiflis 104.000 E.

B. Sibirien.

In 4 Gouvernements und 4 Gebiete geteilt. Omsk 30.560 E. Tobolsk 17.400 E. Tomsk 25.600 E. Jeniseisk 7200 E. Kraßnojarsk 14.200 E. Jakutsk 4830 E. Daran grenzt die noch nicht unterworfene Tschuktschen-Halbinsel. Im Küsten-Gebiet Ost-Sibiriens (einschließlich der Halbinsel Kamtschatka, der Insel Sachalin und des Mündungsgebietes des Amur) liegen Sofijsk, 600 E., und Nikolajewsk 5300 E. Irkutsk 32.300 E. Im Transbaikalschen Gebiete oder in Daúrien: Nertschinsk 3750 E. und Kjachta 4300 E.

C. Central-Asien.

6 Gebiete und 1 Bezirk. Dasselbe umfaßt auch die Khirghisensteppe. Städte Uralsk 17.600 und Ssemipolatinsk 10.140 E., Khokan 75.000 E., Taschkent 86.230 und Samarkand 30.000 E.

Asien. Die Staaten.

§ 82 (79). II. Das chinesische Asien.
 A. Das chinesische Kaiserreich.
1. Das eigentliche China, in 18 Provinzen geteilt. Peking 1.000.000 E. Nanking (größtenteils zerstört) 450.000 E. Tschang=tschóu=fu 1 Mill. E. Schang=hai 277.000 E. Wu=tschang-fu nebst Han=yang=fu und Han=káu, beisammenliegend, auf 5 Mill. E. geschätzt, also der größte Ort der Erde. Kuang=tschóu oder Kantong 1.000.000 E. Macao, portugiesisch, 77.000 E. Auf der britischen Insel Hongkong: Victoria 102.000 E.
2. Die Mantschurei, Hauptstadt Schöng=yang oder Mukden 170.000 E.
3. Die Mongolei, und zwar: a. die innere oder südliche Mongolei, im südlichen Schamo, und b. die äußere oder nördliche Mongolei, im nördlichen Schamo. Urga 30.000 E., mit dem hochheiligsten Kloster der Mongolen. An der russischen Grenze liegt der Maimatschen von Kjachta, d. h. Handelsplatz von Kjachta. c. Die Dsungarei, der Nordwest=Teil am Altaï=Gebirge.
4. Tsing=hai oder das Land um den Khu=khu=Nor', auch Tangut, Sifan, Turfan genannt.

§ 83 (80). 5. Tibet. Hauptstadt Lasa 25.000 E. Dabei Potala, der Buddha=Berg mit dem Kloster des Stellvertreters Gottes, des Dalaï Lama.
Die Tributstaaten Chinas. 1. Korea oder Gao=li, Königreich. — 2. Die Lu=tschu oder Liu=Kiu=Inseln.

§ 84 (81). B. Das Kaisertum Japan (spr. Djapan). Hauptort: Tokio, bisher Yedo genannt, 1.037.000 E.; Kioto, früher Miako, 239.000 E.; Nagasaki 47.400 E., auf Kiu=schiu. Die abhängigen Inseln sind: Jeso, die Kurilen, die 70 Bonin=Inseln und die Liu=kiu=Inseln.

 C. Das Birmanische Reich oder das Mranma=Reich. Hauptstadt Mandaleh 100.000 E.; ehmals war Ava Hauptstadt, später Amerapura. Dazu gehörten im Osten die Tributstaaten der Schans, deren südliche Siam tributär sind.

 D. Das Königreich Scham oder Taï, Siam genannt. Hauptstadt Bangkok 400.000 E.

 E. Das Königreich An=Nam besteht aus:
a. Tonking. — b. Cochinchina (spr. Kotschintschina). Hauptstadt Hué 100.000 E.

 F. Das Königreich Kambodia oder Kaomen, unter französischem Schutze stehend.

 G. Im Innern die Länder der Máoli und der Láua (Laos).

§ 85 (82). III. Das mohammedanische Asien.

A. Das chinesische Dschitschehr oder Sieben-Städte-land; im Süden des Tien-Schan, ist das vom Tarim durchflossene Land, früher auch Kleine oder Hohe Bucharei oder Ost-Turkistan genannt. Hauptstadt Yarkönd 90.000 E.; Kaschghar 60.000 E.

B. Die Staaten in Turân oder Turkistân.

1. Das Khanat oder Fürstenthum Bokhâra. Hauptstadt Bokhâra 80.000 E. — 2. Das Khanat Khiwa. Hauptstadt Khiwa 4000 E. — 3. Turkmenien, von nomadischen Turkmen-Stämmen bewohnt.

C. Die Staaten in Irân.

1. Afghanistan. Kabul 60.000 E. Kandahar 18.000 E. Herat 50.000 E.
2. Balutschistan. Hauptstadt Kelat 8000 E.
3. Persien, Kaiserreich. Es besteht aus:
a. Irak-Adjäm oder Mittel-Persien, in 5 Landschaften geteilt. Teheran 100.000 E. Isfahân 60.000 E. — b. West-Persien oder Aserbaidjan (Hauptort Täbris 100.000 E.), Kurdistan, Luristan und Khusistan. — c. Süd-Persien oder Farsistan (Schiras 30.000 E., Buschär 25.000 E.) und Kermân ꝛc. — d. Nord-Persien oder Gilan (Rescht 25.000 E.) und Masenbarán. — e. Ost-Persien oder Khorassan (Meschhed 60.000 E.), die große Salzwüste ꝛc.

§ 86 (83). D. Arabien.

a. Nedschd, die Hochebene des Innern. — b. El Hasa, jetzt türkisch. — c. Omân. Maskat 50.000 E. — d. Hadhramaut. — Beide folgende sind jetzt türkisch: e. Yemen. Sanâ 20.000 E. Mochha 8000 E. (Aden 23.000 E., britisch.) — f. El Hidschâs. Yanbo 2000 E. Medynah 16.000 E. Mekka 45.000 E. Dschibba 30.000 E. — g. Die Sinaï-Halbinsel, jetzt zu Aegypten gehörig.

§ 87 (84). D. Die asiatische Türkei.

1. Syrien oder Scham oder Suristan. Sur oder Tyrus 5000 E. Saïda oder Sidon 12.000 E. Beirut 80.000 E. Tripoli 18.000 E. Antakieh oder Antiochia 17.000 E. Haleb oder Aleppo 65.000 E. Damaskus 88.000 E. Ruinen von Baalbek und von Palmyra oder Tadmor. — Das südliche Syrien ist Palästina. Jerusalem 21.000 E. Bethlehem 5000 E. Hebron 10.000 E. Akka 8000 E. Joppe 15.700 E. Ghazza 16.000 E. Nablûs oder Sichem 6600 E. Tiberias 3000 E. Nazareth 7000 E.

2. Erak=Arabi oder Babylonien und el Dscheſireh, zum Teil Aſſyrien. Baghdad 75.000 E. Ruinen von Babylon. Baſſóra oder Basra 8000 E. Moſul 45.000 E. Ruinen von Niniveh. — 3. Kurdiſtan. Wán 33.000 E. — 4. Armenien. Erſerum 30.000 E.
5. Klein=Aſien oder Natolien. Skutari 100.000 E. Bruſſa 70.000 E. Smyrna oder Ismír 188.000 E. Angora 38.000 E. Konja oder Iconium 30.000 E. Tirabzon oder Trebiſond oder Trapezunt 35.000 E.
6. In Arabien, ſiehe oben D.

§ 88 (85). IV. Das indiſche Aſien.

Hinduſtan oder Oſtindien. — Abhängig, aber nicht unterworfen iſt Kaſchmir. Hauptſtadt Sirínagar 250.000 E. Dazu gehört Ladakh oder Mittel=Tibet, und Baltiſtán oder Klein=Tibet. Unabhängig iſt Nepal. Hauptſtadt Katmandu 50.000 E.

Britiſches Oſt=Indien.

1. Präſidentſchaft Bengal. Hauptſtadt Kalkutta über 892.430 E. Dſchagannath (engliſch geſchrieben Juggernauth) 30.000 E. Patna 159.000 E.
2. Das Gouvernement der Nordweſt=Provinzen. Benares 175.200 E. Allahabad 143.700 E. Agra 149.000 E. Dehli 154.400 E.
3. Die Provinz Audh (Oude). Laknau 285.000 E.
4. Die Provinz Pandſchâb. Lahore 99.000 E. Amritſar 136.000 E. Peſchawar 58.500 E.

§ 89 (86). 5. Die Central=Provinzen. Hauptſtadt Nagpur 84.400 E. — Des Nizam (d. h. des Fürſten) Land. Hauptſtadt Haidarabad, über 200.000 E.
6. Provinz Britiſch Barma. Hauptſtädte Pegu und Rangun. Tenaſſerim.
7. Präſidentſchaft Bombay, nebſt Sind. Karatſchi (Kurachee) 53.500 E. Surat 107.000 E. Bombay 644.400 E. Höhlentempel von Ellur. Goa (portugieſiſch) 9000 E. — (Südlicher die Küſte Malabar.)
8. Präſidentſchaft Madras. — Madras 397.500 E. In dieſem Gebiete liegen auch: Kurg und Maiſur. Maiſur 58.000 E. Pondicherry (franzöſiſch) 30.000 E. (Nördlicher die Küſte Koromandel.)
9. Die Inſel Ceylon. Kolombo 100.200 E. Kandi 17.400 E. Galle 48.000 E.; und die Lakkadiven und Maldiven.
10. Die Straßen=Anſiedlungen. Prinz=Wales=Inſel oder

Pinang. — Malaka. — Singhapur 97.100 E. — Andamanen-Inseln.

§ 90 (87). Der ostindische Archipel oder Austral-Asien. Sumátra gehört im Süden zu ⅔ den Holländern. Palembang 40.000 E. — Java ist holländisch. Batavia 99.100 E. — Bórneo. — Celébes. Holländisch. Mangkassar 24.000 E. — Die Molukken: Amboïna, Banda, Ternate, die Kleinen Sunda-Inseln und Timor sind holländisch. — Die Philippinen sind spanisch. Manila 160.000 E. Die Marianen, spanisch. Auch die Karolinen und die Gilberts und Marschalls-Inseln (Rataks- und Raliks-Gruppe) zählen die Spanier zu diesem ihren Insel-Gebiete.

Oceanien.

§ 91 (88). **Meeresteile und Kaps:** 1) Golf von Karpentaria. 2) Torres-Straße. 3) Korallen-Meer. 4) Baß-Straße. 5) Spencer-Golf. 6) Austral-Bai. 7) Kap York, Nordspitze, in 11° s. Br. 8) Kap Wilson, Südspitze, in 39° s. Br. 9) Kap Byron, Ostspitze, in 140° ö. L. 10) Insel Dirk Hartog, die Westspitze. 11) Kap Leeuwin (spr. Löwin). Südwestspitze. 12) Nordwest-Kap.

Inseln: 1) Van Diemens-Land, jetzt Tasmania genannt. 2) Die Bonin-Sima-Inseln, im O. der Liu-Kiu. 3) Die Marianen oder Ladronen. 4) Die Palaos- oder Pelew- (spr. Pelju-) Inseln. 5) Die Karolinen, deren östlichste Ualan heißt. 6) Der Mulgrave-Archipel oder die Marschalls-Inseln, bestehend aus der Gruppe der Raliks-Inseln im W., den Rataks-Inseln im O., und den vom Äquator durchschnittenen Gilberts-Inseln. 7) Die Viti- oder Fidschi-Inseln. 8) Die Freundschafts- oder Tonga-Inseln. 9) Die Schiffer- oder Samoa-Inseln. 10) Die Cooks- (spr. Kuhks) oder Mangia-Inseln. 11) Die Gesellschafts-Inseln, darunter Tahiti oder Otaheiti. 12) Die Pomotu- (jetzt Tuamotu-) oder Gefährlichen oder Niedrigen Inseln; die südlichste derselben heißt Pitcairn (spr. Pitkärn). 13) Die Marlesas- oder Mendaña- (spr. Mendanja-) Inseln; darunter Nukahiwa. 14) Die Sandwich- (spr. Sänduitsch-) Inseln; darunter Hawaihi oder Owaihi.

§ 92 (89). Der innere Kranz: 15) Neu-Guinea. 16) Der Louisiade-Archipel. 17) Neu-Britannien und Neu-Irland. 18) Der Salomons-Archipel. 19) Die Santa-Cruz (spr. Krus-) oder Charlotten-Inseln. 20) Die Neuen Hebriden. 21) Neu-Caledonia oder Balabéa. 22) Die Norfolk-Inseln. 23) Die Kermadek-

Oceanien. Inseln, Flüsse, Höhen.

Inseln. 24) Neu-Seeland, nämlich Te-Ika-a-maui, Te-Wahipunamu, und die Süd- oder Stuart-Insel; erstere beiden durch die Cooks-Straße von einander getrennt. 25) Die Auckland-Inseln. 26) Die Chatam-Inseln (spr. Tschätäm).

§ 93 (90) Flüsse und Seen: 1) Der Murray (spr. Mörreh), links mit dem Goulburn (spr. Golbörn), rechts mit dem Murrumbidgi (spr. Mörrömbidschi) und dem Darling, der aus dem Macquary (spr. Mechwerry) und anderen Flüssen entsteht. 2) Der Hawkesbury (spr. Haksbri). 3) Der Schwan-Fluß. 4) Der Torrens und Eyre-See. 5) Der Gairdner-See (spr. Gärdner).

Gebirge: 1) In der SO.-Ecke Australiens haben die Australischen Alpen oder das Warragong-Gebirge einen 6733 F. = 2187 m. h. Gipfel; das Bergland von Neu-Süd-Wales hat im Hochlande der Blauen Berge einen 3800 F. = 1234 m. hohen Gipfel; nördlicher liegt im W. der Moreton-Bai ein 5600 F. = 1820 m. h. Berg. 2) Den NW. bildet ein mächtiges bis 1500 F. = 488 m. h. Tafelland. 3) In der Mitte zeigt sich ein Wechsel von Ebenen und Erhebungen, öden Sandflächen und grasreichen Landstrichen, dürrem Gestrüpp und parkähnlichen Wäldern, wasserreichen Höhenzügen und fruchtbaren Thälern. 4) Tasmanien hat einen 4000 F. = 1300 m. h. Gipfel. 5) Die westaustralische Vulkan-Reihe (400 Meilen lang) zählt 40 Vulkane. Neu-Guinea hat einen 12.400 F. = 4000 m. h. Berg, die Viti-Inseln einen 5000 F. = 1625 m. h., die Schiffer-Inseln einen 4200 F. = 1365 m. h., die Cooks-Inseln einen 4000 F. = 1300 m. h., die Marquesas-Inseln einen 3500 F. = 1137 m. h.; auf den Sandwichs-Inseln erhebt sich der Máuna-Roa und Máuna-Kea bis über 13.000 F. = 4200 und 4252 m. 6) Die Berge Neu-Caledoniens sind bis 6000 F. = 1950 m. h.; und auf Neu-Seeland ist der Egmont 7758 F. = 2520 m. h., Cook 12.385 F. = 4023 m. h. und der ehemalige Vulkan Edgecumbe 2575 F. = 836 m. h.

§ 94 (92). 1) Australien, das den Briten gehört, zerfällt in 5 Kolonien.

Neu-Süd-Wales. Hauptstadt Sydney 183.000 E. — Queensland (spr. Kwinslänb). Hauptstadt Brisbane (spr. Brisbehn) 32.000 E. — Victoria. Hauptstadt Melbourne 250.700 E. — Süd-Australien. Hauptstadt Adelaide 31.600 E. — West-Australien oder Schwan-Fluß-Kolonie. Hauptort Perth 7000 E. — Van-Diemens-Land oder Tasmanien. Hauptort Hobarton 20.000 E. — Die Norfolk-Inseln.

2) **Melanesien.**
Neu=Guinea oder Papúa und die in der südöstlichen Fortsetzung gelegenen Inselgruppen. — Neu=Caledonien, französisch. — Neu=Seeland, britisch. Hauptstadt Auckland 25.000 E.

3) **Polynesien.**
Von den in § 91 genannten Inselgruppen gehört: ein Teil der Gesellschaftsinseln den Franzosen; auf Tahiti die Hauptstadt Papeïti; ebenso die Markesas oder Mendaña=Inseln. — Auf den Sandwich=Inseln: Honolulu 14.100 E.

Afrika.

§ 95 (93). Meeresteile: 1) Der Busen von Guinea mit den Buchten von Benin und Biafra. 2) Die Delagoa=Bai, an der SO.=Seite. 3) Die Sofala=Bai. 4) Der Kanal von Mosambik. 5) Der Golf von Aden, die Straße Bab=el=Mandeb und das Rote Meer oder der Arabische Meerbusen, am N.=Ende mit dem Busen von Suës und Akabah. 6) Das Syrten=Meer: die Kleine Syrte oder der Busen von Gabes, im W.; und die Große Syrte oder der Busen von Sydra, im O. 7) Das Levantische Meer.

Inseln: 1) Azoren (spr. Aßoren) oder Habichts=Inseln, darunter Tercéira und San Miguel. 2) Madéira. 3) Canarien, darunter Tenerife, Gran=Canaria, Ferro. 4) Kapverdesche Inseln oder Inseln des Grünen Vorgebirges. 5) Guinea=Inseln, nämlich Fernando Poo (nicht Po), Sao Tomé (spr. Saung=Tomé), Prinzen=Insel und Annobon. 6) Ascension= oder Himmelfahrts=Insel. 7) St. Helena. 8) Madagaskar. 9) Die Mascareñas (spr. Mascarenjas), nämlich Mauritius oder Ile de France und Réunion oder Ile Bourbon. 10) Die Seychellen, darunter Mahé; und die Amiranten. 11) Der Chagos=Archipel (spr. Tschagos). 12) Die Comoren, darunter Mayotta. 13) Sansibar, dicht an der Ostküste Afrikas. 14) Diu Socótora. — Mitten im indischen Ocean: 15) Kerguelensland, St. Paul und Amsterdam.

§ 96 (94). Kaps: 1) Kap Blanco, unfern des Kap Bon (37° n. Br.), die N.=Spitze Afrikas. 2) An der W.=Seite Kap Espartel, Kap Nun, Kap Branco, Kap Verde oder Grünes Vorgebirge, fast in 0° L., die W.=Spitze Afrikas. Im Guinea=Busen: Kap Palmas, Kap Lopez, Kap Negro; Kap der guten Hoffnung; Nadelcap oder Agulhas=Kap (spr. Aguljas), unter 35° f. Br., die Südspitze. 3) An der Ostseite: Kap Delgado, Kap Corrientes,

Kap Santa Lucia, Kap Djarb-Hafûn oder Guardafui, in 69°
ö. L., die Ostspitze von Afrika, an der Halbinsel der Somalis.

§ 97 (95). **Flüsse und Seen:** 1) Der Nil. Der Hauptstrom heißt oberhalb Bahr (spr. Bachr) el Abjad, d. h. der Weiße Fluß. Rechts nimmt er auf: den Sobât, den Bahr el Asrak oder den Blauen Fluß, welcher aus dem Tsana-See kommt, und den Abbara oder Takassé. — Ins Indische Meer gehen: 2) Der Dschuba oder Dscheb. 3) Der Haines-Fluß. 4) Der Sambesi. — Der Limpópo. — 5) In das Atlantische Meer gehen: Der Oranje-Fluß oder Garib aus dem Nu-Garib und Ky-Garib (gelber oder vaaler [fahler] Fluß) entstehend. 6) Der Koanza. 7) Kongo oder Zaire (spr. Seire). 8) Der Niger, im Oberlaufe Dhiuliba, im Mittellaufe Kuára (sonst Quorra) genannt, links mit dem Benue oder Tschadda. 9) Der Gambia. 10) Der Senegal. 11) Der Tsad-See, in welchen von Süden her der Schari oder Ba mündet. 12) Der Nyanza von Ukerewe oder der Viktoria-See. 13) Der M'wuta N'zigé oder Albert-See. 14) Das Udschidschi-Meer oder der Tanganyika-See. 15) Der Nyassa-See. 16) Der Schirwa-See. 17) Der Ngami-See.

§ 98 (96). Im nördlichen hohen Afrika: 1) Der Hohe Atlas, mit einem 10.700 F. = 3475 m. h. Gipfel. 2) Die Gebirge des Kleinen Atlas, bis 8660 F. = 2813 m. h. 3) Das Plateau von Barka. 4) Im S. grenzt daran der Streif der Sahára, d. h. des Steppenlandes. 5) Noch südlicher folgt die wüste Hochebene oder Hamáda, bis fast 1600 F. = 520 m. h. 6) Die Wüste (⅔ von der Fläche Europas), nämlich die Libysche Wüste, im Osten, die kleinere; und die Sahel im Westen. 7) In letzterer liegt das bis 5000 F. = 1625 m. hohe Alpenland der Asgar und das Alpenland des Dschebl Hogár. 8) Der im Mittel vielleicht 800 F. = 260 m. h. Flache Sudân, nach S. in vereinzelte Hügel- und Bergländer übergehend. 9) Die Gebirge Senegambiens, bis 9000 F. = 2925 m. h., die sich östlicher als Kong (d. h. Gebirge) fortsetzen. 10) Zu beiden Seiten des Nil die libysche und arabische Kette. 11) Das Alpenland von Habesch oder Abessinien; und darin das Semiên-Gebirge mit 14.400 F. = 4677 m. h. Gipfeln, und die im Mittel 6600 F. = 2144 m. h. Hochebene des Tsana-Sees.

§ 99 (97). Im südlichen hohen Afrika: 12) Auf der Ostseite, vom Äquator nach S., das Dschagga-Gebirge (vielleicht das vielgesuchte Mond-Gebirge); darin der 18.000 F.

= 5850 m. h. Kilima-Ndscharo. 13) Das vom Sambesi im Lupata-Passe durchbrochene, bis 3000 F. = 975 m. h. Jura-Gebirge. 14) Das Kwatlamba- und Drachen-Gebirge (über 9000 F. = 2925 m. h. Gipfel). 15) Auf der Westseite: das über 13.000 F. = 4222 m. h. Kameruns-Gebirge (Gebirgsland der Amboser) am Busen von Biafra. 16) Die Serra do Crystal. 17) Die parallelen Randgebirge der Stufen des Kaplandes, zwischen denen die Hochebene Karroo liegt. (Der 9600 F. = 3118 m. h. Kompaßberg.) 18) Auf Madagaskar Gebirge bis zu 6000 F. = 1950 m. Höhe. 19) Auf Ile de France ein 2400 F. = 780 m. h. Gipfel. Auf Ile Bourbon ein thätiger Vulkan und ein 9500 F. = 3086 m. h. erloschener. 20) Auf Madeira ein 5700 F. = 1850 m. h. Berg. 21) Auf Tenerife der höchste Berg der Canarischen Inseln, der 11.400 F. = 3700 m. h. Pico be Teyde, ein Vulkan. 22) Die Kap-Verdeschen Inseln mit einem 8900 F. = 2890 m. h. Vulkane. 23) Ascension 2700 F. = 877 m. h., St. Helena 2550 F. = 830 m. h.

§ 100 (98). 1) Magreb oder die Staaten der Berberei. Das Sultanat Marocco. Hauptstadt Fäs 100.000 E. Marákesch. oder Marocco 50.000 E. Mäkinäs, Sommer-Residenz, 50.000 E. Algerien, den Franzosen gehörig, ist in 3 Provinzen und die Sahara getheilt. Algier 57.600 E.

Das Beylik (Regentschaft) Tunes. Hauptstadt Tunes 125.000 E.

Das Beylik Tripoli, unter der Herrschaft der Türkei. Tarabulus oder Tripoli 20.000 E. In dem dazu gehörenden Fesân: Mursuk 3000 E. — Dazu das ehemalige Beylik Barka.

2) Die Staaten der Wüste.

Das Gebiet der Tebu- oder Tebastämme, östlich vom 30. Meridiane. — Das Gebiet der Tuáreg- oder Imoscharh-Stämme, zwischen dem 30. und dem 13. Meridiane. — Das Reich Ahîr. — Das Alpenland Dschebl Hogár, von den Asgar oder Hogar bewohnt. — Das Gebiet der maurischen Stämme, westlich vom 13. Meridiane.

§ 101 (99). 3) Die Staaten des Sudân. Senegambien, nämlich die Staaten der Dhioloffen, und die Besitzungen der Franzosen (St. Louis 4000 E. 2c.), der Engländer und der Portugiesen (Bissagos-Inseln 2c.); ferner das Gebiet der Senegal-Futas, namentlich Futa-Dhialon; und die Länder der Wangarawas oder Manbingos.

Die Kura-Staaten, hauptsächlich Segu. Hauptstadt Segu-Sikoro 30.000 E. — Die Staaten des Haúsa-Volkes (Timbuktu oder Tunbutu 13.000 E.). — Die Sudân-Staaten der Mitte. — a. Sókoto. Darin Kano 30.000 E. — b. Bornu. Hauptstadt Kuká 60.000 E. — c. Baghirmi. — d. Wabaï.

§ 102 (100). 4) Die Guinea-Länder.

Das Königreich Dahomê oder Dahomi. Hauptort Abomê 30.000 E.

Das Aschanti-Reich. Hauptort Kumassie 100.000 E.

An der Goldküste liegen: Britische Festungen (Cap-Coast-Castle und El-Mina). Elfenbeinküste. Westlicher folgt die Körner- oder Pfefferküste. — An der Sierra-Leona-Küste liegt der Neger-Freistaat Liberia (Hauptort Monrovia 2000 E.) und die britische Neger-Kolonie Sierra-Leona (Hauptort Freetown, spr. Frihtaun) 18.000 E.

Die Guinea-Inseln. Fernando-Poo ist spanisch, sowie Anno- bom; St. Tomé und die Prinzen-Insel sind portugiesisch.

In Süd- oder Nieder-Guinea unterscheidet man: Pongo- oder die Gabûn-Küste. — Loango. — Kongo. — Angola und Benguela, port. Hauptorte: San Paulo de Loanda oder Angola 14.500 E., San Felipe de Benguela 2500 E.

§ 103 (101). 5) Die Nil-Länder, unter dem Vice- Könige von Ägypten.

A. Ägypten.

a. Unter-Ägypten oder das Delta. Alexandria 165.750 E. Suês 11.300 E. — b. Ober-Ägypten. Kairo 327.500 E. (Pyramiden). — Ruinen von Theben; darin die Dörfer Luksor und Karnak. Asswân (Insel Philä). — An der Ostküste: Kosêr. — Oase des Jupiter Ammon oder Siwah. — c. Sinai-Halbinsel.

B. Nubien oder Dongola und C. das Paschalik Subân. Khartûm 45.000 E.

D. Westlich: Kordofan. — E. Noch weiter westlich: Dar- For (d. h. Land For). — F. Die Länder südlich bis zum Äquator.

§ 104 (102). 6) Das hohe Ost-Afrika und die öst- lichen Küstenländer.

A. Abessinien.

a. Herrschaft Tigré. Adôa 6000 E. — b. Herrschaft Am- hara. Gondar 7000 E. — c. Herrschaft Schoa. — d. An der Küste Mássowa: 10.000 E., ägyptisch.

B. Halbinsel der Somâli.

C. Besitzungen des Sultans von Sansibar. Sansibar 60.000 E.

D. Die Länder des Sambesi.

Die Mosambikküste. Mosambik 7000 E. Kilimane 3400 E. — Land der Makololo. — Land der Balunda, unter dem Herrscher Muropue. — Im Lande des Herrschers Cazembe die Hauptstadt Lusenda. —

§ 105 (103). 7) Süd-Afrika.

Das Land der Damara und Wambo oder der Otschiherero.

A. Die Oranje-Fluß-Länder.

1. Groß-Namaqualand. — 2. Das Land der Korannas und Buschmänner oder Quäquä. — 3. Die Länder der Betschuanen-Stämme. Missionsorte Kurúman und Kolobeng. — 4. Die Kalihari-Wüste.

B. Das Kap-Land, eine britische Kolonie.

a. Die Kap-Kolonie, in 25 Distrikte getheilt. Kapstadt 33.200 E. Port Elisabeth 13.100 E. — b. Das Kafirland. — Britisch Kafraria. — c. Natal (brit.). Hauptstadt Pietermaritzburg 11.000 E. — Griqualand-West. (brit.). — d. Bassutoland oder Moscheschs Land. —

C. Der Oranje-Freistaat. Hauptort Blumfontein.

D. Transvaal-Land, britisch. Hauptstadt Potschefstrom 1500 E.

E. Das Delagoa- und Sofalaland, letzteres mit portug. Besitzungen.

§ 106 (104). 8) Die Inseln.

Madagascar. Tananarivo 35.000 E.

Die Mascarenjas. Mauritius oder Ile de France, britisch. Port Louis 63.300 E. — Réunion oder Ile Bourbon, französisch. St. Denis 36.000 E.

Die Seychellen, britisch; ebenso die Amiranten- und die Chagos-Inseln.

Die Azoren, portugiesisch. Hauptinsel Terceira.

Madeira ebenso. Funchal (spr. Funschal) 25.000 E.

Die Canarien, spanisch, 12 Inseln. Auf Tenerife: Santa Cruz, 11.000 E.

Die Kap Verde'schen Inseln, portugiesisch.

Ascension, britisch; ebenso St. Helena. Hauptort Jamestown (spr. Dschehmstaun).

Süd-Amerika.

§ 107 (105). **Meeresteile:** 1) Busen von Darien. 2) Golf von Venezuela. 3) Magalhaens-Straße. Corcovado-Bai. 4) Busen von Arica. 5) Busen von Guayaquil (spr. Guayakil). 6) Busen von Panama.

Inseln: 1) Curaçao und Margarita oder die Inseln unter dem Winde. 2) Insel Marajó. 3) Insel Santa Catarina, an der Küste Brasiliens. 4) Die Falklands-Inseln oder Maluinen. 5) Süd-Georgia. 6) Feuerland und Staaten-Insel, nebst dem Feuerlands-Archipel. 7) Wellington-Insel. 8) Chonos-Inseln (spr. Tschonos). 9) Chiloë (spr. Tschiloë). 10) Juan Fernandez. 11) Sala y Gomez. 12) Waihu oder Oster-Insel. 13) Galápagos- oder Schildkröten-Inseln. 14) Perl-Inseln im Busen von Panama.

Halbinseln und Kaps: 1) Halbinsel der Guajiros, westlich vom Golfe von Venezuela. 2) Nordspitze: Punta Galinas, in 12° n. Br. 3) Westspitze Kap Parinha, in 65° w. Länge. 4) Südspitze Kap Hoorn, in 56° s. Br. 5) Ostspitze Kap San Agostinho, in 17° w. Lg.

Flüsse: In das Atlantische Meer münden:

§ 108 (106). 1) Der Magdalenenstrom, links mit dem Cáuca. 2) Der Maracaybo-See. 3) Der Orinoco; links geht von ihm aus: Der Casiquiare (spr. Cassikiare), welcher in den Rio Negro und damit zum Amassonasstrome geht; ferner links mit dem Guaviare, Meta und Apure. 4) Der Essequibo (spr. Essekibo), Berbice, Maroni, Suriname. 5) Der Amassonas oder Amassonenstrom, oberhalb Marañon (spr. Maranjon), in der Mitte Solimoës (spr. Solimoens), am südlichen Ende seines Laufes Pará genannt. In ihn fließen rechts 6) Der Huállaga, 7) der Uachali, 8) der Purus. 9) Der Madéira, welcher aus dem Mamoré und dem Guaporé oder Itinez entsteht; letzterer nimmt links den Beni (sp. Weni) auf. 10) Der Tapajos oder Arinos. 11) Der Xingu. — Links in den Amassonas gehen. 12) Der Napo, 13) der Yapura oder Caqueta (spr. Zaketa), 14) der Rio Negro und 15) der Rio Branco. 16) Der Tocantins, links mit dem Araguay, mündet in den Pará. 17) Der Paranahyba. 18) Der San Francisco. 19) Der La Plata, links 20) mit dem Uruguay. 21) Der La Plata ist die Mündung des Paraná, in welchen rechts 22) der Paraguay mit dem Pilcomayo, und

23) der Juramento oder Salado fließen. 24) Der Colorado. 25) Der Rio Negro. 26) Der Titicaca-See; aus ihm fließt der Desaguadero zum Pampa-Aullagas oder Pansa-See.

§ 109 (107). A. Die Kordilleren oder das Andes-Gebirge, im N. 2, auch 3 Parallelketten, im S. einfach. Man teilt sie in 1) die Kordillere von Patagonien, im Mittel 5000 F. = 1625 m. h.; der Minchinmadom ist 7300 F. = 2370 m. h., der Vulkan Osorno 6766 F. = 2198 m. h. 2) Die Kordillere von Chile, mit 22 Vulkanen, von denen 13 noch thätig sind; darin der 21.024 F. = 6830 m. h. Aconcagua. 3) In den östlich davon gelegenen Gebirgen der 19.100 F. = 6200 m. h. Nevado de Famatina. 4) Die Kordilleren von Perú und Bolivia mit 16 Vulkanen, von denen 3 noch thätig sind; darin der 21.358 F. = 6938 m. h. erloschene Vulkan Sahama und 2 andere von mehr als 20.600 F. = 6690 m. H. und zahlreiche nahe an 20.000 F. = 6497 m. h. Gipfel. Im O. des Titicaca-Sees der 23.790 F. = 7728 m. h. Nevado von Sorata und der 18.874 F. = 6131 m. h. Illimani. 5) Neben den Kordilleren breitet sich das 12.000 F. = 3900 m. h. mächtige Plateau von Perú aus, das bedeutendste der Erde. 6) Vom Gebirgsknoten von Pasco nach N. ist die Kordillere dreifach. 7) Vom Knoten von Loja nach N. zieht die doppelte Kordillere von Quito (spr. Kito). In ihr und in der von Colombien befinden sich 16 Vulkane, von denen 10 noch thätig sind. Darin der 19.425 F. = 6320 m. h. Chimborazo (spr. Tschimborasso) und der 17.978 F. = 5840 m. h. Cayambe-Urcu d. h. Cayambe-Berg. 90 Gipfel sind sehr bedeutend. 8) Vom Knoten von Los Pastos nach N. geht die dreifache Kordillere von Colombien; in der mittleren Kette steht der 17.190 F. = 5584 m. h. Tolima.

§ 110 (108). B. Mit den letzteren Kordilleren im Zusammenhange steht: 9) Die Küstenkette von Venezuela, mit einem 8900 F. = 2890 m. h. Gipfel, ein doppelter Höhenzug. Im N. der Kordillere von Colombien liegt 10) die 17.000 F. = 5522 m. h. Schneekette von Santa Marta. — C. Vom Orinoko umflossen wird 11) das Parime-Gebirgs-System, aus zahlreichen Gebirgsketten bestehend, mit einem 9800 F. = 3183 m. h. Gipfel. — D. Die Gebirge und Hügellandschaften von Brasilien. 12) Längs der Küste zieht die Serra do Mar, mit einem 4340 F. = 1410 m. h. Gipfel. Westlich von ihr 13) die Serra Mantiqueira (spr. Mantikéira) mit 7100 F. = 2306 m. h. Gipfeln. Nördlich 14) in der Serra do Espinhaço (spr. Espinjasso) ein 8350 F. = 2712 m. h. Gipfel. E. 15) Das Gebirgs-System von Córdova, mit bis fast 7000 F. = 2274 m. h. Hochebenen. 16) Das Tiefland des Orinoco. 17) Die Ebene des Amassonenstromes, halb so groß wie Europa. 18) Die Pampas der Mitte: Mojos-Ebene, Hochebene und Hügelland der Chiquitos (spr. Tschikitos) und das Gran Chaco (spr. Tschako). 19) Die Pampas des La Plata-Stromes oder von Argentina. 20) Die Ebenen Patagoniens.

§ 111 (109). 1) Die Bundes-Republik Venezuela, 9 Staaten.
Hauptstadt Carácas 49.000 E. La Guaira 7800 E. Cumaná 9400 E. Bolivar, früher Angostura genannt, 8500 E.

2) Die Vereinigten Staaten von Colombia, ehemals Neu-Granáda, ihrer 9.
Hauptstadt Santa Fé de Bogotá 30.000 E. Honda 10.000 E. Cartajena 9000 E. Panama 20.000 E. Von da führt die Eisenbahn zur Nordküste, nach Colon, früher Aspinwall, 2000 E.

3) Der Freistaat Ecuádor in 10 Provinzen geteilt.
Hauptstadt Quito (spr. Kito) 80.000 E. Cuenza 25.000 E. Guayaquil (spr. Guayakil) 26.000 E.
Dazu gehören die Galápagos-Inseln.

4) Der Freistaat Perù in 12 Departements und 3 Küsten-Provinzen geteilt.
Hauptstadt Lima 100.100 E. Cerro de Pasco 14.000 E. Cusco 48.000 E. Arequipa (spr. Arekipa) 40.000 E. Callao (spr. Caljao) 20.000 E.

5) Der Freistaat Bolivia, in 9 Departements geteilt.
Hauptstadt La Paz 76.400 E.; Hauptstadt war früher Sucre, vorher Chuquisaca (spr. Tschukisaka) und La Plata genannt, 24.000 E. Cochabamba (spr. Kotschabamba) 41.000 E. Potosi 23.000 E. Cobija oder Puerto la Mar 2400 E.

6) Der Freistaat Chile (spr. Tschile) oder Chili, geteilt in 14 Provinzen und 1 Kolonie; letztere heißt Magallanes.
Hauptstadt Santiago 150.400 E. Valparaiso 97.700 E. Valdivia 3900 E.

§ 112. 7) Die Vereinigten Staaten am La Plata oder Argentina, ihrer 14.
Bundes-Hauptstadt Buenos-Ayres 177.800 E. Córdova 28.500 E. Mendoza 8100 E. Tucuman 17.400 E.

8) Die Republik Uruguay.
Hauptstadt Montevidéo 105.300 E.

9) Die Republik Paraguay.
Hauptstadt Asuncion oder Assomption 20.000 E.

10) Das Kaiserthum Brasilien, in 20 Provinzen geteilt.
Hauptstadt Rio de Janéiro, 275.000 E. Bahia 180.000 E. Pernambuco 116.700 E. Villa Rica 20.000 E. Porto Alegre 25.000 E. Pará 35.000 E.

11) Französisch Guyana oder Cayenne. Cayenne 8000 E. — Niederländisch Guyana oder Suriname. Paramaribo 22.200 E. — Britisch Guyana. Georgetown oder Demerara, ehemals Stabroek (spr. Stabruk) 36.800 E.

Nord=Amerika.

§ 113 (110). Meeresteile auf der Ostseite: 1) Die Davis= (spr. Dewis=) Straße führt zur Baffins=Bai. 2) Aus dieser führt der Lancaster (spr. Längster=) Sund weiter, die Barrow=Straße, dann der Melville=Sund und endlich die Banks=Straße nach W. Dies ist die sogenannte Nordwest=Passage um Nord=Amerika herum. 3) Die Hudsons=Straße (spr. Hödsen) führt in die Hudsons=Bai, welche sich nach S. als James= (spr. Dschäms=) Bai fortsetzt, und an deren W.=Seite die Chesterfield (spr. Tschesterfield=) Einfahrt liegt. 4) Aus der Hudsons=Bai nach N. führt der Fox=Kanal zum Boothia= (spr. Bußia=) Golf und aus diesem die Prinz-Regents-Einfahrt zum Lancaster-Sunde (spr. Längster-Sund). 5) Die Belle-Isle-Straße führt in den St. Lorenz-Golf. 6) Die Fundy-Bai. 7) Die Massachusets-Bai. 8) Die Delaware-Bai. 9) Die Chesapeake-Bai (spr. Tschisepik). 10) Der Busen von Georgien. 11) Die Florida-Straße.

§ 114 (111). 12) Das mejicanische Meer oder der Golf (das Mittelländische Meer Amerikas). 13) Die Appalachen-Bai. 14) Die Campeche-Bai. 15) Die Straße von Yucatan. 16) Das Caribische oder Antillen-Meer. 17) Die Honduras-Bai. 18) Die Mosquito-Bai (spr. Moskito). 19) Die Windward-Passage zwischen Cuba und Haïti. 20) Die Mona-Passage zwischen Haïti und Puerto Rico. 21) Der Bahama-Kanal. — Auf der Westseite: 22) Der Busen von Tehuantepec. 23) Der Meerbusen von Californien oder das Purpur-Meer. 24) Die Saisoon (spr. Säsun=) Bai oder der Busen von San Francisco. 25) Die Juan de Fucas-Straße und der Königin Charlottensund zwischen Vancouvers-Insel und dem Festlande. 26) Die Kenai-Bucht oder Cooks-Einfahrt.

§ 115 (112). Inseln auf der Ost-Seite: 1) Neu-Fundland. 2) Inseln Kap Breton, Prinz Edwards und Anticosti. 3) Long-Island (spr. Eiländ), an der Küste. 4) Die Bermudas- oder Somers-Inseln. 5) Die Bahama- oder Lucayischen Inseln, darunter Guanahani oder San Salvador. 6) Die Großen Antillen: Cuba, Jamaica (spr. Dschamaika), Haïti oder San Domingo oder Hispaniola, und Puerto Rico. 7) Die Kleinen Antillen: die Inseln über dem Winde (darunter Guadeloupe, Martinique, Trinidad) und die Inseln unter dem Winde. Auf der West-Seite: 8) Die Revillagigédo-Inseln. 9) Vancouvers-Insel. 10) Die Königin Charlotten-Inseln. 11) Der Prinz von Wales-Archipel. 12) Kadjak. 13) Die Fuchs-Inseln, darunter Unalaschka. 14) Die Aleuten. 15) Nuniwak.

§ 116 (113). Halbinseln und Kaps auf der Ost-Seite: 1) Halbinsel Labrador mit dem östlichsten Kap, Tafelkopf in 38° w. L. 2) Halbinsel Nova Scotia, deutsch Neu-Schottland, mit dem Kap Sable an der Süd-Spitze. 3) Kap Cod an der hakenförmigen Halbinsel. 4) Halbinsel Maryland. 5) Kap Hatteras oder Kap der Stürme. 6) Halbinsel Florida mit dem Kap Sable. 7) Halbinsel Yucatan mit dem Kap Catoche. — Auf der Nord-Seite: 8) Elsons-Spitze oder Kap Barrow, das nördlichste, unter 71° n. Br. Auf der West-Seite: 9) Kap Prinz von Wales, der westlichste Punkt, an der Berings-Straße, in 150° w. L. 10) Halbinsel Alaska. 11) Halbinsel Californien mit dem Kap Lucas. 12) Die Südspitze von Grönland, das eine Insel zu sein scheint, ist Kap Farewell (spr. Fehrwell) oder Staatenhuk.

§ 117 (114). Flüsse und Seen: Ins Eismeer münden: 1) Der Mackenzie (sp. Mäckenzie), aus Seen abfließend ins Eismeer. 2) Der Athabasca- oder Elen-Fluß ergießt sich in den Athabasca-See. Aus diesem fließt nach N. der Strong-Fluß, zu welchem von W. her der Friedensfluß oder Undjiga tritt, nach dessen Aufnahme er Großer Sklaven-Fluß heißt. Dieser ergießt sich in den Großen Sklaven-See, und aus ihm fließt nach Norden der Mackenzie ab, der von Süden her den Liard- (spr. Leiard) oder Bergfluß erhält. In den Mackenzie geht von rechts der Abfluß des Großen Bären-Sees. 3) Der Kupferminen-Fluß. In die Hudsons-Bai münden: 4) Der Churchill (spr. Tschörtschill) oder Missinippi. 5) Der Nelson oder Saskatschewan, aus dem

Winnipeg-See; in den letzteren ergießt sich von Westen her aus zwei Strömen bestehende Saskatschewan, von Süden her der Nördl. Rote Fluß, welcher links den Assiniboin aufnimmt. 6) Der Severn. 7) Der Albani (spr. Olbĕni). In das Atlantische Meer mündet: 8) Der St. Lorenzstrom, der Abfluß der großen Seen. 9) Der Obere See. 10) Der Huron-See (spr. Juron). 11) Der Michigan- (spr. Mitschigän) See; aus ersterem geht der Detroit- (spr. Detroa-) Fluß in den St. Clair-See und St. Clair-Fluß. 12) Der Erie-See; aus ihm fließt der Niágara 13) zum Ontario-See; aus diesem kommt der St. Lorenzstrom.

§ 118 (115). 14) Der St. John, Connecticut, Hudson, Delaware (spr. Delawehr), Susquehanna, Potomac. 15) Der Mississippi, rechts 16) mit dem Missouri, in welchen rechts der Yellowstone oder Gelbsteinfluß, der Nebraska- oder Platte Fluß und der Kansas fließen. Ferner 17) rechts mit dem Arkansas und 18) mit dem Red River oder Roten Fluß. 19) Links in den Mississippi geht der Illinois und 20) der Ohio, in welchen sich links der Cumberland und der Tennessee (spr. Tennessi) ergießen. 21) Der Rio Grande oder Bravo del Norte. — In den großen Ocean münden: 22) Der Colorado. 23) Der Sacramento. 24) Der Columbia- oder Oregon-Fluß, mit dem Schlangenfluß oder Lewis-Fork (spr. Luis). 25) Der Fraser-Fluß (spr. Fräser). — 26) Der Große Salz-See, ohne Abfluß. 27) Der Nicaragua-See, in Mittel-Amerika; aus ihm fließt der San Juan ab.

§ 119 (116). Die 170 Meilen lange Vulkanreihe der Aléuten und Alaskas mit 23 thätigen Vulkanen; einer ist 8400 F. = 2728 m. h. An der Westküste des Kenai-Sundes steht der 11.300 F. = 3671 m. h. Iljamna. 2) Das Felsgebirge (Rocky mountains) oder das Chippeway- (spr. Tschippewäh) Gebirge; darin der 15.000 F. = 4872 m. h. Brown, (spr. Braun), der 14.722 F. = 4785 m. h. Hooker (spr. Huker) und der 12.600 F. = 4093 m. h. Forbes-Berg. 3) In der südlichen Fortsetzung, im Wind-River-Gebirge, der 12.730 F. = 4135 m. h. Frémonts-Pik. 4) Noch südlicher die Park-Gebirge mit den 12.780 F. = 4151 m. h. Spanischen Pik, dem 13.340 F. = 4333 m. h. Pikes-Pik (sp. Peikes) und dem 13.410 F. = 4356 m. h. Longs-Pik. 5) Im Küstengebirge, ganz im Norden, sind die höchsten Berge zwei Vulkane, der 17.827 F. = 5791 m. h. Eliasberg und der 14.542 F. = 4724 m. h. Schönwetterberg. 6) Näher beim Durchbruche des Columbia-Stromes liegt der 12.930 F. = 4200 m. h. Hood-

(fpr. Hub) Berg. 7) Vom 13.545 F. = 4400 m. h. Schasta-Berge aus zweigt sich von der Küstenkette, welche bis zum S.-Ende der Halbinsel Californien läuft, die bis 10.000 F. = 3250 m. h. Sierra Nevada ab. 8) Zwischen den großen östlichen und westlichen Ketten liegt das 3500 F. = 1137 m. h. Große Bassin mit dem Großen Salzsee, eine zum Teil wüste Hochebene.

§ 120 (117). Das 6000 bis 9000 F. = 1950 bis 2924 m. h., nach W. sich senkende Hochland von Neu-Spanien oder Anahuac; über dasselbe zieht nach seiner Westseite hin die mehrfach geteilte Sierra Madre. 10) Von W. nach O. ist darüber hin eine Reihe von Vulkanen zu verfolgen; die höchsten derselben im O. sind der 16.776 F. = 5450 m. h. Citlaltépetl oder Pik von Orizava, der 16.686 F. = 5421 m. h. Popocatépetl und der 14.730 F. = 4785 m. h. Iztaccihuatl (Weiße Frau). 11) Auf den Gebirgen von Mittel-Amerika stehen 29 Vulkane, von denen 18 noch thätige sind, darunter ist der 12.400 F. = 4028 m. h. Amilpas und der 13.062 F. = 4243 m. h. Wasser-Vulkan, welcher Wasserströme ausgeschüttet hat.

§ 121 (118). 12) Östlich vom Felsgebirge liegen die 100 M. breiten, nach Osten hin von 5000 bis 900 F. = 1624 bis 292 m. sich senkenden Prärie-Ebenen. 13) Die 300 bis 1800 F. = 100 bis 585 m. h. arktische Fels- und Seenplatte. 14) Die Halbinsel Labrador, im Osten mit einem bis 3000 F. = 975 m. h. Gebirge; längs des unteren Lorenzstromes das bis 5000 F. = 1624 m. h. Lorenz-Gebirge. 15) Die Appalachien oder Alleghanies; darin der 6300 F. = 2047 m. hohe Schwarze Dom. 16) Die atlantische Küstenebene, längs der vorigen. 17) Auf Cuba hat das Gebirge einen 7510 F. = 2440 m. h. Gipfel, auf Haïti einen 7100 F. = 2300 m. h., auf Jamaica einen 7300 F. = 2370 m. h., auf Puerto Rico einen 3500 F. = 1137 m. h. 18) Auf den Antillen erheben sich 5 Vulkane, von denen 3 noch thätig sind; der höchste Gipfel ist auf Dominica, 5050 F. = 1640 m. hoch.

§ 122 (119). I. Westindien.
Britische Besitzungen: die Bahama-Inseln oder Lucayos-Inseln. — Jamaica. Hauptstadt Spanisch Town 7000 E. Kingston 35.000 E. — Trinidad. Grenada. Tobago. St. Vincent. Barbadoes. Santa Lucia. Dominica. Montserrat. Antigua. St. Kitt's oder St. Christopher. Nevis. Barbuda. Anguilla. — Acht der virginischen Inseln.

Französische Besitzungen: Martinique. Guadeloupe. Marie galante. Desirade. Les Saintes und ein Teil von St. Martin. St. Barthelemy.
Holländische Besitzungen: Ein Teil von St. Martin, Saba, St. Eustatius. Curaçao, Bonaire, Aruba.
Dänische Besitzungen: St. Croix, St. Thomas und St. Jan.
Spanische Besitzungen: Cuba. Hauptstadt Havanna 230.000 E. Puerto Rico.
Haïti oder St. Domingo, bestehend aus der Neger-Republik Haïti (Hauptstadt Port-au-Prince 33.000 E.) und der Dominikanischen Republik (San Domingo 10.000 E.).
§ 123 (120). II. Die Vereinigten Staaten Mittel-Amerikas.
Die Republik Costa-Rica. Hauptstadt San José 12.000 E.
Die Republik Nicaragua. Hauptstadt Managoa 10.000 E.
Dazu gehört die nördliche Hälfte der Mosquitoküste.
Der Freistaat Honduras. Hauptstadt Comayagua 12.000 E.
Der Freistaat San Salvadór. Hauptstadt San Salvadór 16.000 E.
Der Freistaat Guatemala. Hauptstadt Neu-Guatemála 40.000 E.
Den Briten gehört die Kolonie Belize (spr. Wellis) oder Britisch-Honduras.
III. Der Bundes-Freistaat Mejico (spr. Mechiko), bestehend aus 27 Staaten, 1 Territorium und 1 Distrikt.
Hauptstadt Mejico 230.000 E. Oajaca 26.400 E. Bera-Cruz (spr. Kruhß) 10.000 E. La Puébla 65.000 E. Guanajuato 56.000 E. Zacatécas (spr. Sakatékas) 16.000 E. Acapulco 3000 E. Guadalajára 68.000 E. Mazatlan (spr. Masatlan) 15.000 E.
§ 124 (121). IV. Die Vereinigten Staaten von Nord-Amerika.
A. Die Nord-Ost-Staaten (Neu-England).
Maine. Hauptstadt Augusta 7800 E. Portland 31.400 E.
New-Hampshire (spr. Niu-Hempschihr). Hauptstadt Concord 12.200 E. Manchester 23.500 E.
Vermont. Hauptstadt Montpelier 3000 E.
Massachusets (spr. Massatschusets). Boston 342.000 E. mit dem Denkmal auf dem Bunker-Hill. Daneben Cambridge (spr. Kehmbridsch) 48.000 E. Lowell 41.000 E. New-Bedford 21.300 E. Charlestown (spr. Tscharlstaun) 28.300 E.
Rhode-Island (spr. Eiländ). Hauptstädte Providence 101.000 und Newport (spr. Niuport) 12.500 E.
Konnecticut. Hauptstädte Hartfort 37.200 E. und New-Haven (spr. Niu-Hehwn) 51.000 E.

B. **Mittel-Atlantische Staaten.**

New-York (spr. Niu-York). Hauptstadt New-York 1.028.600 E. die größte Stadt Amerikas. Albany (spr. Olběni) 76.200 E. Buffalo 117.700 E. Saratoga-Springs 7500 E., Badeort.

New-Jersey (pr. Niu-Dschersi). Hauptstadt Trenton 23.000 E. Newark (spr. Niuark) 105.000 E. Jersey-City (spr. Dschersi) 82.500 E.

Pennsylvanien. Hauptstadt Harrisburg 23.000 E. Philadelphia 817.500 E. Pittsburg 86.100 E.

Delaware (spr. Delawehr). Hauptstadt Dover 4000 E. Wilmington 31.000 E.

Maryland (spr. Merriländ). Hauptstadt Annapolis 4000 E. Baltimore 267.400 E.

Der Columbia-Distrikt. Bundeshauptstadt Washington (spr. Wäschingtn) 109.200 E.

§ 125 (123). C. **Oestliche Central-Staaten.**

Virginien. Hauptstadt Richmond (spr. Ritschmond) 51.000 E.

West-Virginien. Hauptstadt Wheeling 19.300 E.

Ohio. Hauptstadt Columbus, 31.300 E. Cincinnati 216.200 E.

Indiana. Hauptstadt Indianopolis 48.200 E.

Illinois (spr. Jllineus). Hauptstadt Springfield 17.400 E. Galena 7000 E. Chicago 410.000 E.

Michigan (spr. Mitschigän). Hauptstadt Lansing 5200 E., Detroit 79.600 E.

Wiskonsin. Hauptstadt Madison 9.200 E. Milwaukee (spr. Milwahki) 100.100 E.

Kentucky. Hauptstadt Frankfort 5400 E. Louisville 178.000 E.

Tennessee (spr. Tenessi). Hauptstadt Nashville 26.000 E.

§ 126. D. **Küsten-Pflanzer Staaten.**

Nord-Carolina. Hauptstadt Raleigh (spr. Ralleh) 7800 E. Wilmington 13.500 E.

Süd-Carolina. Hauptstadt Columbia 9300 E. Charleston (spr. Tscharlstn) 49.000 E.

Georgia. Hauptstadt Milledgeville (spr. Milledschwill) 20.000 E. Savannah 28.000 E.

Florida. Hauptstadt Tallahassee 2000 E. Pensácola 3400 E.

Alabama. Hauptstadt Montgomery 10.600 E. Mobile 32.000 E.

Mississippi. Hauptstadt Jackson (spr. Dscheksn) 4200 E.

Louisiana. Hauptstadt Baton-Rouge 6500 E. New-Orleans (spr. Niu-Orliens) 191.400 E.

Texas. Galveston 14.000 E.

§ 127. E. **Westliche Central-Staaten.**
Arkansas. Hauptstadt Little-Rock 12.400 E.
Missouri. Hauptstadt Jefferson-City (spr. Dscheffersn) 4400 E. St. Louis 498.200 E.
Jowa (spr. Eiowä). Hauptstadt Des Moines 12.000 E. — Davenport 20.000 E.
Minnesota. Hauptstadt St. Anthony 5000 E. St. Paul 20.000 E.
Kansas. Hauptstadt Topeka 5800. Leavenworth (spr. Liwenwors) 18.000 E.
Nebraska. Hauptstadt Omaha 16.100 E.
Indianer-Territorium, die Landstrecke, welche den Indianerstämmen angewiesen ist, die ihre Länder-Gebiete im Osten an die Weißen verkauft haben.
Dakota-Territorium. Hauptstadt Yancton.

§ 128 (124). F. **Westliche Gebirgs-Staaten.**
Californien. Hauptstadt Sacramento 16.300 E. San Francisco 150.000 E.
Nevada. Hauptstadt Carson-City 3000 E.
Utah-Territorium. Hauptstadt Salzseestadt 13.000 E.
Arizona (spr. Arisona). Hauptstadt Prescott.
Territorium Neu-Mexiko. Hauptstadt Santa-Fé 4800 E.
Territorium Colorado. Hauptstadt Denver 4800 E.
Territorium Idaho. Hauptstadt Boise-City.
Territorium Wyoming (spr. Weioming).
Territorium Montana. Hauptstadt Virginia City.
Oregon. Hauptstadt Salem 1500 E.
Washington-Territorium. Hauptstadt Olympia 1200 E.
Alaska (das ehemals russische Nord-Amerika). Auf Sitcha die Hauptstadt Sitcha oder Neu-Archangel 1200 E. Dazu gehören die Aléuten.

§ 129 (125). V. **Das britische Nord-Amerika.**
A. Neu-Foundland (spr. Niu-Faundländ), d. h. Neu-Fundland. St. John 22.600 E. Daneben im Süden die kleinen französischen Inseln St. Pierre und Miquelon.
B. Labrador. An der Küste Herrnhuter-Kolonien. Dazu gehört die Insel Anticosti. —
C. Der Bundesstaat Dominium Canada besteht aus:
a. Neu-Braunschweig. Hauptstadt St. John 29.000 E.
b. Nova-Scotia oder Neu-Schottland. Hauptstadt Halifax (spr. Hällifex) 29.600 E. Dazu die Inseln Cape-Breton und Prinz-Edwards.

c. **Manitoba** oder **Red-River-Kolonien.**
d. **Ontario** und e. **Quebéc,** das ehemalige Canada. Bundes-Hauptstadt Ottawa 21.500 E. Quebéc 60.000 E. Montréal 107.200 E. Kingston 12.400 E. Toronto oder York 46.100 E.
f. **Vancouvers-Insel** oder **Quadra,** nebst g. **Britisch-Columbia.** Hauptstadt Victoria.
h. Das **Hudsons-Bai-Territorium,** jetzt Neu-Britannien genannt. Darin liegen nur einzelne befestigte Wohnplätze, Forts.

Die Polar-Länder.

§ 130 (126). A. **Die Nord-Polarländer.**
Die nördlich von Nord-Amerika gelegenen großen Inseln, unter Eis und Schnee begraben.
Grönland, wahrscheinlich eine Insel, 3mal so groß als Oesterreich. Nord-Grönland, 7 Küsten-Distrikte, von denen Omenak der wichtigste. Omenak 127 E. Süd-Grönland, 6 Distrikte, von denen Julianehaab ⅖ der Bewohner zählt. Bei Godthaab die Herrnhuter-Kolonie Neu-Herrnhut, südlicher 3 andere.
Spitzbergen, das nördlichste Land der Erde, ist russisch; etwas südlicher die **Bären-Insel** und **Jan-Mayen.**
Franz-Josephs Land, nördlich von Nowaja-Semlja.
Bis $83°\ 20\frac{1}{2}'$ sind Reisende nach Norden vorgedrungen.

B. **Die Süd-Polarländer.**
Neu-Süd-Schottland. — **Süd-Orkneys.** — **Sandwichland.** — **Enderby's Land** und **Adelieland.** — **Süd-Victoria-Land** mit den 10.000 und 11.000 F. = 3250 und 3570 m. h. Vulkanen Terror und Erebus. Bis 78° 4′ s. Br. sind Reisende nach Süden vorgedrungen.

Besitzungen der europäischen Mächte in anderen Erdteilen.

§ 131 (127). 1) **Portugiesen,** 33.200 Q.-M. mit 3.587.400 Bew., nämlich
Madeira und kleine dazu gehörige Inseln. — Azoren. — Kap Verdesche Inseln. — Sao Tomé und Prinzen-Insel. — Bissagos in Senegambien. — Angola mit Benguela, Ambriz u. s. w. — Mosambik, Sofala. — Goa, Diu, Damân u. s. w. (in Ostindien). — Macao, bei Kanton.

2) **Spanier,** 5658 Q.-M. mit 8.421.700 Bew., nämlich
Die Canarischen Inseln, welche die Spanier zu Europa rechnen.
Die Presidios oder Gefängniß-Örter an der Küste von Marocco.

Die Guinea-Inseln, Fernando Poo und Annobom.
Die Philippinen, Karolinen und Marianen.
Cuba und Puerto Rico (portugiesisch würde es Porto Rico heißen).
Die spanischen Jungferninseln.

§ 132. 3) Franzosen (nebst Schutzstaaten) 11.169 Q.-M. mit 6.528.800 Bew., nämlich

Algerien, größer als Frankreich.
Besitzungen in Senegambien.
Gabun am Äquator (Afrika).
Réunion.
St. Marie und Nossi-Bé an der Küste Madagaskars.
Mayotte, eine der Komoren.
9 Q.-M. an den Küsten Vorder-Indiens, namentlich Pondichéry und Carical.
Franz. Cochinchina, über 1021 Q.-M.
Kambodia (Schutzstaat), 1523 Q.-M.
Martinique.
Guadeloupe und Zubehör.
Miquelon und St. Pierre bei Neufundland.
Französisch Guyana oder Cayenne.
Die Markesas-Inseln und der Gambier-Archipel.
Tahiti u. s. w. (Schutzstaaten).
Neu-Caledonien und die Loyalitäts-Inseln.

4) Niederländer, 31.110 Q.-M. mit 24.949.000 Bew., nämlich

Java mit Madura 18.520.000 Bew.
Sumatra.
Kleine Sunda-Inseln.
Teile von Borneo und Celebes.
Molukken und Banda-Inseln.
Timor.
Suriname oder Guyana in Süd-Amerika.
Curaçao und andere kleine Antillen.

§ 133 (128). 5) Engländer, 375.900 Q.-M. mit 205 Mill. Bew., nämlich

Dominium Canada, 8/9 von Europa, bestehend aus Ontario, Quebek, Neu-Schottland, Neu-Braunschweig, Prinz Edwards-Insel, Manitoba, Rupertsland, Britisch Columbia.
Neu-Fundland, nahe so groß wie Portugal.
Labrador, fünfmal so groß wie der Preußische Staat.
Die Bermuda-Inseln.

Die Bahama-Inseln größer als Baden.
Jamaica, größer als der Regierungsbezirk Merseburg.
Die kleinen Antillen (14 größere) fast so groß wie die Provinz Sachsen.
Trinidad, größer als der Regierungsbezirk Aachen.
Belize, so groß wie die Provinz Hannover ohne Aurich.
Britisch Guyana, größer als Ungarn.
Die Falklands-Inseln, fast so groß, wie der Regierungsbezirk Stettin.
Besitzungen an den Küsten Senegambiens und Guineas, größer als die Schweiz.
Die Kap-Kolonie, so groß wie Spanien.
Natal, fast so groß wie die preuß. Rheinlande und Westfalen.
Mauritius und die Seychellen.
Ascension und St. Helena, zusammen fast 4 Q.=M.
Australien und Tasmanien, über $7/9$ von Europa (145.100 Q.=M.).
Neu-Seeland, größer als die Halbinsel Italien.
Aden, an der Küste Arabiens.
Labuan, an der Küste Borneos.
Insel Hong-kong, vor Kanton.
Ceylon, größer als die Provinz Preußen.
Besitz in Ostindien. Siehe § 142.
Die britischen Kolonien, 375.900 Q.=M., sind mehr als doppelt so groß wie Europa, haben aber nur $2/3$ der Bewohner Europas.

§ 134 (130). 6) Dänen, 3467 Q.=M. mit 119.400 Bewohnern. (Die Far-Öer gehören zum Königreiche.)
Island.
Grönland (9800 E.)
3 westindische Inseln.

7) Russen, 295.350 Q.=M. mit 13.234.000 Bewohnern. ($1^{7}/_{10}$ mal Europa).
Kaukasien, größer als Schweden.
Sibirien, $1^{3}/_{11}$ mal so groß als Europa.
Central-Asien, $1/3$ von Europa.

8) Türkei, 102.230 Q.=M. mit 38.133.000 Bew.
Syrien und Bagdad, einschließlich Palästinas, so groß wie das deutsche Reich.
Kurdistan und Armenien, so groß wie das Königreich England.
Klein-Asien, so groß wie die europäische Türkei.
Türkisch-Arabien, größer als Österreich-Ungarn.
In Afrika 7mal so viel wie das deutsche Reich.

Europa.

§ 135 (131). Meeresteile: 1) Das Weiße Meer mit der Dwina-Bucht. 2) Die Ostsee mit dem Botnischen B.; dem Finnischen B. (der im Osten mit der Kronstädter Bucht endet), dem Riga'schen Busen; der Danziger Bucht, und darin dem Putziger Wyk; der Pommerschen Bucht; dem Gellen- und Strelasund zwischen Rügen und dem Festlande; der Lübecker Bucht; dem Kalmarischen Sunde zwischen Öland und der schwedischen Küste. (Ferner mit dem Kurischen Haff; dem Frischen Haff, zu welchem das Pillauer Gat hineinführt; und dem Pommerschen Haff, zu welchem Peene, Swine und Diwenow führen.) 3) Der Sund, eigentlich Öresund; der Große Belt; der Kleine Belt, zwischen den dänischen Inseln. 4) Das Skager-Rack und das Kattegat. 5) Die Nordsee, mit den zur Ebbezeit teilweis trocknen Watten zwischen der Inselreihe und der deutschen Küste; mit dem Jabebusen; dem Dollart und dem Zuider-See (spr. Seuder-See). 6) Die Straße von Dover oder von Calais und der Kanal la Manche oder das Ärmel-Meer oder bloß „der Kanal" genannt. 7) Der Kanal von Bristol; der zur Irischen See führende St. Georgs-Kanal und der aus derselben nach N. hinausführende Nord-Kanal. 8) Der Minsch oder das caledonische Meer, zwischen den Hebriden; die Pentland-Straße, zwischen Schottland und den Orkaden. 9) Der biscayische (spr. viscajische) Busen.

§ 136 (132). 10) Die Straße von Gibraltar. Im westlichen Mittelmeere: 11) Der Busen von Valencia. 12) Der Golf du Lion (Löwengolf). 13) Der Busen von Genua oder das ligurische Meer. 14) Die San Bonifacio-Straße zwischen Corsica und Sardinien. 15) Das tyrrhenische oder toscanische Meer mit den Busen von Gaëta, Neapel, Salerno, Policastro, Santa Eufemia. 16) Der Faro von Messina, zwischen Sicilien und Italien. — Im östlichen Mittelmeere, dessen Teile auch die Küsten Afrikas und Asiens bespülen: 17) Die Kleine Syrte oder der Busen von Gabes. 18) Die Große Syrte oder der Busen von Sydra. 59) Das ionische Meer mit den Busen von Squillace (spr. Skwillatsche) und von Tarent; und dem Busen von Patras, aus welchem die Straße von Lepanto zum Busen von Korinth führt. 20) Die Straße von Otranto führt ins Adriatische Meer. 21) Die Busen von Manfredonia, von Venedig, von Triest, von Fiume; zu letzterem führt der Quarnero-Kanal von S. hinein; der Messenische Busen; der Lacedämonische Busen.

§ 137 (133). 22) Das Ägäische Meer mit den Busen von Argos, von Ägína, von Lamía, von Volo, von Salonichi, von Kassandra, von Longos und von Monte Santo; von Contessa, von Saros; von Smyrna (Küste von Klein=Asien); die Meerenge Eurípus und der Kanal von Talandi zwischen Euböa und dem Festlande. 23) Die Straße der Dardanellen oder der Hellespont. 24) Das Marmara=Meer oder Propontis. 25) Die Straße von Konstantinopel oder der Bosporus. 26) Das Schwarze Meer. Die Straße von Kertsch oder Jeni=Kalé, ehemals von Feodosia oder Kafa, führt ins Asowsche Meer. 27) Das Levantische Meer, im S. von Klein=Asien, mit den Busen von Abalia und von Skanderun oder Alexandrette.

§ 138 (134). Inseln: 1) Die Lofoten-Inseln. 2) Die Ålands-I. (spr. Olands-I.). 3) Dagö und Ösel. 4) Gotland, Öland, Bornholm. 5) Rügen, Usedom, Wollin. 6) Die dänischen Inseln Seeland mit Möen, Falster mit Lolland, Fyen oder Fünen mit Langeland, Arö, Alsen und Femern. 7) Insel Großbritannien, mit den Scilly=Inseln, Anglesea (spr. Engelßi), Man (spr. Män), den äußeren Hebriden oder westlichen Inseln: Lewis (spr. Luis); den inneren Hebriden, Skye (spr. Skei), Mull mit Staffa; den Orkaden oder Orkneys, den Schetland=Inseln; an der S.=Küste mit der Insel Wight (spr. Ueit). 8) Irland. 9) Die Far-Öer (d. h. Schaf=Inseln). 10) Island. — Spitzbergen. — Beide letztere können aber nicht für Inseln Europas gelten. — 11) Die Nordsee=Inseln an der jütländischen und deutschen Küste; darunter Helgoland, Silt (dänisch Sylt), Fehr (dänisch Fär), Wangerooge, Norderney. 12) Die normannischen oder Kanal=Inseln Jersey, Guernsey (spr. Dscherrsi, Gernsi). 13) Inseln Sein und Ouessant (spr. Seng, Wessang), Rè und Oléron.

§ 139 (135). 14) Die Pithiusen oder Fichten=Inseln, unter ihnen Iviza und Formentera. 15) Die Balearen oder Schleuderer=Inseln, unter denen Mallorca (spr. Majorka) und Menorca. 16) Sardinien (an der Nord=Ost=Ecke das kleine Caprera) und Corsica. 17) Elba. 18) Ponza= oder Pontinische Inseln. 19) Ischia (spr. Iskia) und Capri. 20) Sicilien, mit den Liparischen Inseln (wobei Lipari, Strómboli, Volcano), und den Ägatischen Inseln und Pantellaria. 21) Malta, Cumino, Gozzo. 22) Die Jonischen Inseln: Corfù, Santa Maura, Ithaka, Kefalonía, Zante (spr. Sante) und Cerigo (spr. Tscherigo).

23) Die Dalmatischen Inseln, deren größte Cherso (spr. Kerso) und Beglia (spr. Welja) sind; dann Arbe, Pago, Grossa, Lussin, Brazza, Lesina, Curzola, Meleda. 24) Candia oder Kreta. 25) Euböa oder Negriponte. 26) Die Kykladen, wobei Andros, Tinos, Syra, Paros, Naxos, Delos, Melos, Santorini. 27) Die Sporaden, wobei Stalimne oder Lemnos, Tenedos, Mytilene oder Lesbos, Chios, Samos, Pathmos, Kos, Rhodos. 28) Cypern.

§ 140 (136). Halbinseln und Kaps: 1) Halbinsel Kanin. 2) Die Halbinsel Kola mit dem Swjätoi-Noß oder Heiligen Vorgebirge. 3) Die Skandinavische Halbinsel mit dem Nordkap auf der Insel Mageröe und dem Nordkyn, östlich von ersterem am Festlande; die norwegische Halbinsel mit dem Kap Lindesnäs; die schwedische Halbinsel, deren südlichstes Ende die Halbinsel Schonen ist. 4) Halbinsel Finland, zwischen dem finnischen und botnischen Busen; die livländische Halbinsel; die Halbinsel Samland, ehemals Baltia, zwischen dem Kurischen und Frischen Haff. 5) Halbinsel Jütland mit dem Kap Skagen. 6) Die Halbinsel Nord-Holland. 7) Halbinsel Cornwallis mit Kap Landsend und Kap Lizard. 8) Kap Duncansby und Kap Wrath (spr. Ras) an der N.-Seite von Schottland. 9) Kap Malin, die Nordspitze Irlands, und Kap Dunmore, die Westspitze Irlands. 10) Halbinsel Cotentin oder Normannische Halbinsel mit dem Kap be la Hague. 11) Halbinsel Bretagne mit dem Kap Croisikspitze. 12) Pirenäische Halbinsel: an der Nordseite Kap de Peñas (spr. Penjas), Kap Ortegal; an der W.-Seite Kap Finisterrä, Kap da Roca (die westlichste Spitze Europas, in 8° östl. L.), Kap San Vicente; an der Süd-Seite Kap Trafalgar, Kap Tarifa (eine der südlichsten Spitzen Europas, in 36° n. Br.), Punta de Europa (Gibraltar), Kap de Gata; an der Ost-Seite Kap de Palos, Kap de Nao, Kap Creuz (spr. Kre-us).

§ 141 (137). 13) Halbinsel Italien, mit der Halbinsel Apulien, daran Kap di Leuca (spr. Le-uka), der Halbinsel Calabrien, daran Kap Spartivento, und der Halbinsel Gargáno. 14) An Siciliens S.-Ecke Kap Passaro, die W.-Ecke Kap Bóeo, die O.-Ecke Kap di Faro. 15) Die Halbinsel Istrien mit dem Kap Promontore. 16) Die türkische Halbinsel. 17) Die Halbinsel Morea, an die Landenge von Korinth angeheftet; mit dem Kap Gallo, Kap Matapan (eine der Südspitzen Europas, unter 36° n. B.) und Kap Mália. 18) Kap Kolonnáes oder Sunium an Attika. 19) Halbinsel Chalkis mit den Halbinseln Kassandra, Halbinsel Longos, Halbinsel Athos (Kap St. Georg). 20) Halbinsel von Gallipoli oder thrakischer Chersones. 21) Halbinsel Krim, an die Landenge von Perekop geheftet. 22) Halbinsel Taman, auf der Ostseite der Straße von Kertsch.

§ 142 (138). Flüsse und Seen. 1) Die Petschora. 2) Die Dwina, entstehend aus Suchona und Jug. 3) Die Newa, aus dem Ladoga-See. In diesen ergießen sich: 4) Der Wuoxen aus dem Saima-See, von NW.: 5) der Swir aus dem Onega-See, von O.; 6) der Wolchow (spr. Wolchoff) aus dem Ilmen-See, von S. 7) Die Narowa kommt aus dem Peïpus-See. 8) Die Düna oder westliche Dwina. 9) Der Njemen, rechts mit der Wilia. 10) Der Pregel. 11) Die Weichsel, rechts mit dem San und dem Narew (ehemals Bug). 12) Die Oder, rechts mit der Warte. 13) Die Elbe, links mit der Moldau, Eger, Mulde und Saale; rechts mit der Havel und diese mit der Spree. 14) Die Weser, entstehend aus Fulda und Werra; rechts mit der Aller. 15) Die Ems. 16) Der Rhein, rechts mit dem Neckar, Main, Lahn, Sieg, Lippe, Ruhr; links mit der Aare, der Ill und der Mosel. Mit dem Rhein mündet die Maas. 17) Die Schelde (l'Escault). 18) Die Seine, rechts mit der Marne. 19) Die Loire, links mit dem Allier. 20) Die Garonne, rechts mit Tarn, Lot, Dordogne. 21) Der Adour. 22) Der Minho, der Duero oder Douro. 23) Der Mondego, der Tajo, in Portugal Tejo (spr. Teschu) genannt. 24) Der Guadiana. 25) Der Guadalquivir (spr. Guadalkiwir).

§ 143 (139). 26) Der Segura. 27) Der Jucar. 28) Der Guadalaviar. 29) Der Ebro, links mit dem Segre. 30) Der Rhone, rechts mit der Saone (spr. Ssohne), links mit Isère und Durance. 31) Der Arno. 32) Der Tiber. 33) Der Po, links mit dem Tessin, der durch den Großen-See (Lago magiore, spr. Madschore); mit der Abba, die durch den Comer-See; mit dem Mincio (spr. Mintscho), der aus dem Garda-See fließt. 34) Die Etsch, links mit der Eisach. 35) Der Moratscha. 36) Der Drin. 37) Der Wojutza. 38) Der Salampria. 39) Der Barbar. 40) Der Struma-Karassu. 41) Der Maritza. 42) Die Donau, rechts mit Iller, Lech, Isar, Inn, Traun, Enns, Leitha, Drau, Save, Morawa, Isker; links mit Nab, March, Waag, Neitra, Gran, Theiß, Aluta, Seréth, Pruth. 43) Der Dnjestr. 44) Der Bug. 45) Der Dnjepr, rechts mit Beresina und Pschipjetz; links mit dem Desna. 46) Der Don und der Donez.

47) Der Kuban. 48) Der Terek. 49) Die Wolga, rechts mit der Oka, in welche links die Moskwa fließt; links die Kama, in welche rechts die Wjatka und links die Bjelaja fließt. 50) Der Ural. 51) In Skandinavien: Glommen, Göta-Elf aus dem Wener-See; Dal-Elf, Torneo. 52) In Großbritannien: Themse; Humber (spr. Ömber), aus Trent und Ouse (spr. Us) entstehend; Severn. 53) In Irland: der Shannon (spr. Schennon).

§ 144 (140). Außer den schon genannten Seen sind zu merken: 54) in Skandinavien: Wetter-See, Mälar-See, Hjelmar-See, Enara-See. 55) In Preußen der Spirding- und der Mauer-See. 56) Am N.-Rande der Alpen: der Genfer-See, der Neuenburger-, der Vierwaldstätter-, der Zuger-, der Zürcher-, der Boden-See, der Chiem-See. 57) In Ungarn: der Neusiedler- und der Platen-See.

§ 145 (141). Höhen.*) 1) Die Alpen zerfallen in Vor-Alpen (bis 5000 F. h.), längs der Nord- und Südseite, Mittel-Alpen (bis 8000 F. = 2600 m. h.) und Hoch-Alpen. Die höchsten Gipfel sind: der Montblanc, 14.817 F. = 4810 m. h., der Monte Rosa, 14.280 F. = 4638 m. h., die Jungfrau, 12.827 F. = 4167 m. h., die Berninaspitze, 12.470 F. = 4052 m. h., der Groß-Glockner, 11.700 F. = 3800 m. h. 2) Die Apenninen; im mittleren Teile, in den Abruzzen, erhebt sich der Gran Sasso d'Italia, 9200 F. = 2990 m. h. 3) Das von N. nach S. ziehende calabrische Gebirge hat einen 6300 F. = 2050 m. h. hohen Gipfel. 4) Auf Sicilien ist der Ätna 10.200 F. = 3313,4 m. h. 5) Der höchste Gipfel Corsicas ist 8500 F. = 2760 m. h., der höchste Gipfel Sardiniens ist 5900 F. = 1918 m. h.

§ 146 (142). 6) Östlich vom adriatischen Meer ist in den bosnischen Gebirgen der Dormitor 8000 F. = 2600 m. h.; mit ihm beginnt das Schljeb-Gebirge und der über 8000 F. = 2600 m. h. Schar-Dagh, d. h. Schar-Gebirge. 7) Südlicher zieht von N. nach S. das Grammos-Gebirge, weiterhin Pindos genannt. 8) Östlich am Meere erhebt sich der 9148 F. = 2972 m. hohe Olymp. 9) Durch den östlichen Teil der griechisch-türkischen Halbinsel zieht von W. nach O. der bis 5250 F. = 1705 m. hohe Balkan, südlich von ihm das bis 8400 F. = 2730 m. hohe Rhódope-Gebirge. Auf Kreta oder Candia sind die Berge über 7500 F. = 2436 m. h.

---

*) 1 Meter = 3,078 Par. Fuß.

§ 147 (143). 10) Die Pirenäen, im Mont Perdü 10.320 F. = 3350 m. h. 11) Das kantabrisch-asturische Gebirge mit dem 8200 P. F. = 2663 m. h. Picos von Europa, in der Westhälfte. 12) Das Hochland von Alt-Castilien, im Mittel 2580 F. = 838 m. h. 13) Das castilische Scheidegebirge, aus vielen Gebirgsketten bestehend, die sich an einander reihen; in der Sierra de Guadarrama erhebt sich der 7716 F. = 2507 m. h. Pico de Peñalara. 14) Das Hochland von Neu-Castilien und Estremadura, im Mittel 2500 F. = 812 m. h. 15) Die Sierra Morena und die Sierra Monchique (spr. Montschike), nur etwa 500 F. = 162 m. höher als die vorher genannte Hochebene. 16) Das Gebirge von Granada, zu welchem die Sierra Nevada gehört; in letzterer ist der Cumbre de Mulhacen (spr. Mulhaßen), 10.940 F. = 3554 m. h. 17) Die Balearen haben einen 4500 F. = 1462 m. hohen Gipfel.

§ 148 (144). 18) In Schottland erhebt sich im Grampian-Gebirge der 4100 F. = 1332 m. h. Ben Newis, der höchste Gipfel Großbritanniens. 19) Der hohe Rücken Peak (spr. Pik) und die Moorlande. 20) Das cumbrische Bergland. 21) Das Gebirgsland von Wales; darin der 3370 F. = 1094 m. hohe Snowdon (spr. Snodn). 22) Auf Irland liegt der 3200 F. = 1040 m. h. Carantual. 23) Die lange Hochebene Norwegens heißt die Kjölen; darin die 5770 F. = 1875 m. h. Sulitelma. 24) Die mittleren Gebirge, deren Mitte Dovre-Fjeld heißt, haben als höchsten Gipfel den 7884 F. = 2561 m. hohen Ymesfjeld; der Snöhättan ist 7150 F. = 2322 m. h.

§ 149 (145). Die Gebirge Mittel-Europas.

A. Die deutschen Mittelgebirge. 25) Die Sudeten, nämlich das Iser- und Riesengebirge; darin die 4960 F. = 1611 m. h. Schnee- oder Riesenkoppe, und das Glatzer Gebirgsland, mit dem 4360 F. = 1417 m. h. Glatzer Schneeberg. 26) Das sächsische Erzgebirge, mit einem 3900 F. = 1275 m. h. Gipfel. 27) Das Fichtelgebirge (Schneeberg 3270 F. = 1069 m. h.). 28) Der Böhmer-Wald, mit dem fast 4490 F. = 1458 m. h. Großen Arber. 29) Der Mährische Rücken (bis 2600 F. = 845 m. h. Gipfel). 30) Der fränkische Jura und der deutsche oder schwäbische Jura, auch Rauhe Alp genannt (Schafberg 3100 F. = 1005 m. h.,

Hohenzollern 2647 F. = 860 m. h., Hohenstaufen 2140 F. = 695 m. h.). 31) Die süddeutsche oder baierische und (zwischen Boden- und Genfer-See) die Schweizer-Hochebene. 32) Der Schwarzwald, Odenwald und Spessart (der Feldberg, in ersterem, 4600 F. = 1494 m. h.). 33) Die Vogesen oder das Wasgau-Gebirge, nebst der Hart und dem Pfälzer-Gebirge, erstere mit dem 4400 F. = 1428 m. h. Großen Winterung (franz. Grand Ventron). 34) Zwischen beiden Zügen die ober-rheinische Tiefebene, von Basel bis Bingen. 35) Der Hunsrück. 36) Die Eifel, das Hohe Venn und die Ardennen. 37) Der Taunus oder die Höhe. 38) Der Westerwald und das Siebengebirge. 39) Das Sauerländische Gebirge. 40) Der Haarstrang. 41) Der Vogelsberg. 42) Die Rön. 43) Der Thüringer- und der Franken-Wald, ersterer mit mehr als 3000 F. = 984 m. h. Gipfeln. 44) Die Wesergebirge. 45) Der Harz, mit dem 3512 F. = 1141 m. h. Brocken; südlich davon der Kyffhäuser, 1400 F. = 455 m. hoch.

§ 150 (146). B. Die karpatischen Mittelgebirge. 46) Die Kleinen Karpaten und das Weiß-Gebirge, mit dem 3000 F. = 975 m. h. Jaworsina. 47) Die Beskiden, mit 4100 F. = 1332 m. hohen Gipfeln. 48) Die Tatra, ein Hochgebirge, dessen Gipfel die Schneegrenze überragen; die 7474 F. = 2428 m. h. Eisthalerspitze, die 7816 F. = 2539 m. h. Lomnitzer Spitze und die 7884 F. = 2561 m. h. Gerlsdorfer Spitze. 49) Die Kleine Tatra oder das Liptauer Gebirge, mit einem 6300 F. = 2046 m. h. Gipfel. 50) Die Ungarischen Erzgebirge, zwischen den vorhergenannten und der Donau. 51) Das Karpatische Wald-Gebirge, mit mehr als 5900 F. = 1916 m. h. Gipfeln. 52) Das Hochland von Siebenbürgen, in der Mitte 900 F. = 292 m. h., etwa 350 F. = 116 m. höher als die Ebene der Theiß, im Süden begrenzt durch 53) die Transsylvanischen Alpen, in denen der Negoi 7830 F. = 2543 m. h. ist. — Im Nordrande des Hochlandes liegt ein 7000 F. = 2274 m. h. Gipfel, im Ostrande ein 6000 F. = 1950 m. h. Gipfel. Dem Westrande, 54) dem Siebenbürgischen Erzgebirge gehört der 5680 F. = 1846 m. h. Bihar an.

§ 151 (147). C. Die französischen Mittelgebirge. 55) Der Schweizer- und Französische Jura, mit dem 5300 F. = 1720 m. h. Reculet. 56) Das Plateau von Langres, 1000 bis 1500 F. = 325 bis 488 m. h. 57) Das Côte d'Or,

1900 F. = 617 m. h. 58) Das Morvan-Gebirge, mit 2740 F. = 890 m. h. Gipfeln. 59) Das Gebirge von Charolais, 3000 F. = 975 m. h. 60) Das Gebirge von Lyonnais, 2450 F. = 796 m. h. 61) Mit dem 4226 F. = 1373 m. h. Gerbier de Jonc und dem 5409 F. = 1757 m. h. Mezenc (spr. Meseng) beginnt der lange Zug der Cevennen. Darin der 5300 F. = 1720 m. h. Mont Lozère. 62) Das Forez-Gebirge (spr. Foreh), mit dem 5050 F. = 1640 m. h. Pierre sur Haute. 63) Die Gebirge der Auvergne: der 5720 F. = 1858 m. h. Cantal; nördlicher der Mont Dore mit dem 5800 F. = 1886 m. h. Puy de Sancy, dem höchsten Berge Mittel-Frankreichs; und noch nördlicher die Dômes-Berge oder die Kette der Puys, mit dem 4510 F. = 1465 m. h. Puy de Dôme. 64) Die Hochebene von Limousin mit dem 2940 F. = 954 m. h. Audouze. 65) Die Maasberge und die Argonnen, 600 bis 900 F. = 200 bis 290 m. h., mit einem 1550 F. = 503 m. h. Gipfel. 66) Das Kein Breis, d. h. das Rückgrat der Bretagne, bestehend aus den beiden Parallelketten Monts Arrées und Montagnes Noires, 1000 bis 1200 F. = 325 bis 390 m. h.

§ 152 (148). 67) Der Ural (Gipfel bis 5000 F. = 1624 m. h.). 68) Das Jaila-Gebirge an der Südküste der Halbinsel Krim (4680 F. = 1523 m. h. Gipfel). 69) Uralisch-baltischer Höhenrücken, im Wolchonski-Walde (auf dem Waldai-Rücken) 1100 F. = 357 m. h., bei Danzig im Thurmberge 1022 F. = 332 m. h. 70) Der Dwina-Donez-Rücken. 71) Der podolisch-polnisch-schlesische Rücken. 72) Der Fläming und die Lüneburger Haide.

Tiefländer. 1) Die sarmatische Tiefebene (mehr als die Hälfte von Europa). 2) Westlich von der Weichsel die germanische und holländische Tiefebene ($1/_{14}$ der ersteren). 3) Das französische Tiefland. 4) Das skandinavische Tiefland. 5) Das großbritannische Tiefland. 6) Die Halbinseln Kanin und Kola. 7) Die ober- und niederungarische Ebene. 8) Die lombardisch-venetianische oder Po-Ebene. 9) Die walachische Tiefebene. 10) Die spanischen (Ebro- und andalusische) Tiefebenen. 11) Das Tiefland der Krim. 12) Das Tiefland des unteren Rhone oder das provençalische. 13) Das oberrheinische Tiefland. 14) Die italienischen Tiefebenen.

§ 153 (140). Die Staaten. 1) Königreich Portugal. Einteilung in 6 Provinzen:

Estremadura. Hauptstadt Lissabon 265.000 E. Mafra 3300 E. — Béira. Coimbra 18.200 E. — Entre Minho e Duero. Porto 108.300 E. — Traz os Montes. Bragança 5100 E. — Alemtejo (spr. Alengtschu). Königreich Algarve.

2) Königreich Spanien. Es besteht aus folgenden, ehemals selbständigen Ländern:

Königreich Neu-Castilien. Hauptstadt Madrid 287.350 E. Lustschlösser zu Aranjuez, Escorial und Pardo. Toledo 18.100 E.
Landschaft Estremadura. Badajoz 21.000 E.
Königreich Leon. Salamanca 15.400 E.
Königreich Galizien. La Coruña 30.500 E. Santiago de Compostela 23.800 E. — Fürstenthum Asturien.
Königreich Alt-Castilien. Valladolid 39.300 E. Lustschloß San Ildefonso. Burgos 25.900 E.
Die baskischen (spr. vaskischen) Provinzen. Bilbao 18.700 E.
Königreich Navarra. Pampelona 21.500 E. Abtei Roncesvalles.
Königreich Aragonien. Zaragoza 63.300 E.
Fürstentum Catalonien (spr. Catalunja). Barcelona 179.300 E.
Königreich Valencia. Valencia 102.600 E.
Königreich Murcia. Murcia 98.700 E.
Landschaft Andalusien. Granada 65.800 E. Malaga 95.200 E. Cadiz 68.000 E. Córdova 41.000 E. Sevilla (spr. Sewillja) 122.200 E. Gibraltar 25.200 E. (englisch).
Königreich der Balearen. Palma 53.200 E.

Die Republik Andorra in den Pirenäen steht unter französischem Schutze.

§ 154 (150). 3) Republik Frankreich, in 89 Departements geteilt. Wir unterscheiden:

A. Das nördliche Frankreich.

Herzogtum Ile be France. Hauptstadt Paris 1.988.800 E. Versailles 49.800 E.
Grafschaft Champagne. Reims 81.300 E.
Königreich Lothringen. Verdün 15.400 E. Nancy 66.300 E.
Die französischen Niederlande oder Grafschaft Flandern. Lille 162.800 E.
Grafschaft Artois. Calais 12.600 E. Bologne 40.100 E.
Landschaft Picardie. Amiens 67.000 E.
Herzogtum der Normandie. Rouen 104.900 E. Caen (spr. Kang) 41.200 E. Cherbourg 37.200 E. Le Havre 92.100 E.

B. Das westliche Frankreich.

Das Herzogtum Bretagne. Brest 66.800 E. Rennes 57.200 E. Nantes 122.200 E.
Herzogtum Poitou. Poitiers 33.300 E.
Herzogtum Anjou. Angers 56.800 E.
Grafschaft Maine.
Angoumais, Aunis und St. Onge. Rochefort 27.000 E.

§ 155 (151). C. Das mittlere Frankreich.
Die Grafschaft Touraine. Tours 48.300 E.
Das Herzogtum Orléanais. Orléans 52.200 E.
Die Grafschaft Nivernais. — Das Herzogtum Bourbon. — Die Landschaft Marche. — Das Herzogtum Berry. —
Die Grafschaft Limousin. Limoges 59.000 E.
Die Grafschaft Auvergne. Clermont-Ferrand 41.800 E.
  D. Das östliche Frankreich.
Die Grafschaft Lyonnais. Lyon 342.800 E. St. Etienne 126.000 E.
Das Herzogtum Burgund. Dijon 47.900 E.
Die Freigrafschaft (Franche-Comté) Burgund. Besançon 54.400 E.

§ 156. E. Das südliche Frankreich.
Das Herzogtum Savoyen. Chambéry 16.500 E.
Das Herzogtum Dauphiné. Grenoble 45.400 E.
Die Landschaft Languedoc. Nimes 63.000 E. Montpellier 55.300 E. — Toulouse 131.600 E.
Das Herzogtum Guyenne. Bordeaux 215.100 E. — Die Landschaft Gascogne. — Das Land Béarn und Navarra. Bayonne 27.400 E. — Die Grafschaft Foix. — Die Grafschaft Roussillon. —
Die Grafschaften Avignon und Venaissin und das Fürstentum Orange. Avignon 38.000 E.
Die Grafschaft Provence. Marseille 319.000 E. Toulon 70.500 E. Nizza 53.400 E.
Die Insel Corsica. Bastia 17.000 E. Ajaccio 16.400 E.

§ 157 (152). 4) Die vereinigten Königreiche Großbritannien und Irland.
  A. Das Königreich England.
London 3.489.400 E. — Greenwich (spr. Grienitsch), ein Teil Londons. Windsor 11.800 E.
Im Süden: Brighton (spr. Breihtn) 90.000 E. Southampton (Saußemtn) 54.000 E. Portsmouth (Portsmoß) 127.100 E.
Südliche Mitte: Cambridge (Kehmbridsch) 30.100 E. Oxford 32.500 E.
Im Osten: Norwich (spr. Noritsch) 84.000 E.
Im Südwesten: Plymouth (spr. Plinmoß) 132.800 E. Bath 53.000 E.

Westliche Mitte: Bristol 203.000 E. Birmingham (spr. Börrminghäm) 377.400 E. Stoke 131.000 E.
Nördliche Mitte: Nottingham 95.600 E. Leicester (Leßter) 117.500 E.
Im Nordwesten: Liverpool (spr. Liwwerpuhl) 527.100 E. Manchester (spr. Männtschstr) 522.200 E.
In York: Leeds (spr. Lihds) 298.200 E. Sheffield (spr. Scheffihld) 282.100 E. York 43.800 E.
Im Norden: Hull oder Kingston upon Hull 140.000 E. Newcastle und Gateshead (spr. Niukahßel) 191.000 E.

§ 158 (153). B. Das Fürstentum Wales (spr. Wehls).
Mertyr-Tydfil (spr. Teidfil) 52.000 E.

C. Das Königreich Schottland.
Hauptstadt Edinburg 215.100 E. Glasgow (spr. Gläsgo) 556.000 E. Dundee (spr. Dönndi) 139.100 E. Aberdeen (spr. Aberdihn) 96.500 E.

D. Das Königreich Irland.
Hauptstadt Dublin (spr. Döblin) 246.300 E. Belfast 174.400 E. Cork 78.700 E.

In Europa gehören zu Großbritannien: die Orkaden, Hebriden, Shetland-Inseln, Man, die Scilly- und Normannischen Inseln, Helgoland, Gibraltar, Malta.

§ 159 (154). 5) Das Königreich der Niederlande, geteilt in 11 Provinzen. Der König ist zugleich Großherzog von Luxemburg.
Hauptstadt Haag 107.900 E. Amsterdam 302.200 E. Rotterdam 142.600 E. Utrecht 67.300 E.

6) Das Königreich Belgien, in 9 Provinzen geteilt.
Hauptstadt Brüssel 380.200 E. Antwerpen 155.800 E. Lüttich 118.100 E. Gent 129.200 E. Brügge 44.900 E. Ostende 17.000 E.

§ 160. 7) Die Schweiz, aus 22 verbündeten Kantonen bestehend, deren jeder ein selbständiger Freistaat ist.
Graubünden. Tessin. Sanct Gallen. Appenzell-Außer-Rhoden und Appenzell-Inner-Rhoden. Thurgau. Schaffhausen. Zürich. Die Stadt Zürich und die Vororte 56.700 E. Aargau. Luzern. Zug. Schwyz. Glarus. Uri. Unterwalden ob dem Walde und Unterwalden nid dem Walde. Wallis. Bern. Die Bundeshauptstadt Bern 36.000 E. Baselstadt und Basellandschaft. Die Stadt Basel 44.800 E. Solothurn. Freiburg. Neuchatel oder Neuenburg. Waadt. Genf. Die Stadt Genf 46.800 E.

§ 161 (155). 8) Die Staaten des deutschen Reiches.

I. Der Preußische Staat, in 11 Provinzen geteilt.
a. Preußen. Königsberg 122.600 E. Danzig 97.900 E. Gumbinnen 9100 E.
b. Posen. Posen 61000 E. Bromberg 31.300 E.
c. Brandenburg. Hauptstadt Berlin 1.045.000 E. Potsdam 45.000 E. Frankfurt 47.200 E.
d. Pommern. Stettin 81.000 E. Stralsund 27.800 E. Köslin 14.800 E.
e. Schlesien. Breslau 239.100 E. Liegnitz 31.400 E. Oppeln 12.500.
f. Sachsen. Magdeburg 122.800 E. Merseburg 13.700 E. Halle 60.500 E. Erfurt 48.000 E.
g. Schleswig-Holstein und Lauenburg. Schleswig 14.500 E. Flensburg 26.500 E. Kiel 37.200 E. Altona 84.100 E.
h. Hannover. Hannover 106.700 E.
i. Hessen-Nassau. Kassel 53.100 E. Frankfurt am Main 103.100 E. Wiesbaden 43.700 E.
k. Westfalen. Münster 35.700 E. Minden 17.100 E. Arnsberg 5500 E.
l. Rheinprovinz. Köln (und Deutz) 169.100 E. Bonn 28.100 E. Düsseldorf 80.700 E. Elberfeld und Barmen 167.100 E. Krefeld 62.900 E. Aachen 79.600 E. Koblenz 29.300 E. Trier 22.000 E.

Das Fürstentum Hohenzollern 66.500 E.

§ 162 (156). II. Niedersächsische Staaten.

Das Großherzogtum Mecklenburg-Schwerin. Schwerin 28.000 E. Rostock 34.200 E.

Das Großherzogtum Mecklenburg-Strelitz.

Die freie Hansestadt Lübeck. Die Stadt hat 44.800 E.

Die freie Hansestadt Hamburg. Die Stadt nebst den Vororten hat 348.447 E.

Die freie Hansestadt Bremen. Die Stadt hat 102.500 E.

Das Großherzogtum Oldenburg. Oldenburg 15.700 E.

Das Herzogtum Braunschweig. Braunschweig 65.900 E.

Das Fürstentum Lippe.

Das Fürstentum Schaumburg-Lippe.

Das Fürstentum Waldeck-Pyrmont.

§ 163. III. Die obersächsischen Staaten.

Das Großherzogtum Sachsen-Weimar-Eisenach. Weimar 17.500 E.

Das Herzogtum Sachsen-Koburg-Gotha. Gotha 22.900 E. Koburg 14.600 E.

Das Herzogtum Sachsen-Meiningen. Meiningen 9500 E.
Das Herzogtum Sachsen-Altenburg. Altenburg 22.200 E.
Das Fürstentum Schwarzburg-Sondershausen.
Das Fürstentum Schwarzburg-Rudolstadt.
Das Fürstentum Reuß älterer Linie oder Reuß-Greiz.
Das Fürstentum Reuß jüngerer Linie oder Reuß-Schleiz-Gera-Lobenstein-Ebersdorf.
Das Königreich Sachsen, in 4 Reg.-Bezirke geteilt: Dresden, Leipzig, Zwickau, Bautzen. Dresden 197.300 E. Freiberg 23.600 E. Meißen 13.000 E. Leipzig 127.400 E., nebst den Vororten 336.700 E. Chemnitz 72.800 E. Zwickau 31.500 E. Bautzen 14.700 E.
Das Herzogtum Anhalt. Dessau 19.600 E. Bernburg 16.900 E. Köthen 14.400 E.

§ 164 (157). IV. Die süddeutschen Staaten.

Das Großherzogtum Hessen, in 3 Provinzen geteilt: Starkenburg, Rheinhessen, Oberhessen. Darmstadt 43.700 E. Mainz 56.400 E.
Das Großherzogtum Baden, in 11 Kreise geteilt. Hauptstadt Karlsruhe 42.900 E. Baden-Baden 11.000 E. Freiburg 30.600 E. Constanz 12.000 E. Mannheim 46.500 E. Heidelberg 22.300 E.
Das Königreich Württemberg, in 4 Kreise geteilt: Neckar-, Jagst-, Donau-, Schwarzwald-Kreis. Hauptstadt Stuttgart 107.300 E. Eßlingen 15.700 E. Tübingen 10.500 E. Ulm 30.200 E.
Das Königreich Bayern, in 8 Provinzen geteilt: Ober- und Niederbayern, Oberpfalz nebst Regensburg, Ober-Franken, Mittel-Franken, Unter-Franken nebst Aschaffenburg, Schwaben nebst Neuburg, Pfalz. Hauptstadt München 198.800 E. Regensburg 31.500 E. Augsburg 57.200 E. Nürnberg 91.000 E. Baireuth 18.600 E. Bamberg 26.900 E. Würzburg 45.000 E. Speyer 14.100 E.
Die Reichslande Elsaß und Deutsch-Lothringen: Straßburg 94.300 E. Mühlhausen 63.200 E. Metz 45.900 E.

§ 165 (158). 9) Das Kaisertum Österreich.

a. Das Erzherzogtum Österreich unter der Enns. Hauptstadt Wien 1.020.770 E.
b. Das Erzherzogtum Österreich ob der Enns. Linz 33.400 E.
c. Das Herzogtum Salzburg. Salzburg 20.300 E.
d. Das Herzogtum Steiermark. Gratz oder Grätz 81.000 E.
e. Das Herzogtum Kärnten. Klagenfurt 15.300 E.
f. Das Herzogtum Krain. Laibach 22.600 E.
g. Die gefürstete Grafschaft Görz und Gradisca mit der Markgrafschaft Istrien und der Stadt Triest. Triest 109.300 E. Görz 16.300 E.

h. Die gefürstete Grafschaft Tirol mit Vorarlberg. Innsbruck 23.000 E. Trient 17.100 E. (Fürstentum Lichtenstein am Rhein, ist selbständig.)
i. Das Königreich Böhmen. Prag 190.000 E. Reichenberg 22.400 E. Budweis 17.400 E. Eger 13.400 E. Karlsbad 7300 E. Töplitz 11.600 E. Pilsen 23.700 E.
k. Die Markgrafschaft Mähren. Brünn 73.800 E.
l. Das Herzogtum Schlesien. Troppau 20.300 E.
§ 166 (159).
m. Das Königreich Galizien. Krakau 50.000 E. Lemberg 87.100 E.
n. Das Herzogtum Bukowina. Czernowitz (spr. Tschernowitz) 34.000 E. Im ehemaligen Siebenbürgen, jetzt ungarisch: Kronstadt 28.000 E. Hermannstadt 19.000 E. Klausenburg 26.400 E.
o. Das Königreich Ungarn, in Grafschaften (Komitate oder Gespanschaften) geteilt. Budapest 270.500 E. Preßburg 46.500 E. Debreczin 46.100 E. Maria-Theresiopol 56.300 E. Temesvar (spr. Temeschwar) 32.200 E. Szegedin 70.200 E.
p. Die Königreiche Kroatien und Slavonien. Agram 19.900 E. Esseg 11.200 E.
q. Freistaat Fiume 13.300 E.
r. Das Königreich Dalmatien. Zara 20.900 E. Spalato 12.200 E. Ragusa 5300 E.

§ 167 (160). 10) Das Königreich Norwegen, in 17 Ämter geteilt.
Hauptstadt Kristiania 83.000 E. Bergen 34.400 E. Drontheim 22.500 E. Hammerfest 2.125 E.

11) Das Königreich Schweden, in 14 Läns geteilt.
1. Das eigentliche Schweden. Hauptstadt Stockholm 165.700 E. Upsala 13.500 E.
2. Götaland. Malmö 34.400 E. Lund 13.400 E. Karlskrona 17.800 E. Göteborg 71.700 E. Norrköping (spr. Nortschöping) 27.200 E.
3. Norrland (d. h. Nordland). Gefle 18.100 E.

12) Der dänische Staat.
Das Königreich Dänemark. Hauptstadt Kopenhagen 233.000 E. Helsingör 8900 E. Aalborg (spr. Olborg) 11.700 E. Die Far-Öer. Die Nebenländer: Die Insel Island, Grönland, westind. Inseln.

§ 168 (161). 13) Das Königreich Italien, in 16 Abteilungen und 69 Provinzen geteilt.
a. Hauptstadt Rom 220.000 E.
b. Das Fürstentum Piemont und Herzogtum Genua, 6 Pro=

vinzen. Turin 214.000 E. Alessandria 28.000 E. Genua
130.300 E.
c. Die Lombardei, 8 Provinzen. Mailand 199.000 E. Pavia
28.800 E. Bergamo 22.600 E. Brescia (spr. Brescha) 38.900 E.
d. Benetien, 9 Provinzen. Benedig 128.100 E. Udine 22.000 E.
Verona 60.000 E. Vicenza (spr. Witschenza) 27.000 E. Padua
44.600 E. Mantua 26.700 E.
e. Emilia, 8 Provinzen. Parma 45.000 E. Piacenza (spr. Piat=
schenza) 35.000 E. Modena 31.000 E. Ravenna 11.900 E.
Bologna 89.100 E.
f. Toscana, 8 Provinzen. Florenz 167.100 E. Livorno 80.100 E.
Pisa 25.900 E. Lucca 21.300 E.
g. Die Marken und Umbrien, 5 Provinzen. Ancona 28.000 E.
h. Neapolitanische Provinzen, 15. Neapel 450.800 E. Por=
tici 11.500 E. (Herculanum, Pompeji.) Foggia (spr. Fobbscha)
34.200 E. Bari 49.400 E. Taranto oder Tarent 20.500 E.
Reggio (spr. Rebbscho) 19.100 E.
i. Insel Sicilien, 7 Provinzen. Palermo 186.100 E. Messina
70.300 E. Catania 83.500 E. Siracusa 18.100 E.
k. Insel Sardinien, 2 Provinzen. Cágliari (spr. Kaljari) 29.900 E.
Sassari 30.500 E.
Die Republik San Marino.

§ 169 (162). 14) Das Königreich Griechenland, in
13 Nomarchien geteilt.
Auf dem Festlande: Athen 44.500 E. Theben oder Thiva 3000 E.
Im Peloponnes oder in Morea: Nauplia 4000 E. Argos 9000 E.
Korinth 1900 E. Patrás 16.600 E. Tripolis 7000 E.
Auf den Inseln: Hermupolis oder Neu=Syra 21.000 E. Negri=
ponte oder Chalkis oder Egripo 6450 E.
Auf den 7 Jonischen Inseln: Stadt Korfú 15.450 E. Zante
(spr. Sante) 17.500 E.

15) Das Fürstentum Montenegro oder Zernagora.
Zetinje 1400 E.

§ 170 (163). 16) Das europäisch=türkische oder osma=
nische Reich, in 8 Vilajets oder General=Gouvernements geteilt.
a. Hauptstadt Konstantinopel oder Stambul 600.000 E. — b Edirné
oder Adrianopel. Die Stadt hat 62.000 E. — c. Selanik.
Saloniki oder Thessalonichi 80.000 E. Larissa in Thessalien
39.000 E. — d. Jánina. Jánina 30.000 E. — e. Pris=
renb. Sofiá 18.000 E. — f. Bosna. Serajewo oder Bosna=
Seraï 35.000 E. — g. Donau. Widin. Silistiré. Ruscht=

schul 22.000 E. — h. Kirib oder Kandia oder Kreta. Cánea 12.000 E. — Zur asiatischen Türkei gehören: Dschesaïr, b. h. die Inseln: die 22 Sporaden. —

17) **Das Fürstentum Rumänien.**
Galatz 80.000 E. Jaschi 90.000 E. Bukurescht 221.805 E. Braila 28.300 E.

18) **Das Fürstentum Serbien.**
Belgrad 27.600 E.

§ 171 (164). 19) **Das Großfürstentum Finland** (der Großfürst ist der Kaiser von Rußland), in 8 Läns geteilt.
Helsingfors 35.400 E. Åbo (spr. Obo) 28.150 E. Torneå (spr. Torneo) 900 E.

20) **Das russische Kaiserreich.** Das europäische Rußland ist in 59 Gouvernements und 1 Provinz geteilt.

1. Die Ostsee-Provinzen. Ingermanland. St. Petersburg 667.960 E. Narwa 6500 E.
   Esthland. Reval 31.300 E.
   Livland. Riga 103.000 E.
   Kurland. Mitau 22.200 E.
2. West- oder Weiß-Rußland. Wilna 64.200 E. Minsk 35.600 E. Mohilew 40.400 E.
   Wolynien. Podolien.
3. Klein-Rußland. Kijew 127.250 E. Poltáwa 34.000 E. Charkow 82.100 E.
4. Polen. Warschau 320.200 E. Ljublin 26.700 E.

§ 172 (165). 5. Groß-Rußland.
   a. Das südliche Groß-Rußland. Groß-Nowgorod 17.100 E. Moskau 602.000 E. Nischnij-Nowgorod oder Nischegorod 44.200 E. Tula 57.400 E.
   b. Das nördliche Groß-Rußland. Wologda 17.200 E. Archangelsk 18.300 E. Dazu gehört Nowaja-Zemlja, d. h. Neues Land.
6. Das Ural-Land. Perm 22.300 E. Jekaterinburg 25.100 E. Irbit 4200 E. Orenburg 35.600 E.
7. Das untere Wolgaland. Kasan 86.300 E. Ssarátow 85.200 E. Astrachan 48.200 E. Uralsk 17.600 E.
8. Die Provinz der Don'schen Kosaken. Nowo-Tscherkask 33.400 E.
9. Süd- oder Neu-Rußland. Ssimferópol 17.100 E. Ssewástopol 13.300 E. Cherßon 46.300 E. Odessa 184.800 E. Kischinew 102.400 E. Bendéry 24.600 E.

§ 173 (166). Fluß-Tabelle.

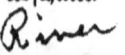

(Vom Schüler zu ordnen alphabetisch oder aufsteigend oder absteigend nach der Größe.)

Petschora	227 M.	Waag	51 M.
Dwina	163 „	Theiß	190 „
Newa	9 „	Pruth	85 „
Narowa	9 „	Dnjestr	170 „
Düna	115 „	Bug	103 „
Njemen	108 „	Dnjepr	265 „
Pregel	24 „	Don	238 „
Weichsel	141 „	Wolga	469 „
Oder	110 „	Oka	200 „
Elbe	155 „	Kama	208 „
Moldau	61 „	Ural	213 „
Havel	48,6 „	Torneo	61 „
Spree	49 „	Themse	44 „
Weser	96 „	Severn	44 „
Ems	59 „	Shannon	36 „
Rhein	175 „	Nil	844 „
Neckar	48 „	Sambesi	383 „
Main	70 „	Oranjestrom	272 „
Maas	121 „	Niger	540 „
Schelde	52 „	Senegal	213 „
Seine	104 „	Gambia	123 „
Loire	132 „		
Garonne	81 „	Ob	570 „
Duero	98 „	Irtysch	352 „
Tajo	122 „	Jenisséi	540 „
Guadiana	111 „	Lena	544 „
Guadalquivir	73 „	Amur	590 „
Ebro	96 „	Hwang-ho	565 „
Rhone	109 „	Ta-Kiang	685 „
Arno	31 „	Me-nam	200 „
Tiber	50 „	Irawady	228 „
Po	85 „	Brahmaputra	340 „
Etsch	61 „	Ganges	365 „
Donau	370 „	Nerbada	192 „
Inn	68 „	Indus	430 „
Drau	90 „	Euphrat und Tigris	350 „
Save	126 „	Ili	134 „

Fluß- und Seen-Tabelle.

Tarim	260 M.	Mississippi	663 M.
Syr	280 „	Missouri	567 „
Amu	295 „	Ohio	230 „
Hilmend	140 „	Colorado	270 „
Jordan	45 „	Columbia	305 „
Kysyl-Irmak	122 „	Fraser-Fluß	160 „
Kur	130 „		
Murray	227 „	Magdalenenstrom	182 „
Schwan-Fluß	60 „	Orinoco	264? „
		Essequibo	115 „
Mackenzie u. Athabaska	310 „	Amassonasstrom	667 „
Saskatchewan	313 „	Madeira	450 „
St. Lorenz	403 „	San Francisco	390 „
Hudson	62 „	La Plata u. Paraná	525 „

Seen-Tabelle.

	□M.		□M.
Ladoga-See	337	Aral-See	1227 $\frac{1}{2}$
Onega-See	230	Baikal-See	634 $\frac{1}{2}$
Ilmen-See	16	Balkhasch-See	374
Peipus-See	51	Wän-See	66
Wener-See	99 $\frac{1}{2}$	Urumia-See	70
Wetter-See	35 $\frac{1}{2}$	Todtes Meer	23 $\frac{1}{3}$
Hjelmar-See	9	Tsad-See	619
Mälar-See	25	Oberer-See	1505
Genfer-See	10 $\frac{1}{2}$	Huron-See (spr. Juron)	988
Boden-See	9 $\frac{4}{5}$	Michigan-See	1053
Vierwaldstätter-See	2	Erie-See	515
Zürcher-See	1 $\frac{3}{5}$	Ontario-See	296
Lago maggiore	3 $\frac{9}{10}$	Winnipeg-See	458
Comer-See	2 $\frac{3}{5}$	Großer Salz-See	85
Garda-See	5 $\frac{2}{3}$	Nicaragua-See	172
Platten-See	18	Titicaca-See	151
Kaspisches Meer	7980		

§ 174. Staaten-Tabelle von Europa.

Staaten.	Geogr. Q.-M.	Volksmenge.
Andorra	7	18.000
Anhalt	43	213.570
Baden	274	1.507.200

Staaten.	Geogr. Q.-M.	Volksmenge.
Bayern	1378	5.022.400
Belgien	535	5.476.700
Braunschweig	67	327.500
Bremen	4,6	142.200
Bulgarien	1105	1.859.000
Dänemark u. Beiländer	694 u. 1884	2.023.000
Deutsches Reich	9804	42.727.360
Elsaß-Lothringen	263,5	1.531.800
Frankreich	9600	36.905.800
Finland	6784	1.968.600
Griechenland	910	1.679.800
Großbritannien u. Irland	5720	34.691.360
Hamburg	7,4	388.620
Hessen	139	884.220
Italien	5381	28.209.600
Liechtenstein	3,24	8664
Lippe	21,6	112.450
Lübeck	5,1	56.900
Luxemburg	47	205.160
San Marino	1,12	7.816
Mecklenburg-Schwerin	242	553.600
Mecklenburg-Strelitz	53	95.670
Monaco	0,3	7049
Montenegro	84	286.000
Niederlande	599	3.981.900
Norwegen	5751	1.806.900
Österreich-Ungarn	11.304	37.331.400
Oldenburg	116	319.300
Portugal	1628	4.348.550
Preußen	6311	25.742.400
Reuß, ältere Linie	5,7	46.980
Reuß, jüngere Linie	15	92.400
Rumänien	2201	5.376.000
Rußland	90.800	72.018.330
Sachsen	272	2.760.600
Sachsen-Altenburg	24	145.850
Sachsen-Koburg-Gotha	36	182.600
Sachsen-Meiningen	45	194.500
Sachsen-Weimar-Eisenach	65	292.930
Schaumburg-Lippe	8	33.130

Staaten-Tabelle von Europa, Afrika und Asien.   85

Staaten.	Geogr. Q.-M.	Volksmenge.
Schwarzburg-Rudolstadt	17	76.700
Schwarzburg-Sondershausen . . .	16	67.500
Schweden	8031	4.531.860
Schweiz	752	2.792.260
Serbien	687	1.576.600
Spanien	9088	16.343.000
Türkei, ohne Serbien u. Rumänien .	6700	7.008.000
Waldeck-Pyrmont	20	54.740
Württemberg	354	1.881.500

Afrika.

Staaten.	Geogr. Q.-M.	Volksmenge.
Marocco	12.210	6.000.000
Algerien	5781	2.867.600
Tunes	2150	2.100.000
Tripolitanien	16.200	1.010.000
Barca		
Die Wüste	121.000	3.700.000
Ägypten, Nubien, Darfor ꝛc. . . .	40.892	17.100.000
Türkischer Sudân	15.192	10.670.000
Sudân	64.250	75.000.000
Abessinien	7450	3.000.000
Kap-Kolonie	11.170	1.148.500
Natal	882	327.000
Oranje-Freistaat	1998	65.000
Transvaal Land	5379	275.000
Süd-Afrika	103.280	23.469.000
Äquatoriales Gebiet	73.000	44.000.000
Madagaskar	10.751	2.550.000
Inseln	610	1.334.590

Asien.

Staaten.	Geogr. Q.-M.	Volksmenge.
Kaukasien	7975	5.391.750
Sibirien	226.924	3.440.360
Russisch Central-Asien . . .	71.753	4.401.900
Dsungarei	6311	500.000
Ost-Turkistan	20.317	580.000
Khiwa	1050	700.000
Bokhara	3950	2.030.000

Staaten.	Geogr. Q.-M.	Volksmenge.
Karategin ꝛc.	391	100.000
Afghanistan	13.106	4.000.000
Balutschistan	5022	350.000
Kafiristan ꝛc.	939	300.000
Persien	29.912	6.000.000
Asiatische Türkei	34.321	17.537.000
Arabien, unabhängiges	45.537	9.000.000
Himalaia-Staaten	4250	3.300.000
Britisch-Ostindien u. die einheimischen Staaten	70.563	134.595.620
Britisch-Barma ꝛc.	4320	2.936.100
Franz. Ostindien	9,24	285.000
Portug. Ostindien	67,6	445.000
Barma	8961	4.000.000
Siam	14.535	5.750.000
Anam	9315	11.000.000
Franz. Cochinchina	1021	1.528.800
Cambodia	1523	890.000
Malaka-Staaten	1480	209.000
Straßen-Ansiedlungen	68	308.100
Der indische Archipel	31.630	26.583.000
Philippinen	5368	6.163.630
Korea	4300	8.500.000
Japan	6896	33.623.400
China	69.189	413.500.000
Mandschurei	17.253	12.000.000
Mongolei	61.335	2.000.000
Tibet	30.654	6.000.000
(Das chinesische Reich)	202.696	425.600.000).
Aral-See	1217	—
Kaspisches Meer	7980	—

Oceanien.

Staaten.	Geogr. Q.-M.	Volksmenge.
Australien	138.529	2.092.000
Tasmanien	1233	107.100
Neu-Seeland	4934	417.600
Neu-Guinea	12.912	1.000.000
Sandwichs-Inseln	359	58.000
Samoa-Inseln	54,7	36.800

Staaten.	Geogr. Q.-M.	Volksmenge.
Fidschi-Inseln	378	118.000
Melanesien u. Polynesien, das Übrige	2004	544.200

Süd-Amerika.

Staaten.	Geogr. Q.-M.	Volksmenge.
Vereinigte Staaten von Venezuela .	20.660	1.784.200
Vereinigte Staaten von Colombia .	13.600	2.950.000
Ecuador	11.822	1.066.000
Peru	23.677	2.700.000
Bolivia	23.559	2.325.000
Chile	5838	2.136.700
Vereinigte Staaten von Argentina .	37.784	1.877.500
Uruguay	3285	440.000
Paraguay	2668	293.900
Brasilien	151.412	11.108.300
Franz. Guyana . .	2205	32.500
Niederländ. Guyana	2167	69.330
Britisch Guyana .	4018	240.500
Falklands-Inseln ꝛc. . .	306	1102
Niederländ. Inseln vor der Nordküste	23,2	34.112
Patagonien und Feuerland . . .	17.630	24.000

Nord-Amerika.

Staaten.	Geogr. Q.-M.	Volksmenge.
Britisch Westindien .	627	1.070.400
Französ. " . .	52	334.000
Dänisch " .	6,5	37.600
Spanisch " .	2327,3	2.069.500
Haïti	1403	800.000
Costa-Rica . .	1011	185.000
Nicaragua . .	2736	300.000
Honduras .	2215	352.000
San Salvador .	345	434.520
Guatemala .	1918	1.190.750
Belize . . .	356	24.700
Mejico	34.892	9.389.460
Vereinigte Staaten v. Nord-Amerika	169.510	38.925.600
Dominium Canada	160.232	3.686.600
Neu-Fundland	1891	161.400
Bermuda-Inseln	1,9	15.309

Staaten.	Geogr. Q.-M.	Volksmenge.
Canadische Seen . .	4340	—
Grönland	24.100	10.000

§ 175. Einige der größten Städte der Erde.

Städte.	Einwohner.	Städte.	Einwohner.
London (75) . .	3.489.428	Liverpool, Englb. (77) . . .	527.100
Paris (76) . .	1.988.806	Manchester m. Salford (77) . .	522.200
Neu-York, einschl. der damit zusammengewachs. Orte . . .	1.638.455	Brooklyn, N.-Am. (76) . .	507.000
Berlin (75) . .	1.045.000	Bangkok, Siam .	500.000
Tokio (Yedo) (78)	1.036.771	Nanking, China .	450.000
New-York (70) .	1.028.600	St. Louis, N.-Am. (75) . . .	450.000
Wien (75) . .	1.002.000	Neapel (76) . .	449.301
Peking, China .	1.000.000	Chicago, N.-Am. (75) . . .	410.000
Kantong, China .	1.000.000		
Tschangtschóufu, China . . .	1.000.000	Madras, Ostindien (76) . . .	397.552
Siang-tau, China	1.000.000	Brüssel, Belgien (77) . . .	380.238
Singan-fu, China	1.000.000		
Tien-tsin, China .	930.000	Birmingham, England (77) . .	377.400
Kalkutta nebst den Vorstädt. (79).	892.429	Osaka, Japan .	373.000
Philadelphia (75)	817.448	Jangtschau, China	360.000
Hongtschoufu, Ch.	800.000	Manchester, England (77) . .	359.213
Tschingtufu, China	800.000		
St. Petersburg (69) . . .	667.963	Hamburg (75) .	348.447
Bombay, Ostindien (71) . .	644.405	Lyon, Frankr. (76)	342.815
		Boston, N.-Am. (75) . . .	341.919
Moskau . . .	601.970		
Konstantinopel .	600.000	Leipzig, einschl. b. Vororte (76) . .	336.700
Hankau, China .	600.000		
Futscheu oder Fukian, China .	600.000	Madrid, Spanien (70) . . .	332.024
Glasgow, Schottland (77) . .	555.900	Kairo, Ägypten .	327.500
Schaoking, China	550.000	Warschau, Rußland (76) . .	320.136

Einige der größten Städte der Erde. 89

Städte.	Einwohner.
Marseille, Frankreich (76)	318.868
Dublin, Irland (76)	314.666
Budapest, Ungarn (76)	309.208
Amsterdam, Niederland (77)	302.266
Kumamotu, Japan	300.000
Amoi, China	300.000
Leinkong, China	300.000
Leeds, England (76)	298.200
Laknau, Ostind. (71)	284.779
Sheffield, England (76)	282.100
Shanghai, China	276.640
Rio de Janeiro, Brasilien (72)	274.972
Baltimore, N.=Am.	267.354
Rom, Italien (76)	264.280
Mailand, Ital. (76)	261.000
Melbourne nebst Vorstädten, Australien	250.700
Waihien, China	250.000
Taiyuenfu, China	250.000
Tschungkingfu, China	250.000
San Francisco, Californien	250.000
Breslau, Schlesien (76)	240.471
Miako oder Kioto, Japan	239.000
Kopenhagen, Dänemark (76)	233.000
Tschengtschaufu, Chn.	230.000
Havana, Cuba (72)	230.000
Mejico (68)	230.000
Palermo, Sicilien (76)	228.483
Lissabon, Portugal (64)	224.063
Bukarest, Rumänien (60)	221.805
Takau u. Taiwanfu, China	220.000
Cincinnati, N.=Am.	216.239
Edinburgh, Schottland (76)	215.146
Bordeaux, Frankreich (76)	215.100
Turin, Italien (76)	213.937
Dresden, Sachs. (77)	205.300
Bristol, Englb. (75)	202.950
Kagosima, Japan	200.000
Haidarabad, Ostind. (71)	200.000
Jongping, China	200.000
Tschaujang, China	200.000
Wutschang, China	200.000
München, Bayern (75)	193.024
New=Orleans, N.=Am. (70)	191.418
Newcastle nebst Gatesheab England (77)	191.000
Prag, Böhmen (69)	189.949
Barcelona, Spanien (59)	189.948
Smyrna, Klein=Asien	188.000
Sydney, Australien (79)	187.400
Odessa, Rußland	184.800
Bahia, Brasilien	180.000
Louisville, N.=Am. (76)	178.000
Buenos=Ayres, S.=Am. (69)	177.787
Benares, Ostindien (75)	175.200
Belfast, Irland (71)	174.400

Städte.	Einwohner.	Städte.	Einwohner.
Bradford, Engl. (76)	173.723	Tschingkiang, China	130.000
Mukden, Mantschurei	170.000	Gent, Belgien (77)	129.200
Florenz, Ital. (76)	169.600	Kijew, Rußland (74)	127.250
Elberfeld und Barmen (75) . .	167.093	Portsmouth, Englb. (77)	127.144
Alexandrien, Ägypten	165.750	Venedig, Italien (76)	126.239
Lille, Frankr. (76)	162.775	Saint=Etienne, Frkr. (76)	126.019
Genua, Italien (78)	162.675	Tunis, Afrika . .	125.000
Manila, Philippinen	160.000	Magdeburg, Preußen (75)	122.799
Patna, Ostind. (71)	158.900		
Antwerpen, Belgien (77)	155.820	Kahnpur, Ostindien (71)	122.770
Dehli, Ostind. (71)	154.417	Königsberg, Preußen (75)	122.636
Stockholm, Schweden (75)	152.582	Nantes, Frankr. (76)	122.247
Santiago de Chile (75)	150.404	Täbris, Persien . .	120.000
Adrianopel, Türkei .	150.000	Tschifu, China . .	120.000
Kescho, Tongkin . .	150.000	Tungkung, China .	120.000
Urumtsi, Ost=Türkistan	150.000	Pernambuco, Brasil. (72)	118.500
Agra, Ostind. (71)	149.000	Lüttich, Belgien (77)	118.140
Allahabad, Ostindien (71)	143.700	Messina, Italien (76)	118.014
Rotterdam, Niederl. (77)	142.555	Buffalo, N.=Am. (70)	117.714
Bangalore, Ostindien (71)	142.513	Ahmedabad, Ostind. (72)	116.900
Hull, England (77)	140.000	Ningpo, China . .	115.000
Dundee, Schottland (76)	139.125	Leicester, Englb. (76)	113.581
Salford, England (76)	138.425	Bologna, Ital. (76)	112.859
Amritsar, Ostindien (71)	135.813	Baroda, Ostindien (71)	112.057
Köln, Preußen (75)	135.371	Sunderland, England (76)	110.400
Toulouse, Frankreich (76)	131.642	Damascus, Syrien .	110.000
Stoke upon Trent, England (76) .	130.985	Washington, N.=Am. (70)	109.199
		Haag, Niederlande (77)	107.900
		Stuttgart, Würtemberg	107.300

Einige der größten Städte der Erde.

Städte.	Einwohner.	Städte.	Einwohner.
Montreal, Canada (71)	107.225	Victoria auf Hongkong (71)	102.000
Surat, Ostindien	107.100	Triest nebst Vorstädten	101.000
Hannover, Preußen (75)	106.677	Providence, N.=Am.	101.000
Montevidéo, S.=Am.	105.300	Milwauki, N.=Am.	101.000
Newark, N.=Am. (71)	105.059	Kolombo, Ceylon (71)	100.238
Rouen, Frankr. (76)	104.902	Lima, Peru	100.073
Tiflis, Kaukas. (79)	104.000	Herat, Afghanistan	100.000
Oldham, Engld. (76)	103.600	Mandaleh, Barma	100.000
Riga, Rußland	103.000	Hutschunfu, China	100.000
Bareilly, Ostindien (71)	102.982	Hanjang, China	100.000
Kischinew, Rußland (67)	102.427	Shättung, China	100.000
		Abeokuta, Afrika	100.000
Brighton, England (76)	102.300	Fäs, Marokko	100.000
		Batavia, Java	100.000

Dritter Abschnitt.

Die außereuropäischen Erdteile.

Asien.

(Siehe die §§ 66 bis 90.)

§ 176 (170). Der größte der Erdteile, welcher den dritten Teil der gesammten trocknen Erdoberfläche umfaßt, reicht von 1° n. Br. bis in 77° n. Br., also durch 1140 g. M., und von 44 bis 150° östl. L., durch etwa 1000 Meilen. Der 15te Teil des Ganzen besteht in Inseln, der 5te bis 6te Teil in Halbinseln. Der 5te Teil des Ganzen liegt in der tropischen Zone, der 18te in der kalten Zone. Die übrigen $3/4$ des Erdteiles machen einen großen Teil der nördlichen gemäßigten Zone aus. — Die überwiegende Hälfte des Ganzen ist Hoch- und Gebirgsland, $3/7$ bilden nur wenig über dem Meeresspiegel erhobene Tiefländer.

§ 177 (171). Wir unterscheiden: das weit mehr als Europa an Fläche umfassende hohe Hinter-Asien, das Quellgebiet aller der großen Ströme dieses Erdteiles.

Den Südrand desselben bildet das höchste Gebirge der Erde, der 350 M. lange Himálaia, d. h. Wohnung des Schnees, welcher in seiner westlichen Hälfte von NW. nach SO., in seiner östlichen Hälfte von W. nach O. zieht. Von seinen unzähligen gewaltigen Schneegipfeln liegen (von W. nach O. aufgezählt): im N. der rechtwinkligen Umbiegung des Indus, in einer dem Himálaia parallel laufenden zweiten Kette, der 26.533 P. F. = 8619 m h. K², mit Unrecht Dapsang genannt, der zweithöchste Berg der Erde; südöstlicher der 24.033 P. F. = 7807 m. h. Dschawáhir; der 25.170 P. F. = 8177 m. h. Dhaolagiri (Dhawalagiri); der 26.340 F. = 8581 m. h. Kantschindschinga; der 27.212 F. = 8940 m. h. Gaurishankar oder Everest-Berg, der höchste Berg der Erde; der 21.888 F. = 7110 m. h. Tschamalari. In Europa liegend, würde der Himálaia von Lissabon fast bis Konstantinopel reichen. Nördlich von den bekannten südlichsten Zügen streichen parallel andere, vielleicht noch höhere, zwischen sich 16.000 F. = 5200 m. hohe und noch höhere Längenthäler fassend, und bilden so das ungeheure Alpenland Tibet, das wie eine mächtige Felsenburg in der Mitte Asiens steht. Nördlich von demselben liegt das vielleicht nur 2060 F. = 670 m. h. vom Tarim durchflossene Hochland. — Den Westrand des hohen Hinter-Asien bildet das Bulut-Gebirge, welches

Die außereuropäischen Erdteile: Asien. 93

nur die Fortsetzung des westlichen Himálaia zu sein scheint, und die sich daran legende 16.000 F. = 5200 m. h. Hochebene Pamir, genannt das Dach der Welt, ein Weideland der Kirghisen. — Den Nordrand des hohen Hinter-Asien bildet der Mus-Tagh oder Tien-Schan und der neben ihm hinziehende Ala-Tau; ferner der Altai, welcher als eine Gesammtheit metallreicher Gebirge den Raum vom Ob bis zum Baikal-See ausfüllt. Östlich von diesem See folgen die Daurischen Gebirge, und an diese schließen sich hohe Ketten, welche längs der östlichen Meeresküste hinlaufen. — Im Osten legt sich in der Gegend des Amur-Stromes das Mandschurische Gebirgsland daran; von ihm zieht nach SW. der Große Khingan, mehr als 200 M. lang und mit einem Gipfel von 8000 F. = 2600 m. h.; und noch weiter nach SW. umgiebt die obere Hälfte der großen chinesischen Ströme ein noch kaum bekanntes mächtiges Alpengebirgsland, dessen Ausläufer diese Ströme auch nach Osten trennen. — Die innere Scheitelfläche dieses hohen Asiens bildet im westlichen Teile, wie gesagt, die Wüsten- und Steppenfläche, welcher der Tarim angehört, die Kleine Bukharei; und im Osten die weidereichen Steppen der Gobi und in ihrer tiefsten Rinne die Sandwüste Schamo, insgesammt die Mongolei.

§ 178 (172). Die westliche Fortsetzung des Himálaia, der bis 16.870 F. = 5480 m. h. Hindu Kusch, verbindet das hohe Hinter-Asien mit dem weniger großen hohen Vorder-Asien, das von jenem etwa den dritten Teil ausmacht. Es besteht dasselbe aus dem hohen Tafellande von Erân, welches ebenfalls Randgebirge umziehen, aus dem im SW. des Kaspischen Meeres gelegenen Armenischen Alpenlande; aus dem sich an dieses nach W. hin anschließenden Hochlande von Klein-Asien; und aus dem sich an dieses im S. anschließenden Gebirgslande Syriens.

§ 179 (173). Zu dem hohen Asien gehören aber außerdem noch einige gesondert liegende Glieder. Diese sind im Süden drei: das auf der West- und Südseite von hohen Randgebirgen eingefaßte Tafelland Arabien; das auf allen drei Seiten von Randgebirgen eingefaßte Tafelland der vorderindischen Halbinsel Dekhân; und das in seinem Zusammenhange mit den Gebirgen China's noch nicht erforschte Gebirgsland Hinter-Indiens, das mit der Halbinsel Malaka gewissermaßen in Verbindung steht, nebst den Gebirgen auf den Inseln des asiatischen Archipels. — Ebenso liegen im Norden drei vereinzelte hohe Regionen: die Bergländer im Osten des Jenissei, also die von Ost-Sibirien und der Tschuktischen Halbinsel; das in der Meridian-Richtung ziehende, fast 500 M. lange Ural-Gebirge, das von den Küsten des nördlichen Eismeeres bis in die Gegend des Kaspischen Meeres als die Grenzscheide zwischen den Erbteilen Asien und Europa anzusehen ist; und das den Raum zwischen dem Schwarzen und Kaspischen Meere erfüllende Alpengebirge des Kaukasus, welches durch die Ebene der Kura von dem Armenischen Gebirgslande geschieden bleibt.

§ 180 (174). Die kleinere Hälfte Asiens bilden Tiefländer, vor allen die größte Tieflandsstrecke der Erde, die **west-sibirisch-kaspische Ebene**, im Osten des Ural und Kaukasus, im Norden des hohen Vorder-Asien, im NW. des hohen Hinter-Asien: ein alter Meeresboden, wie die zahlreichen Salzseen, der Salzreichtum des festen Bodens und der Reichtum an Muschelschalen von noch jetzt im Eismeere lebenden Muschel-Arten beweisen. Es ist im N. Sumpfland, südlicher Wald- und Ackerland, dann unermeßliche Steppe und zum Teil Wüste. Den südwestlichen Teil erfüllt der Kaspische See, der fast so groß wie Frankreich ist, und 79 F. = 25,6 m. tiefer liegt, als der Spiegel des Schwarzen Meeres, so daß sein Becken die tiefste große Aushöhlung an der Erdoberfläche bildet. — Ein zweites großes Tiefland liegt zwischen dem Himálaia und der Halbinsel Vorder-Indien, ist vom Indus, Ganges und Brahmaputra durchflossen und ist zum Teil eins der fruchtbarsten Flachländer der Erde; es ist das **hindostanisch-bengalische Tiefland**. — Im N. Arabiens und im O. Syriens liegt das **syrisch-mesopotamische Tiefland**, teils Steppe, teils Wüste. — Von geringerer Ausdehnung sind die fruchtbaren Ackerländer am Unterlaufe der großen chinesischen Ströme, der hinterindischen Ströme und das der Kura im S. des Kaukasus. —

Das russische Asien.

§ 181 (175). Unter russischer Herrschaft stehen zwei ansehnliche Gebiete Asiens, nämlich 1) **Sibirien**, das nördliche Drittel des ganzen Erdteiles mit fast $3\frac{1}{2}$ Mill. Bewohnern. Von den Küsten des nördlichen Eismeeres, deren äußerste Spitze bis in 77° n. Br. vorspringt, erstreckt es sich, den größten Teil des Jahres hindurch mit Eis eingefaßt, mit Schnee bedeckt und bis auf große Bodentiefe gefroren, als niedrige, sumpfige Ebene hin; südlicher beginnen unermeßliche, zum Teil nie von einem Menschenfuß betretene Wälder, in denen jährlich Hunderttausende von Pelztieren erlegt werden; und noch südlicher steigt der Boden zu Gebirgen auf, in welchen ein nicht unbedeutender Bergbau getrieben wird. Es sind dies namentlich die um den oberen Ob und Jenisséi gelegenen Gebirge des Altaï, dessen höchste Gipfel über 10.000 F. = 3250 m. Höhe haben, und aus welchem Rußland viel Silber, Gold, Kupfer und Eisen gewinnt; und die Baikal- und Daurischen Gebirge, um die obere Lena, weniger hoch als die Altaï-Gebirge, die ebenfalls Metalle liefern. Die gewaltigen Ströme Ob mit dem Irtysch, Jenisséi, Lena, von denen der Jenisséi etwa drei mal so lang als der Rhein ist, sind für Handel und Schifffahrt von geringer Bedeutung, da sie sechs Monate lang vom Eise bedeckt bleiben und in ein nicht fahrbares Meer münden; dagegen ist der nach Osten mündende Amur, welcher jetzt zu Sibirien gehört, für Handel und Schifffahrt sehr wichtig. In Sibirien liegen zwei große Seen, der Baikal-See, so groß wie Pommern, und der Balkasch-See, größer als der Regierungsbezirk Potsdam; aber russische Gewässer sind jetzt auch der 79 F. = 25,66 m. tiefer als das Schwarze Meer gelegene Kaspische See, 6/7 von Frankreichs Größe, und der 123,8 F. = 40,2 m. höher gelegene Aral-See, um 1/9 größer als die Königreiche der Niederlande und Belgien. Die Winter Sibiriens sind außerordentlich strenge; der Januar hat an der unteren Lena — 32° R., und bei Jakutsk liegt die kälteste Gegend der Erde. Indeß haben die Berggegenden bei dem Balkasch-See so warme Sommer, daß man dieses Land das sibirische Italien genannt hat.

§ 182. Die Bevölkerung des Landes ist eine schwache; im östlichen Sibirien kommt nur 1 Bewohner auf 1 Quadratmeile; im westlichsten aber und in den Steppen der Kirghisen, 40 bis 45 (in der Provinz Brandenburg 4290). Die verschiedenen Völker, die Samojeden, Ostjaken, Jakuten, Tungusen u. s. w. sind zum großen Teil nomadisch lebende Heiden, welche einen Geisterglauben haben, oder sie sind zu einem gänzlich unverstandenen Christentume bekehrt; die Kirghisen bekennen sich zum Mohammedanismus. Russen leben in verhältnismäßig kleiner Zahl in allen Teilen Sibiriens, namentlich auch solche, welche zur Strafe hierher verbannt sind. Die ganze ungeheure Südgrenze Sibiriens ist von Strecke zu Strecke mit Kosaken-Abteilungen besetzt, welche die Grenzhüter sind. Von West nach Ost, von Europa zur chinesischen Grenze und zum Amur, führt eine belebte, viel besuchte Handelsstraße durch ganz Sibirien.

1. Sibirien, 1¼ mal so groß als Europa. — Tomsk hat 25.000 E. Universität (1878). Es ist die reichste Stadt Sibiriens. Tobolsk 17.400 E. Dabei die alte Feste Sibir, wonach das Land den Namen hat, deren Erstürmung durch den Kosaken Jermak 1582 den Anfang zur Eroberung Sibiriens machte. Wohnsitz des General-Gouverneurs ist Irkutsk,

32.300 E., die größte Stadt Sibiriens. Nertschinsk 3750 E., mit Silberbergwerken. — Kjachta, 4300 E., Handelsplatz an der Grenze China's. — Sofijsk, 600 E., nahe dem großen Ocean. — 2. Russisch-Central-Asien, erst in neuerer Zeit von Rußland unterworfen, umfaßt die vier Provinzen, in welche die Kirghisen-Steppen geteilt sind (mit dem Hauptorte Omsk, 30.600 E., das der Wohnsitz des General-Gouverneurs ist) und in welchen die Bewohner größtenteils noch mit ihren Viehheerden nomadisch umherziehen; ferner das russische Turkistan, nämlich die Gebiete des Syr, Amu und Seraffchan, die Turkmenen-Wüste im Osten des Kaspischen Meeres und das ehemalige Khanat oder Fürstentum Kholan, Ferghana genannt, mit den Orten Kholan, 75.000 E. und Taschkent, 86.200 E. Am Seraffchan liegt Samarkand, 30.000 E., ehemals Hauptstadt des welterobernden Timur, dessen Grab sich hier befindet. Turkestan ist der von Natur am besten begabte Landesteil; nur das Turkmenenland ist ein weites Wüsten- und Steppengebiet, bewohnt von nomadisch lebenden, räuberischen Stämmen, welche auf dem benachbarten persischen Gebiete viele Menschen rauben, die sie als Sklaven auf den Markt von Bokhara bringen.

§ 183 (176). 3) Kaukasien, das Land zwischen dem Schwarzen und Kaspischen Meere, so groß wie Preußen, Bayern Sachsen, Hessen und Württemberg, mit $5^2/_5$ Mill. Bewohnern. Es ist ein wildes, gewaltiges Gebirge, an Ausdehnung fast dem Alpensysteme Europa's gleich, dessen höchste Gipfel der 17.426 F. = 5660 m. hohe Elborus und der 15.525 F. = 5043 m. hohe Kasbek sind, nebst Thälern und ausgedehnten Steppen im Norden und Süden desselben, so wie ein Teil des südlicher gelegenen vulkanischen Gebirges, auch wohl Kleiner Kaukasus genannt, bis an den 15.121 F. = 4912 m. h. Vulkan Ararat, auf welchem der Sage nach Noah's Arche stehen geblieben ist. Von diesem wald- und wildreichen Gebirge ergießen sich nach N. der Kuban in das Asowsche Meer, der Terek in den Kaspischen See; und das südlich vom Gebirge streichende Thal, Grusien oder Georgien, durchfließt die zum Kaspischen See gehende Kura, welche rechts den Aras aufnimmt. Die am Ost-Ende des Schwarzen Meeres sich öffnenden Thäler sind das Kolchis der Alten, wohin der Argonauten-Zug gerichtet gewesen ist. — Kaukasien bewohnt eine sehr große Anzahl von Völkern und Volksstämmen, teils christliche, teils mohammedanische, von denen einige unter dem Namen der Tscherkessen oder Circassier bekannt sind; der südliche Teil, Transkaukasien, ist von Georgiern und Armeniern bewohnt. Man treibt Ackerbau, Viehzucht und Handel. In Transkaukasien gewinnt man Produkte der warmen Zone, Wein, Reis, selbst Zuckerrohr und Seide. Auch einige Kolonien von Süddeutschen sind hier angelegt.

Tiflis, die Hauptstadt von Georgien, hat 104.000 E. — Eriwán, in Armenien, 15.000 E. Unfern davon das Kloster Etschmiadsin, der Sitz des armenischen Patriarchen, welcher für die gesammte christlich-armenische Kirche das geistliche Oberhaupt ist. — Baku, 15.600 E., am Kaspischen Meere; dabei viel Petroleum.

Das chinesische Asien.

§ 184 (177). China und die ihm unterworfenen Länder nehmen $1/4$ von ganz Asien ein, sind also ansehnlich größer als Europa, und haben etwa 425 Mill. Bewohner, d. h. nahe die Hälfte aller Bewohner Asiens.

Das eigentliche China, fast zehnmal so groß als Preußen, mit 16 mal so viel Bewohnern als dieses hat, ist ein zum Teil sehr fruchtbares und angebautes Land, eins der am stärksten bevölkerten der Erde. Die östlichen Küstengegenden ausgenommen, wird es von ansehnlichen Gebirgen durchzogen, welche sich nach den Westgrenzen hin zu schneetragenden, gewaltigen Alpenmassen erheben. Die beiden mächtigen Ströme, der Hwang-ho oder Gelbe-Fluß und namentlich der $3\frac{1}{2}$ mal den Rhein an Länge übertreffende Ta-kiang oder Blaue-Fluß, nach seiner Mündung hin Yangtze-kiang genannt, so wie südlicher der Yue-kiang, an seiner Mündung Tigris genannt, durchströmen das Land von West nach Ost. An Produkten ist China sehr reich und erzeugt namentlich viel Reis und Getreide zur Ernährung seiner Bewohner, und Thee, welcher den Hauptartikel für den Handel nach Außen bildet. Das Volk ist äußerst fleißig und ausdauernd, namentlich dem Ackerbau, den Gewerben und dem Handel ergeben, welchen letzteren es mit großer Schlauheit zu führen versteht. Von seiner Sittlichkeit ist im Ganzen nicht viel Gutes zu sagen. Es herrschen verschiedene Religionen, bei den Gebildeten namentlich die Vernunft- und Sitten-Religion ihres alten Weisen Confutse; beim Volke namentlich der Buddhismus, welcher vor langen Jahrhunderten sich von Indien aus durch China verbreitet hat. In einigen Industriezweigen, wie in der Porzellanbereitung und Kunstschnitzerei, sind die Chinesen unübertroffen; die Buchdruckerkunst kennen sie schon seit 900 Jahren, die Seidenzucht seit mehr als 4000 Jahren. Ihre Geschichte ist eine der ältesten aller Völker. Die Abgeschlossenheit hat China in neuester Zeit aufgeben müssen, und es ist jetzt der Handel mit den Europäern in einer Reihe von 23 Hafenstädten gestattet. — China ist in 18 Provinzen geteilt; 1 derselben übertrifft Preußen an Ausdehnung:

Pe-king, d. h. Nordstadt, 1 Mill. E., ist die Residenz des Kaisers. — Nan-king, d. h. Süd-Stadt, 450.000 E. hat über 9 Meilen Umfang. — Schang-hai, 276.600 E., ist eine der wichtigsten Handelsstädte der Welt. — Tien-tsin, 930.000 E. — Kuang-tschéu oder Kantong, 1 Mill. Bew., an der Mündung des Hsi-Kiang (bocca Tigris). Vor dem Eingange zur Mündung die kleine englische Insel Hong-kong mit der Stadt Victoria, 102.000 E., und westlich die seit dreihundert Jahren den Portugiesen gehörende Stadt Macao, 55.000 E.

§ 185 (178). Dem Kaiser von China unterworfen ist:
1) Die an China im NO. angrenzende Mantschurei, das vom Amur und seinen Nebenflüssen durchflossene bergige Waldland, aus welchem die herrschende kaiserliche Familie in Peking und die chinesischen Soldaten in den Garnisonsstädten stammen. Die Mantschu haben 1644 China unterworfen. — 2) Die an China im NW. angrenzende Mongolei, zum Teil durch die sehr verfallene, 250 M. lange Große Mauer, davon getrennt. Das eigentliche China ist eben so groß, wie dies weite Land, aber 150mal so stark bevölkert, denn hier kommen nur 33 Menschen auf 1 □M. Mit Ausnahme der gebirgigen Grenzen ist es ein ungeheures Steppenland, ja im Innern sogar Sand- und Steinwüste; der letztere, am tiefsten gelegene Teil führt den Namen Scha-mo, d. h. Sandfluß, und dieses Wüstengebiet zieht sich von SW. nach NO. hindurch; zu seinen beiden Seiten, im N. und im S., begleiten dasselbe höhere Steppengegenden, Gobi (wie das Ganze auch) genannt, auf welchen die zahlreichen Heerden der nomadisirenden Mongolenstämme ausreichende, stellenweis sogar überreiche Nahrung finden. Obwohl ein Hirtenvolk, sind die Mongolen doch kriegerischer Natur; aus diesen Gegenden fielen einst die Hunnen, und später die westlich vorgerückten Mongolen-Horden nach W. hin über Europa her; und von ihnen wurde im 5ten Jahrhundert und zum zweiten Male im 13ten China erobert (unter dem Dschingis-Khan d. h. Großfürsten), sowie im 14ten Jahrhundert West-Asien (unter Timur) und im 16ten Hindostan (unter Baber). Das mongolische und mandschurische Oberhaupt der Mongolei residiren beide in Urga, einer Stadt aus Zelten, Tempeln und einem Kloster bestehend. Auch die Mongolen sind buddhistischer Religion, und ihr geistliches Oberhaupt residirt also ebenda; hierher wallfahrten die Mongolen von allen Seiten als nach ihrem heiligsten Orte. — Zu den besten Teilen der Mongolei gehört das hohe gebirgige Land um den Khu-khu-Nor, d. h. Blauer See. Die streitbaren Männer der Mongolen, außer den zahlreichen Mönchen oder Lama's, zerfallen in Banner oder Armee-Corps. Ihre Fürsten, an welche die chinesischen Kaisertöchter verheiratet werden, müssen jährlich ihren Tribut selbst nach Peking bringen. — Südlicher liegt 3) Tibet, die hochgelegenen Thäler der Mitte Asiens, eins der höchsten Länder der Erde, zwischen dem 20.000 F. = 6500 m. h. Kwen-lun-Gebirge und dem Himálaia, in welchem der 27.212 F. = 8940 m. h. Everest-Berg der höchste bekannte Gipfel der Erde ist. Es ist nur in einem Teile des südlichsten Thales bekannt, das 10.000 bis 16.000 F. = 3250 bis 5200 m. Höhe hat und in welchem der Dzang-po, d. h. Großer Strom, der Brahmaputra, von West nach Ost fließt. Man schätzt das Ganze auf die fünffache Größe Preußens und die Bewohnerzahl auf 6 Mill. Hauptort ist Lasa, 24.000 E. Die ¼ Meile davon gelegenen Tempel und Paläste, beim Fort Potala, zugleich Kloster mit 4700 Lamas oder Mönchen und Residenz des Priesterfürsten oder des Dalai-Lama, des bud-

dhiſtiſchen Papſtes oder des fleiſchgewordenen Gottes; zugleich die Wohnung von unzähligen Lama's oder Geiſtlichen und Mönchen. Tibet, das 3000 Klöſter haben ſoll, iſt ein Prieſterſtaat, der von Geiſtlichen regiert wird; aber dem Dalaï=Lama ſtehen zwei chineſiſche Statthalter zur Seite. — 4. Das im Gebiete des Tarim gelegene Oſt=Turkiſtan oder die Kleine Bukharei oder Dſchity=Schehr, d. h. das Sieben=Städte=Land, oder Kaſchgharia. Es liegt im S. des mächtigen, von Oſt nach Weſt ziehenden Tien-Schan oder Himmelsgebirges, welches die Türken Mus=Tagh oder Eisgebirge nennen; in dieſem 330 g. M. langen Gebirge (ſo lang wie von Liſſabon bis zu den Joniſchen Inſeln) erhebt ſich der Bogdo=Oola bis nahe zur Höhe des Chimboraſſo (6250 m.). Das Land beſteht aus rauhen Bergen und unfruchtbaren Wüſten; nur längs des Fußes der Gebirge iſt es fruchtbar, und dort liegen die mohammedaniſchen Städte, deren bedeutendſte Jarkend, 20.000 E. und Kaſchghar, 60.000 E., ſind.

An China Tribut zahlt: Das Königreich Korea oder Gaoli, nahe ſo groß wie die Inſel Großbritannien, faſt in Allem China ähnlich, aber wenig bekannt. —

§ 186 (179). Das Kaiſerthum Japan (ſpr. Dſchappán) beſteht aus 4 größeren und zahlreichen kleinen, im Oſten von China gelegenen Inſeln und iſt etwas größer als Preußen, hat aber vielleicht $1\frac{1}{2}$ mal ſoviel Bewohner als dieſes, deren Zahl man auf $33\frac{2}{3}$ Mill. ſchätzt, ſo daß es, wie China, zu den volkreichſten Ländern gehört. Körperbau und Sprache unterſcheiden das Volk weſentlich von dem China's. Der Boden iſt vulkaniſch und reich an Erzen, an Gold, Silber und ausgezeichnetem Kupfer, ſowie an Eiſen, Blei, Zinn, Queckſilber ꝛc. Auch hier iſt der Acker in bewunderungswürdiger Weiſe angebaut und das Land iſt außerordentlich reich an Produkten; ein mildes Inſelklima begünſtigt das Gedeihen der Pflanzen. Reis iſt auch hier die allgemeine Nahrung. — Die Bekenner der Sintu=Religion beten Sonne und Feuer, als die Sinnbilder der Reinheit, an; aber auch der Buddhismus iſt ſeit dem ſechſten Jahrhundert eingeführt. Das überaus geſchickte und talentvolle Volk iſt in vielen Zweigen der Induſtrie außerordentlich weit vorgeſchritten und ahmt die kunſtvollen europäiſchen Fabrikate vollendet nach, wie z. B. Fernröhre, Uhren, Dampfmaſchinen u. ſ. w.; auch haben ſie bereits große und ſchwierige wiſſenſchaftliche Werke der Europäer ins Japaneſiſche überſetzt. — Der wie ein Gott verehrte Kaiſer heißt der Mikado, ſein Hofſtaat der Daïri; aber der eigentliche Regent und Befehlshaber der Armee war ſeither ſtets der Taikun, einer aus der Zahl der 604 Vaſallenfürſten, in deren Beſitz die verſchiedenen Teile des Reiches ſind. Auch dieſes Land hat in neueſter Zeit ſeine ehemalige Abgeſchloſſenheit aufgeben müſſen und dem europäischen Handel mehrere Hafenstädte geöffnet. — Dazu gehört der kleine Archipel der Lutschu-Inseln, 36 fruchtbare kultivirte Inseln zwischen Japan und Formosa.

Kioto oder Miyako, 239.000 E., auf der Insel Niphon. — Tokio, bisher genannt Yedo, 1.037.000 E., ist Residenz des Mikado. — Osaka, 373.000 E., die wichtigste Handelsstadt. — Nagasaki, 60.000 E., auf der Insel Kiu-schiu, war ehemals die einzige Stadt, welche mit Europäern und zwar nur mit den Holländern Handel treiben durfte.

§ 187 (180). Die Staaten Hinter-Indiens sind:

1) Das Königreich Annam. Es besteht aus den Reichen Tonkin, dem ursprünglichen und ältesten Teile, und Kotschintschina, mit der Hauptstadt Hué, einem schmalen Küstenlande im O. der inneren Hochebene, welche von den fast unabhängigen Laos-Völkern bewohnt wird; und dem schmalen Küstenstreife Tschampa. Dies Reich hat etwa die Größe der Pirenäen-Halbinsel. Wie in China sind die Lehre des Confutse und der Buddhismus die herrschenden Religionsformen; und wie dort und in ganz Süd-Asien ist der Reis die Hauptnahrung des Volkes.

2) Der Nieder-Kotschintschina genannte Landesteil, 1020 OM. an der Mündung des großen Kambodja-Stromes gelegen, ist seit 1861 ein französisches Kolonienland. Darin war ehedem Saigon die Hauptstadt.

3) Das kleine Königreich Kambodja, der Rest eines ehemals ansehnlichen Reiches, ist seit 1863 ein französischer Schutzstaat. Udong ist jetzt der Hauptort.

4) Das Königreich Siam oder Taï, einschließlich der tributzahlenden Laos-Staaten im Osten und der kleinen Staaten auf der Halbinsel Malaka, fast doppelt so groß als Preußen, ist das äußerst fruchtbare Land des Menam-Stromes, dessen Ueberschwemmungen für den Boden von höchstem Werte sind. Die Regierung ist, wie in allen Staaten Hinter-Indiens, eine vollkommen despotische, und indisches und chinesisches Wesen erscheint als eine lange bestehende Mischung in den Sitten und der Lebensweise des Volkes. Ackerbau, kunstfertige Gewerbe und Handel haben eine gleiche Stufe erlangt, wie in vielen Teilen China's. An Produkten ist auch dies Land reich. Herrschende Religion ist der Buddhismus. Die Siamesen verbrennen ihre Leichen, die der Armen aber werden von Hunden und Geiern verzehrt. — Hauptstadt ist Bangkok, 500.000 E., welche teils auf Schiffen, teils in hölzernen, auf hohen Pfählen stehenden Häusern wohnen; die steinernen Tempel, Klöster und königlichen Gebäude ragen darüber hinaus. Einige seiner an Steinbildwerken überreichen Pagoden gehören zu den großartigsten und merkwürdigsten Bauwerken aller Länder.

5) Das Königreich Barma oder Mranma, von der Irawadi durchflossen, ist jetzt nicht mehr halb so groß als Siam, seit die Engländer die südliche Hälfte erobert haben. Auch hierzu gehören östlich gelegene Tributstaaten der Laos. Im Allgemeinen gilt von Birma Ähnliches wie von Siam. — Hauptstadt ist Mandaleh, 100.000 E.; ehemals war es Amarapura und noch früher Ava.

Das mohammedanische Asien.

§ 188 (181). Im Westen der chinesischen Tributstaaten bezeichnet man mit dem Namen Turan oder Turkistan mehrere mohammedanische Staaten, welche teils auf den Vorstufen des Mustagh, des Pamir-Hochlandes und des Hindu-Kusch, teils in der großen arabisch-kaspischen Vertiefung auf ehemaligem Meeresboden liegen; der letztere ist großenteils Steppe, auch Salzsteppe, und selbst Sandwüste, und erstreckt sich nach N. hin zur Kirghisen-Steppe und dem nördlich von dieser gelegenen Gebiete der an Salzseen reichen sibirischen Steppen, welche man ebenfalls als ehemaligen Meeresboden erkennt. Die in den Aral-See mündenden Ströme Syr und Amu (Jaxartes und Oxus) nebst dem rechts in den Amu fließenden Ser Afschan (Zeräfschan) sind die Hauptwasser-Adern. Die Bevölkerung ist eine gemischte, überwiegend aber türkischen Stammes, zu welcher namentlich die herrschenden Oesbegen oder Usbeken gehören. Die wichtigsten der Khanate oder Fürstentümer (Khan heißt Fürst) sind:

1) **Bokhara**, das größte und mächtigste, das Land des oberen Amu. Darin Bokhara, 80.000 E., die wichtigste Stadt des westlichen inneren Asien. — 2) **Khiwa**, eine Oase am unteren Amu und dazu gehörende weite Wüstenstrecken. Hauptstadt ist Khiwa, 4000 E. — 3) Das weite Wüsten- und Steppengebiet bis zum Kaspischen Meere nennt man **Turkmenien**. Es ist von nomadisch lebenden räuberischen Stämmen bewohnt, welche auf persischem Gebiete viel Menschen rauben, die sie als Sklaven auf den Markt von Bokhara bringen.

§ 189 (182). Südlich von den turanischen Tiefländern liegt das ausgedehnte **Hochland von Erân**, größer als $1/4$ von Europa, etwa von der Größe des Mittelländischen Meeres. Zum Teil in Terrassen aufsteigende Randgebirge umgeben dasselbe auf drei Seiten. Parallel dem Indus ziehen von N. nach S. Gebirge, in denen sich der über 10.400 F. = 3443 m. h. **Takhti-Suleimân** erhebt und die im N. mit dem bis 14.870 F. = 4830 m. h. **Safid-Kuh** (d. h. Weißes Gebirge) enden; hier fließt aus dem Hochlande der Kabul zum Indus, und sein Thal ist der von der Natur geöffnete Zugang zu dem inneren Hochlande, durch welches sich wiederholt die erobernden Heere nach Ostindien hineinbewegt haben. Den Nordrand bildet der **Hindu-Kusch**, welcher somit hier das verbindende Glied zwischen dem hohen Vorder- und Hinter-Asien ist. Weiter westlich zieht im S. des Kaspischen Meeres das hohe **Elbûrs-Gebirge** mit dem 17.452 F. = 5069 m. h. Vulkan **Demavend** hin. Die Süd- und Südwestseite fassen stufenförmig aufsteigende Randgebirge in langen Ketten ein, die sich nach NW. hin mit den Gebirgen des Nordrandes verzweigen. Die von all diesen Gebirgen umschlossene, im Mittel 3000 F. = 975 m. h. Hochebene ist zur Hälfte ihrer Ausdehnung eine Salzwüste, fast ohne Berge und ohne Wasser; diese, sowie andere Einsenkungen, selbst bis zu 500 F. = 160 m. Meereshöhe, die ebenfalls Salzwüsten sind (die ausgedehntesten so groß wie das Adriatische Meer) stellen den Boden ehemaliger großer Salzseen dar. Im Übergange zwischen diesen Salzebenen zu den Gebirgen sind die etwa 4000 F. = 1300 m. h. gelegenen Hügelländer dürre und unfruchtbare Steppen; nur wo Wasser vorhanden ist, und also namentlich auch in den Gebirgsthälern, findet sich eine äußerst üppige Vegetation und Ackerbau. Somit ist Eran eines der ödesten und kahlsten Länder, in dessen größtem Teile ein Baum eine Seltenheit ist, mit einer so trockenen Luft, wie sie sich selten findet. Nur der schmale Saum am Südrande des Kaspischen Sees ist mit dichtem Laubwalde bedeckt, den eine feuchte Fieberluft erfüllt und wo der Weinstock wild wächst.

§ 190 (183). Auf dieser Hochebene lagen die einst mächtigen Reiche Medien und Persien. Jetzt befinden sich hier folgende Reiche: 1) Persien, fast $^2/_3$ des Ganzen, bewohnt von Tabschiks, den eigentlichen, ursprünglichen Bewohnern, jetzt meist Städtebewohnern, und von nomadisch mit ihren Heerden herumziehenden Jlijats, die wohl die Hälfte der Bevölkerung ausmachen, türkischer Abkunft sind und vom NO. her stammen. Der Kaiser, der Schach genannt, gehörte einem solchen Wanderstamme an, welcher einst mit dem Enkel des Dschingis-Khan ins Land gekommen ist.

Hauptstadt ist Teherán, 100.000 E., in bebauter Ebene am Südfuße des Gebirges, ohne Pracht, aber mit köstlichen Gärten. Ehemals war Hauptstadt das südlicher gelegene Isfahán, 60.000 E., einst mit mehr als 1 Mill., jetzt zum großen Teil verödet und in Ruinen liegend. Im Westen von Teherán Hamadán, 30.000 E., an der Stelle der alten Medischen Hauptstadt Agbátana. — Im NW. Täbris, 100.000 E., östlich vom Urumia-See, der wichtigste Handelsort, über welchen fast alle von W. kommenden Karawanen ins Land ziehen. — Im S. Schiras, 30.000 E., einst Residenz des Khalifen und Sitz der höchsten Kultur und Wissenschaften in Asien, berühmt durch sein wundervolles Klima, seine Rosen und seinen Wein. Einige Meilen entfernt die Ruinen von Persepolis, der Residenz in der Zeit nach Cyrus. — Am Meere Bendér-Buschár oder Buschir, 25.000 E., der einzige Seehandels-Platz, in sehr ungesundem Klima. Die übrige Seeküste Persiens gehörte sonst zu dem gegenüber liegenden arabischen Reiche. — Rescht, 25.000 E., unfern des Kaspischen Meeres, auf welchem ein reger Handelsverkehr mit Rußland stattfindet. — Östlicher Meschhed, 60.000 E., ein wichtiger Handelsort, der heiligste Wallfahrtsort der einen Secte der Mohammedaner, der Schiiten, mit einer der schönsten Moscheenkuppeln, die vergoldet ist.

§ 191. 2) Afghanistan, der nördlichste Teil der Hochebenen im N. und im S. des Hindu-Kusch, zu ⁴/₅ Fels und Gebirge, mit dazwischen gelegenen, höchst fruchtbaren und schönen Thälern; es ist so uneben wie die Schweiz und größer als Spanien; eine große Strecke ist wahre Sandwüste. Die mohammedanischen, den Israeliten ähnelnden Bewohner zerfallen in unzählige Stämme, unter Häuptlingen und Ältesten, zum Teil unter einander verbündet, und sich einem Khan oder Fürsten unterordnend, welcher aber wenig Gewalt hat.

Die mächtigste Abteilung ist die, deren Hauptstadt Kabul, 60.000 E., am Kabul-Flusse ist. — Westlich Herat, 50.000 E., in schönem Thale, einst eine glänzende Hauptstadt. — Südlicher Kandahar, 18.000 E., Hauptstadt eines besonderen Reiches.

3) **Balutschistan**, südlich vom vorigen, größer als Preußen, noch reicher an Wüstenstrecken als Afghanistan. Dieses großartig wilde Gebirgsland ist schwach bevölkert, im Osten von dunkelfarbigen, aus Ostindien stammenden, im Westen den Afghanen ähnlichen, von Westen her eingewanderten Bewohnern, gefürchteten räuberischen Hirten, die in acht Landesteilen unter ebenso vielen Fürsten wohnen. Das Küstenland Makran ist das zu Alexanders des Großen Zeiten Gedrosien genannte Land der Fischesser. Kelat, 8000 E., ist der wichtigste Ort.

§ 192 (184). Die Halbinsel Arabien ist ihrer ganzen Natur nach mit dem nahe gelegenen Afrika innig verwandt und würde nicht unpassend zu diesem gerechnet werden können. Sie ist größer als ¼ von Europa, hat aber wohl nur so viel Bewohner wie Portugal oder Belgien. Ungeheure Länderstrecken desselben sind unbewohnbare Wüste, andere sind nur für wandernde Stämme als Weideland nutzbar, und an den Rändern sind die ansehnlichen Gebirge auch nur in den Thälern bewohnbar. Wasser, und namentlich Flüsse, fehlen dem Lande durchweg; dazu ist namentlich der westliche Küstenrand eine der heißesten Gegenden der Erde. Den ganzen Norden nimmt die syrisch-mesopotamische Wüste ein; die Mitte die Nedschd genannte große Fläche Weidelandes; südlicher folgt eine schreckliche Sandwüste; und nur in den südlichsten Teilen finden sich Striche angebauten Bodens, die aber im Verhältniß zum Ganzen unbedeutend sind. Von seinen Produkten sind seit langer Zeit berühmt: die wohlriechenden Harz- und Balsam-Arten, die unübertrefflichen Pferde und die Kaffeebohnen. Außer den Städtebewohnern sind die eigentlichen Araber (¹/₇) nomadisch mit ihren Herden umherziehende sogenannte Beduinen; diese zerfallen in zahlreiche Stämme, deren jeder unter einem Ältesten, dem sogenannten Schaych steht. Verschiedene solcher Stämme sind verbündet und führen auch Krieg gegen andere. Die vornehmsten Araber sind die sogenannten Scherifs, die Nachkommen des Propheten Mohammed. Aber im Süden bilden auch einzelne Landesteile selbständige Staaten unter einem Imâm oder auch unter einem Sultane. Die Länder der ganzen Westküste und das Gebiet längs des Persischen Meerbusens gehören jetzt zur asiatischen Türkei. Durch die Lehre Mohammeds, welcher a. 571 bis 632 gelebt hat, ist Arabien zu einer welthistorischen Bedeutung gelangt. Das heilige Buch, welches diese Lehre enthält, heißt der Korân. Der Hauptsatz desselben lautet: Allah akbar, Allah akbar allah illabat Mohämmedan ressul allah (Gott ist groß; es gibt keinen Gott außer Gott und Mohammed ist sein Prophet).

§ 193. Der wichtigste Ort ist Mekka, 45.000 E., in engem Thale, wohin nach Mohammed's Vorschrift jeder Mohammedaner einmal im Leben, wenn er es irgend vermag, eine Pilgerfahrt oder „Hadsch" zur Vergebung seiner Sünden unternehmen soll. Deshalb kommen jährlich Hunderttausende von Wallfahrern aus dem ganzen westlichen Asien, dem ganzen nördlichen Afrika und den Küstenländern des Indischen Oceans (denn so weit ist Mohammeds Lehre, der Islâm, ausgebreitet worden) hier zusammen, um ihre heiligen Gebräuche zu vollziehen und zugleich um Handel zu treiben. Das wichtigste Gebäude, innerhalb der Säulenhöfe der Hauptmoschee ist die Kaaba, ein würfelartiges Gebäude von 13 und 18 F. Seite, 40 F. h. das nach der Mythe die Engel gebaut haben und wo von Adam an die Menschen ihren Gottesdienst gehalten; in der That aber scheint sie, wie die ganze Stadt Mekka, zu Anfang des fünften Jahrhunderts gebaut worden zu sein. — Westlich davon, am Meere, in 10 M. Entfernung, liegt der Hafenort Dschidda oder Dschetta, 30.000 E., ein gut gebauter Ort in der Wüste, der Hauptverkehrsplatz am Roten Meere, wo alle zu Schiffe ankommenden Pilger landen. — Nördlicher liegt ein zweiter Hafenort, Yanbo 2000 E., gewissermaßen der Hafen zu der acht Tagereisen östlicher gelegenen zweiten heiligen Stadt Medynah (d. h. Stadt), der Stadt des Propheten, 16.000 E., einer kleinen, gut gebauten Stadt, zu welcher ebenfalls Scharen von Pilgern ziehen, weil sich hier in der Moschee die Gräber Mohammeds, seiner Tochter und seiner Nachfolger befinden. — Der südwestliche Teil der Halbinsel ist der schönste und fruchtbarste und heißt Yemen oder das Glückliche Arabien; an dem schmalen, sandigen Küstenstreif Tehama (53° R. in der Sonne) liegt das durch seinen Kaffeehandel nicht unwichtige Mochha, 8000 E. Der Hauptort Sanâ soll 20.000 E. haben. — Östlicher an der Küste das den Engländern gehörende Aden, 23.000 E., ein gesunder Freihafen, der ansehnlichen Handel treibt und allmählich ein europäisches Aussehen gewinnt. Es ist die wichtige Steinkohlen-Niederlage für die großen englischen Dampfschiffe, welche von Sues nach Ostindien, China und Australien gehen und der großartigsten Dampfschiff-Gesellschaft der Welt gehören. — Östlicher an der Küste der Halbinsel Omân, Maskat.

20.000 E., einem Imâm (ursprünglich Geistlichen-Fürsten) gehörig, der auch die gegenüberliegenden persischen Grenzen beherrschte; es ist einer der Haupthandelsplätze am Indischen Meere, dessen Schiffe bis zum Kaplande und bis Japan Handel treiben. — An der Westseite des Persischen Meerbusens, im Lande El-Hasa, die Insel Bahrein, deren Bewohner wichtige Perlfischerei treiben.

Zu Ägypten gehört jetzt die am Nord-Ende des Roten Meeres gelegene kleine Halbinsel zwischen dem Busen von Sués und Akabah; sie heißt nach der im N. des letzteren Busen in einem engen Felsenspalt gelegenen, einst wichtigen, jetzt aber völlig ausgestorbenen, wunderbaren Felsenstadt Petra (hebräisch Sela) das Peträische Arabien. Im Süd-Ende liegt der wasserlose Gebirgsstock Tôr, dessen höchste Spitzen Sinai und Horeb heißen (oder der Dschebl Mussa, d. i. Moses-Berg), 8400 F. = 2728 m. h. Hier steht in 5000 F. oder 1625 m. das a 527 gebaute, festungsartige große Katharinenkloster, die Grabstätte der heiligen Katharina. Im N. des Gebirges breitet sich die Wüste et-Tih oder die Wüste der Verirrung aus, in welcher die Kinder Israels umherzogen, ehe sie Kanaan erreichten.

§ 194 (185). Die asiatische Türkei, etwa halb so groß als Arabien, aber mehr als dreimal so groß wie Preußen, umfaßt das übrige Vorder-Asien: die Halbinsel Klein-Asien, Armenien, die Länder des Euphrat und Tigris und das Land im Osten des Levantischen Meeres, Syrien. Man pflegt insbesondere diese Länder, auch einschließlich der europäischen Türkei, Griechenlands, Ägyptens und Persiens, den Orient, italienisch die Levante, d. h. das Land des Sonnenaufganges, zu nennen.

1) Syrien, einschließlich des südlichen Teiles desselben, welcher Palästina (das Land der Filistäer) heißt. Vom Busen von Skanderun nach S. zieht sich neben einem schmalen Küstenstriche ein hohes, dichtbewaldetes, bis 10.360 F. = 3066 m. h. Gebirge, der Libanon, hin. Östlich von ihm fließt in einem nur wenige Meilen breiten Thale, dem hohlen Syrien (Cölesyrien) oder el Bukaa, nach N. der Orontes, nach S. der Litâni (Leontes gibt es nicht); und östlich von diesem zieht eine andere Parallelkette, der Antilibanon, nicht so hoch und zusammenhängend wie der erstere und im S. endend mit dem 8800 F. = 2860 m. h. Großen Hermon oder Dschebl esch-Schaych. Im W. des letzteren entspringt der Jordan, dessen nach S. gerichtetes Thal, das Ghor, die Fortsetzung des hohlen Syrien ist. Er durchfließt zunächst den rings versumpften Merom- oder Huleh-See; etwas südlicher den 843,5 F. = 274 m. tiefer (schon 191 m. unterhalb des Meeresspiegels) gelegenen See von Tiberias oder Genesareth, auch das Galiläische Meer genannt; und 14 M. südlicher mündet er in das 1207 F. = 392 m

unter dem Meeresspiegel gelegene Tote Meer, das 10 M. lang, 2½ M. br. und in Mittel 1013 F. = 329 m. tief ist, und dessen südlichstes Ende, einst das Thal Siddim, die Stelle des ehemaligen Sodom bezeichnet. Dieser See erfüllt somit das tiefste Loch der trockenen Erdoberfläche. Auch noch südlich von ihm setzt sich der lange Spalt des Ghor fort, aber ohne Fluß oder See, und findet im Busen von Akabah seine letzte Fortsetzung. Im Osten des Jordanthales liegen zunächst schöne Waldstrecken, weiterhin Wüsten und weite Gegenden erloschener Vulkane, mit mächtigen Lava-Ergüssen überdeckt. Zwischen dem Jordan und dem Mittelmeer aber liegt ein mannigfaltiges, im Ganzen jedoch verödetes Bergland. Darin erhebt sich im W. des Genesareth-Sees der schöne 1893 F. = 615 m. (relativ 988 F. = 321 m.) h. Berg Tabor und der 1700 F. = 553 m. h. Kleine Hermon, in dessen Westen die fruchtbare Ebene Jezreel oder Esdrelon sich ausbreitet. Unmittelbar am Meere steigt das 1620 F. = 526 m. h. Karmelgebirge auf. Die südlicher gelegene kalkige Hochebene erhebt sich nach O. zu dem im W. des Toten Meeres gelegenen Gebirge von Samaria und Judäa. Die Küsten-Ebene im W. desselben ist die der Kanaiter und Filister. Auf der im Mittel 2300 F. = 753 m. h. Hochebene liegt Jerusalem, und der daneben sich erhebende Ölberg ist noch 148 F. = 48 m. höher.

§ 195. Jerusalem, 21.000 E. (¼ Christen), liegt auf einer breiten Felsenmasse, welche nach zwei Seiten steil abfällt; an einer derselben zieht das vom Kidronbache durchflossene Thal Josaphat hin, an der anderen das Thal Hinnom. Ein wenig über die anderen Stadtteile erhebt sich die südliche Ecke, Zion genannt, neben dem Thale Hinnom; dort steht eine Kirche, wo die Osterversammlung der Apostel stattgefunden, und unterhalb derselben befindet sich das angebliche Grab Davids. Nördlicher liegt die heilige Grabeskirche; innerhalb derselben wird in einer in der Mitte erbauten kleineren dunklen Kapelle ein ausgehöhlter Fels als Grab Christi gezeigt, von 42 goldenen und silbernen Lampen erhellt. Als Golgatha, das außerhalb der Stadt lag, zeigt man eine Stelle innerhalb der Stadt, die aber auch zu keiner andern Zeit außerhalb gelegen haben kann. Neben der Kidron-Seite der Stadt ist ein ansehnlicher Teil derselben, Moriah genannt, die Stätte, wo der Tempel Salomons gestanden hat; auf dem Unterbau desselben erhebt sich jetzt der große Felsendom, für die Mohammedaner der heiligste Platz, außer Mekka und Medynah. Am Fuße des Ölberges liegen der viereckige, umschlossene Garten von Gethsemani, und oben auf dem Ölberge ein Dorf und eine alte Kirche. — ¾ Stunde im SO. der Stadt finden wir das elende Dorf Bethanien, und 2 Stunden im S. das Dorf Bethlehem, 5000 E., fast nur von Christen bewohnt. In der neben Klöstern stehenden großen „Kirche der Geburt" befindet sich unterhalb eine von silbernen Lampen erhellte Grotte, an der Stelle des

Stalles und der Krippe. — Noch 5½ Stunden südlicher liegt **Hebron**, 10.000 E., in 900 m. H., wo sich in einem heiligen mohammedanischen Gebäude, die mit prächtigen Seidendecken überhängten Sarkophage Abrahams, Sara's, Isaak's, Rebekka's, Jakob's und Lea's befinden. — Nordwestlich von der Mündung des Jordan das elende Dörfchen **Eriĉo** (Jericho) 300 E. — Nördlich von Jerusalem liegt bei den dürren Bergen Samaria's **Nablûs** oder **Sichem**, 6600 E., in quellenreicher Gegend, 540 m. H. fast die blühendste Stadt Palästina's. — Südlich vom Tabor die Dörfchen **Endor** und **Naïn**. — Westlich vom Genesareth-See **Nazareth** 7000 E., einer der wenigen wohlhabenden, gut gebauten, gebildeten Orte, mit großem Kloster und der Kirche der Verkündigung. — Nördlicher **Kana**, ein verlassenes Dorf. — Am See: **Tiberias**, 3000 E., ein Hauptort der Juden (sowie auch **Safed**, 4000 E.); unfern warme Bäder. — Am Meere, südlich von der Ebene von Saron, **Jafa** oder **Joppe**, 15.700 E., und **Ghazzeh** oder **Ghazza**, 16.000 E.

§ 196. Die Hauptstadt Syriens ist **Damaskus**, vielleicht 88.000 E. am Báraba, im SO. des Großen Hermon, in gesegneter Ebene, von Obsthainen umgeben, von außen bezaubernd erscheinend, aber nicht im Innern. Es liegt auf der von allen Karawanen Asiens eingeschlagenen Straße und ist seit der ältesten Zeit einer der wichtigsten Handelsorte des Orientes gewesen. — Im NO., in der Wüste, liegen die Ruinen von **Palmyra** oder **Tadmor**, die Reste einer umfangreichen Prachtstadt. — Nördlich vom Großen Hermon stehen an der Westseite des Anti-Libanon die noch großartigeren Ruinen von **Baalbek** oder **Heliopolis**, einst eine der wichtigsten Städte des Landes, welche angeblich Salomo gebaut hat. Hier befinden sich schöne Ruinen mächtiger Tempel. — Im nördlichen Syrien liegt am Orontes, östlich von seiner Mündung, **Antaki** oder **Antiochia**, 17.000 E. mit Ruinen der alten, einst glänzenden Stadt. — Östlicher, im Inneren, **Haleb** oder **Aleppo**, 65.000 E., die zweite Hauptstadt Syriens, in fruchtbarer blühender Umgebung, ein wichtiger Handelsplatz und einer der besten Orte Syriens. — Am Meere liegt **Beirut**, über 80.000 E., die Hafenstadt für Damaskus, wohin die einzige, regelmäßige Post des Orientes geht, und das in regelmäßiger Dampfschiff-Verbindung mit den europäischen Häfen des Mittelmeeres steht. Sein blühender Handel ist von steigender Wichtigkeit. — Östlich im Libanon der Bezirk der religiösen Sekte der **Drusen**, deren etwa 70.000 sind, und der der **Maroniten**, etwa 150.000. — Am Meere die Städtchen **Saida** 12.000 und **Thr** oder **Sur** 5000, die alten phönizischen Orte Sidon und Tyrus. — Südlicher **Akka** oder **St. Jean d'Acre**, 8000 E., das alte Ptolemaïs, unfern des Karmel-Gebirges.

§ 197 (196). 2) **Erak-Arabi** oder das alte **Babylonien**, und **El-Dschesireh**, zum Teil das alte **Assyrien**, bilden die vom Euphrat und Tigris durchflossenen Länder.

In alter Zeit, als sie noch durch zahlreiche Kanäle reichlich bewässert und stark bevölkert waren, gehörten sie zu den wichtigsten Culturländern der Erde, namentlich das zwischen beiden Flüssen gelegene Mesopotamien. Jetzt sind es von nomadischen Araberstämmen besuchte Weideländer mit wenigen ansehnlichen Orten. Die bedeutendste Stadt ist **Baghdad**, 75.000 E., am Tigris, einst die Hauptstadt der mohammedanischen Welt, und die Stadt der Khalifen. Sie ist 1100 Jahre alt und seit 220 Jahren türkisch. Gräber Josua's und Ezechiels. — 18 Stunden südlicher, bei Hille, die Ruinen Babylons, die von hohen Schutthügeln bedeckt sind. Eine noch 235 F. oder 76 m. h. Ruine hält man für ein Stück des babylonischen Thurmes. — Mosul, 45.000 E., am oberen Tigris, eine ansehnliche Handelsstadt. Unfern die Schutthügel, welche die Reste der alten Hauptstadt Assyriens, Niniveh, bedecken, aus denen man erst seit 25 Jahren eine Kenntniß der alt-assyrischen Kultur gewonnen hat. — Basra oder Bassora, auch Balsora, 8000 E., am vereinigten Euphrat und Tigris, dem Schatt-el-Arab, ein sehr ungesunder See-Handelsplatz in einer jährlich vom Flusse überschwemmten Gegend.

§ 198 (187). 3). Die Bergländer Kurdistan und Armenien. Kurdistan, mit seinen kriegerischen und räuberischen Bergvölkern, gehört teils Persien, teils der Türkei an; und Armenien, ein ehemals selbständiges, seit dem 2. Jahrhundert schon christliches Reich mit der großartigsten Alpennatur, welche die lieblichsten Thalebenen, die wildesten Gebirgsklüfte, große Gebirgsseen und schneetragende Gipfel auf den rauhen Gebirgszügen aufzuweisen hat, gehört zum Teil der Türkei an (Ersirûm oder Erzerum, 30.000 E.); teils Persien, dessen Provinz Aserbeidschan (mit den Städten Täbris und Wân) es bildet; teils Rußland (s. S. 97), indem der südliche Teil Kaukasiens dazu gehört hat.

4) In Arabien die Küstenlandschaften Hidschâs und Yemen an der Westseite und El Hasa an der Ostseite (siehe § 192).

§ 199 (188). 5) Klein-Asien oder Natolien ist eine hohe, felsige Halbinsel, 1½mal so groß als Frankreich. Die überall steilen Küsten erheben sich zu bewaldeten Gebirgen. Vom Busen von Skanderun nach NO. streicht das große Taurus-Gebirge, mit 11.000 F. = 3570 m. h. Gipfeln; in der längs der Südküste ziehenden Fortsetzung bis zu mehr als 11.000 F. aufsteigend, ein wahres Alpen-Gebirgsland. Längs der Nordküste zieht das Pontisch-Bithynische Gebirge. Zwischen beiden Ketten liegen seenreiche Hochebenen von 2 bis 4000 F. = 650 bis 1300 m. H., und auf diesen erheben sich vereinzelte Gebirge, namentlich der vom Kysyl-Irmak umflossene, 11.824 F. = 3841 m. h., erloschene Vulkan Erdschisch oder Argäus; der in der nordwestlichsten Ecke gelegene, 5400 F. = 1754 m. h. Ida, von welchem nach NW. der Skamander, nach N. der Granikus hinabfließt; und in seinem SO. der 5940 F. = 1930 m. h. Mysische Olymp. Die Kultur und Produktion des ganzen großen Landes ist eine geringe, obwohl es eins der fruchtbarsten und ergiebigsten sein könnte. Ein Teil der weiten Hochebenen hat salzigen Wüsten- oder Steppenboden und wird nur von den

Die außereuropäischen Erdteile: Asien.

nomadisch lebenden Jürüks, türkischen Stammes, besucht; der andere große Teil der türkischen Bevölkerung bewohnt die Städte, und mit ihnen haben dieselben griechische Bewohner, welche ¹/₂₀ der Gesammtzahl ausmachen und die sich namentlich mit dem Handel beschäftigen.

§ 200. Wenig südlich vom Marmara-Meere ist das elende Dorf Jsnik, 500 E., der Rest der ehemaligen großen und berühmten Hauptstadt Nicäa. — Brussa, 70.000 E., am Nordfuße des Olymp und einer herrlichen Ebene, war vor Eroberung Konstantinopels die türkische Hauptstadt. — Westlicher, aber nicht ganz an der Küste, die Stätte von Troja. — Südlicher an der Küste: Smyrna, 188.000 E. (¹/₃ Griechen), Wohnsitz zahlreicher Europäer, im Oriente Franken genannt. Es ist die einzige Stadt des türkischen Reiches, wo das Christentum vorherrscht. Die Umgegend gewinnt viel Früchte (Feigen, Rosinen ꝛc.), die durch den recht bedeutenden Handelsverkehr zur Ausfuhr gelangen. — Östlicher Manissa oder Magnesia, 60.000 E., wonach die Bitter-Erde und der Magnet den Namen erhalten haben. — Östlicher Sart, ein elendes Dorf zwischen den Ruinen der Hauptstadt des Krösus, des prächtigen Sardes. — Südlicher, bei der Mündung des Mäander, stehen fünf Hütten bei den Ruinen des einst so reichen Milet. — Etwas nördlicher, bei Scalanova, ist die Ruinenstätte von Ephesus, welche sich 4 Stunden weit ausdehnt. Vom großen Tempel ist nicht einmal die Stelle nachzuweisen. — Im Inneren: Kjutahia, 60.000 E., Hauptstadt von Klein-Asien. Angora, 38.000 E., auf einer im Winter sehr kalten Hochebene, deren Klima veranlaßt, daß sich namentlich die Schafe mit einer sehr feinen Wolle bedecken, aus welcher kostbare Gewebe gefertigt werden. — Konja oder Jkonium, 30.000 E. — Unfern der Südküste Tersus, 15.000 E., nahe am Kydnus, in welchem Alexander der Große und Friedrich Barbarossa ihr gefährliches Bad nahmen. Es ist der Geburtsort des Apostel Paulus. — Nördlich von Alexandrette, am Meerbusen, lag Jssus, im SO. der durch das Gebirge führenden berühmten Kilikischen Pässe. — Nördlich im Inneren: Sywas, 30.000 E., die östliche Hauptstadt. — Tokat, 45.000 E. — An der Nordküste, da, wo Xenophon rückkehrend das Meer erreichte: Tirabzon oder Trebisond oder Trapezunt, 35.000 E., war Jahrhunderte lang Sitz der Trapezuntischen griechischen Kaiser und Hauptverkehrsplatz zwischen Süd-Asien und Europa; auch jetzt gehen alle für Inner-Asien bestimmten Waaren von Konstantinopel mit den Dampfschiffen hierher und weiter auf Täbris, während der Karawanenverkehr von Smyrna sehr abgenommen hat.

Das indische Asien.

§ 201 (189). Im S. des Himalaia dehnt sich ein Tiefland von der vierfachen Größe von Nord-Deutschland aus, durchflossen vom Indus, Ganges und Brahmaputra, im W. Hindostan, im O. Bengol, gewöhnlich Bengalen genannt. Es ist am Unterlaufe der Ströme ein weit versumpftes, kaum über den Meeresspiegel hervorragendes Deltaland; und dann bis an den Fuß der Gebirge eine meist fruchtbare, wellige Ebene mit weichem

Boden, in welchem sich weithin kein Stein findet. Nur einzelne Striche, namentlich im O. des Indus, sind Wüste. Südlich von diesem Tieflande liegt die hohe Halbinsel Dekhân, von der mehr als fünffachen Größe Norddeutschlands. Halbinsel und Tiefland zusammen haben also etwa ein Drittel der Größe Europas, aber mehr als die halbe Bewohnerzahl Europas. Ein Bergland macht von N. her den Übergang aus dem Tieflande und legt sich an das längs der Nerbada hinziehende Vindhja-Gebirge, dessen Gipfel 2000 F. = 650 m. Höhe erreichen. Längs des schmalen, in der Südhälfte Malabar genannten Küstensaumes der Westküste ziehen die 180 Meilen langen, bis 4000 F. = 1300 m. h., dicht bewaldeten West-Ghats hin (Ghat heißt Paß), und an dieselben legen sich östlich die 3000 bis 1800 F. = 975 bis 585 m. h. Hochebene von Punah, südlicher die von Maisur. Diese haben auch nach der Ost- oder Koromandel-Küste hin als Grenze ein Gebirge, das aber weniger hoch ist und nicht in so gestreckter Linie zieht, nämlich die Ost-Ghats, welche den Übergang zur Küstenebene bilden; letztere sind vielfach durchbrochen, und an solchen Stellen finden die von den West-Ghats herkommenden ansehnlichen Ströme nach O. hin einen Ausgang zum Meere. Im S. vereinigen sich beide Ghat-Ketten zu dem bis 8100 P. F. = 2630 m. h. Nilagiri oder Blauen Gebirge. Am Südfuße dieser liegt eine Lücke, das Gap genannt, und von ihr südlich erhebt sich das Gebirge noch einmal in den Aligiri-Bergen zu 8100 P. F. = 2630 m. Höhe. Östlich daneben ist eine andere Lücke, durch den Manaar-Golf ausgefüllt, und jenseit dessen steigt das Land in den Granitbergen der Insel Ceylon abermals auf, wo der 6927 P F. = 2250 m. h. Adams-Pik ein heiliger Wallfahrtsort der Indier ist.

§ 202 (190). Das an Produkten der mannigfaltigsten Art außerordentlich reiche Ostindien, das Land der Elephanten, Löwen, Tiger und Schlangen, hat eine äußerst gemischte Bevölkerung. Es werden daselbst 58 Sprachen gesprochen.

Das wichtigste Volk sind die hauptsächlich im Ganges-Gebiete wohnenden Hindus, von kleiner Gestalt, aber bedeutenden geistigen Fähigkeiten, dabei sittlich sehr verkommen; sie sind eins der ältesten Kultur-Völker der Erde. Seit der ältesten Zeit zerfielen sie in vier sogenannte Kasten oder Stände: 1) Die Brahminen, d. i. die Betenden, die Gelehrten, die zwischen dem Volke und den Göttern vermittelnden Frommen und Geistlichen. 2) Kschettriyas, Vermögende, Krieger, einschließlich der Fürsten. Sie haben fast immer in gutem Einvernehmen und in enger Verbindung mit den ersteren gestanden. Besonders kriegerische Stämme sind die auf dem Plateau von Punah wohnenden Mahratten, die in den Bergen nördlich vom Vindhja-

Gebirge hausenden Radschputen und die Religionssecte der Sikhs in dem von den Nebenflüssen des Indus bewässerten Pandschâb oder Fünfflußlande. 3) Waißjas, friedliche Stammesgenossen, welche Ackerbau und Viehzucht, sowie auch Handel treiben. 4) Sudras, Unterworfene oder Knechte. Die in früher Vorzeit ins Land eingedrungenen Hindus haben auch die ganze Halbinsel unterworfen und einen Teil der dort einheimischen Völker in die Gebirge und Wälder zurückgedrängt; von solchen unvermischten Einwohnern finden sich noch zahlreiche und bedeutende Reste, dunkelfarbig und selbst schwarz, mit krausen Haaren, in verschiedenen Teilen Dekhans vor. Gegen die Hindus wiederum drangen von Afghanistan her mohammedanische, später namentlich mongolische Beherrscher schon seit dem 10ten Jahrhundert vor, und deren Herrschaft erreichte im 16ten Jahrhundert unter den Großmoguls ihre Blütezeit. Daher rühren die große Zahl mongolischer, türkischer und arabischer Mohammedaner in Ostindien und die ihrer Sprache angehörenden Ortsnamen. Zu derselben Zeit setzten sich allmählich Portugiesen, Franzosen und Briten im Lande fest und kämpften unter einander um den überwiegenden Einfluß auf dasselbe, bis schließlich die Briten fast das ganze Ostindien zu einem englischen Besitztume machten. Von den zahlreichen einheimischen Fürsten hat ein großer Teil seine Macht gänzlich eingebüßt, und einige sind genötigt worden, mit den Engländern solche Verträge zu schließen, daß sie von ihnen abhängige Verbündete derselben sind und ihnen keine ganz selbständigen Entschließungen mehr möglich bleiben. — In alter Zeit waren die Kasten schroff von einander geschieden; allmählich aber flossen sie in einander, so daß einer von reiner Kaste selten wurde. Die heut zu Tage noch bestehenden zahlreichen Kasten sind mehr Unterschiede der Beschäftigung und der Berufszweige, werden aber mit noch größerer Schroffheit aufrecht erhalten, als ehemals, und die von ihnen innezuhaltenden Gebräuche und Verbote sind zahllos.

§ 203 (191). Die alte Religion der Hindus ist der Brahminismus. Sie verehrt als Anfang aller Dinge einen dreieinigen Gott, welcher als Brahma, Siva und Wischnu Gott des Himmels, der Luft und der Erde ist. Die ungerechten Kastengesetze werden auf ihn zurückgeführt. Zehnmal ist nach dieser Lehre Gott Fleisch geworden und hat unter den Menschen gewohnt, um ihnen Heil zu bringen. Der Welt und ihren Lüsten zu entsagen und sich in die Einsamkeit des Waldes als Einsiedler zurückzuziehen oder unter selbst auferlegten Qualen als Bettler zu leben, galt als das höchste und heiligste Bestreben. Daher gab es zahlreiche solcher Einsiedler oder Sramanen und giebt es noch jetzt eine Menge von bettelnden Yoghis oder Fakirs.

Um das Jahr 623 v. Chr. ergriff einen Königssohn in einem nördlich vom Ganges gelegenen Lande das Verlangen, seinen Mitmenschen durch Lehren der Weisheit über die schweren Unvollkommenheiten des irdischen Lebens fortzuhelfen und sie zu ihrem Glücke und Heile zu führen. Er widmete sein Leben der Erforschung Gottes und dem Streben nach Weisheit und begann danach seine Lehre zu verbreiten und durch die Jünger, welche sich ihm anschlossen, verbreiten zu lassen. Seine Lehre stieß einen großen Teil des alten Brahminen-Götterglaubens um und verwarf die Kasten-Einteilung ganz. Nach ihm war jeder Mensch, und nicht blos die Brahminen, in gleicher Weise zum ewigen Heile berufen und dessen fähig; ja er wendete sich ausdrücklich an die niedrigen und bedrückten seiner Mitmenschen und verkündete gerade ihnen seine Heilslehre. Er wurde für den Fleisch gewordenen Gott gehalten, und die Sage erzählt später, er sei von einer Jungfrau geboren, bei seiner Geburt habe die Erde gebebt, ein heller Stern sei am Himmel aufgegangen und die Schaaren der Götter haben musicirt. Er wurde Buddha, d. h. der Weise, genannt, und seine Lehre der **Buddhismus**. Er starb 543 v. Chr. Zu dieser Lehre, welche allmählich freilich auch zu einem bloßen Götzendienste herabgesunken ist, bekennt sich noch jetzt die Hälfte aller Menschen; denn sie verbreitete sich durch ganz Border- und Hinter-Indien bis Java, durch das ganze innere Asien, China und Japan. In Indien baute man Tausende von heiligen Häusern, sogenannte Pagoden, in welche man irgend eine angebliche Reliquie von Buddha einschloß, umgab sie mit säulenreichen Tempeln und Höfen, wie deren auch der Brahminismus für seine Götterbilder besaß, und baute Mönchs- und Nonnenklöster daran, in denen ein frommes und beschauliches Leben und das Abbeten des Rosenkranzes die Zeit ausfüllte. Die Lehren Buddhas wurden unter Mitwirkung seiner Jünger aufgeschrieben und auf späteren Concilen gereinigt. Sie sind gedruckt enthalten in den hundert und acht Foliobänden des Kanjur oder der mongolischen Bibel. In Ostindien hat 800 Jahre später wieder der Brahminismus den Buddhismus verdrängt; in Ceylon und den übrigen genannten Ländern Asiens aber hat er sich erhalten. Seit dem siebenten Jahrhundert nach Christo hat er in Tibet und in der Mongolei eine etwas veränderte Gestalt angenommen, in welcher er dort noch als Lamaismus herrscht; und zu Anfange des 15. Jahrhunderts erfuhr er abermals eine Reformation. Die lamaitischen Geistlichen heißen Lamas, die reformirten Bonzen. Das zu Lhasa in Tibet wohnende Oberhaupt aller buddhistischen Lamaiten, also ihr Papst, der dort auch der weltliche Herrscher ist, heißt der **Dalai-Lama**, und er gilt stets ebenfalls für den Fleisch gewordenen Gott. Die Zahl der ihm untergebenen Klöster, Mönche und Geistlichen ist übermäßig groß.

§ 204 (192). Ostindien ist bis vor wenigen Jahren im Besitze einer britischen Aktien-Gesellschaft von Kaufleuten gewesen, welche das Land zu ihrem Vorteile oder Schaden verwalten ließ. Jetzt hat es die Regierung übernommen. Dieselbe hält dort einen Vicekönig, Präsidenten und Vorsteher der Provinzen.

Ein kleiner Teil des Landes steht unmittelbar unter dem General-Gouverneur, das übrige ist in 8 Provinzen geteilt; an die meisten derselben sind einheimische Staaten angeschlossen, welche zum Teil in ihrem Schutze stehen.

Unter dem Gen.-Gouv. stehen	QM.		Bew.	Tributär-Staaten der Eingebornen		
	2.435	mit	7.847.109	QM.		Bew.
Präsidentschaft Kalkutta nebst Assam	9.964	„	64.784.916	1.832	mit	2.312.473
Nordwest-Provinzen	4.957	„	42.001.436	241	„	657.013
Provinz Pandschab	4.937	„	17.611.498	4.882	„	5.345.500
Central-Provinzen	3.996	„	8.201.519	1.356	„	1.049.710
Brit. Barma	4.165	„	2.747.148	—		—
	30.454	m.	143.193.626	8.311		9.364.696

Die außereuropäischen Erdteile: Asien.

	QM.	Bew.	QM.	Bew.
Präsidentschaft Madras	6.489 mit	31.672.613	462 mit	3.289.392
Präsidentschaft Bombay	5.809 „	16.302.173	2.904 „	6.833.906
unter einheimischen Fürsten: Radschputana			6.115 „	9.260.000
Haidarabad			4.233 „	9.000.000
außerdem			4.254 „	10.488.225
Brit. Besitz	42.772 mit	183.421.303	26.279 mit	48.236.219
	26.279 „	48.236.219		
franz. u. portug. Besitz	85 „	788.966		
Ostindien	69.116 mit	132.446.488		

Zu dem brit. Besitz von 42.752 QM. mit 183.421.303 Bew. kommen die
Straßen-Ansiedlungen 58 „ „ 308.100 „ „
Ceylon u. die Inseln 1474 „ „ 2.630.000 „

44.284 QM. mit 186.359.403 Bew.
einschl. d. Schutzstaaten 26.279 „ „ 48.236.219 „

70.563 QM. mit 134.595.622 Bew.

Der britische Besitz in Ostindien ist also so groß wie ¼ Europas wie ⅗ von dessen Bewohnern; einschließlich der Schutzländer sind die ostindischen Staaten fast so groß wie Europa ohne Rußland und sie haben ⅘ der Bewohnerzahl Europas.

§ 205. Hauptstadt Kalkutta, mit 892.430 Bew., an dem Hugly genannten Mündungsarme des Ganges, ist Residenz des Vicekönigs und besteht aus einer prächtigen Stadt der Europäer und einer elenden Hüttenstadt der Hindus (15.000 Europäer). Seine Ausfuhr besteht hauptsächlich in Opium, das nach China geht, in Reis, Baumwolle, Seide, Indigo ꝛc. Es ist neben Bombay und dem chinesischen Schanghai der wichtigste Handelsort in Asien. — Benares, 175.200 E., am Ganges, die heiligste Stadt Indiens, der Mittelpunkt des Götzendienstes, des Aberglaubens, der Wallfahrten und der Gelehrsamkeit. — Agra, 149.000 E., nahe der Dschamna, war ehemals durch seine Bauwerke eine der prächtigsten Städte der Erde. — Dehli, 154.400 E., an der Dschamna, war einst der glänzende Sitz der Großmoguls. — Lahur, 99.000 E., am Rawi, war Hauptstadt im Lande der Sikhs. — Lakhnau, 285.000 E., war Hauptstadt im Königreich Audh. — Karatschi, 53.500 E., am Meere, westlich von der Indus-Mündung, an der Grenze von Balutschistan, der wichtigste Handelsort an der Westseite. — Surat, 107.100 E., am Tapti. — Bombay (spr. Bombéh) 644.400 E. auf einer Insel, wird in seinem Handel bald Kalkutta überflügeln, mit dem es durch Eisenbahn verbunden ist; Dampfschiff-Verbindung mit Suëz. Östlich davon die Gegend der Höhlentempel. — Goa, 9000 E., ist der Hauptort von den den Portugiesen noch verbliebenen Besitzungen. — Kalikut, an der Malabarküste, war der erste Ort, den die entdeckenden und erobernden Portugiesen unter Basco de Gama betraten. — Madras, 397.600 E., an der Koromandelküste, hat sehr großen Handel. — Nördlicher Pondichery, 30.000 E., ist der Hauptort von den den Franzosen noch verbliebenen Besitzungen in Ostindien. — Haidarabad, 200.000 E., im Gebiete des Flusses Krishna, Hauptstadt im Lande des Nizam, welcher einer der verbündeten Fürsten ist.

§ 206. In Hinter-Indien (Britisch Barma), Provinz Martaban, Molmeïn, 46.500 E. — Zur Provinz der Straßen-Ansiedlungen gehört:

v. Klöden, Leitfaden. 7. Aufl.

die kleine Insel **Prinz Wales** oder **Pulo Pinang** und gegenüber die 7 QM. große **Wellesley-Provinz**; Stadt und Gebiet **Malaka**; die Stadt und Insel **Singhapore**, 97.000 E., einer der wichtigsten Handelsorte in Süd-Asien.

Zum britischen Gebiete gehören auch die Archipele der **Lakkadiven, Malediven, Andamanen**.

Unabhängige indische Staaten sind: **Naipál**, längs des Himalaia, Hauptstadt **Katmandu**, 50.000 E. — **Bhutan**, östlich von Naipal; Hauptstadt **Tassissudon**. — **Kaschmir**, ein Hochthal im Himalaia, bei der Umbiegung des Indus, das fruchtbare, durch seine Rosen und ungeheuren Schneegipfel berühmte Alpenland. Hauptstadt **Sirinaggar**, 250.000 E., nebst **Balti** und **Ladak-Jul** oder **Klein- und Mittel-Tibet**. Hauptstadt **Le**, 12.000 E., ein wichtiger Handelsort in 3600 m. H.

Auf **Ceylon** (spr. Seilang) einer der schönsten und fruchtbarsten Inseln der Welt, von der Größe der Provinz Preußen, welche die größten Kokoswälder trägt und deren Hauptprodukt ehemals der Zimmet, jetzt der Kaffee ist, außer Edelsteinen, Perlen, kostbaren Holzarten u. s. w., liegt die Hauptstadt **Kolombo**, 100.200 E. — Südlicher der wichtige Hafen **Galle**, 48.000 E., wo die großen Dampfschiffe der asiatischen Meere Station haben. — Im Innern die alte Königsstadt **Kandi**, 17.400.

§ 207 (193). Das Insel-Gebiet **Austral-Asiens** besteht aus zahlreichen großen und kleinen Inseln, insgesammt etwa 31.630 QM. (5mal so groß als Preußen) mit fast 27 Mill. Bewohnern (so viel wie Preußen und Sachsen). Etwa $^1/_3$ der ganzen Fläche kommt auf Borneo, die Hälfte der Bewohner auf Java. Diese Inseln sind sehr gebirgig, und auf ihnen befinden sich gerade, wie in ganz Nord- und Süd-Amerika zusammen, 120 Vulkane, von denen 56 noch jetzt feuerspeiend sind; unter ihren Schrecken und den Erdbeben haben diese Inseln viel gelitten. Diese Länder sind außer Brasilien ein Hauptgebiet der Pflanzenwelt, von erstaunlicher Fruchtbarkeit und Pracht der Vegetation. Die Bewohner gehören meist der malayischen Rasse an. — Die Hauptbesitzer in diesem schönen Insel-Gebiete sind die Niederländer; ihre Länder stehen unter einem General-Gouverneur.

a. **Sumatra**, so groß wie Norddeutschland nebst Württemberg und Baden, eine vom Äquator durchschnittene, fruchtbare und waldige Insel. Die südlichen $^2/_3$ der Insel gehören den Niederländern, das nördliche Drittel steht unter einheimischen Fürsten.

Palembang, 40.000 E. Auch die östlich daneben gelegenen Inseln **Bangka** und **Billiton**, durch ihren Reichtum an dem besten Zinn wichtig, gehören den Niederländern.

b. **Java**, der Hauptbesitz der Niederländer und eine der schönsten und ergiebigsten Inseln der Welt, ist so groß wie Süddeutschland nebst Sachsen und hat $^3/_4$ so viel Bewohner als Preußen. Seine Pflanzungen von Zucker, Indigo, Reis, Tabak, Pfeffer und Gewürzen sind von großem Werte. Hauptort **Batavia**, 99.100 E. (2000 Europäer, viel Chinesen), ein ungesunder Ort, der Hauptort der ganzen Inselwelt. Der eigentliche Wohnort der Wohlhabenden, **Weltevreden**, liegt entfernt in einem schönen Walde. — **Surabaya**, 100.000 E., hat schon größeren Verkehr als Batavia und wird mit der Zeit Hauptstadt werden.

c. Die 15 kleinen **Sunda-Inseln** von ähnlicher Beschaffenheit sind ebenfalls niederländisch; die größte, Timor, d. h. Osten, ist es wenigstens auf der Westseite.

d. **Borneo**, so groß wie ganz Österreich und Süd-Deutschland, ist im S. und SW. von den Niederländern abhängig; die übrigen Teile zerfallen in eine Menge kleiner Staaten. Tier- und Pflanzenwelt sind reich. Die Insel hat viel Gold und die meisten Diamanten.

e. **Celébes**, halb so groß wie Preußen, ist ganz niederländisch und erzeugt viel Kaffee. Blaardinge oder Mangkassar, 24.000 E. An der Nordspitze: Manado, 6000 E. (fälschlich Menado genannt).

f. Die **Molukkos-** oder **Gewürz-Inseln** (Halmahera, Ceram (spr. Sirang), das kleine Ambon oder Amboina 2c.) und die **Banda-Inseln** sind durch ihre Gewürznelken, Muskatnüsse, Holzarten, Sago 2c. von dem höchsten Werte. Hauptstadt ist die befestigte Europäerstadt Amboina, 13.000 E.

g. Die **Philippinen**, zahlreiche Inseln, zusammen größer als Italien, mit 6 Mill. Bewohnern, gehören den Spaniern. Hauptstadt **Manila**, 160.000 E. (10.000 Spanier) auf Luzon, das fast $\frac{1}{3}$ von Preußens Größe hat, treibt großen Handel mit Tabak und Reis, außer anderen tropischen Produkten. Die Inseln sind ganz in den Händen der katholischen Geistlichen und der Mönche. — Die **Sulu-Inseln** sind wegen des Seeräuber-Handwerks ihrer Bewohner berüchtigt. — Die **Marianen** stehen unter dem General-Gouverneur der Philippinen. Auch die Archipele der **Carolinen** und der **Palaos**, der **Ratals-** und **Raliks-Inseln**, der **Gilberts-** und **Kingsmills-Inseln** gehören dazu.

Oceanien.

(Siehe §§ 91 bis 94.)

§ 208 (194). Dieser Erdteil besteht aus einem Festlande, einigen großen und etwa 630 kleinen Inseln.

Das Festland **Australien**, ehemals nach seinem nordwestlichen Küstenstriche Neu-Holland genannt, umfaßt 138.529 ☐M., hat also nahe $\frac{8}{11}$ von der Größe Europas. Der nördliche Teil, mehr als $\frac{1}{3}$ des Ganzen, liegt in der tropischen Zone und reicht mit dem Kap York bis in 11° s. Br. Die Südspitze Kap Wilson, in 39° s. B., ist noch etwas südlicher gelegen als das Kap der guten Hoffnung. Von W. nach O. mißt es mehr als 500 Meilen. Seine Küsten sind überall bekannt, die Hälfte des Innern aber ist noch ganz unerforscht. In der Mitte und in der Osthälfte ist es jetzt einige Mal von S. nach N. ganz durchreist. Gebirgig ist der Strich von der Mitte der Nordküste im südöstlichen Bogen bis zum Südost-Teile bei der Baß-Straße. Das ist also eine östliche Gebirgsumsäumung, und diese Höhenzone scheint im Durchschnitt eine Erhebung von 1500 F. = 487 m. zu haben. Ganz im SO., in den Australischen Alpen, werden die Berge am höchsten und haben sogar einen 6733 F. = 2187 m. h. Gipfel. Die nördlich davon gelegenen Blauen Berge haben noch 3800 F. = 1234 m. H. Von diesem ganzen Gebirgsgürtel ergießen sich Küstenflüsse kurzen Laufes ins Meer und bewässern fast überall anbaufähige Thäler. Die nach der inneren Seite entspringenden Flüsse durchirren in so ungeordnetem Laufe, wie kaum irgend anderswo, oft ohne Betten, weit übertretend, Seen bildend, auch zeitweis ganz versiechend, weite Kies- und Sand-Ebenen mit sehr mäßiger Vegetation und fast ohne belebte Wesen. Nur von den Alpen entspringen dauernde Flüsse, deren einige auch schon mit Dampfschiffen befahren werden. Die Mitte des Festlandes ist fast ganz wasserlos; selbst spärliche Quellen und Wasserlöcher sind selten; daher eine Reise durch diese Gegenden immer lebensgefährlich und äußerst beschwerlich und kostbar ist wegen des mitzuschleppenden Wasservorrathes und der Nahrungsmittel, welche auf eine Zeit von sechs Monaten ausreichen müssen. Unbewohnbare, dürre Landstriche wechseln hier im Innern durchweg mit Weide-Landschaften. An salzigen Seen ist in der Mitte des südlichen Teiles kein Mangel. — Den NW. scheint ein großes, etwa 1500 F. = 487 m. h. Hochland einzunehmen, das stellenweis das üppigste Grasland ist, das man finden kann. Der SW., zum Teil Sandwüste, scheint von der Natur ganz vernachlässigt zu sein.

§ 209. Australiens Pflanzenwelt in den Ebenen, und Ebene ist der bei Weitem größte Teil des Ganzen, weicht von allem sonst Bekannten ab. Auch die spärlich ausgestattete Tierwelt hat in ihren Beuteltieren (darunter das bis mehr als 6 F. h. Känguruh, hier das größte Säugetier) und in dem Schnabeltiere seltsame Bildungen aufzuweisen. — Die Zahl der auf niedriger Stufe stehenden Eingebornen ist sehr gering; diese Australneger sind teils verkümmerte Gestalten und zeigen bösartigen Charakter, teils kräftige, 6 F. h., mit kriegerischem Sinne. — Die wichtigsten Produkte sind die großen Schätze an Gold und Kupfer, welche im südöstlichen Teile gewonnen werden, und Wolle und Talg, welche die überwiegend mit Schafzucht beschäftigten Kolonisten gewinnen; die ungeheuren Weidelandschaften machen diesen Erdteil gerade für Viehzucht sehr geeignet.

§ 210 (195). Ganz Australien ist britisches Koloniengebiet und zerfällt in 5 Kolonien.

1) Neu-Süd-Wales, 14.500 QM., größer als Österreich, mit ⅗ so viel Bewohnern als Berlin hat, ist die älteste Kolonie. Sydney, 187.400 E., am Port Jackson, ist die Hauptstadt Australiens und hat ganz

den Charakter einer europäischen Hauptstadt. Etwas mehr südöstlich liegt die Bótany-Bai (wegen der vielen neuen Pflanzen so genannt), wo vor neunzig Jahren die erste Ansiedelung auf Australien versucht wurde und wonach die Kolonie anfangs den Namen führte. — Südlich davon 2) Victoria, 4160 □M., also ⅔ von Preußen, die kleinste der Kolonien, aber die reichste und blühendste, fast mit der Hälfte der Bewohner Australiens; in ihr finden sich die Metallschätze. Für jeden Fortschritt, namentlich auch den der Wissenschaften, geschieht Außerordentliches. Eisenbahnen, Telegraphen und Dampfschiffsahrt. Hauptstadt Melbourne, 250.700 E., überflügelt Sydney. — Westlicher 3) Süd-Australien, 17.900 □M., also fast so groß wie Frankreich mit Spanien, aber mit wenig brauchbarem Boden. Es wird ein wichtiges Weinland. Hauptstadt Adelaide, 31.600 E. Eine Telegraphenlinie besteht von hier bis zur Nordküste und eine zweite von hier nach der Westseite. — Westlicher 4) West-Australien oder die Kolonie am Schwan-Flusse, etwa siebenmal so groß als Preußen, mit halb soviel Bewohnern als Potsdam oder Augsburg hat. Diese schon 80 Jahre alte Kolonie ist am meisten zurückgeblieben. Hierher sendet England jetzt seine zur Deportation verurtheilten Verbrecher, wie ehemals nach Neu-Süd-Wales, die bei Anlegung von Wegen, Kanälen ꝛc. beschäftigt werden. Hauptstadt Perth, 7000 E. — Im Norden von Neu-Süd-Wales: 5) Queensland (spr. Kwihnsländ) d. h. Königinnenland, fünfmal so groß als Preußen, mit etwa der vierfachen Bewohnerzahl Potsdams. Hauptstadt Brisbane, 32.000 E. — An der Nordküste des etwa dem vierfachen Preußen an Ausdehnung gleichenden Nord-Territoriums hat man nach wiederholten Versuchen Ansiedelungen gegründet. Hauptort Port Darwin. — Südlich von Victoria liegt die in der Größe Bayern nicht ganz gleichkommende, bergige Insel Tasmanien, ehemals Vandiemensland genannt, mit 1/10 der Bewohnerzahl Berlins, nämlich 105.500 Bew., ebenfalls ein britisches Kolonienland. Hauptstadt Hobarton, 19.100 E. Die Insel hat keine Urbewohner mehr und erscheint in ihren angebauten Teilen wie England.

§ 211 (196). Die Inseln, insgesammt auch Polynesien genannt, sind teils felsige, hohe, durch vulkanische Kräfte erhobene, teils flache, mehr oder weniger ringförmige Korallen-Inseln, ursprünglich durch die Korallentiere bis an die Meeresfläche aufgebaut. Viele der Inseln sind von großer Fruchtbarkeit und bieten reizende Landschaften; das heiße Klima ist durch das Meer gemildert. Wenngleich ein Teil der Bewohner noch vor 80 Jahren Menschenfresser gewesen sind, so waren doch die anderen Gegenden schon bei der Entdeckung der Inseln durch ungewöhnlich gutartigen Charakter und große geistige Fähigkeiten der Bewohner ausgezeichnet; jetzt ist der größere Teil zum Christentume bekehrt und für die Civilisation gewonnen.

Auf der NO.- und Ostseite Australiens zieht sich, ungefähr mit seiner Küste gleichlaufend, der Inselkranz der Schwarzen herum. Dazu gehört im N. die große Insel Neu-Guinea, so groß wie Österreich, die noch wenig bekannte Heimat der Paradiesvögel, fruchtbar und mit einem 3250 m. h. wilden Gebirge. Weiterhin folgen Neu-Britanien und

Neu-Irland, ersteres so groß wie Belgien, letzteres etwa halb so groß; der Archipel der Louisiade, der Salomons-Inseln, der Santa-Cruz-Archipel, die Neuen Hebriden, endlich die französische Kolonien-Insel Neu-Kaledonien (nicht ganz so groß wie Württemberg). — Das nun folgende britische Kolonienland Neu-Seeland unterscheidet sich von den genannten Inseln dadurch, daß es nicht schwarze, sondern kupferrote Bewohner hat. Beide durch die Cooks-Straße von einander getrennte Inseln haben etwa die Größe von England und zählen, außer 63.000 eingebornen Maoris, 300.000 fremde, meist britische Kolonisten. Die Inseln sind ein herrliches Alpenland mit prachtvollen Gletschern und bieten großartige vulkanische Erscheinungen. Herrlicher Wald bedeckt überall den fruchtbaren, stellenweise sehr goldreichen Boden. Die großen Schafweiden geben reichen Ertrag an Wolle. Hauptstadt ist Auckland, 24.800 E.

§ 212. An diesen Inselkranz schließt sich die Reihe der Inseln der Roten mit dem constitutionellen Königreiche der Viti- oder Fidschi-Inseln (jetzt britisch) an, auf welchen beide Völker, das schwarze und rote, einander berühren und vermischt sind. — Die Freundschafts- oder Tonga-Inseln, unter einem besonderen Könige, jetzt meist christlich und civilisirt, haben ihren Namen erhalten, weil sie den sie vor 80 Jahren besuchenden Weltumsegler Cook (spr. Kuk) mit Gastlichkeit und Freundlichkeit empfingen. — Die Navigators-, Schiffer- oder Samoa-Inseln, mit hohen, prachtvoll bewaldeten Bergen und herrlichen Landschaften, einer der schönsten dieser Archipele, sind vulkanisch und wasserreich. Hauptnahrung sind, wie in den meisten dieser Archipele, die Brotfrucht, die Arum-Wurzeln, die Bananen und die Kokosnüsse. Christliche Kirchen und Schulen (einige hundert) bestehen, und Bücher, auch die ganze Bibel, sind in der Samoasprache gedruckt worden. — Die Cooks-Inseln sind ebenso vorgeschritten, obwohl die Bewohner noch vor 50 Jahren Menschenfresser waren. — Die Societäts- oder Gesellschafts-Inseln, von Cook so benannt, zu Ehren der Societät der Wissenschaften zu London, welche seine Reise veranlaßt hatte, sind christlich und civilisirt und treiben ansehnlichen Handel. — Daneben liegen die von den Franzosen besetzten Tahiti-Inseln, von denen das 19 ☐M. große, fruchtbare Tahiti, sonst Otahaiti genannt, mächtige, bis fast 2300 m. h. Berge und erloschene Vulkane aufzuweisen hat. — Unter französischer Oberhoheit stehen auch die Niedrigen oder Tuamotu-Inseln, früher Pomotu-Inseln genannt, 84 kleine Inseln, der ausgedehnteste dieser Archipele. — Die Markesas- oder Mendanha-Inseln haben die Franzosen in Besitz genommen und senden dorthin ihre Verbrecher. — Nördlich vom Äquator liegen die Sandwich-Inseln (spr. Send-uitsch), nach einem englischen Admirale benannt, die wichtigste Inselgruppe im Großen Ocean. Es sind 8 Inseln, zusammen so groß wie Württemberg, unter einem besonderen Könige. Sie bilden einen christlichen, civilisirten Staat, der seine Minister und Deputirten-Kammern hat. Auf der größten der Inseln, dem an Größe Mecklenburg-Schwerin nicht ganz gleichkommenden Hawaii, erheben sich über 13.000 F. = 4200 m. h. Vulkane. In der Hauptstadt Honolulu, 14.100 E., ist Alles vorhanden, was zu einer Hauptstadt gehört, selbst die täglich erscheinenden Zeitungen. Der Handel ist bedeutend. Regelmäßige Dampfschiff-Verbindung mit Californien und mit China besteht.

Afrika.
(Siehe §§ 95 bis 106.)

§ 213 (197). Afrika, nächst Asien der größte Erdteil, reicht von seinem nördlichsten bis zu seinem südlichsten Vorgebirge etwa 1000 Meilen weit, und eben so weit von seinem westlichsten bis zum östlichsten Kap. Außer dem großen, an seiner S.W.-Seite gelegenen Einschnitte, dem Busen von Guinea, ist sein Umfang gerundet und ganz, und tief ins Land einschneidende Busen fehlen ihm. Die Mitte desselben, $7/9$ des ganzen Erdteiles, also ein Raum so groß wie Süd-Amerika nebst Rußland, gehört der heißen Zone an, innerhalb deren sonst nirgend auf der Erde eine ähnliche große Festlandsmasse liegt; das nördlich davon gelegene Sechstel und das südlicher gelegene Sechzehntel gehören dem warmen Teile der gemäßigten Zone an. Sonach ist Afrika der heißeste Erdteil. Wenngleich die hohe Wärme seiner innersten Gegenden nirgend durch die Nähe des Meeres gemildert werden kann, so geschieht dies doch einigermaßen durch die Erhebung des Bodens über den Meeresspiegel; denn fast ganz Afrika ist Hochebene oder Gebirge, und nur durch die Mitte durchzieht von West nach Ost eine Tieflands-Region. — Ein sehr großer Teil des Inneren ist uns noch völlig unbekannt und nie von einem Europäer betreten, obwohl in unserem Jahrhundert zahlreiche, bedeutende und erfolgreiche Entdeckungsreisen in Afrika unternommen sind. Leider hat aber der größte Teil der kühnen Unternehmer dabei sein Leben verloren.

So dürr und wasserarm der Boden in vielen Gegenden ist, so fehlt es Afrika doch nicht an bewaldeten Gebirgen, an ungeheuren, zeitweis mit Gras und Kräutern bedeckten Flächen, an den dichtesten und üppigsten Urwäldern in der Nähe der Ströme, an Wäldern selbst, die ihres Wassermangels wegen mit dem Namen Wüsten belegt werden. Ja, es gehören sogar Gegenden, welche eine Zeit lang im Jahre völlig dürr sind, zu den an Pflanzenarten überaus reichen. Der wichtigste Baum für die Länder nördlich von der Wüste ist die Dattelpalme; von Datteln, Reis, Mais und Weizen nährt man sich dort. Die wichtigsten Ackerfrüchte im übrigen Afrika sind die Durrha oder Kafferhirse und die Bohnen. — Afrika hat die größten und wildesten Tiere aufzuweisen: der Elephant, größer, wilder und dunkler gefärbt, als der ostindische, lebt fast nur südlich von der Wüste bis zum Süd-Ende; durch ganz Afrika aber finden sich Löwen, Nashörner, wilde Büffel, Flußpferde, Giraffen, Zebras; Antilopen und Gazellen, in unermeßlichen wandernden Herden; Strauße und Krokodile; Affen überall, oft auch in Herden, bis zu den größten Arten, den Gorillas, die unter dem Äquator wohnen.

§ 214 (198). Das nördliche Afrika bis zum Südrande der Wüste, im Osten bis an den Äquator, bewohnen Völker kaukasischer Rasse; das übrige Afrika gehört der äthiopischen Rasse an. Zu den ersteren gehören außer den Kopten, den entarteten Abkömmlingen der ältesten ägyptischen Städtebewohner, ferner den Abessiniern, und den Somâlis in der östlichsten Halbinsel, das große Berbervolk in allen Ländern der Nordküsten; die Stämme derselben, welche die Küste innehaben, heißen die Tuâregs und nennen sich selbst Imoscharh; die östlicher wohnenden, den ersteren feindlich, die Tibbus oder Vögel. Seit die mohammedanischen Eroberungs-Heere der Araber im siebenten Jahrhunderte das ganze nördliche Afrika überschwemmten, wo sie das Christentum auslöschten (wie sie es in W.-Asien bis an die Grenzen Chinas hin ebenfalls thaten), herrschen hier Araber und gilt hier arabischer Glaube und arabische Sprache; sie und die aus ihrer Vermischung mit den Berbern hervorgegangenen Mauren haben die ursprüngliche Berber-Bevölkerung überall zurückgedrängt.

Nördlich und östlich vom Guinea-Busen, durch das Innere hin, wohnen unzählige schwarze Völker, welche mehr oder weniger den echten Neger-Charakter an sich tragen und auf sehr verschiedener Stufe geistiger Fähigkeiten stehen, wie im W. die Dhioloffen, östlicher die Mandingos, die Fulas und Fellatas ꝛc. Die nach den Küsten des indischen Oceans gelegenen Länder haben die zum Teil braunen Kafirstämme (Kaffern) inne; dieser arabische Name bedeutet Ungläubige und wird allen Nicht-Mohammedanern beigelegt. — Den äußersten Süden nehmen die von den übrigen Afrikanern ganz abweichenden gelben Hottentotten und die ihnen verwandten kleinen Buschmänner ein, eine häßlich und größtenteils wenig begabte Menschen-Rasse.

§ 215 (199). 1) Das hohe Süd-Afrika, südlich vom Äquator, scheint, soweit wir es kennen, eine vielleicht 1500 bis 5000 F. = 488 bis 1625 m. h. Scheitelfläche mit ausgedehnten muldenartigen Vertiefungen zu sein. Am NO.-Ende sind dergleichen Vertiefungen durch Seen ausgefüllt, welche zu den größten der Erde gehören (f. § 97). Ansehnliche Wasserläufe bewegen sich, oft ein verwirrtes Netz darstellend, durch die Mitte und nach NW. und W. und bewässern fast überall anbaufähige Länder; es fehlt aber auch nicht an Steppen und wüstenartigen Landstrichen.

Der Westrand beginnt im N., gegenüber der Insel Fernando-Poo mit dem über 13.000 F. = 4220 m. h. Gebirgsstocke der Cameruns-Berge nördlich vom Krystall-Gebirge, dem weiter südlich der Name Complida-Gebirge beigelegt wird. Der flache Küstensaum und die ihm parallelen Randgebirge, durch welche die großen Ströme hier in Wasserfällen und Stromschnellen, begleitet von den üppigsten Urwäldern, herabkommen, wird unter dem Namen Nieder-Guinea zusammengefaßt, besteht aber aus einer ganzen Reihe von Neger-Reichen, wie namentlich Loango, Congo, Angola und Benguela. Die letzteren beiden Königreiche, zusammen größer als Österreich, sind seit 300 Jahren Besitzungen der Portugiesen, deren Macht aber nicht viel zu bedeuten hat; etwa $^1/_2$ Mill. Schwarzer und 30.000 Weiße erkennen hier die portugiesische Oberhoheit an. Südlicher folgen andere Negervölker, und mit dem 22sten Breitengrade beginnt die hottentottische Bevölkerung, die auch noch die Länder am unteren Oranje-Flusse bewohnt.

§ 216 (200). Noch südlicher, in dem ehemals holländischen, seit Anfang dieses Jahrhunderts englischen Kaplande finden sich Hottentotten nur noch im Dienste der Kolonisten, als Hirten und Hausdiener; die freilebenden sind, wie auch die Elephanten, überall aus dem Kapgebiete nach N. verdrängt worden. Das Kapland, von der Größe Österreichs, ist im W. ein meist dürres, wasserarmes, unerfreuliches Land, wo aber Bewässerung vorhanden ist, ein an Produkten ergiebiges; auch die Fels- und Sandwüste verwandelt sich nach dem Regen auf kurze Zeit in einen Blumengarten. Der östliche, meist bergige und zerschnittene Teil ist viel fruchtbarer, zum Teil selbst waldig und stärker bevölkert. Ein etwa 15 M. breiter Küstensaum läuft an einer Gebirgsstufe hin, nach deren Ersteigung man eine lange und schmale harte Ebene, die Karoo betritt, welche in der heißen Zeit eine wasserleere, gefährlich zu durchreisende Wüste darstellt, durch die Regen aber in ein blumenreiches, üppiges Weideland umgewandelt wird. Eine zweite Gebirgsstufe führt aus dieser Ebene zur oberen Tafelfläche, auf welcher der Oranje-Strom fließt. Die Hauptprodukte dieses Kolonienlandes sind Wolle und Weizen; auch viel Wein wird gebaut und gedeiht gut.

Hauptstadt ist die Kapstadt, 33.200 E., an der Tafel-Bai, im N. des 3360 F. = 1091 m. h. Tafelberges. Der an der Südküste gelegene Hafenort Port Elisabeth, 13.100 E., scheint die Kapstadt an Wichtigkeit bald überflügeln zu wollen; seine Ausfuhr übertrifft die jener bereits um das Doppelte, und seine Einfuhr kommt der jener fast gleich. — Östlich daran grenzt das nicht kolonisirte freie Kafirland, und dann folgt eine andere britische Kolonie, Natal, so groß wie die Rheinprovinz nebst Westfalen, eine im O. des 4000 F. = 1300 m. h. Drachengebirges gelegene Hochebene, eins der schönsten und gesundesten Länder Afrikas mit reicher Produktion an Zucker, Kaffee, Baumwolle, Früchten aller Art u. s. w. Hauptstadt Pietermaritzburg, 11.000 E. — Nördlich an die Kap-Kolonie grenzen die ebenfalls den Engländern gehörenden: Kaffraria, Griqualand und Basutoland. — Die bisherige Republik freier, aus der Kap-Kolonie ausgewanderter holländischer Bauern, 275.000, ⅚ von Preußens Fläche, nördlich von dem einem Quellflusse des Oranje-Stromes, dem Baalen (d. h. Gelben) Flusse, und danach Transvaal genannt, hat England gegen den Willen der Bewohner annectirt.

§ 217 (204). Den Ost-Rand bildet ebenfalls neben einem flachen, höchst ungesunden Küstenlande (Delagoa-, Sofala-, Mosambik-Küste), das breiter als auf der Westseite ist, ein hohes Randgebirge, das weniger ein Ganzes zu bilden, in seinen verschiedenen Teilen aber höher zu sein scheint, als das an der Westseite. Der Sambesi durchbricht dasselbe, wo das in der Fortsetzung des Drachengebirges liegende Jura-Gebirge streicht. Noch nördlicher, wenige Grade südlich vom Äquator, erheben sich im SO. des großen Ukerewe-Sees, im Dschaga-Gebirge, die höchsten Gipfel Afrikas, der schneetragende 18.000 F. = 5850 m. h. Kilima-Ndscharo und der Kenia, angeblich neben feuerspeienden Bergen. Die Reihe riesiger Gipfel scheint sich auch nördlich vom Äquator fortzusetzen und schließt sich wahrscheinlich an die hohen Gebirgslandschaften Abessiniens an.

Auch an dieser Ostseite haben die Portugiesen seit 300 Jahren, wo sie Herren des Indischen Oceans waren, Besitzungen, die aber bei ihrer gänzlichen Machtlosigkeit wertlos sind, indem die Gouverneure der Festungen Mosambik, Kilimane u. s. w. außerhalb des Bereiches ihrer Festungen nichts zu sagen haben. Der wichtigste und größte Ort an der ganzen Ostküste ist das auf einer Insel gelegene Sansibar (die Portugiesen schreiben Zanzibar) 60.000 E., sehr gemischten arabischen Stammes, das dem verstorbenen Imám von Maskat in Arabien gehört hat. Es treibt bedeutenden Handel. Die das ganze Innere von Afrika durchziehenden arabischen Handelsleute führen an allen Orten der Ostküste ausgedehnten Sklavenhandel.

§ 218 (202). Auf der inneren Scheitelfläche finden wir im Süden, nördlich vom Oranje-Strome, die in 3000 F. = 975 m. Höhe gelegene Kari-Kari oder Kalihari-Wüste, eine sandige, fast wasserlose, zum Teil aber mit großen Wäldern bedeckte Gegend. Zwischen ihr und dem Drachen-Gebirge haben sich in neuerer Zeit zwei Republiken gebildet.

Tausende von holländischen Boers (spr. Buhrs), d. h. Bauern, entzogen sich der englischen Ungerechtigkeit, verließen die Grenzen der Kap-Kolonie und gründeten zwischen den beiden Quellströmen des Oranje-Flusses den Oranje-Freistaat, so groß wie Bayern. — Die Transvaal-

Republik siehe oben. — Weiter im Norden finden sich im Innern ansehnliche Reiche der Kafir- und Negervölker, meist aber ohne anderen Namen als den des Herrschers, wie (das ehemalige) **Masilekatse's Reich** im S. vom Mittellaufe des Sambesi, **Kasembe's Reich** im S. des Tanganyika-Sees, **Muati-Yanwo's** oder **Muropue's Reich** im NW. des vorigen, **Unia-Mwesi** oder das **Mondland** im S. des Ukerewe-Sees.

§ 219 (203). 2) Die an den nördlichen Küsten des Guinea-Busens gelegenen Länder heißen **Ober-Guinea**. Auch hier zieht sich ein schmaler Saum flachen Landes hin, und dahinter erheben sich im W. des Niger-Delta bis etwa in 5° östl. Lg. dicht bewaldete Gebirge, **Kong** genannt, d. h. Gebirge von der für fast ganz Afrika charakteristischen Gestalt der Tafelberge. Diese Gebirge, nebst ihrer östlichen Fortsetzung östlich vom unteren Niger und den Quellgebirgen des Niger und Senegal, faßt man unter dem Namen **Hoher Sudân** zusammen (d. h. Land der Schwarzen). Derselbe ist im W. am breitesten und verschmälert sich nach O.

Längs der Küste unterscheiden wir, vom Busen von Benin nach W., die **Sklavenküste**, ehemals durch die zahlreich von hier nach Amerika verkauften Neger, jetzt durch ihren Handel mit den Früchten der Öl-Palme wichtig; die **Goldküste**, eine englische Kolonie, mit zahlreichen, englischen kleinen Küsten-Festungen, von denen manche ehemals anderen Nationen gehört haben, eine auch im Besitz des Großen Kurfürsten von Brandenburg gewesen ist (nördlich davon das Reich der Aschanti-Neger und im NO. neben diesem das Neger-Königreich **Dahomé**); die **Zahn-** oder **Elfenbeinküste**; die **Körner-** oder **Pfefferküste**, wo aber kein Pfeffer wächst; die **Sierra-Leona-Küste** (d. h. Löwen-Gebirge). An letzterer haben die Engländer eine Kolonie für in Freiheit gesetzte Neger-Sklaven angelegt, und an der Körnerküste hat Nord-Amerika zu demselben Zwecke die Neger-Republik **Liberia** gegründet, in welcher die zum Christentume bekehrten Neger ihren Präsidenten und ihre Kammern haben, im Besitze von Kirchen und Schulen sind, und von wo aus christliche Neger als Missionare das Christentum weiter in das Innere verbreiten. — Nördlich davon, in dem heißen, aus Gebirge und Ebene bestehenden **Senegambien**, welches die Ströme Senegal und Gambia durchfließen, finden wir zahlreiche Negerstämme in verschiedenen Reichen und Küstenbesitzungen der Portugiesen, Engländer und Franzosen; namentlich die der letzteren sind ausgedehnt und werden noch erweitert. Arabisches Gummi ist ein Haupthandels-Produkt dieser Länder.

§ 220 (204). 3) **Der flache Sudân**, zwischen dem Hohen Sudân und der Südgrenze der Wüste, im W. schmal und nach O. breiter werdend, enthält den größten Teil des Niger-Laufes und die um den Tsad-See gelegenen Länder, von den **Pulo-** oder **Fellatah-Negern** bewohnt. Der Mohammedanismus ist die herrschende Religion.

Das nicht weit von der nördlichsten Stelle des Niger-Laufes gelegene **Timbuktu**, 13.000 E., der Zankapfel verschiedener Herrscher, ist der Zielpunkt der meisten Karawanen im nordwestlichen Afrika. Die wichtigsten der meist sehr volkreichen Sudân-Staaten sind: Sokoto (12 Millionen Bewohner): die darin gelegene Stadt Kano, 30.000 E., versieht einen großen Teil des nordwestlichen Afrika mit blauem Kattun, den sogenannten Sudân-Stoffen. — Im W. des Tsad-Sees liegt Bornu, ein mohammedanisches Fellatah-Reich, das mächtigste im Sudân, mit einer Armee von 30.000 ritterlich gewaffneten Reitern. Hauptstadt Kukáua, gewöhnlich Kuka, d. h. Affenbrobbaum, genannt, 60.000 E., am Tsad-See. — Im SO. des Tsad-Sees Baghirmi. — Davon im NO. Wadai. — Noch östlicher Dar-el-For (d. h. das Land For). Das letztere gehört jetzt zum ägyptischen Reiche. — Östlicher folgt der Türkische Sudân, im Nil-Gebiete, doppelt so groß als Preußen.

§ 221 (205). 4) Im N. des Sudân breitet sich die Wüste Sahára aus, eine Fläche dreimal so groß als das Mittelländische Meer oder mehr als fünfmal so groß wie Deutschland und Österreich zusammen. Die größere westliche Hälfte, westlich vom Meridiane des Tsad-Sees, nehmen in dem sehr sandigen westlichen Teile 1) maurische Stämme ein; in dem an Oasen und großartigen Gebirgsländern reichen östlicheren Teile, mit Gipfeln von 5000 und 6000 F. = 1625 und 1950 m. H., 2) die Tuareg. Dieser Westen heißt auch Sahel, d. h. westlich. Der kleinere östliche Teil der Sahara ist im NO. des Tsad-Sees 3) das an Palmen reiche Land der Tebu oder Teda; 4) nördlich das öde Fesân, und weiter östlich nach dem Nile hin 5) die felsige Libysche Wüste. Die Zahl der nomadisch oder seßhaft lebenden Bewohner der Wüste schätzt man auf 4 Millionen. Innerhalb dieses weiten Gebietes von 1200 bis 1500 F. = 390 bis 488 m. Erhebung über dem Meere findet man: Striche losen, beweglichen, gelbroten Sandes, selbst einen 350 geogr. Meilen langen Strich von 7 bis 70 Meilen Breite, aus mannigfaltig gestalteten Dünen bestehend, die überall zerfallener Sandstein sind und einen alten Meeresrand bezeichnen, und zwischen denen man nur Wassermelonen reichlich ziehen kann; ausgedehnte Gebirgsländer mit hohen Granit- oder Basaltbergen, zum Teil aus etagenförmig aufsteigenden Hochebenen aufgebaut, von denen mächtige, jetzt wasserlose Flußthäler sich hinabziehen, zuweilen mit der üppigsten Vegetation erfüllt und dann und wann von furchtbar drohenden, daherstürzenden Wassermassen durchrauscht, oft reich an Quellen, an Feigen und an Trauben; Hügelländer, durch ihre Weiden für Viehzucht geeignet und mit fruchtbaren Thalsenkungen voller Dattelpalmen; weite wasserlose oder nur mit seltenen Quellen versehene Strecken festen Salzthones, ähnlich den wüsten Strichen Persiens, oder eine mit Kies bedeckte endlose Fläche; ungeheure Landschaften von nacktem Felsboden, über den sich Hügel und Bergreihen erheben; ausgedehnte geschlossene Becken, unter deren Sande sich in einigen Fuß Tiefe Salzwasser findet, oder deren tiefste Stelle ein kleiner, von Palmen und Akazien eingefaßter See einnimmt. — Die unzähligen Stellen in der ungeheuren Sahara, wo sich Wasser und Vegetation findet, heißen Oasen; es sind die ungesundesten Stellen der Wüste. — Trotz der erwähnten Verschiedenartigkeit in der Oberflächen-Bildung sind Menschen, Tiere und Pflanzen in der Wüste nur sehr spärlich vorhanden; und nur durch die großen hindurchziehenden Karawanen, in Nord-Afrika Kaflas genannt, werden die begünstigteren Stellen bewohnbar. Die Kaflas haben namentlich durch die Wirbelstürme (Tornados) und den glutheißen Wüstenwind, den S'mûm, große Gefahren zu bestehen.

§ 222 (206). 5) Im Osten schließt sich an die Wüste das Stufenland des Nil. Die Quellen und der oberste Lauf des Nil sind noch unsicher erforscht. In 9° n. B., wo er Bahr el Ghazal (spr. Bachr el Gasal), d. h. Gazellen-Fluß, heißt, nimmt er in einer großen Sumpfregion rechts den Bahr el Tschebl (d. i. Bergfluß) auf, welcher aus dem Victoria- zum Albert-See fließt und aus diesem nach N. hin seinen Abzug nimmt. Etwas östlicher stößt, ihm entgegenkommend, zu ihm der ihm an Wassermenge gleiche Sobât, aus den Gallaländern kommend. Nach dessen Aufnahme fließt er als Bahr el Abiad oder Weißer Nil nach N. und nimmt bei Khartûm den ihm rechts zufließenden Bahr el Azrok oder Blauen Nil auf, welcher aus dem Tsana-See in Abessinien kommt. Etwas weiter im NO. empfängt er rechts seinen letzten Nebenfluß, den ebenfalls aus Abessinien kommenden Atbâra. Er macht nun eine große Krümmung um die Bejuba-Steppe herum, fließt an der Westseite der Nubischen Wüste weiter, oft von bedeutenden Stromschnellen und Katarakten unterbrochen und gehemmt, in einem nur wenige Meilen breiten fruchtbaren Thale, auf beiden Seiten von einer Gebirgswand eingeschlossen. Endlich in 30° n. B. betritt er, nach einem Laufe, der an Länge den fast jedes anderen Flusses der Erde übertrifft, die Ebene, sein Delta-Land, Unter-Ägypten, sich in zahllose Arme teilend, welche befruchtend sich zum Meere hin bewegen.

§ 223 (207). Das Hochland von Abessinien steigt vom Nil her allmählich und in Stufen zu der Hochebene von Amhara heran, auf welcher in 5700 F. = 1850 m. H. der Tsana-See zwischen überaus fruchtbaren Landschaften liegt. Im NO.

desselben erhebt sich das abessinische Alpengebirge, mit mehr als 14.000 F. = 4550 m. h. Gipfeln. Östlich vom See sind die baumlosen Hochebenen noch höher als jener und erstrecken sich bis zu einem von N. nach S. ziehenden steilen Rande, auf welchem auch noch 10.000 F. = 3250 m. h. Gipfel stehen. An diesen steil abstürzenden Rand legt sich eine 3000 bis 1800 F. = 975 bis 585 m. h. Ebene, die sich nach dem Roten Meere hin senkt. Längs dieses Meeres zieht ein überaus heißer sandiger Küstenstrich. Das ganze hohe Gebirgsland ist auf das Wildeste zerrissen und von Felsthälern durchschnitten, neben welchen die Berge in den seltsamsten Gestaltungen besonders häufig aber als Tafelberge, aufsteigen.

Die Hochebenen bilden ein ehemals viel ausgedehnteres, jetzt noch Preußen an Größe übertreffendes Kaiserreich, mit etwa 3 Millionen Bewohnern. Diese, unter einem Negus, d. i. König, stehend, gehören verschiedenen Stämmen an und haben verschiedene Sprachen; sie sind seit dem vierten Jahrhundert Christen, haben unzählige, mit dem Kreuze geschmückte Kirchen, taufen und nehmen das Abendmahl in beiderlei Gestalt, haben Priester unter einem Abuna, einem Erzbischof und Klöster mit Mönchen, und die Bibel in der amharischen Übersetzung. Aber Volk und Priester stehen heutzutage nicht auf der Stufe, daß sie etwas vom Christentume begriffen; es ist ihnen ein leerer Formendienst ohne jedes Verständniß. Sie sind sittlich überaus verderbt; aus ihren Sitten und Gebräuchen bricht überall die afrikanische Wildheit hervor und äußert sich z. B. in dem gierigen Trinken noch warmen Blutes und in ihren Sklavenjagden, auf denen sie ihre Mitmenschen wie die Tiere von den Bäumen und Felsen herabschießen. — Das Reich war eine Zeit lang in drei Reiche: Tigré, Amhara und Schoa zerfallen. Die meisten Häuser sind, wie auch in allen Orten des ganzen Sudân, runde Hütten mit spitzem Strohdache.

§ 224. Das im SO. von Abessinien gelegene Somáli-Land, welches mit dem östlichen Kap Afrikas endet, dem Djard-Hafun (woraus die Portugiesen Gardafui gemacht haben), ist ein schönes, an Produkten reiches Land, und seine Bewohner gehören, wie die Abessinier, der kaukasischen Rasse an, abgesehen von den zahlreichen arabischen Eingewanderten. An der Nordküste ist Berbera, nicht ein stehender Ort, aber eine wichtige Verkehrsstelle, in welcher sich einmal im Jahre Tausende aus den Ländern des Innern in Kaflas (Karawanen) begeben, um ihre Waren (Sklaven, Vieh, Getreide, geschmolzene Butter, Straußfedern ꝛc.) den mit ihren Schiffen hierherkommenden Kaufleuten Arabiens und Ostindiens zu verkaufen. Nach Beendigung der Messe bleibt die Stelle wieder verödet. — Das westlicher wohnende große kriegerische Volk der Gallas hat ebenfalls Nichts vom Neger; es ist ein schönes hellfarbiges Volk, mit schlichten Haaren und von großen, geistigen Fähigkeiten.

§ 225 (208). Im W. von Abessinien liegt der Türkische Sudân, unter der Oberhoheit des Vicekönigs von Ägypten stehend, dessen General-Gouverneur des Sudân in Khartum seinen Sitz hat. Dieser 45.000 E. zählende Ort ist weit und breit der wichtigste Handelsplatz. Von hier weiter südlich hat der Nil keine Stromschnellen und kann daher mit Dampfschiffen befahren werden, welche aber in Stücken hierher gebracht und hier zusammengesetzt werden müssen. Die westlich vom Weißen Nil gelegene Oase Kordofân (Hauptort Lobêd) gehört ebenfalls zum Türkischen Sudân, sowie das noch westlicher gelegene Dar-For (d. h. Land For) und die Länder nach S. bis an die großen Seen.

Nördlicher folgt Nubien, innerhalb dessen der Nil seine elf bedeutenden Stromschnellen macht; es bestand ehedem, wie der türkische Sudân ebenfalls, aus einer Menge kleiner Reiche. Zwischen dem Nil und dem Roten Meere liegt die schreckliche, felsige, 2000 F. = 650 m. h. Nubische Wüste. Am Meere der Handelsort Suakin, 8000 E. Auch die am Nord-Ende Abessiniens auf Felseninseln gelegene Hafenstadt Mássöwa, der gewöhnliche Eingangsort nach Abessinien, ist von den Soldaten des ägyptischen Vicekönigs besetzt. Die Nubas, etwa 1 Million, sind ein schönes, fleißiges Volk; viele Stämme derselben leben nomadisch.

§ 622 (209). Bei den im Nil gelegenen und mit zerstörten alt-ägyptischen Tempeln besetzten Felsen-Inseln Philä und Elephantine macht der Nil die letzte Stromschnelle, und hier beginnt, etwas südlich von Aswân, dem alten Syene, das durch seine älteste Kultur berühmte Ägypten. Dies Land ist etwa so groß wie Norddeutschland und Bayern und hat etwa 4 Millionen Bew. Westlich vom Nil dehnt sich die Libysche Wüstenplatte hin, nur stellenweis, in der sogenannten Großen und Kleinen Oase, durch anbaufähige Strecken unterbrochen; und zwischen dem Nil und der Ostküste liegt das Arabische Gebirge, eine von nomadisch lebenden Arabern (Beduinen) durchzogene felsige Hochebene, auf welcher sich ansehnliche Berge erheben, so daß nur etwa $1/_{12}$ des ganzen Landes anbaufähiger Boden ist, nämlich der größere Teil des vom Nil durchflossenen, wenige Meilen breiten und 155 Meilen langen Spaltes, wovon aber auch wieder nur $6/_7$ wirklich bebaut werden. Durch unzählige Schöpfräder und zahllose, vom Nil ausgehende Kanäle werden die entfernteren Äcker bewässert. Der auf der Westseite den Nil begleitende, aus sehr alter Zeit stammende Josephs-Kanal führt einen Teil des Flußwassers nach der südlich vom Delta gelegenen fruchtbarsten Provinz Fayûm, wo der in alter Zeit vorhandene Möris-See als Behälter diente, um je nach

Bedürfniß den zu trockenen Landstrecken Wasser zuführen zu können. Die in den Gegenden des Äquators zu Ende des März fallenden gewaltigen Regen machen, daß der Nil bedeutend steigt, und diese Wasser gelangen Mitte Juni nach Ägypten. Der Fluß steigt bei Aswân allmählich um 13 m., am Delta um 3,5 m., und setzt seine beiden Ufer unter Wasser, so daß von Mitte August Unter-Ägypten einem Meere gleicht. Ende Septembers hat der Nil seine größte Höhe erreicht. Dann fällt er, das Land bedeckt sich mit dem schönsten, üppigsten Grün und gleicht einem Garten. Im März beginnt die Ernte, und im April ist der Nil am niedrigsten. In den folgenden Monaten gleicht ein Teil des Landes einer Wüste. Die Feuchtigkeit und der aus dem Nilwasser sich absetzende Schlamm machen den Boden überaus fruchtbar.

§ 227. Im N. von Aswân, 4000 E., liegen in einer Erweiterung des Nilthales, in der Thebaïs, die Ruinen der alten Tempel-Paläste des hundertthorigen Thebens, die Reste der colossalsten Bauwerke, welche es giebt, älter als 4000 Jahre. Von der Stadt selbst ist nichts übrig. Man benennt die Ruinen jetzt nach den erbärmlichen, daran und darin gelegenen Dörfchen Luksor und Karnak. Gegenüber, auf dem linken Ufer des Nil lag ein anderer Teil der Stadt, das Memnonium, und die daneben sich hinziehenden Felswände enthalten die unter dem Namen der Königsgräber berühmten, an Bildwerken und Altertümern so reich ausgestatteten, zahlreichen Grabkammern. Etwas südlicher erheben sich die riesigen, steinernen, sitzenden Memnons-Statuen. — Siut, 27.500 E., am Nil, ist die Hauptstadt Ober-Ägyptens. — Die Hauptstadt Unter-Ägyptens, am Süd-Ende des Delta gelegen, ist Kairo, 327.500 E., außer Konstantinopel die größte Stadt des türkischen Reiches, die Residenz des Vicekönigs von Ägypten. Einige Stunden im SW. davon (2¼ M.) stehen unfern des Dörfchens Giseh (Gizeh) auf dem mehr als 30 m. über dem Nil erhabenen Wüsten-Plateau die 3 großen (nebst 6 kleinen) Pyramiden, jede ein Familiengrab eines alten Königs. Die größte derselben hat 421¼ P. F. = 140,5 m. H., und jede ihrer vier Seiten ist 700 P. F. = 227,4 m. lg. Neben der zweiten liegt die halb im Sande vergrabene, steinerne, 175 P. F. = 56,8 m. lange Sphinx, eine Darstellung des Sonnen-Gottes. Entfernter liegen andere Gruppen kleinerer Pyramiden. Südlicher, am Möris-See, befand sich das Labyrinth. Nördlich von den Pyramiden deuten spärliche, vom Sande bedeckte Reste die Lage des alten Memphis an, der zweiten ungeheuren Stadt Ägyptens, die an Größe und Pracht mit Theben wetteifern konnte, einst die mächtige Hauptstätte des Götterdienstes, der Gelehrsamkeit und des Handels. Nördlich von dieser Stelle zieht sich das Thal der Natron-Seen, mit christl. Klöstern, nach NW. hin. — Nördlich von Kairo führt durch das Delta vom Nil nach O. ein Kanal, und an diesen schließt sich ein anderer, der die Landenge von Sues durchschneidet, indem er das Mittelländische Meer mit dem Roten Meere verbindet. Er heißt der Isthmus- oder Sues-Kanal und soll das Herumfahren um das ganze Afrika unnötig machen, indem er einen kurzen Weg nach

Ostindien herstellt. Sues, 13.500 E., ist der wichtigste Hafen für die nach Asien gehenden Dampfschiffe. — An der Nordküste des Delta liegt die ganz europäisch erscheinende Stadt Alexandria, 165.750 E., mit zwei Häfen, eine sehr bedeutende Handelsstadt. Östlich nahe das Dörfchen Abukir (Seeschlacht 1798). — Östlich von Alexandria liegt der Hafenort Damiette, 29.400 E. — Zu Ägypten gehört auch die im W. des unteren Nil gelegene Oase Siwah oder die Oase des Jupiter Ammon, im Altertum durch ihr Orakel berühmt.

§ 228 (210). 6) Die zwischen der Wüste und dem Mittelländischen Meere gelegene nördlichste Abteilung Afrikas bilden die gebirgigen Atlas-Länder: die **Barbaresken-Staaten** oder die **Staaten Mauretaniens**. Es ist ein Gebiet von der fünffachen Größe Frankreichs, aber nur mit etwa 7 Mill. Bew., also 25 mal schwächer bevölkert als Frankreich. Die Hälfte ist Gebirge, im Westen, in dem bis 10.700 F. = 3475 m. hohen Großen Atlas, am höchsten; weiter östlich, bis zur Kleinen Syrte hin, bedeckt eine große Zahl einzelner Gebirge, zum Teil in westöstlichen Zügen gereiht, das Land, und wird auch wohl unter dem Gesammtnamen Kleiner Atlas zusammengefaßt. Eine durch zahlreiche Salzseen und Salzsümpfe bezeichnete Einsenkung durchzieht der Länge nach die Gebirgsregion, der es nicht an Quellwassern, Cedernwäldern und schönen und großartigen Landschaften fehlt. Den südlichen Rand der Gebirgszone bildet ein an Dattelpalmen reiches Steppenland Bilêth-ul-Dscherib, d. h. Datteland (ein zu Biledulgerid verdorbener Name) genannt und ein mit Oasen und Araber-Dörfern wohlversehener Streifen der Sahara. Im S. der Syrten ist Mauretanien öde Wüsten-Hochebene, von einzelnen kahlen, randförmigen Gebirgszügen überlagert. Östlich von der Großen Syrte erhebt sich das halbinselförmige Plateau von Barka, eine sich allmählich nach SO. senkende Platte, zum Meere mit steilem Rande abstürzend und von einem frischen, quellenreichen, mit Citronenpflanzungen und Myrten- und Lorbeerbüschen reich geschmückten Saume eingefaßt. Mauretanien ist das alte Kolonienland der Phönizier, Griechen und Römer und ist daher überreich an bedeutenden Ruinenstädten der Alten, deren Theater, Tempel und Säulenreste die veröbeten Gegenden schmücken.

§ 229. Das westlichste Reich Mauretaniens ist das Kaiserreich **Marokko**, so groß wie Österreich. Wie der Sultan in Konstantinopel Herr des mohammedanischen Ostens ist, so meint der Sultan von Marokko Herr des mohammedanischen Westens zu sein; es ist aber mit seiner Macht so übel bestellt, daß er sie nur auf einen Teil seines Reiches geltend machen kann, für welches seine Regierung hauptsächlich darin besteht, daß er die Steuern einziehen läßt. Die Stadt **Marokko** (richtig Merâkjsch), 50.000 E., ist eine verfallende Stadt. Winter-Residenz ist Mäkinäs (richtig Miknās), 50.000 E. Das östlicher gelegene Fäs, 100.000 E., in einem mit Marokko vereinigten Lande, ist Hauptstadt und liegt in einem der fruchtbarsten Teile des Reiches. Die hier viel verfertigten türkischen roten Kappen mit blauem Quaste heißen danach. — Am Meere der einzige ansehnlichere Handelsplatz Mogador (richtig Suára), 12.000 E. — Safi, 8000 E.; danach ist das bunte Leder Safian benannt, wie auch der Name Maroquin vom Namen des Landes genommen ist. In der Bearbeitung seiner Ledersorten sind die Mohammedaner seit langer Zeit berühmt. — Bei der Straße von Gibraltar, wo einst die Araber-Heere zur Eroberung Spaniens nach Europa übersetzten, besitzen die Spanier einige Küsten-Festungen, ihre sogenannten Presidios, Gefängniß-Örter, namentlich Ceuta (spr. Se-uta), 7000 E., an einer der Säulen des Herkules, der die zweite, der Fels von Gibraltar, nördlich gegenübersteht. — Im SO. des Großen Atlas liegen zahlreiche Viehzucht treibende Oasen mit vielen Hunderten von Dörfern, welche alle dem Kaiser von Marokko den Tribut verweigern. Die bedeutendste ist die Oase Tuat.

Östlich an Marokko grenzt das ehemals durch seine Seeräuberei berüchtigte Algerien. Frankreich hat im Jahre 1830 das Land erobert und den Herrscher vertrieben, so daß es seitdem eine französische Kolonie ist. Es ist mit Hinzurechnung des großen südlichen Teiles ebenfalls so groß wie Österreich. Berbern bewohnen die Gebirgsstriche, Kolonisten die Ebenen und Städte, und Hunderte von arabischen Beduinenstämmen, meist nomadisch lebend, haben sich bereits unterworfen. Die bedeutendsten Orte liegen am Meere: Algier 57.500 E. — Orán 40.400 E., hat den besten Hafen. — Bona 16.200 E. In SW. des letzteren Constantine, 39.800 E. — Die Zahl römischer Ruinenstädte ist groß.

§ 230. Östlicher Tunes (Tunesien), der kleinste dieser Staaten, ist so groß wie Süd-Deutschland, aber nur $1/4$ ist Ackerland, die Hälfte Wüste. Tunes zeigt unter allen diesen Ländern am meisten Hinneigung zu europäischer Civilisation und wirklichem Fortschritt in der Verwaltung, in Industrie und Handel. Die Hauptstadt Tunes, 125.000 E., liegt einige Meilen im SO. der spärlichen Ruinen Karthagos. — Kairwán, 12.000 E., eine wichtige Handelsstadt, war sonst die heilige Stadt des westlichen mohammedanischen Reiches, wie Mekka die des östlichen ist. Es ist noch jetzt ein heiliger Wallfahrtsort, den kein Christ betreten darf.

Tripolitanien, $1\frac{1}{2}$mal so groß als Österreich, mit noch nicht 1 Mill. Bew., ist fast nur wüstes Gebiet. Es steht unter der Oberhoheit des Sultans zu Konstantinopel. Die Hauptstadt Tripoli, 30.000 E. — In der großen, öden, südlichen Oase Fesán ist der ungesunde Hauptort Mursuk, 8000 E., ein Haupt-Handelsort für die Wüste und liefert namentlich die Salze des Wüstenbodens: Steinsalz, Alaun, Salpeter, Natron, Gips.

Barka, jetzt mit dem vorigen vereinigt. Am Nordrande liegt, wo das griechische Kyrene lag, Benghasi, 7000 E.

§ 231 (211). **Die zu Afrika gehörenden Inseln im Atlantischen Meere sind:**

Die 9 portugiesischen Açoren, d. h. Habichts-Inseln, welche Orangenkultur treiben. Hauptinsel Terceira; und das ebenfalls portugiesische Madeira, das Zuckerrohr baut, ehemals Wein, in herrlichem Klima. Hauptstadt Funchal (spr. Funtschal), 18.200 E. — Den Spaniern gehören

Die außereuropäischen Erdteile: Afrika.

die Canaren, eine Provinz Spaniens, durch die Milde ihres Klimas und den Reichtum ihres Bodens berühmt. Auf der größten dieser 12 Inseln, Tenerife, mit der Hauptstadt Santa Cruz, steht der 11.400 F. = 3700 m. h. Vulkan Pico de Teyde. — Die 10 portugiesischen Kap-Verdeschen Inseln, nur zum kleinen Teile angebaut. — Die von Negern bewohnten ungesunden Guinea-Inseln, 2 spanische und 2 portugiesische. Fernando-Poo hat einen 11.000 F. = 3570 m. h. Gipfel. — Das britische Ascension oder die Himmelfahrts-Insel ist ein wertloser Fels; auf dem ebenfalls britischen Sanct Helena, 7000 Bew., das quellenreich ist und eine sehr starke Festung darstellt, lebte Napoleon I. in der Verbannung von 1815 bis 1821.

Im Indischen Oceane liegen:

Im O. des Kap Hafun die ungesunde Felsen-Insel Sokotra, mit wenig Bew., unter einem unabhängigen Sultane. — Die britischen Seychellen und Amiranten, Korallen-Inseln; die im nördlichen Teile des Kanals von Mosambik gelegenen Comoren, von denen die größte, Mayotta, französisch ist. — Wichtige und sehr ergiebige Kolonien-Inseln sind die Mascarenen, nämlich Mauritius oder Ile de France, den Britten, und Réunion oder Bourbon, den Franzosen gehörig. — Die 12.000 QM. große, sehr fruchtbare, gebirgige und waldreiche Insel Madagaskar, so groß wie Österreich, weicht in ihren natürlichen Produkten ganz von Afrika ab und kann kaum zu diesem Erdteile gezählt werden. Die Afrika gegenüberliegenden Küsten bewohnen Schwarze; den Osten der Insel aber die 3 Millionen, den Malayen nahe verwandten, gelbbraunen Malagaschen. Hauptort Tananarivo 75.000 E.

Süd-Amerika.
(Siehe §§ 107 bis 112.)

§ 232 (212). Süd-Amerika reicht von 12° n. Br. bis 56° s. Br. etwa tausend Meilen weit, und von 17° bis 65° westl. Lg. über 700 Meilen weit. $^3/_4$ dieses Erdteiles gehören der heißen Zone an, d. i. ein bedeutend größerer Raum, als Europas Flächeninhalt, also ein ansehnlich Stück heißen Landes, obwohl Afrika davon fast doppelt so viel aufzuweisen hat. Mit Afrika hat es den nicht in Glieder zerteilten Umriß und den Einschnitt an der Westseite gemeinsam; aber während in Afrika das Tiefland nur auf ein so geringes Maß beschränkt ist, sind in Süd-Amerika fast $^3/_5$ des ganzen Erdteiles Tiefland, so daß wir hier nächst Asien die größten Tieflands-Strecken der Erde finden. Daher ist hier auch die Luft mehr feuchtwarm als in Afrika und somit für die Pflanzenwelt viel geeigneter, sogar mehr als in irgend einer anderen Gegend der Erde, ausgenommen die Inseln im SO. Asiens. Man hat darum Süd-Amerika auch das Treibhaus der Erde genannt. In der That ist der Reichtum und die Pracht der Pflanzenwelt hier unübertroffen. In Verbindung damit stehend, gilt dasselbe von der Insekten-Welt und fast in gleicher Weise von der der Vögel. Überhaupt ist dieser Erdteil durch Mannigfaltigkeit seiner Tier-Arten ausgezeichnet; indeß fehlen ihm im Gegensatze zu Afrika alle die großen Tierformen, indem keine größere vorhanden ist als der Tapir. Die Zahl seiner in Hunderten von verschiedenartigen Stämmen mit eben so viel verschiedenen Sprachen als unabhängige Wilde lebenden Urwohner ist gering, und beträgt nur wenig mehr als 2 Millionen, so daß nur etwa 7 Bewohner auf jede Quadrat-Meile kommen. Also nicht ihnen, sondern vielmehr den eingewanderten Spaniern und Portugiesen und deren Nachkommen (außer einer kleinen Zahl aus anderen Nationen Europas) gehört dieser Erdteil. Aber auch deren Gesammtzahl ist verhältnißmäßig gering. Süd-Amerika ist 51mal so groß als Preußen und hat eben so viel Bewohner als Preußen; soll es also nur so stark bevölkert werden, wie Preußen ist, so muß die Bevölkerung (24 Millionen), um das 51fache zunehmen.

§ 233 (213). Neben der Westküste Süd-Amerikas und einer schmalen Küstenebene läuft von S. nach N. das 1000 M. lange Kettengebirge der Kordilleren (spr. Kordiljeren). Man zerlegt dieselben in verschiedene Abteilungen: im Süden die waldreiche Patagonische Kordillere, im Mittel etwa 5000 F. = 1625 m. h., neben der in zahlreichen Felsen-Inseln zerrissenen westlichen Küstenkette; die zwei, stellenweis drei, parallelen Züge der fast 300 M. langen höheren Kordillere von Chile mit dem 21.024 P. F. = 6930 m. h. Aconcagua; die Kordilleren von Peru, innerhalb deren die beiden Ketten weit auseinander treten, welche das bis 12.000 F. = 3900 m. h. ausgedehnteste Plateau der Erde, das von Potosi und des Titicaca-Sees, zwischen sich fassen und die an der Ostseite, neben dem Titicaca-See, den 23.790 F. = 7728 m. h. Schneeberg von Sorata tragen, vielleicht den höchsten Gipfel Süd-Amerikas; der dreifache Zug der hier Andes genannten Gebirge vereinigt sich in 3° s. Br. zu dem Knoten von Loja, und von diesem nach N. ziehen die zwei mächtigen Züge der Kordillere von Quito (spr. Kito), deren westliche den 19.425 F. = 6320 m. h. Chimborazo (spr. Tschimborasso) tragen, und welche zwischen sich die lange, schmale, 7 bis 9000 F. = 2270 bis 2920 m. h. Hochebene von Quito fassen, an deren Nord-Ende sie zu dem Knoten von los Pastos zusammentreten; nördlich von diesem zieht die dreifache Kordillere von Colombia (Kette von Choco, Quindiu und Cundinamarca, (spr. Tschoko und Kinbiu), durch die Flüsse Magdalena und Cáuca von einander getrennt, nach N. — Charakteristisch für die Kordilleren sind sonach: die zwei- oder dreifach neben einander laufenden Gebirgszüge, das wiederholte Zusammentreten derselben zu mächtigen Gebirgsknoten, deren einer z. B. im NW. des Titicaca-Sees die Größe der Schweiz hat; die zwischen den Ketten gelegenen Längenthäler und ausgedehnten Hochebenen; die auf diesen Ketten stehenden 60 Vulkane, von denen 26 noch thätige sind, und die durch ihre Ausbrüche und die damit verbundenen Erdbeben ihre Umgebungen beständig bedrohen; die ungeheuren Urwälder, welche Fuß und Abhänge der Gebirge bekleiden, und die kalten und kahlen Hochebenen, welche sich in der Höhe ausbreiten. — Das Herden- und Lasttier dieser Gebirge ist das Lama (spr. Ljama); ihm verwandt ist das wegen seiner Wolle geschätzte Vicunja.

§ 234 (214). Von den Kordilleren getrennt, liegt im N. der zuletzt genannten das kleine Schneegebirge von Santa Marta, das nahe am Meere zu 17.000 F. = 5522 m. H. aufsteigt, so daß ihm an Großartigkeit der Erscheinung nur die vulkanischen Kegel Kamtschatkas zu vergleichen sind. — Mit der zuletzt genannten Kordilleren-Kette in Verbindung stehen die von W. nach O. gehenden, parallel laufenden beiden Ketten, welche das Küstengebirge von Venezuela bilden.

Außer den Kordilleren hat Süd-Amerika noch ein Gebirgsland von der dreifachen Größe Preußens, dem der Orinoko entströmt und das er umsäumt: das Parime-Gebirgssystem. Es ist noch nicht genügend bekannt, bleibt aber selbst in seinen höchsten Gipfeln weit hinter den Kordilleren zurück. In seine Mitte verlegte ehemals die Sage einen großen See und ein goldreiches Land, dessen mit Gold bedeckten König die Spanier el Dorado (den Vergoldeten) nannten.

Den vierten Teil Süd-Amerikas nimmt das Hügel- und Bergland von Brasilien ein; es erfüllt den Raum im Süden des Amassonas und im Norden des La Plata-Stromes. Auch hier finden sich selbst in der an der Ostseite gelegenen wirklichen Gebirgsregion, in der Serra do Mar, d. h. Meeres-Gebirge, höchstens 4400 F. = 1430 m. h. Gipfel; das ganze Bergland, so groß wie der dritte Teil Europas, ist in den mächtigen Flußthälern, welche jährlich durch die Regen weithin ganz unter Wasser gesetzt werden, mit den dichtesten Urwäldern versehen, die zum Teil nie von dem Fuße des Menschen betreten sind und in denen sich das staunenerregende Pflanzen- und Tierleben in ganzer unberührter Fülle entwickelt. Diese Urwälder, wie dergleichen auch die Küstengebirge bedecken, unterscheiden sich von den europäischen Wäldern durch die große Mannigfaltigkeit der Bäume und des Unterholzes; nirgend bildet ein und dieselbe Baum-Art einen Wald, sondern man muß oft weite Strecken gehen, ehe man einen Baum von gleicher Art, wie einen gesehenen, wiederfindet. Große, prächtige, duftende Blüten schmücken einen großen Teil der Bäume und Sträucher. Einen Reichtum an den verschiedenartigsten Palmen findet man nirgend auf der Erde wie hier, und ebensowenig eine ähnliche Unzahl von Schmarotzer-Gewächsen, welche auf den Stämmen und Ästen hausen. Einen Weg durch die dichte Pflanzenmasse und die überall sich hindurchziehenden, von den Bäumen herabhängenden Luftwurzeln oder Lianen muß man sich überall mittelst des Hau-Messers Schritt vor Schritt erst öffnen. Die Räume zwischen den Flußthälern nehmen rückenförmige Hochebenen mit weniger dichter Vegetation und nicht so hohen Bäumen ein, die sogenannten Campos.

§ 235 (215). Auf der Ostseite der Kordilleren dehnen sich die großen Tieflandschaften aus: im N., zwischen den Kordilleren und den Parime-Gebirgen, die Llanos (spr. Ljanos) des Orinoko. Diese sind meeresgleiche Weidestrecken, nach der Regenzeit ein Gras-Wald, aus mehr als mannshohen Gräsern bestehend, im Süden in hügelige dichte Urwälder übergehend, die im Zusammenhange stehen mit dem halb Europa fast an Größe gleichkommenden Wald- und Llanos-Ebenen des Amassonas, die noch fast ganz ohne Bewohnerschaft sind. Diese stehen wiederum in Verbindung mit den Pampas des La Plata-Stromes, deren gesammte Ausdehnung wir zu nicht viel geringer veranschlagen dürfen, als die der zuvor genannten Ebenen; da sie aber fast ganz außerhalb der tropischen Zone liegen, so bleiben sie in Betreff der Üppigkeit ihrer Vegetation im Ganzen weit hinter den ersteren zurück. Überdies bestehen weite Strecken aus unfruchtbarem Salzboden, andere sind mit wertlosen riesigen Kräutern, wie z. B. mit Disteln überdeckt, und endlich ist die ganze südliche Fortsetzung der Ebenen, die Patagonischen Stufen, fast wasser- und vegetationslose öde Kies- und Felsfläche. Alle diese Tieflandsstrecken Süd-Amerikas, die reichsten Weidelandschaften der Erde, nähren ungeheure Herden von Rindern und Pferden, welche nur zum Teil Besitzer haben, meist aber in Freiheit umherschweifen, verwilderte Abkömmlinge des ehedem durch die Spanier aus Europa hier eingeführten Viehes. In allen diesen Ebenen, ja vielleicht in ³/₄ des ganzen Erdteiles, erstirbt aber in der Sommerhitze das Pflanzenleben fast ganz, und sie werden zur dürren, wüstenartigen Einöde, in welcher sich auch das Tierleben nur mühsam erhält. Eine eigentliche Wüste, wie deren Asien, Afrika und Australien besitzen, hat Süd-Amerika jedoch kaum aufzuweisen, außer der wasser- und pflanzenleeren Felswüste von Atacama an der Westküste, im N. von Chile.

§ 236 (216). Außer einigen Kolonial-Ländern europäischer Nationen und dem großen Kaiserreiche Brasilien besteht Süd-Amerika aus Republiken, welche noch in den beiden ersten Jahrzehnten dieses Jahrhunderts spanischer Kolonial-Besitz waren, seitdem aber das unerträgliche Joch dieses Mutterlandes abgeworfen haben. Die herrschende Bevölkerung ist sonach in Sprache und Sitten überall spanischer Abstammung und die Religion ausschließlich die streng katholische; Sittlichkeit und geistige Bildung stehen auf niedriger Stufe. — Diese Freistaaten sind:

1) Die Vereinigten Staaten von Venezuela, an der Nordküste, eine Bundes-Republik aus 9 Staaten, so groß wie Österreich nebst Preußen, mit der doppelten Bewohnerzahl Berlins. Die Hälfte ist Urwald, rechts vom Orinoko, und ¼ besteht in Gras-Ebenen. Außer Kakao, Kaffee, Baumwolle und Indigo gewinnt das Land den besten Tabak Süd-Amerikas. Hauptstadt Caracas, 49.000 E., und dazu die Hafenstadt la Guaira, 7800 E., der Haupthafen an der Nordküste Süd-Amerikas, ein wichtiger Verkehrsplatz für den deutschen Seehandel. — Barinas, 4000 E., am Ostfuße der Kordilleren.

2) Die Vereinigten Staaten von Colombia, 9 Staaten, um Weniges kleiner und mit etwas mehr Bewohnern (nicht 3 Mill.) als die vorigen. Es sind die Flußthäler des Magdalena und Cáuca und die an Gold, Platin, Edelsteinen, Steinsalz und Steinkohlen reichen drei Gebirgszüge, welche die wundervollsten Urwälder bekleiden. Bundes-Hauptstadt Santa Fé de Bogotá, 30.000 E., auf einer 8000 F. h. kleinen Hochebene. Dazu die Flußhafenstadt Honda, 10.000 E., an dem mit Dampfschiffen befahrenen Magdalena. Cartajena, 9800 E., mit schönem Hafen. Einer der Staaten ist Istmo oder Panama. Eine 10 M. lange Eisenbahn verbindet die Städte Panama, 20.000 E. und Colon, 2000 E. und erspart den nach dem Großen Ocean Reisenden die lange und gefährliche Fahrt um das Kap Hoorn. Diese mitten durch Urwälder und Sümpfe führende Eisenbahn müssen aber beständig 3000 Arbeiter gegen das Wachstum der Vegetation schützen.

§ 237. 3) Ecuádor, nach dem hier hindurchgehenden Äquator benannt, so groß wie Nord- und Süddeutschland nebst der Schweiz, mit mehr Bewohnern als Berlin hat. Bewohnt ist fast nur die Hochebene. Hauptstadt Quito, 80.000 E., am Fuße des Bulkans Pichincha (spr. Pitschintscha), fast unter dem Äquator. Der wichtigste Handelshafen ist Guayaquil (spr. Guayakil), 26.000 E. Zu Ecuador gehören auch die unbewohnten Galápagos-Inseln.

4) Perú, fast zur Hälfte ein mächtiges Gebirgsland mit fruchtbaren Thälern und Gras-Ebenen im O. Es ist so groß wie Spanien, Frankreich und Großbritannien und hat so viel Bewohner als die Schweiz. Es ist reich an Silber und Gold, an Kupfer, Platin, Quecksilber und anderen Metallen, an Edelsteinen, an kostbaren Balsam-Arten, an der wertvollen Kina-Baumrinde, dem wichtigsten bekannten Fieber-Mittel, und an dem Guano genannten Vogelmist, der kleine Felseninseln an der Küste bedeckt und zum Düngen der Felder nach Europa verhandelt wird (1862 für 16 Millionen Thaler). Perú war bis zum 16. Jahrhundert, wo die Spanier erobernd bis hierher und weiter vordrangen, ein reiches und blühendes, von seinen Inkas regiertes Kulturland, dessen friedliches Volk sich zur Religion des Sonnendienstes bekannte.

Hauptstadt Lima, 100.100 E., eine reiche Handelsstadt. — Dazu der Hafenort Kallao (spr. Kaljao), 38.000 E. — Die alte Inka-Hauptstadt, Kuzco (spr. Kusko) mit dem Sonnentempel und bedeutenden Bauwerken der Peruaner, hat jetzt 48.000 E.

§ 238. 5) Bolivia, ehemals Ober-Perú, dem Befreier vom spanischen Joche Bolivar zu Ehren (1825) Bolivia genannt, noch etwas größer als Perú, aber mit noch weniger Bewohnern, ist ähnlich wie Perú ein mächtiges Gebirgsland mit demselben Produkten-Reichtume, und umschließt das gewaltige, silberreiche Hochland, auf welchem sich die höchsten Wohnstätten in fast 15.000 F. Höhe befinden. Nur mit einem kleinen Teile reicht es ans Meer, wo das größere Stück der Atacama-Wüste in seinen Bereich fällt.

Hauptstadt la Paz, 76.400 E., in 11.500 F. = 3735 m. H., am Titicaca-See. — Ehemals war Chuquisaca, auch Sucre genannt (spr. Tschukisaka) Hauptstadt, 24.000 E., noch früher Potosi, 23.000 E., in 12.500 F. = 4060 m. H., kalt gelegen, ehemals der silberreichste Ort der Erde, aus dessen Bergwerken Spanien durch etwa 3 Jahrhunderte wohl 2000 Mill. Thaler gezogen hat.

6) Chile (spr. Tschile), ein schmales Küstenland im W. der Kordillere, von der Größe Preußens, mit nicht 2 Mill. Bewohnern, fruchtbar und reich an Silber und Kupfer, der geordnetste, gebildetste und in bestem Fortschritte befindliche der süd-amerikanischen Freistaaten.

Hauptstadt Santiago de Chile, 150.400 E. Dazu der Hafenplatz Valparaiso, 97.700 E., die wichtigste Handelsstadt der Westküste Süd-Amerikas. — Chile reicht jetzt bis zur Südspitze des Erdteils, und dort hat man an der Magalhaens-Straße eine kleine Kolonie angelegt, welche die Wallfischfänger besuchen. — Zu Chile gehören auch die im W. gelegenen, felsigen, kleinen Juan-Fernandez-Inseln, die angeblich der Aufenthalt Robinsons gewesen sind.

§ 239 (217). 7) Die Vereinigten Staaten am la Platastrome oder die Republik Argentina, ein Staatenbund von 14 Staaten. Er ist dreimal so groß wie Deutschland und Österreich, und hat nicht so viel Bewohner, wie Pommern oder Baden hat. La Plata heißt Silber; Strom und Land haben aber nicht den Namen deshalb, weil hier viel Silber zu finden ist, sondern weil Spanien seine reichen Silberschätze aus Potosi hier an die Schiffe schaffen ließ und von hier aus seine Silberflotten nach Europa abgingen. Der Reichtum des Landes besteht in seinen ungeheuren Rinder- und Pferdeherden. Man schlachtet aber das Vieh weniger des Fleisches halber, als hauptsächlich wegen seiner Felle, Hörner, Haare ꝛc., welche Haupthandelsartikel sind. Der eine der Freistaaten, Buenos-Ayres, rechnet jetzt das nur von wilden Indianerstämmen durchschweifte Patagonien, im Osten der Kordilleren, zu seinem Gebiete.

Bundeshauptstadt ist Buenos-Ayres, 177.800 E. — Córdova, 28.500 E., am Fuße des 75 M. langen Córdova-Gebirges, das sich bis 2270 m. erhebt, und von den Kordilleren getrennt ist. Die im NO. von Feuerland gelegenen öden und felsigen Falklands-Inseln oder Maluinen (von Franzosen aus St. Malo kolonisirt) gehören den Engländern und haben nur als Schifffahrts-Station einen Wert.

8) Uruguay, eine Republik am Nord-Ufer der la Plata-Mündung, halb so groß als Preußen und mit einem Drittel der Bewohnerzahl Berlins. Hauptstadt Montevideo, 105.300 E.

9) Paraguay, zwischen dem Paraguay und Parana, ³/₄ von Preußen, etwa mit der Bewohnerzahl Amsterdams, ist ein produktenreiches, gesundes Land. Hauptstadt Assomption, 20.000 E., am Paraguay.

§ 240. Das Kaisertum Brasilien, bis 1822 zu Portugal gehörig, ist der größte Staat Süd-Amerikas, aber nicht der mächtigste. Er ist nicht ganz so groß wie Europa, von welchem seine Fläche ⁶/₇ ausmacht, und hat 11 Mill. Bewohner (¹/₂₀ der Bewohner Europas), so daß auf jede Quadrat-Meile etwa 66 Menschen kommen. Von den Bewohnern besteht etwa ¼ Million aus wilden Indianerstämmen, welche namentlich in den 4 großen Provinzen, welche der Amassonas und dessen Nebenflüsse bewässern, und welche halb so groß wie Europa sind, hauptsächlich die Bewohnerzahl ausmachen; und 1³/₄ Millionen sind Schwarze afrikanischer Abstammung. Bewohnt und stellenweis angebaut sind eigentlich nur die nach der SO.-Küste hin gelegenen Provinzen, etwa ¼ des Ganzen. Das Land ist fruchtbar und reich an Produkten, namentlich an Kaffee, Zucker, Baumwolle, Kakao, Tabak ꝛc., an Hölzern und Arzneipflanzen; auch Gold und Diamanten sind vorhanden. Große Viehherden werden auch hier gehalten.

Hauptstadt ist das schön gelegene Rio Janeiro (spr. Dschaneiro) d. h. Fluß des heiligen Januarius (so benannt, weil man bei der Entdeckung dieser Bucht am 1. Januar 1531 der Meinung war, hier müsse ein großer Fluß münden), 275.000 E., zur Hälfte Weiße; eine schöne Stadt, die größte in Süd-Amerika, der wichtigste Handelsplatz an der SO.-Seite Süd-Amerikas. Es hat den größten Kaffeehandel der Erde, die Hälfte des gesamten, führt aber auch viel Zucker, Reis, Viehhäute, Rum ꝛc. aus. — Ehemals war die Hauptstadt Bahia, 180.000 E. an der Allerheiligen-Bai, in der bevölkertsten Gegend Brasiliens; es hat bedeutenden Handel mit Zucker. — Pernambuco, 116.700 E., wonach das rote Brasil- oder Fernambukholz den Namen hat. — Pará oder Santa-Maria de Belem, 35.000 E., Haupthandelsplatz in der Mündungsgegend des Amassonas. — Villa Rica oder Ouro-Preto, 20.000 E., bei den Gold- und Diamanten-Wäschereien.

Die fruchtbaren und produktenreichen Kolonieländer Guyana, zwischen den Mündungen des Orinoko und Amassonas, so groß wie Frankreich, außer den angrenzenden, dem venezuelischen einerseits und dem brasilischen Guyana andererseits. Es sind Küstenstriche und dazu gehörende Urwald-Regionen im Innern. Die Hälfte ist davon britisch Guyana. Hauptstadt Georgetown (Dschordschtaun), 36.600 E. — Kleiner ist niederländisch Guyana oder Suriname. Hauptstadt Paramaribo, 22.200 E., am Suriname. — Das kleinste ist französisch Guyana. Hauptstadt Cayenne, 8000 E., eine auf einer Insel gelegene, ungesunde Stadt, Deportationsort für französische Verbrecher. Alle tropischen Kolonial-Produkte werden ausgeführt.

Nord-Amerika.
(Siehe §§ 113 bis 130.)

§ 241 (218). An die Nordküste Süd-Amerikas schließt sich eine Reihe von Inseln, welche nach Nord-Amerika hinüberleiten und zwischen beiden Erdteilen eine mittelbare Verbindung herstellen, ähnlich, wie die zwischen Australien und Asien bestehende. Diese das Mittelländische Meer Amerikas abschließende Inselwelt pflegt man West-Indien zu nennen. Diese Inseln sind es, welche Columbus zuerst entdeckte, ehe er das Festland Amerikas auffand, und sie sind wegen ihrer Fruchtbarkeit und wegen ihres Reichtums an tropischen Produkten von den verschiedenen seefahrenden Nationen Europas in Besitz genommen worden. Man unterscheidet sie in die Großen und die Kleinen Antillen. Ihre gesammte Größe ist etwa $2/3$ von Preußen (4400 ☐M.), ihre Bewohnerzahl 4 Millionen. Davon machen die vier großen Inseln $9/10$ aus, mit mehr als $3/4$ der Bewohner.

1) Die Großen Antillen. Die größte derselben, Cuba, ist etwas größer als Süddeutschland, und hat fast so viele Bewohner wie Baden (mehr als die Hälfte sind Weiße, $1/3$ Million sind afrikanische Neger). Sie gehört den Spaniern und liefert in Menge Tabak, Zucker, Kaffee, Kakao, Indigo, Mais, Reis, kurz tropische Kolonial-Produkte u. s. w. Ein bis 2440 m. h. Gebirge durchzieht die schöne Insel. — An der Nordküste liegt Havanna, 230.000 E., eine der größten und wichtigsten Handelsstädte Amerikas, überraschend prächtig und reich. In der Kathedrale ist Columbus' Grab. — Ebenfalls den Spaniern gehört Puerto Rico, 66.600 Bew., Die Stadt San Juan de Puerto Rico hat nur 18.100 E. (Es würde im Portugiesischen Porto-Rico heißen.) — Zwischen beiden liegt Haïti, ehemals Hispaniola genannt, nahe so groß wie Bayern; es ist in spanischem und französischem Besitze gewesen. $1/3$ der Insel bildet die katholische Neger-Republik Haïti, in welcher kein Weißer wohnen darf; die andern $2/3$ sind die Mulatten-Republik San Domingo (Mulatten heißen die gemischten Abkömmlinge von Weißen und Schwarzen). Es ist eine herrliche, ergiebige Insel mit hohen Gebirgen. Hauptstädte: Port au Prince, 33.000 E., San Domingo, 10.000 E. — Südlich von Cuba liegt das britische Jamaica (spr. Dschamaika), 200 ☐M. mit 441.000 Bewohnern ($1/32$ Weiße). Hauptstadt Kingston 35.000 E.

§ 242. Im Norden der großen Antillen liegt der den Briten gehörende, aus Hunderten von Korallen-Inseln bestehende Archipel der Bahama-Inseln oder Lucayos. 20 derselben sind bewohnt. Hauptort ist Nassau, 7000 E., auf der Insel Neu-Providence. Die Katzeninsel hält man gewöhnlich für das von Columbus zuerst betretene amerikanische Land, das er Guanahani nennt.

Die außereuropäischen Erdteile: Nord-Amerika.

2) Die Kleinen Antillen oder Karibischen Inseln, einige 40 Inseln, liegen in einer langen, gekrümmten Reihe und liefern den verschiedenen Nationen, welchen sie angehören, reiche Kolonial-Produkte.

Den Briten gehören 20, zusammen 252 QM.; davon kommen 82½ QM. auf Trinidad, die südlichste. Von den 520.000 Bewohnern kommt der dritte Teil auf das nicht 8 QM. große Barbados. Größer als dieses sind Dominica und Santa Lucia. Den Franzosen gehören 6, zusammen 52 QM., namentlich die beiden großen Inseln Guadeloupe und Martinique.

Den Niederländern gehören 6, zusammen 20½ QM., namentlich das vor der Nordküste Venezuelas gelegene Curaçao (spr. Kuraßaung).

Den Dänen gehört St. Croix, St. Thomas und St. Jan, 6½ QM.

§ 243 (219). Eine unmittelbare Verbindung zwischen Süd- und Nord-Amerika stellt die 10 M. breite Landenge von Panama her. Auch diese ist gebirgig, indeß sind die Höhen an einigen Stellen, namentlich da, wo die Eisenbahn hinübergelegt worden ist, gering. Weiter nach NW. setzt sich das Gebirgsland fort und erfüllt das sogenannte Mittel- oder Centro-Amerika, innerhalb dessen mehrere Gebirgsstöcke neben einander liegen; es ist überaus vulkanisch, mit 49 Vulkanen (bis 15.000 F. = 4870 m. h.), von denen wohl 30 noch thätig sind, deren Ausbrüche, sowie die Erdbeben, diese Länder beunruhigen. Die hier gelegenen Staaten gehören zu den fruchtbarsten und schönsten, an Kolonial-Produkten, z. B. Indigo, Kakao, Holz-Arten, Arzneipflanzen, Balsam-Arten und Metallen (auch edlen Metallen) reichsten der Erde. Auch diese Staaten waren von ihrer Entdeckung bis während des ersten Fünftels unseres Jahrhunderts spanische Besitzungen, haben daher hauptsächlich Bewohner spanischer Abkunft und sind streng katholisch. An Unterricht und Bildung fehlt es überall. Jetzt zerfallen sie in 5 Republiken, zusammen 1½ mal so groß als Preußen mit 2½ Mill. Bew. Diese Republiken, welche die Vereinigten Staaten von Mittel-Amerika bilden, heißen: Guatemala, San Salvador, Nicaragua, Costa Rica und Honduras. Bundeshauptstadt ist San Salvador, 16.000 E. — Neu-Guatemala hat 40.000 E., Leon 25.000 E., San José 12.000 E. — Nördlich daran legt sich ein kleines britisches Gebiet, Britisch Honduras, das die Engländer wegen der kostbaren Holzarten seiner Wälder, namentlich wegen des Mahagoniholzes, in Besitz genommen haben.

§ 244 (220). Vom Busen vom Tehuantepec erhebt sich, nach NW. hin sich erstreckend, aufs Neue der Boden zu einem großen Tafellande, das von der westlichen Meeresküste bis zur östlichen reicht, zu welchen beiden es in Terrassen schnell hinunterfällt. Dies ist die Hochebene von Mejico. Während die Küstenränder ungesundes, heißes Tropenklima haben, genießt die im Süden Anahuac genannte, etwa 6000 F. = 1950 m. h. Hochebene eines ewigen Frühlings. Von W. nach O. zieht über den südlichen Teil eine Reihe bedeutender Vulkane, von denen die beiden höchsten, der Pik von Orizava oder Citlaltépetl und der Popocatépetl, 16.686 F. = 5421 m. und 14.730 F. = 4785 m. H. haben. In 21° n. Br. entwickelt sich auf der Hochebene ein Gebirge neben dem als Küstenkette am californischen Busen hinziehenden; es ist dies die durch ihren Silber-Reichtum für das Land wichtige Sierra Madre, welche sich weiter nördlich verläuft; und eine zweite begleitet die Hochebene als Ost-Kordillere Mejicos, überschreitet den Rio del Norte und folgt diesem bis zu seiner Quelle. Hier löst sich dieselbe zu einzelnen Gebirgsstöcken von ansehnlicher Höhe, in herrlichen Landschaften, auf, wie namentlich das Windriver-Gebirge mit dem 12.733 F. = 4135 m. h. Frémonts Pik. Von der Quelle des Missouri endlich nach NW. bis zu den Küsten des nördlichen Eismeeres zieht die über 450 M. lange Kette der Rocky-Mountains (spr. Rocki Mauntäns) oder Felsengebirge, mit dem 14.722 F. = 4785 m. h. Berge Hooker (spr. Huker). Die nördliche Hälfte dieses großen Zuges führt nach einem Indianer-Volke den Namen Chippeway-Gebirge (spr. Tschippewäh). Der ganze Zug der Gebirge vom Busen von Tehuantepec bis in 60° nördl. Br. ist auf 800 M. Länge zu schätzen. — Ein zweiter Zug beginnt mit der Südspitze der Halbinsel Californien und setzt mit Unterbrechungen als Küstenkette bis in 52° n. Br. fort, also auch mindestens 600 Meilen weit. Etwas entfernter von der Küste begleiten ihn streckenweis ihm parallel gehende Gebirge, wie namentlich im Osten von San Francisco die silberreiche Sierra Nevada, d. h. Schnee-Gebirge, und nördlich von ihr das Cascade-Gebirge, mit den prächtigsten Wasserfällen der Welt. Nördlich von derselben beginnt auch hier eine Reihe mächtiger feuerspeiender Berge (der 12.930 P. F. = 4200 m. h. Mount-Hood, (spr. Hud) bis zu dem 17.827 F. = 5791 m. h. Elias- und dem Schönwetter-Berge im Norden.

§ 245 (221). Zwischen beiden großen Gebirgszügen setzt sich die Hochebene von Mejico nach NW. fort. In 33° n. Br. treten beide Züge weit auseinander, so daß die Hochebene eine

Breite von 150 M. (bei 300 M. Länge) gewinnt, 4000 bis 7000 F. = 1300 bis 2270 m. über dem Meere. Einer der tieferen Teile derselben ist der, wo der Große Salzsee liegt und der das Große Bassin oder die Salzsee-Hochebene heißt. Südlich von diesem See durchfließt der zum californischen Meerbusen gehende Colorado des Westen, nördlich von ihm der zum Columbia-Strome gehende Lewis (spr. Luis) oder Schlangenfluß die Hochebene. Diese ist in vielen Gegenden einer Wüste gleich, mit ödem, unfruchtbarem Salzboden, in anderen dürr in Folge des gänzlichen Wassermangels, wieder in anderen waldig und von erzreichen Höhen durchzogen. Nördlich vom Columbia-Strome füllen dichtbewaldete Gebirge und lange Mittelketten den Raum zwischen dem Ost- und Westzuge. — Auch in der nordwestlichsten unbewohnten Halbinsel Nord-Amerikas erheben sich zahlreiche Gebirge, die sich in die lange Halbinsel Alaska fortsetzen. Auf dieser und in derselben Richtung weiter nach SW. auf den Aleuten-Inseln findet sich eine ganze Reihe feuerspeiender Berge.

§ 246 (222). An die Ostseite des Felsengebirges legt sich eine breite, zur Hudsons-Bai sich senkende Hochebene, die arktische Fels- und Seenplatte, reich an Seen und verwirrten Flußläufen: am Gebirge Grasebene, weiter östlicher Wald-, Busch- und Sumpfland, mit langen und strengen Wintern, fast ohne jede feste Ansiedelung, ausgenommen die mit schwachen Festungswerken versehenen Holzhäuser, und fast ohne Menschen, ausgenommen einige Indianerstämme und die auf der Jagd nach Pelztieren die Wälder durchstreifenden Trappers oder Waldläufer. Von ähnlicher Beschaffenheit und Menschenleere ist auch der größte Teil der Halbinsel Labrador; und das im N. und NW. der Hudsons-Bai gelegene zerrissene Insel-Gebiet mit seinen nie schmelzenden Eis- und Schneemassen ist erst recht ein für den Menschen völlig wertloses Gebiet, und es fristet dort nur eine kleine Zahl von Eskimos ihr Leben; so daß dem Raume nach nahe die Hälfte Nord-Amerikas aus unbewohnten Ländern besteht. Diese Ebenen im Osten der Felsgebirge haben ein echt continentales Klima, das im vollen Gegensatze zu dem Küsten- oder Seeklima der Küstenländer auf der Westseite steht; während im Osten trockne und kalte Winde herrschen und in der geogr. Breite Berlins ($52\frac{1}{2}°$) alljährlich das Quecksilber gefriert, haben die mit dichten Wäldern und dem riesigen Baumwuchs bedeckten westlichen Küstenländer ein stets feuchtes und mildes Klima, bis an Alaska heran.

§ 247 (223). Südlich von der Fels- und Seenplatte dehnen sich die vom Mississippi und seinen Nebenflüssen durchströmten Länder aus, wenig in ihrer Höhe von einander verschiedene Stufen-Landschaften, welche sich zum Golfe von Mejico hin senken. Es sind dies wellige Ebenen, nicht halb so groß wie Europa ($^7/_{18}$), an den Flußrändern mit Bäumen, am Mississippi auch mit dichtem Urwald besetzt, meist aber kahle Weide- und Wiesenlandschaften mit gleichmäßigem Gras- und Kräuterwuchse, sogenannte Prärien oder Savannen, in denen sich inselartig hie und da Strecken von Buschwerk erheben; zwischen dem Canadian und dem Rio del Norte traurige Kies- und Steinwüste, sogar schreckliche, wasserlose Felswüste, die nur mit Gefahr zu durchreisen ist. Auf der obersten der Stufen stehen im Osten des Windriver-Gebirges die Schwarzen Berge; die unterste Stufe, das Texas-Gebirge, vom Tieflande aus gesehen wie eine Gebirgswand erscheinend, zieht sich als unbedeutendes Ozark-Gebirge bis an die Missouri-Mündung und an den Mississippi heran.

An der NO.-Seite dieser Ebenen liegen die fünf großen Seen, deren Abfluß der St. Lorenzstrom ist und welche zusammen eine Wasserfläche von nahe der Größe Frankreichs darstellen. Auch diese Seen liegen auf Stufen von etwas verschiedener Höhe; bedeutend ist nur die unterste, wo von dem Erie-See zum Ontario-See der Niágara-Fluß die Verbindung herstellt und dort den 50 m. h. mächtigen Wasserfall bildet. Die Höhen um den oberen See enthalten ungewöhnliche Reichtümer an Erzen, namentlich an Kupfer; und die vom Ohio durchflossenen Länder Steinkohlen-Lager, welche zu den reichsten der Erde gehören.

Zwischen dem St. Lorenzstrome und dem Atlantischen Meere zieht ein 300 M. langes Gebirgssystem nach SW.,*) das der Allegghanis oder Appalachien (spr. Alleghennis, Appalatschien), in der Mitte etwa 20 Meilen breit, aus zahlreichen, bewaldeten, parallelen Gebirgsketten bestehend, zwischen denen fruchtbare Längenthäler liegen; die Gipfel sind bis 6300 F. = 2046 m. hoch und die Schichten reich an Eisenerzen. — Den Raum zwischen ihnen und der Meeresküste füllt die Atlantische Küstenebene, deren Boden im N. felsig, weiterhin fruchtbar, auch sumpfig, zum Teil sandig und mit Fichtenwald bedeckt, im S. reich und zu Pflanzungen geeignet ist. Die Fortsetzung dieser Ebene ist die

---

*) Das europäische Alpensystem ist etwa 200 M. lang.

zum Teil sumpfige Halbinsel Florida; nach W. geht die Ebene in die des Mississippi über.

§ 248 (224). Die zu Nord-Amerika gehörende große Insel Grönland ist ein hoch mit Eis- und Schneeschichten bedecktes Felsland, an dessen SW.-Küste die Dänen und die deutsche Herrnhuter-Gemeinde unter den am Meere wohnenden Eskimos Kolonien und Missionen errichtet haben. Auf 1600 QM. wohnen hier 10.000 Menschen. Grönland ward bereits im 9. Jahrhundert von einem Dänen entdeckt, und im 10. Jahrhundert gründeten Isländer hier Kolonien und entdeckten Küstenländer von Nord-Amerika.

An die Vereinigten Staaten von Mittel-Amerika schließt sich die große Republik Mejico (spr. Mechiko), fast 6 mal so groß als Preußen, mit $9^2/_5$ Millionen Bewohnern.

Wie anderwärts, ist auch hier die katholische Bevölkerung spanischer Abstammung in Kultur und Gesittung weit zurück und hat daher die dem Namen nach ebenfalls christlichen eingebornen Indianervölker (die Nachkommen der Tolteken, Azteken ꝛc.) ebenfalls nicht von ihrer niedrigen Stufe erhoben. Der sehr ergiebige Boden liefert reiche Frucht, namentlich Weizen, Mais, Früchte, Indigo; die Viehzucht und der Reichtum an Herden ist bedeutend; und die Gebirge haben einen seltenen Reichtum, namentlich an Silber. Aber an Straßen fehlt es durchweg, und Gewerbe und Ackerbau stehen auf niedriger Stufe.

Hauptstadt Mejico, 230.000 E., ist eine der prächtigsten und üppigsten Städte Amerikas. — Nicht minder schön und reich ist la Puebla, 65.000 E. — Guanajuato, 56.000 E., in der bevölkertsten Provinz. — Chihuahua (spr. Tschihuahua), 12.000 E., in der silberreichsten Landschaft. — Am Golfe: Vera-Cruz (spr. Kruß), 10.000 E., befestigter Hafen, wo Ferdinand Cortez landete, ehe er Mejico eroberte. — Am großen Oceane der Haupthafen Mazatlan, 15.000 E. — Auch die Halbinsel Yucatan gehört zu Mejico, so wie die Halbinsel Nieder-Californien.

§ 249 (226). Die Vereinigten Staaten von Nord-Amerika, $7/_9$ von Europa, 169.510 QM., mit 39 Mill. Bewohnern (etwas mehr als das Deutsche Reich hat, obwohl sie 17mal so groß sind), bilden den größten und wichtigsten Bundesstaat der Welt. Es sind 38 Staaten, der Bundes-Distrikt und 10 sogenannte Territorien, also 49 verschiedene Länder und verschiedene Regierungen, jede mit ihrem besonderen Gouverneur und eigenen Kammern der Abgeordneten. Über allen steht die Bundes-Regierung zu Washington (spr. Weschingtn), 109.200 E., am Potomac, im 3 QM. großen Columbia-Distrikte. Dort residirt der Präsident der Vereinigten Staaten und dort versammeln sich Senat und Abgeordnetenhaus, deren Mitglieder aus jedem einzelnen der Staaten gesendet werden, um die für alle diese Staaten gültigen Gesetze zu beraten.

In den nordöstlichen Küstengegenden siedelten sich zuerst im 16. und 17. Jahrhunderte Auswanderer aus Europa an und behaupteten sich gegen die Rothäute oder die Indianer-Stämme, welche diese Gegenden ursprünglich inne hatten; diese Kolonien wurden aber mit der Zeit alle britisch. Bedrückungen von Seiten Englands und in Folge dessen Streitigkeiten und Empörung führten zu einem Kriege, welcher damit endigte, daß das Mutterland die Selbständigkeit der Kolonien anerkennen mußte. So vereinigten sich dieselben 1776, in welchem Jahre die dreizehn ursprünglichen Staaten ihre Unabhängigkeits-Erklärung unterzeichneten. Seitdem ist die Zahl der jährlich aus Europa hier Einwandernden nicht geringer geworden, und der Raum, innerhalb dessen sie sich niederließen, hat sich stets weiter ausgedehnt. Aus den für National-Eigentum erklärten weiten Landstrichen, innerhalb deren man die Indianerstämme durch Abkauf und mit Gewalt immer weiter zurücktrieb, entstand ein neuer Staat nach dem anderen, und noch jetzt steigt die Zahl derselben. Mit neuen Ansiedlern besetzte Regionen erhalten auch jetzt noch selbständige Regierungen, werden aber zunächst nur Territorien, deren Abgeordnete noch nicht in Washington mit abstimmen und sich ihre Regierung nicht selbst wählen dürfen, bis sie später, wenn ihre Verhältnisse hinreichende Festigkeit und Ordnung erlangt haben oder auch ihre Bewohnerzahl auf 40.000 gestiegen ist, in den Rang eines gleichberechtigten Staates erhoben werden. Die Thätigkeit und der Unternehmungsgeist der Nord-Amerikaner ist groß, und die Hülfsquellen des Landes sind außerordentlich; Handel, Fabriken und Gewerbe blühen; an großartigen Bauten und öffentlichen Unternehmungen für das allgemeine Wohl ist das Land bereits reich; die Bergwerke gehören zu den wichtigsten der Welt; der Ackerbau entwickelt sich schnell zur Blüte und liefert in ungeheuren Mengen Weizen, Mais, Reis, Zucker, Tabak und die meiste Baumwolle der Welt; die Zahl der Schiffe, welche die Handelsmarine bilden, ist nächst der britischen die größte unter allen seefahrenden Staaten; Eisenbahnen, elektrische Telegraphen und viele Hunderte von Dampfschiffen verbinden die entlegensten Orte unter einander; es besteht sogar jetzt eine Eisenbahn, welche die Ostküste mit der 728 M. entfernten Westküste verbindet; Bildung und Wissenschaft sind geachtet, und es geschieht für dieselben in den meisten Staaten Bedeutendes. Es herrscht vollkommene Religionsfreiheit, und es hat sich daher eine große Zahl verschiedener christlicher Religionsformen entwickelt.

Die außereuropäischen Erdteile: Nord-Amerika.

— Die meisten Bewohner, britischer Abstammung, sprechen englisch oder irländisch; etwa $1/5$ der Bewohner sind deutschen Stammes, eine kleine Zahl ist französischer Abstammung; über 3 Mill. sind afrikanische Neger, bisher größtenteils Sklaven, jetzt aber frei wie alle anderen Bewohner; und endlich mag noch $1/4$ Mill. selbständigen Indianerstämmen angehören.

§ 250 (227). Den nördlichen Teil der atlantischen Küsten-Ebene nehmen die 6 Staaten ein, welche man unter dem Namen:

I. Neu-England zusammen faßt (siehe dazu die im Abschnitt II., § 123 ff. angeführten Ortsnamen, welche hier nicht alle wiederholt sind):

1) Maine, nach einer französischen Grafschaft benannt, fast so groß wie Irland, unfruchtbar und waldig. — 2) New-Hampshire (spr. Niu-Hempschihr), so groß wie Sardinien, mit vielen Fabriken, hat die schönsten Gebirgslandschaften der Vereinigten Staaten. — 3) Vermont, von den Grünen Bergen durchzogen, ist so groß wie der Regierungsbezirk Königsberg. — 4) Massachusetts (spr. Mässäschusets), so groß wie Westfalen, ist der älteste dieser Staaten, hat die besten Unterrichts-Anstalten der Vereinigten Staaten und die größten Kattun-Fabriken und treibt den größten Walfischfang. Boston, 342.000 E., nächst New-York der erste Seeplatz. Cambridge, 48.000 E., mit der berühmtesten Universität der Staaten. — 5) Rhode-Island (spr. Eiländ), der kleinste, aber der bevölkertste der Staaten. Providence, 101.000 E., hat viel Reichtum, Handel und Fabriken. — 6) Connecticut, vom Connecticut durchflossen, ist so groß wie der Reg.-Bezirk Bromberg.

II. Mittel-Atlantische Staaten.

7) New-York (spr. Niu-Jork), mehr als $1/5$ von Preußen, ist der volkreichste Staat, der viel Fabriken hat und große Mengen von Bauholz, Vieh und Produkten liefert, der Viehzucht hat, und dessen Handel seine Eisenbahnen und Kanäle stets belebt erhalten. Hauptstadt New-York, 1.028.600 E., wovon 33.000 Deutsche sind, an der Mündung des Hudson-Flusses, Amerikas größte Stadt und wichtigster Handelshafen, der nächst London und Liverpool sogar den größten Handel der Welt hat und $1/2$ der ganzen Ausfuhr Nord-Amerikas bewirkt. Kein Ort der Erde besitzt eine gleiche Anzahl von Schiffen. Auf der nahen Insel Long-Island liegt das dazu gehörende Brooklyn (spr. Bruklin), 396.100 E. Dazu gehört auch gewissermaßen die auf der andern Seite des Flusses im Staate New-Jersey gelegene Jersey-City, 82.500 E. Die gesamte Einwohnerschaft der beisammenliegenden Ortschaften ist jetzt 1.638.455 E. — Albany (spr. Olböni), 86.000 E., am Hudson. — Buffalo, 117.700 E., am Erie-See. — 8) New-Jersey. — 9) Pennsylvanien, größer als $1/3$ von Preußen, zu $3/4$ von Deutschen bewohnt, hat gewaltige Eisen- und Steinkohlen-Gewinnung, sehr bedeutende Fabriken, großen Seehandel, wichtigen Ackerbau und Viehzucht und großen Reichtum an Holz. Philadelphia, 817.450 E., am Delaware, nächst New-York die bedeutendste Stadt, ist vom Quäker Penn gegründet, nach welchem das Land benannt ist. Pittsburg, 86.100 E., die Rauchstadt genannt, ist für Eisen und Steinkohlen die wichtigste Stadt Amerikas. — 10) Delaware (spr. Delawehr). — 11) Maryland (spr. Merriländ). Baltimore, 267.450 E. — 12) Columbia-Distrikt,

3 ☐M., von Maryland umschlossen, mit Washington, 109.200 E., am Potomac, der Bundeshauptstadt.

§ 251. III. Östliche Central-Staaten.

13) Virginien, größer als England, zu Ehren von dessen jungfräulicher Königin Elisabeth so benannt, ist einer der ältesten Staaten (250 Jahre alt); es ist fruchtbar, namentlich an Tabak. — 14) West-Virginien, ⅕ des vorigen, von dem es sich vor einigen Jahren getrennt hat. — 15) Ohio, doppelt so groß als Böhmen, einer der besten Staaten, reich durch Ackerbau, Fabriken und Handel. Cincinnati, 216.200 E., am Ohio. — 16) Indiana, größer als Irland. — 17) Illinois (spr. Illineus), so groß wie England. Chicago (spr. Tschikehgo), 410.000 E., am Michigan-See, die am schnellsten wachsende Stadt der Welt. — 18) Michigan, (spr. Mitschigän), so groß wie England; wildes Land, reich an Blei und Kupfer. — 19) Wisconsin (spr. Wiskonsin), größer als England, fruchtbar und reich an Metallen. Milwauki (spr. Milwaki), 101.100 E., am Michigan-See. — 20) Kentucky, so groß wie Portugal, gewinnt sehr viel Tabak. Louisville, 178.000 E., am Ohio. — 21) Tenessee (spr. Tenessi), so groß wie Süd-Deutschland, ein reiches Ackerland in schönem Klima.

IV. Küsten-Pflanzer-Staaten.

22) Nord-Carolina, nach Karl IX. von Frankreich benannt (erste Ansiedlung 1562 durch Hugenotten), so groß wie Bayern nebst Böhmen, liefert viel Baumwolle und Tabak und gewinnt Gold. — 23) Süd-Carolina, fast so groß wie Bayern, liefert den meisten Reis und viel Baumwolle. Charleston (spr. Tscharlstn), 49.000 E. — 24) Georgien, größer als das halbe Preußen, liefert die feinste Baumwolle. — 25) Alabama, fast halb so groß wie Preußen, liefert die meiste Baumwolle. — 26) Florida, fast halb so groß wie Preußen, ein sehr schwach bevölkertes, meist noch unangebautes Land. — 27) Mississippi, reich an allen Pflanzungs-Produkten. — 28) Louisiana, nach den französischen Königen benannt, denn es war bis 1803 französisch; nahe so groß wie Süd-Deutschland, eine meist ungesunde, sumpfige Ebene, liefert viel Zucker, Reis und Baumwolle. Den Mississippi befahren mehr als 900 Dampfschiffe. New-Orleans (spr. Niu-Orljens), 191.400 E., eine der blühendsten Städte Nord-Amerikas, für den Baumwollhandel der wichtigste Hafen der Welt. — 29) Texas, fast doppelt so groß als Preußen, ein schönes und fruchtbares Land, aber noch sehr schwach bevölkert. Galveston, 14.000 E., am Meere.

§ 252. V. Westliche Central-Staaten.

30) Arkansas, ungesunde Prärien und Wälder. — 31) Missouri, so groß wie Ungarn; es besteht meist aus Prärien. St. Louis, 498.200 E., am Mississippi. — 32) Jowa (spr. Eiowäh), ein herrliches Land. — 33) Minnesota, so groß wie Süd Deutschland. 110 Bew. auf jeder ☐M. — 34) Dakota-Territorium, äußerst schwach bevölkert. — 35) Nebraska, halb so groß wie Preußen. — 36) Kansas, so groß wie Großbritannien und Irland. 93 Bew. auf jeder ☐M. — 37) Indianer-Territorium, ein Prärienland, halb so groß als Preußen, das 60.000 Indianern verschiedener Stämme als Gebiet angewiesen ist, welche früher östlich vom Mississippi ihre Heimat gehabt haben.

VI. Westliche Gebirgs-Staaten.

38) Montana-Territorium, größer als Preußen, reicher an Gold als Californien. — 39) Wyoming-Territorium. — 40) Idaho-Territorium, nahe so groß wie Preußen, mit ungeheurem Gold- und

Silber-Reichtume. — 41) Colorado, nahe so groß wie Preußen, sehr reich an Gold und anderen Metallen. — 42) Neu-Mexico-Territorium, größer als Großbritannien und Irland, ein Land der Viehzucht. — 43) Arizona-Territorium, nicht ganz so groß wie Preußen, ausgezeichnet für Ackerbau und Bergbau. — 44) Californien, ⁸/₉ von Frankreich, fruchtbare Äcker und Weiden; herrliche, wildreiche Wälder; ein mildes, für den Weinstock durchaus geeignetes Klima; ein seltener Reichtum an Gold (1852: 83 Mill. Thlr.). San Francisco, 250.000 E., an der Mündung des Sacramentoflusses, der wichtigste Handelsort an der Westseite Nord-Amerikas. Dampfschiffe gehen nach Panama und nach den Sandwichs-Inseln. — 45) Nevada, halb so groß wie Nord-Deutschland, mit weniger Bewohnern als Potsdam hat. In den Waschoe-Bergen die reichsten Silbergruben Nord-Amerikas. — 46) Utah-Territorium (spr. Juta), fast so groß wie Italien, bewohnt von Indianern und der Sekte der Mormonen. Große Salzsee-Stadt, 13.000 E. — 37) Oregon, fast ³/₄ von Preußen, von Indianern bewohnt. Reich an Wäldern und Pelztieren, auch an Gold. Dampfschiffe befahren den Columbia. — 48) Washington-Territorium, halb so groß als Preußen, mit ¹/₃ der Bewohnerzahl von Potsdam. — 49) Alaska-Territorium. Den Vereinigten Staaten gehört auch dies den Russen abgekaufte nordwestliche Gebiet des Erdteiles, ein Land, fast dreimal so groß als Frankreich, mit so viel Bewohnern als Krefeld hat. Es hat nur durch seine Pelztiere Wert.

§ 253 (228). **Das britische Nord-Amerika.**
Dieses weit ausgedehnte Gebiet, dessen Größe mehr als ⁸/₉ von Europa beträgt, und das um ¹/₄ größer ist als die Vereinigten Staaten, das aber nur so viel Bewohner hat, wie das kleine Königreich der Niederlande, ist noch fast durchweg wildes Land. Nur ¹/₉ ist kolonisirtes Land, d. h. es enthält feste, zu Ortschaften vereinigte Ansiedlungen, unter Behörden und einem General-Gouverneur, also geordnete staatliche Zustände. Dieses Neuntel bildet folgender Staatenbund britischer Kolonien:

1 und 2) **Ober- und Unter-Canada**, jetzt Ontario und Quebéc, längs der linken Seite des St. Lorenzstromes und nördlich von den großen Seen, nahe so groß wie Österreich nebst Preußen, sind die wichtigsten dieser Kolonien. Es ist ein fruchtbares, wälder- und metallreiches Land, in Nichts den am meisten vorgeschrittenen der Vereinigten Staaten nachstehend. ³/₄ der Bewohner von Unter-Canada sind französischer Abkunft und sprechen französisch (etwa 900.000). Weizen und Holz führt man in großer Menge aus; ebenso Pelzwerk. Die Winter sind, wie an der ganzen Ostküste Nord-Amerikas, kalt, und das Land hat daher fünf Monate lang Schlittenbahn; die Sommer aber sind so warm wie in Paris. Hauptstadt ist Ottawa, 21.500 E., mit prachtvollem Parlamentsgebäude. — Montréal, 107.200 E., am St. Lorenz, bei der Ottawa-Mündung. — Quebéc, 60.000 E., am St. Lorenz.

3) **Manitoba und Nordwest-Territorium**, nebst Ruperts Land, südlich vom Winnipeg-See.

5) **Prinz Edwards-Insel.** — 6) **Halbinsel Nova Scotia** (Neu-Schottland) und **Insel Cape Breton** (spr. Cäpe Breten), so groß wie Hannover und Oldenburg; Fels und Wald, reich an Steinkohlen und

Eisen. — 7) **Neu-Braunschweig**, fast so groß wie Bayern. Diesem Staatenbunde nicht angeschlossen ist: **New-Foundland** (spr. Niu-Foundland) oder **Neu-Fundland**, größer als Bayern nebst Württemberg, ein unkultivirtes Waldland, reich an Sümpfen und Nebeln. — 8) An der Nordwest-Küste: **Britisch Columbia** und die **Königin Charlotten-Inseln**, so groß wie Frankreich, mit außerordentlich reichen Goldlagern seit 1860, nebst **Vancouvers-Insel**, etwas kleiner als Hannover, mit vielen Indianern und angesiedelten Chinesen. — 1. bis 8. bilden den Bundesstaat **Dominium Canada**, dessen Bundeshauptstadt Ottawa ist.

Die kleinen **Bermuda-** oder **Somers-Inseln**, nach Lord Somers benannt, 360 Korallen-Inselchen, zusammen 1½ □M. groß, sind eine Schifffahrts-Station der Briten.

Zwischen den im Norden Nord-Amerikas gelegenen, mit Eis bedeckten großen Inseln haben viele englische Seefahrer berühmte Polar-Reisen gemacht, um die Nordwest-Passage aufzusuchen, d. h. einen Weg dort hindurch nach W. zur Berings-Straße und nach China. Allerdings ist 1850 die Fahrt vollführt worden, aber das Eismeer ist nur während 4 bis 6 Wochen im Jahre befahrbar; dieser Weg kann also für den Handel von keiner Wichtigkeit werden.

Vierter Abschnitt.

Europa.

§ 254 (229). Europa reicht vom Nord-Kap bis zum Kap Matapan, von 71 bis 36° n. B., etwa 520 Meilen weit von N. nach S., und vom Kap San Vicente bis zur Baigatsch-Insel von 8 bis 80° östl. Lg., etwa 750 M. weit von SW. nach NO. Als Ostgrenze gegen Asien läßt man das Ural-Gebirge und den Ural-Fluß gelten. Europas Umriß ist durch die weit ins Innere dringenden Meeres-Einschnitte ein sehr mannigfaltiger, seine Küstenlänge eine im Verhältniß sehr bedeutende. In der Mitte treten die einschneidenden Meeresteile einander so nahe, daß der Raum zwischen der Ostsee und dem Adriatischen Meere nur etwa 125 M. beträgt. Zahlreiche Halbinseln und Inseln sind vorhanden (s. § 135 bis 141); die meisten der ersteren sind, einige kleinere ausgenommen, hoch und gebirgig. Denkt man sich die Glieder, d. h. die Halbinseln und Inseln abgeschnitten, so bleiben ²/₃ des Ganzen als ein dreieckiger Rumpf übrig, dessen Spitzen im Golf von Gascogne, am Nord-Ende des Ural-Gebirges und am Nord-Ende des Kaspischen Meeres liegen.

§ 255 (230). Eine Linie von der Rhein-Mündung zur Donau-Mündung teilt Europa in ein vorherrschend gebirgiges südwestliches und in ein vorherrschend flaches nordöstliches Europa. Von den Gliedern abgesehen, besteht das letztere, das große nordöstliche Tiefland, aus dem russischen und dem germanischen Flachlande, östlich und westlich von der Weichsel. Beide sind von breiten Hügelrücken durchzogen; der eine, der uralisch-baltische Landrücken, zieht von der Quelle der Petschora als Wasserscheide zwischen den zum nördlichen Eismeere und zum Kaspischen und Schwarzen Meere gehenden Flüssen über die Quelle der Wolga (wo er Waldai-Höhe und Wolchonski-Wald heißt) nach den südlich von der Ostsee gelegenen Ländern, setzt dort als breiter, seenreicher Landrücken über Weichsel und Oder, zieht sich bis an das rechte Ufer der unteren Elbe und verläuft sich längs der Ostseite der Jütischen Halbinsel. Der südliche Landrücken beginnt im Norden der südrussischen und kaspischen Steppen als Nordrand der kaspischen Vertiefung mit dem Obschtschij-Syrt, bildet auf der Westseite der unteren Wolga die Wolga-Höhen und zieht sich im O. des Dnjepr als Düna-Don-Landhöhe, das Oka-Gebiet umschließend, nach NW. zum litauischen Rücken. Westlich vom Dnjepr beginnt dann mit hohen Plateaux der karpatisch-mitteldeutsche Landrücken, welcher sich an die schon genannte mittlere Teilungslinie Europas anlegt.

§ 256 (231). Das südwestliche Gebirgsland ist, ebenfalls abgesehen von den Gliedern, fast ein Gebirgsdreieck, das einen rechten Winkel am unteren Rhein, und seine spitzen Winkel an der Mündung der Donau und an der Quelle der Garonne, mitten in den Pirenäen, hat. Dieses Gebirgsdreieck grenzt nach NO. an das große Tiefland; nach NW. an die niederrheinische und französische Tiefebene; nach S. an das Tiefland des unteren Rhone, an das lombardisch-venetianische und an das walachische Tiefland. Die Mitte im S. nimmt der Kern des Dreiecks, das Gebirgssystem der Alpen, ein; daran schließen sich im W. die Mittelgebirge Frankreichs und im O. die Mittelgebirge der Karpaten, welche aber durch die Ober- und Nieder-Ungarische Tiefebene davon getrennt bleiben; im N. legt sich in langgestreckter Dreiecksgestalt die Ober-Bayerische Hochebene und zwischen Boden- und Genfer-See die Fortsetzung derselben, die Flache Schweiz daran; und nördlich von dieser lagern, zwischen den französischen und karpatischen Gebirgen, die deutschen Mittelgebirge. Innerhalb derselben erscheinen als Tiefebenen nur die Ober-Rheinische, zwischen Basel und Mainz, und die Wiener Tiefebene.

§ 257 (232). Europa ist der einzige Erdteil, welcher nirgend der heißen Zone angehört; die südlichsten Gegenden verraten schon afrikanische Natur, indem hie und da Palmen auftreten; der äußerste Norden reicht in die kalte Zone, wo die Birke die einzige Baum-Art ist. Die westlichen Küstenlandschaften haben ein entschieden oceanisches oder Küsten-Klima; von der Mitte an herrscht nach O. hin ein kontinentales Klima. Während in der Sommerwärme die Unterschiede nicht so groß sind, ist die Kälte im Winter um so bedeutender, je weiter man nach O. kommt.

§ 258 (233). Die Bewohner Europas, 312 Mill., also über $1/5$ aller Menschen, gehören wesentlich drei großen Stämmen an. 1) Die Germanen, in Deutschland, einem großen Teile

Österreichs, in den Niederlanden, einem Teile Belgiens und der Schweiz, in den russischen Ostsee-Provinzen; in Kolonien in Süd-Rußland und an der unteren Wolga; ferner die Bewohner Dänemarks, Schwedens und Norwegens, Englands und Islands. 2) Die Romanen, deren Sprachen die Abstammung vom Lateinischen verrät: die Franzosen in der nördlichen Hälfte Frankreichs, die Provençalen in der südlichen Hälfte, die Spanier, die Portugiesen, die Italiener, die Rumänen in Rumänien und in einem Teile Österreichs und der Türkei. 3) Die Slaven, als Wenden und Tschechen oder Böhmen weit nach W. bis in Deutschland vorgeschoben. Zu ihnen gehören die Russen, Polen, Ruthenen, Bulgaren, Serben, Kroaten, Slavonen, Mähren, Slowaken, Kassuben ꝛc., wohl 80 Mill., von allen Stämmen am weitesten in Europa ausgebreitet. Zu diesen drei Stämmen sind ferner zu nennen: 4) Litauer und Letten in den russischen Ostsee-Provinzen. 5) Kelten oder Galen in Wales, Nord-Schottland, Irland und in der Bretagne. 6) Griechen in Griechenland und in der Türkei. 7) Albanier in der südwestlichen Türkei. 8) Zigeuner, zerstreute Überbleibsel eines indischen Volkes, namentlich in Rumänien, in der Türkei, in Rußland, Österreich, Spanien ꝛc. Alle diese Sprachen sind auf die alte indische Sanskrit-Sprache zurückzuführen.

Dem Tatarischen Sprachstamme angehörend sind die Sprachen der:

9) Finnen, Esthen und Liven, in den nach ihnen benannten Ländern. 10) Die Uralischen und Wolga-Finnen (Syrjänen, Mordwinen, Tschuwaschen ꝛc.) 11) Die Magyaren (spr. Madjaren) oder Ungarn. 12) Die Türken, etwa 1 Mill. in zahlreichen Kolonien durch die Türkei zerstreut.

Anderen Stammes, Semiten, sind 13) die $2^{1}/_{2}$ Mill. Juden oder Hebräer: zu fast $^{3}/_{4}$ in Rußland, $^{1}/_{4}$ in Österreich, nächstdem in der Türkei, zu kleineren Teilen in anderen Ländern. 14) Anderen Stammes die Basken (spr. Wasken; von ihrem Namen kommen Gascogne, Biscaya ꝛc.) in den Gegenden der westlichen Pirenäen, auf spanischer und französischer Seite.

15) Die Lappen im nördlichsten Norwegen und Schweden.

Außer den Juden, Mohammedanern und einigen Heiden bekennen sich die Bewohner Europas zum Christentume. Dieselben gehören im N. der protestantischen, im SW. und im S. der römisch-katholischen, im O. und im SO. der griechisch-katholischen Kirche an.

§ 259 (234). Unter den 75 Staaten Europas sind 4 Kaiserreiche: Deutschland, Österreich, Rußland, Türkei.

14 Königreiche: Bayern, Belgien, Dänemark, Griechenland, Großbritannien und Irland, Italien, Niederlande, Norwegen, Portugal, Preußen, Sachsen, Schweden, Spanien, Württemberg.

7 Großherzogtümer: Baden, Hessen, Luxemburg, Mecklenburg-Schwerin, Mecklenburg-Strelitz, Oldenburg, Sachsen-Weimar. — 1 Großfürstentum: Finland.

5 Herzogtümer: Anhalt, Braunschweig, Sachsen-Altenburg, Sachsen-Koburg-Gotha, Sachsen-Meiningen.

12 Fürstentümer: Liechtenstein, Lippe, Schaumburg-Lippe, Reuß ältere Linie, Reuß jüngere Linie, Schwarzburg-Rudolstadt, Schwarzburg-Sondershausen, Waldeck, Rumänien, Bulgarien, Serbien, Montenegro und Monaco.

31 Republiken: Frankreich, 25 Cantone der Schweiz und die freien Städte Hamburg, Lübeck, Bremen. (Andorra in den Pirenäen, San Marino in Italien.)

Das Königreich Spanien.
(S. §§ 147. 153.)

§ 260 (235). Auf der Halbinsel, welche durch das Pirenäen-Gebirge von Frankreich geschieden ist und deshalb Pirenäen-Halbinsel genannt wird, von 36 bis $43^5/_6°$ n. Br., 115 g. Meilen weit von Norden nach Süden, und im nördlichen Teile von 8 bis 20 ö. Lg., 140 Meilen weit reichend, umfaßt Spanien 9088 ◻M. mit $16^1/_3$ Mill. Bewohnern, ist also so groß wie das Deutsche Reich ohne Sachsen, Baden und Württemberg. Aus dieser ganz aus Hochebenen und Gebirgen bestehenden Halbinsel ist das Tiefland auf ganz kleine Strecken an der Ostküste und am Unterlaufe der Flüsse beschränkt.

Von den Gebirgen Frankreichs getrennt, ziehen die 60 M. langen, im Mittel 7000 F. = 2274 m. h. Pirenäen in zwei in der Mitte übereinander geschobenen Zügen, zwischen die das furchtbare Kesselthal von Aran hineingreift; aus demselben kommt die Garonne. Sie sind in der Mitte am höchsten, wo die Malabetta in der Nethouspitze 10.477 P. F. = 3317 m. und der Mont Perdü 10.320 F. = 3346 m. h. aufsteigen; in den Ost-Pirenäen ist der Canigou 8570 P. F. = 2785 m. h.; die West-Pirenäen, in denen das Roncesvalles-Thal liegt, sind niedriger und verlaufen sich bis an das Grenzflüßchen Bidasóa.

Die Pirenäen sind fast ohne Gletscher und nur drei fahrbare Straßen überschreiten dieselben; ihre Südspitze ist die steilere und wildere, und hier dehnen sich bedeutende Hochebenen und Bergterrassen an ihrem Fuße hin. — Fast die Fortsetzung der Pirenäen macht das ebenso lange Asturisch-Cantabrische Gebirge, welches längs der Nordseite Spaniens hinzieht, mit einem 8200 F. = 2663 m. h. Gipfel, und sich westlich zu dem Gebirgslande von Galicien und Nord-Portugal ausbreitet. — Von dem östlichen Drittel dieses Gebirges ist nach SO. hin eine Reihe von Gebirgen zu verfolgen, welche man unter dem Namen Iberische Gebirge zusammenfaßt; sie breiten sich nach S. hin ebenfalls zu einem ausgedehnten Berglande aus, und dort entspringen aus der Sierra de Albaracin (spr. Albarassin) die sich nach SO. wendenden Ströme Jucar und Guadalaviar. Als Valencianisches Terrassenland, mit der 5578 F. = 1812 m. h. Peñagolosa (Penjagolosa), in der Fortsetzung der an die Ost-Pirenäen reichenden Catalonischen Küstenterrasse (mit dem 3809 P. F. = 1237 m. h. Einsiedlerberge Montserrat) fassen sie die Mittelmeer-Küste ein. Zwischen den Iberischen Gebirgen und den Pirenäen durchfließt der 96 M. lg. Ebro mit seinen Nebenflüssen die Berglandschaft Navarra, das ausgedehnte Salzwüsten enthaltende Aragonien, und durchbricht das Küstengebirge Cataloniens. Der den Fluß auf 13 Meilen begleitende Kaiser-Kanal hat für die Bewässerung der Felder eine Wichtigkeit, weniger für die Schifffahrt. — Von den Iberischen Gebirgen nach W. strömen der 98 M. lange Duero oder Douro und südlicher der 122 M. lange Tajo (spr. Tacho), in Portugal Teju (spr. Teschu) genannt, der größte Strom der Halbinsel. Der erstere durchfließt die etwa 2580 F. = 838 m. h. gelegene Hochebene von Alt-Castilien und Leon, zum Teil ebenes fruchtbares Getreideland, aber nicht ohne dürre, steinige Salzsteppen; der Tajo, das etwa 2500 F. = 812 m. h. gelegene Hochland von Neu-Castilien und Estremadura, dessen im SO. von Madrid gelegener oberer Teil die baumlose Steppe von Neu-Castilien ist und südlicher das Haide- und Weideland der staubigen Mancha (spr. Mantscha). Aus der letzteren entspringt ein dritter nach W. fließender, 111 M. lg. Strom, der Guadiana.

§ 261. Die Reihe von Gebirgen, welche Duero und Tajo von einander trennen, faßt man unter dem Namen Castilisches Scheidegebirge zusammen. In dieser über 100 M. lg. und nach W. immer breiter werdenden Reihe unterscheiden wir: im N. von Madrid die bis 7710 P. F. = 2507 m. h., 6 Monate im Jahre schneetragende Sierra*) Guadarrama; die 8190 F. = 2660 m. h. ungeheure Sierra de Gredos, die 6134 F. = 1992 m. h. Serra Estrella (spr. Estrelja); und am Meere bei Lissabon die 1500 F. = 487 m. h. Serra de Cintra (spr. Sintra). — Zwischen dem Tajo und Guadiana ziehen im W. der Mancha-Ebene die sich 2000 F. = 650 m. über die Ebene erhebenden Toledo-Berge und die etwas höhere Sierra de Guadalupe, denen sich nach W. bis zum Meere hin andere Gebirge anreihen. — Südlich vom Guadiana erstreckt sich eine Reihe von Gebirgen vom Kap San Vicente bis zum Kap de la Nao nach Osten, 110 M. weit, die im Süden der Mancha den Namen Sierra Morena führen. Zwischen dem West-Ende derselben und dem Guadiana breiten sich die großen Schaf-Weiden Spaniens aus. Der östliche Teil dieser Gebirgs-Reihe ist das vom Segura durchflossene Bergland von Murcia; das westliche Ende im südlichen Portugal die bis 2780 F. = 903 m. h. aufsteigende Serra Monchique (spr. Montschike). — Längs des Südfußes der Sierra Morena fließt der 73 M. lg. Guadalquivir (spr. Guadalkivir), in seiner westlichen Hälfte die fruchtbare Tiefebene Andalusiens durchströmend, welche aber im SW. zu einem weiten Sumpflande und dann gar zu einer wirklichen Sandwüste wird. Er nimmt links den von der Hochebene oder Vega von Granada kommenden Genil auf. — Das südliche Andalusien durchzieht von West nach Ost eine 50 M. lg. Gebirgsmasse, welche im W. Gebirgsland von Ronda, im O. aber Sierra Nevada, d. h. Schnee-Gebirge genannt wird; der höchste Gipfel der letzteren ist der 10,940 P. F. = 3553 m. h. Cumbre de Mulhacen (spr. Mulhaßen). Die von N. nach S. laufenden Thäler des Süd-Abhanges heißen die Alpujarras. Die südlich vom Gebirge hinziehende schmale Küstenzone hat ganz afrikanische Natur. Der nach S. steil abfallende Fels von Gibraltar ist eine einzeln liegende, nach S. vorgeschobene Masse.

§ 262 (236). Die überaus feuchte, von Stürmen heimgesuchte Nordküste der Halbinsel hat bei der Temperatur eines fast ewigen Frühlings eine üppige Laubwald-Bedeckung, die überall an Deutschland erinnert, und, wie auch der nördliche Teil der Westküste, stellenweis ein Übermaß von Regen. Die

---

*) Gebirge heißt im Spanischen Sierra, im Portugiesischen Serra.

kahlen, wilden Gebirge im S. sind so großartig und malerisch, daß ihnen kaum noch andere in Europa verglichen werden können; hier gedeihen bereits die afrikanischen Zwerg- und Dattel-Palmen, sowie Baumwolle und Zuckerrohr. Murcia hat 8 Monate Frühling und 4 Monate heißen Sommer, und auch nördlich davon hat die Küste Valencias eins der angenehmsten Klimate in Europa.

Die Hochebenen im Inneren, also die Hälfte der Halbinsel, sind sehr dürr, zum Teil sogar Jahre lang ohne Regen; daher sind die Flüsse im Allgemeinen arm an Wasser, flach und nur an den Mündungen schiffbar; wo es aber nicht an Wasser fehlt, und namentlich wo sich noch die von den Mauren angelegte musterhafte künstliche Kanal-Bewässerung findet, ist das Land höchst fruchtbar. Der Ackerbau ist nur im Norden und im Osten gut. Man gewinnt viel Weizen, Mais und Gerste, unzählige Gemüse und Gartenpflanzen, namentlich Erbsen; Orangen, Feigen und Mandeln, ungeheure Mengen von Olivenöl und Wein; Süßholz und Kork. Aber an Holz fehlt es in den meisten Provinzen. — Spanien zieht die besten Maultiere, hat treffliche Schweinezucht und liefert die berühmtesten Schinken, und seine Schafe sind ein Haupt-Reichtum des Landes, namentlich die Merinos oder Wanderschafe, welche in Herden von 10.000 Stück im Sommer in den Gebirgen, im Winter in den Ebenen aus einer Provinz in die andere getrieben werden; ehemals war die Zahl derselben viermal so groß als jetzt, wo es nur halb so viel als Preußen und ein Drittel so viel als die britischen Inseln hat. — Der Boden ist reich an Erzen; man gewinnt viel Eisen im N. und NO., fast eben so viel Blei im S., Quecksilber in der Mancha (Almadén), Kupfer u. s. w.; Steinkohlen in großer Fülle in Asturien; ungeheure Mengen Salz, mehr als zur Hälfte an den Meeresküsten. — Von allen diesen Produkten werden in größter Menge ausgeführt: Wein, Baumöl, Wolle, Südfrüchte, Blei, Quecksilber, Branntwein, Kork, Salz, Seide, Weizen.

§ 263 (237). Die Bewohner sind ein sehr gemischtes Volk. Von den ursprünglichen Bewohnern, den alten Iberern, scheinen die am innersten Teile des Biscayischen Busens wohnenden Basken (spr. Widskayischen und Wasken*), $^1/_2$ Mill. hier und 120.000 auf französischer Seite, der letzte Rest zu sein. Die meisten Bewohner sind castilischen, galegischen (Galicien), cata-

---

*) Die Spanier sprechen das B wie W, namentlich aber ein b zwischen zwei Vocalen und am Ende einer Silbe.

Ionischen, andalusischen u. s. w. Stammes. Von den verschiedenen Dialekten haben zwei, der castilische oder sogenannte spanische, und der portugiesische die Herrschaft errungen. — In das um a. 400 von dem deutschen Volke der Westgothen besetzte Land drangen a. 711 von Afrika und Gibraltar her die Araber ein und eroberten die ganze Halbinsel bis auf ein kleines christliches Reich in Asturien. Von hier aus breitete sich dann die christliche Eroberung wiederum nach S. aus, bis endlich a. 1492 die letzte Stadt der Mauren, Granada, fiel. Aus jener Zeit befinden sich noch 60.000 Abkömmlinge der Mauren, Moriscos genannt, in Spanien, namentlich in der Sierra Morena. Außerdem giebt es Zigeuner, besonders in Andalusien. — Das durchweg katholische Volk, unter dem Einflusse zahlreicher Priester, ist in Schulbildung und Gewerbefleiß außerordentlich zurück; nur in Catalonien, Asturien und in den baskischen Provinzen ist die Industrie zur Blüte gelangt; ansehnlich ist außerdem nur die Cigarren-Fabrikation und die von Waffen zu Toledo.

§ 264 (238). Spanien, 9088 g. QM. mit $16\frac{1}{3}$ Mill. Bew., ist in 49 Provinzen geteilt. Es besteht aus 13 Königreichen, 2 Fürstentümern, 1 Landschaft und den Baskenländern.

1) Königreich Neu-Castilien, eine meist kahle, unfreundliche Ebene, an den Gebirgen bewaldet. Madrid, 332.000 E., am Manzanares, die Residenz, 2040 F. = 663 m. h. (also noch 153 m. höher als München), von öden Flächen, aber nirgends von Dörfern, Gärten oder Landhäusern umgeben. Eine prächtige, wasserreiche Stadt mit großartigem Schlosse, großem Stierkampf-Platze, schönem Spaziergange, reichem Museum, der bedeutendsten Gemälde-Gallerie. — 5 M. im NW. am Guadarrama-Gebirge das Örtchen el Escorial mit ungeheurem Schloß, das ein Kloster und eine Kirche mit einer mächtigen Kuppel enthält; Karl's V. und Philipp's II. Gräber. — 5 M. im S. von Madrid Aranjuez (spr. Aranchues), Sommer-Residenz mit Gärten. — Toledo, 18.100 E., am Tajo, uralte schlechte Stadt, die alte Residenz der gothischen Könige, mit einer der großartigsten gothischen Kirchen. — Almadén, 7400 E., in der Mancha, das reichste europäische Quecksilber- und Zinnober-Bergwerk.

2) Kön. Alt-Castilien. Beide Castilien sind etwa so groß wie England mit Wales, die aber siebenmal so viel Bewohner haben. Zwischen den schönen Gebirgswäldern breitet sich die öde, wasserarme, im Winter recht kalte Hochebene aus, welche bei völligem und gutem Anbau ganz Spanien mit Getreide versehen könnte. — Burgos, 25.900 E., mit einer der großartigsten Kirchen der Welt, war Residenz der castilischen Könige. Dabei der Flecken Bivar, Geburtsort des Cid (spr. Sid). — Valladolid (spr. Waljadolids), 39.300 E., schöne, öde Stadt, ehemals Hauptstadt, mit 100.000 E. — Santander, 30.000 E., blühender Handelshafen an der Nordküste.

3) Kön. Leon, fruchtbar, aber schwach bevölkert. Leon, 8700 E., die älteste Hauptstadt mit der schönsten Kathedrale Spaniens. — Salamanca, 15.400 E., mit vielen Bauten der Römer, die reichste Universität.

§ 265. 4) Fürstentum Asturien, mit herrlichen Gebirgsländern und bedeutender Viehzucht, reich an Eisen und Steinkohlen.

5) Kön. Galicien, eins der schönsten und reichsten Gebirgsländer Europas, mit herrlichen Wiesen und Laubwäldern, überall angebaut und stark bevölkert. — la Corunna (spr. Korunja), 30.500 E., fester Handelshafen. — el Ferrol, 21.100 E., fester Kriegshafen. See-Arsenal. — Santiago de Compostela, 23.800 E., mit dem Grabe des Apostels Jacobus des Jüngeren, des Schutzpatrons von Spanien, und deshalb der berühmteste Wallfahrtsort Spaniens (Compostela heißt die schriftliche Bescheinigung über die ausgeführte Wallfahrt.)

6) Landschaft Estremadura, ist sehr fruchtbar, aber die am meisten vernachlässigte Provinz, daher schwach bevölkert; hier liegen die großen Schafweiden (Dehésas). — Badajoz, 21.000 E., am Guadiana, Grenzfestung. — Im N., am Gredos-Gebirge, das Kloster San Yuste, wo Karl V. starb.

7) Landsch. Andalusien (ehemals 4 Königreiche), fast so groß wie Bayern nebst den Thüringischen Staaten, die aber fast die doppelte Bevölkerung haben; ein schönes, aber vernachlässigtes Land. — Cadiz, 68.100 E., auf einer Insel, die dritte Handelsstadt Spaniens, die älteste Europas, vor mehr als 3000 Jahren durch die Phönizier gegründet. — Jerez de la Frontera, 39.000 E., in berühmter Wein-Ebene. Schlacht a. 711. — Das britische Gibraltar, 25.200 E., am Fuße des 1300 F. = 422 m. h. Felsens, einer der Säulen des Herkules. — Sevilla (spr. Sewilja), 122.200 E., ehemals mit $^1/_2$ Mill., die räumlich größte Stadt Spaniens, am Guadalquivir, mit dem größten Stierkampf-Platze und einer ungeheuren kön. Tabaks-Fabrik. — Córdova, 41.000 E., vor 900 Jahren mit 1 Mill., war die heilige Stadt des westlichen Arabischen Reiches, der Sitz der Wissenschaften und Künste, des Glanzes und Luxus. Es hat eine der größten Moscheen, die aber zu einer christlichen Kirche umgeschaffen ist. (Das Corduan-Leder hat den Namen von Cordova.) — Granada, 65.800 E., am Genil, auf schöner Hochebene, in aller Pracht des Südens; das feste schöne Schloß der maurischen Könige ist die Alhambra. — Málaga, 95.200 E., an der Südküste, in einem Weinlande, ist Spaniens zweiter Handelshafen.

8) Kön. Murcia, größer als die Rheinprovinz, ist entwaldet und entvölkert. — Cartagena, 26.000 E., am Meere. — Murcia, 98.700 E.

9) Kön. Valencia, der beste und schönste Teil Spaniens, mit ausgezeichneter künstlicher Bewässerung, durch welche man 3 bis 4 Ernten im Jahre erhält. — Valencia, 102.600 E., am Guadalaviar, in einer Gartengegend, hat die besuchteste Universität und große Seidenfabrikation. 4 M. nördlicher lag Sagunt. — Alicante, 32.700 E., Hafenstadt, handelt mit Wein und Südfrüchten. Nahe im SW. Elche (spr. Eltsche), 18.700 E., mit dem einzigen Palmenwalde Europas.

10) Fürstentum Catalonien oder Catalunja, ein Bergland, größer als Pommern, dessen Wälder den Kork für halb Europa liefern, das gewerbthätigste Land Spaniens. — Barcelona, 179.300 E., Spaniens erste Handels- und Fabrikstadt, zugleich eine der schönsten Städte. — Im SW. Tarragona, 19.400 E., fester Hafenort, zur Römerzeit die bedeutendste Stadt Spaniens.

11) Kön. Aragonien, größer als die Rheinprovinz und Westfalen, die aber die sechsfache Bevölkerung haben, ist meist fruchtbar und schön, aber sehr vernachlässigt. — Zaragoza (spr. Dsaragodsa), 63.300 E., am Ebro. Seidenfabriken.

12) Kön. Navarra, ein schönes, frisches Bergland, von Basken bewohnt. Hauptstadt Pampelona, 21.500 E.

§ 266. 13) Die drei baskischen (spr. vaskischen) Provinzen Guipuzcoa (spr. Gipuskoa), Biscaya (spr. Biskaya) und Aláva, ein zerrissenes Gebirgsland, fast so stark bevölkert wie Galicien, reich an Eisen, bewohnt von den tapferen, unbeugsamen Basken. — Bilbao, 18.700 E. Vitoria, 18.800 E.

14) Kön. der Balearen, einschließlich der Pitiusen. Auf Mallorca (spr. Majorka) liegt Palma, 53.200 E. — Inseln Menorca, Iviza und Formentera.

15) Die Canarischen Inseln, 7 größere und einige kleinere, zusammen so groß wie der Regierungsbezirk Münster, liegen im W. von Marokko. Auf der größten, Teneriffe, erhebt sich der 11.400 F. = 3700 m. h. Vulkan Pico de Teyde. Zu ihnen gehören ferner Gran Canaria und Ferro.

§ 267 (239). Spanien besitzt gegenüber Gibraltar, an der Küste Marokkos, einige Gefängnißörter, namentlich die Festung Ceuta (spr. Dscúta), 11.000 E.; im Guinea-Busen die Inseln Fernando Poo und Annobon; unter den Großen Antillen Cuba und Puerto-Rico, zusammen so groß wie England, die viel Produkte der Tropen erzeugen, namentlich aber Tabak. In Asien die Philippinen (35 Provinzen mit 6 Mill. Bewohnern), die Marianen und Carolinen. Insgesammt außer Europa nicht ganz so viel wie in Europa, aber nur mit der Hälfte der Bewohner. — Spanien nebst den Kolonien (5658 QM. mit fast 8½ Mill. Bew.) hat 14.746 QM. mit fast 25 Mill. Bew. — Bis zu Anfang dieses Jahrhunderts hat es ⅔ von Süd-Amerika und fast ⅓ von Nord-Amerika besessen.

Das Königreich Portugal.

§ 268 (240). Dieses westliche, aus Hochebenen und Gebirgen bestehende Terrassenland der Pyrenäen-Halbinsel ist größer als Bayern nebst Sachsen; es hat 1628 QM. mit 4 Mill. Bewohnern. Natur und Produkte sind dieselben wie in Spanien; die Bewohner sind in jeder Weise ebenso oder gar noch mehr zurück. Das Land ist in 3 größere und 3 kleinere Provinzen geteilt: Alemtejo (spr. Alengtéschu), fast so groß wie die Rheinprovinz, aber nur mit 750 Bew. auf jeder QM., meist dürre Heiden; Beïra, so groß wie die Lombardei, ein wenig bebautes Heiden- und herdenreiches Land; Estremadura (d. i. das äußerste der im Mittelalter zum christlichen Leon gehörenden Länder, jenseit des Douro gelegen), größer als der Regierungsbezirk Potsdam, mit ungeheuren Heiden und kahlen Gebirgen; Traz os

Montes, d. h. hinter den Bergen, eine Hochfläche und rauhe Gebirgsmassen; das kleine Kön. Algarve, der südlichste Teil, mit heißem, an Südfrüchten sehr reichem Küstenrande; und Minho (spr. Minjo), nach dem Hauptflusse genannt, so groß wie das Elsaß, die schönste angebauteste und bevölkertste Provinz, mit 7356 Bew. auf jeder QM.

Hauptstadt Lissabon, 265.000 E., an der Mündung des Tejo, umgeben von Tausenden von Landhäusern und Gärten, gewährt eins der schönsten Städtebilder. Handel. Nahe nördlich bei Mafra, 3300 E., hoch, im Angesicht des Meeres, liegt ein Prachtpalast, noch größer als Escorial, ebenfalls mit Kloster und Kirche. — Im SO. von Lissabon Setúval oder St. Yves, 15.600 E., mit wichtigem Seesalz-Handel. — Coïmbra, 18.200 E., am Mondego, eine sehr alte und imposante Universitäts-Stadt. — Porto, früher Oporto, 108.300 E., nahe an der Douro-Mündung, die wichtigste Handels- und Fabrikstadt, die das Haupt-Produkt des Landes, den Wein, in das Ausland sendet. Es hieß früher Cale, d. i. Hafen, später Portus Calae, zusammengezogen Portugal. — Braganza, 5100 E.

§ 269. Portugal besitzt: die Açoren oder Habichts-Inseln nebst Madéira (Hafenstadt Funchal, spr. Funtschal, 20.600 E.), die Kap-Verde'schen Inseln, die Guinea-Inseln St. Tomé und Principe; an der Küste Senegambiens so viel Land wie in Europa, aber fast ohne Bewohner; in Nieder-Guinea die Neger-Königreiche Angola und Benguela, 2½ Mal so groß als Preußen, vielleicht mit 2 Mill.; an der SO.-Küste Afrikas Sofála und Mosambik, ohne Macht und ohne Wert; in Ost-Indien Goa, Diu, Damán, 67 QM.; südlich vor Kanton die Stadt Macao; — insgesamt 33.119 QM. mit 3¼ Mill. Bew.

Das Königreich Italien.

§ 270 (241). Italien, 5381,5 QM. mit 28⅕ Mill. Bew., besteht aus der vom Po durchflossenen Ebene, welche etwa die Größe der Provinz Brandenburg hat; aus der Halbinsel Italien, welche nach Süden hin in die drei Halbinseln: des Berges Gargáno, Calabrien und Apulien ausläuft, insgesamt etwa halb so groß wie Preußen; aus den großen Inseln Sicilien, so groß wie Belgien; und Sardinien, etwa ⅘ der vorigen; und endlich aus kleineren Inseln. — Die Po-Ebene liegt zwischen dem Südfuße der Alpen und dem Nordfuße der Apenninen und steigt vom Ufer des Adriatischen Meeres nach Westen hin bis zum Fuße der West-Alpen allmählich etwa um 650 F. = 211 m. hoch auf. Sie ist eine der am stärksten angebauten Ebenen und von so zahllosen Bewässerungsrinnen durchzogen, daß ihr in dieser Rücksicht nur etwa Holland und die Tiefländer Chinas verglichen werden können; Getreide, in zwei Gegenden selbst Reis, der eigentlich der warmen Zone angehört, Wein, Obst, Seide und Gras zur Viehweide werden in Fülle erzeugt. Die überall horizontal übereinander liegenden Schichten, aus denen der Boden besteht, liefern den Beweis, daß die Ebene aus allmählichen Absätzen aus dem Wasser gebildet worden ist. Ihr niedrigster, östlicher Teil, aus welchem sich bei Padua das kleine vulkanische Gebirge der Euganéen erhebt, ist mit einem sehr sumpfigen, an ausgedehnten Küsten-Wassern reichen Ufersaume eingefaßt. Dort sind namentlich die einem Haff gleichenden Lagunen von Venedig merkwürdig, welche durch schmale, Lidi genannte Inseln vom Meere getrennt sind. Die von S. her aus dem Apennin zum Po gehenden Nebenflüsse, von der Trebbia bis zum Reno, sind im Herbste nicht vorhanden; ihre Betten sind dann trockene weiße Kalkstreifen, welche sich durch die grüne, gartenartige Ebene schlängeln; aber nach dem Regen und der Schneeschmelze wälzen sich große Wassermengen unter den selbst bis 22 Bogen zählenden langen Steinbrücken hindurch. Die vom Norden aus den Alpen entspringenden Zuflüsse behalten dagegen das ganze Jahr hindurch ihr Wasser und sind daher wichtiger; die bedeutendsten derselben durchströmen lange, schmale Seen, welche am Rande der Alpen nach N. in das Gebirge hineinreichen. So durchfließt der am St. Gotthardt entspringende Tessin den Lago maggiore (spr. madschore), in welchem die von Reisenden viel besuchten schönen Borromäischen Inseln liegen; die am Wormser Joch entspringende Adda den dreispitzigen Como-See, der unter allen die schönste Ufer-Einfassung hat; der Oglio (spr. Oljo) den Iseo-See, der Mincio (spr. Mintscho) kommt aus dem Garda-See; dem größten dieser Seen. Eigentümlich ist in den größeren Städten dieser Ebene, daß die Hauptstraßen zu beiden Seiten im untersten Stockwerke von einerseits offenen Bogengängen eingefaßt sind, so daß man auch bei Regenwetter trocknen Fußes geht.

§ 271 (242). Die Ebenen und Hügellandschaften umfassen die Lombardei und Venetien.

In der Lombardei ist die Hauptstadt Mailand, 199.000 E., eine der schönsten, reichsten und wichtigsten Städte Italiens. Sie ist durch ihren herrlichen Dom aus weißem Marmor, ihre Seidenfabriken und ihren Handel berühmt. — Westlich Magenta, 5000 E., Schlacht 1859. — Pavia, 28.000 E., am Po, hat die wichtigste italienische Universität. — Cremona, 28.700 E., am Po; berühmte Violinen. — Bergamo, 22.600 E., in fruchtbarem Hügellande, hat Handel und Seidenfabriken. — **Brescia** (spr. Brescha), 38.900 E., in fruchtbarer Ebene, eine bedeutende Fabrikstadt. — **Solferino**, 600 E., südlich vom Garda-See; Schlacht 1859. — **Sondrio**, 4500 E., an der Adda im Veltlin, Italiens nördlichste Stadt. — In Venetien ist die Hauptstadt **Venedig**, 128.100 E., von einem flachen Wasser, den Lagunen, umgeben, und von zahllosen Kanälen durchzogen, welche die Straßen vorstellen, so daß man aus der Hausthür in eine Gondel treten muß; indeß sind manche Straßen auch der Art, daß man längere Spaziergänge machen kann. In der alten seltsamen Marcus-Kirche ist das Grab des Apostels Marcus; sie liegt an dem berühmten Marcus-Platze und neben dem über tausend Jahre alten Dogen-Palaste, in welchem ehemals die Dogen, die gewählten Herrscher, wohnten, als im Mittelalter die Republik Venedig mit ihren Schiffen das Mittelländische Meer und in demselben drei Königreiche beherrschte und für den Handel fast der ganzen bekannten Welt den Mittelpunkt bildete. Jetzt sind Venedigs ehemals berühmte Paläste größtenteils unansehnlich und verfallen. Die hier gefertigten goldenen Ketten und die von der nahegelegenen Insel **Murano**, 3500 E., kommenden Glasperlen sind noch jetzt berühmt. — **Verona**, 60.000 E., an der Etsch, war unter dem Namen Bern des Gothenkönigs Theodorich Residenz. Hier steht ein wohl erhaltenes, 73,7 m. langes, von den Römern gebautes Amphitheater. — **Padua**, 44.600 E., eine alte, berühmte Universitätsstadt. Livius ist hier geboren. — **Mantua**, 26.700 E., starke Festung, auf einer Insel in einer seeartigen Erweiterung des Mincio, ist eine der schönsten Städte Italiens, hat aber schlechte Luft. Hier ist Virgil geboren. Es bildet mit dem am Süd-Ende des Garda-Sees gelegenen **Peschiera** (spr. Peskiera), 1400 E., nebst Verona und Legnago das berühmte Festungs-Viereck. — **Vicenza** (spr. Witschenza), 27.000 E., in sehr fruchtbarer Gegend, fabricirt Seide. — **Udine**, 22.000 E., in der Landschaft Friaul. — **Adria**, 7200 E., einst an dem nach ihm genannten Meere, jetzt 2 Meilen davon entfernt, indem durch die vom Po am Meeresrande abgesetzten Sandmassen das Ufer um so weit ins Meer vorgerückt ist.

Der westliche Teil der Po-Ebene und das südlich davon gelegene und an das Meer reichende Gebirgsland heißt **Piemont**. Hauptstadt von Piemont ist **Turin**, 214.000 E., eine schöne Stadt am Po.

Festung **Alessandria**, 28.000 E., am Tanaro; nahe der Schlachtort Dorf Marengo. — **Genua**, 130.300 E., am Meere, genannt die Marmorstadt, hat außer Neapel die schönste Lage unter den Städten Italiens. Wenige andere Städte sind so reich an Prachtgebäuden. Für die Korallen-Arbeiten ist es der Hauptort; auch sein Handel ist bedeutend.

§ 272 (243). Das 120 Meilen lange, 5 bis 15 M. breite Gebirge des **Apennin** schließt sich im Westen Genua's an die Alpen an und zieht südlich von der Po-Ebene nach OSO. Dieser in seinen Gipfeln bis über 6500 F. = 2110 m. hohe Nord-Apennin ist mit weitläufig gestellten echten Kastanienbäumen bewaldet. Der Mittel-Apennin nimmt südöstliche Richtung und teilt sich, so daß seine waldigen, das wilde Abruzzen-Gebirge bildenden Züge das Thal der nach Osten mündenden Pescara umgeben. Hier liegt der höchste Berg der Halbinsel, der 9200 P. F. = 2990 m. h. Gran Sasso d'Italia, d. h. der Große Fels von Italien, und nahe dabei der fast 9000 F. = 2924 m. h. Amaro-Berg. Südlicher setzt sich der Süd-Apennin in derselben Richtung fort und sendet noch niedrige Felsrücken durch die Halbinsel Apulien. An ihn schließt sich das von N. nach S. laufende Calabrische Gebirge, das an der Straße von Messina mit steilem Absturze endet, wo an der West-Ecke der Halbinsel der unbedeutende Meeresstrudel der Scylla liegt. Der zweite bedeutendere Strudel, die Charybdis, findet sich in der Meerenge, östlich von Messina; er bringt wenig und selten Gefahr. — Westlich von den Apenninen erheben sich vereinzelte kleine Gebirge, namentlich die Albaner Berge bei Rom und der 3650 F. = 1186 m. h. feuerspeiende Vesuv bei Neapel.

§ 273. Südlich von der Lombardei und auf dem Nordabfalle des Appennin liegen die Provinzen der Emilia. Darin:

Parma, 45.000 E., an der Parma. — Piacenza (spr. Piatschenza), 35.000 E., am Po (Roncalische Felder). — Modena, 31.000 E. — Westlich von Reggio im Gebirge die Ruinen des Schlosses Canossa. — Massa, 4800 E. und Carrara, 10.800 E., unfern der Westküste, haben die berühmtesten Marmorbrüche der Welt (etwa 600). — Ferrara, 28.500 E., am südlichen Mündungs-Arme des Po, hat Fabriken und Handel. — Ravenna, 11.900 E., ehemals am Meere, jetzt 1 Meile davon entfernt, hieß ehemals Raben und war Hauptstadt des weströmischen Reiches; hier ist des Gothenkönigs Theodorich und des großen italienischen Dichters Dante Grab. — Bologna (spr. Bolonja), 89.100 E., am Reno, hat die älteste, berühmte Universität Italiens.

Daran schließt sich im SO. die Provinz der Marken und Umbrien.

Festung Ancona, 28.000 E., hat den besten Hafen am Adriatischen Meere. — Loreto, 5300 E., ist einer der berühmtesten Wallfahrtsorte der Welt. — Westlicher Urbino, 10.200 E., Raphaels Geburtsort. — Perugia (spr. Perudscha), 16.700 E., im Osten des Trasimenischen Sees. — Am Apennin Terni, 9100 E., mit dem Wasserfalle des Velino, dem schönsten Italiens. — Die kleine Republik San Marino enthält wenige kleine Ortschaften (7800 E.).

§ 274 (244). Auf der Südseite des Nord-Apennin umfaßt das ehemalige Toscana das gartenartige Thal des Arno und die südlich von demselben gelegenen Hoch- und Berglandschaften, einen der am besten angebauten Teile Italiens, reich an Produkten, an unsterblichen Kunstwerken und an Namen historisch berühmter Männer.

Florenz, 167.100 E., liegt am Arno, weithin von Landhäusern, Gärten, Weinbergen und Olivenhainen umgeben. Die Stadt ist reich an bedeutenden, berühmten Palästen; der großherzogliche enthält ein Museum von Gemälden und Statuen, welchem in der ganzen Welt nur noch eins

Europa: Italien.

in Rom rücksichtlich seines Wertes und seiner Wichtigkeit an die Seite gesetzt werden kann. Die Kuppel des Doms ist die schönste in der Welt. Unter den Mediceern war Florenz in Kunst und Wissenschaft allen Städten der Welt voraus. Auch jetzt ist es die gebildetste Stadt Italiens. Florenz verfertigt weltberühmte Strohhüte. — Pisa, 25.900 E., am Arno, berühmt durch seinen schiefgebauten, 170 F. = 55 m. hohen Marmorturm, andere Bauwerke und seine Universität (Galilei). Pisa war im Mittelalter, wie Venedig und Genua, eine selbständige Handels-Republik. — Westlicher am Meere Livorno, 80.900 E., Italiens bedeutendster Handelsort. — Lucca, 21.300 E., in einer gartenartigen Gegend, Bade- und Fabrikort, liefert berühmtes Olivenöl. — Siena, 23.000 E., ehemals 150.000, mit einem der schönsten Dome Italiens, ist ein wichtiger Fabrikort, einst sehr wichtig durch Kunst und Gelehrsamkeit. — Auf die eisenreiche Insel Elba war Napoleon I. 1814 ein Jahr lang verbannt.

§ 275. In Latium, dem ehemaligen Kirchenstaate: Rom, 220.000 E., die Hauptstadt Italiens, am Tiber, liegt auf zwölf Hügeln zu beiden Seiten des Flusses. Die von N. hindurchführende Hauptstraße, der Corso, leitet zum Capitole, an dessen Ostseite sich das Forum mit seinen aus der Römerzeit stehen gebliebenen Säulen und Ruinen ausdehnt; die bedeutendste derselben ist das 188,6 m. lange ovale Kolosseum, ein Amphitheater der Alten. Wenig weiter hin liegt der früher vom Papste bewohnte Palast. Auf der andern Seite des Flusses steht die Engelsburg, die feste Burg Roms, einer gewaltigen Trommel ähnlich, ursprünglich das Grabgebäude des römischen Kaisers Hadrian; und nahe dabei die Peterskirche, mit dem Grabe des Apostels Petrus, die größte Kirche der Christenheit, bis zur Spitze des Kreuzes auf der mächtigen Dom-Kuppel 131,6 m. h. Daran schließt sich der Palast der Päpste, der Vatican, mit 20 Höfen und mehr als 2000 Gemächern, in welchem sich das für die Kunstgeschichte wichtigste Museum der Altertümer und Gemälde befindet. — Der Bischof von Rom, das Oberhaupt der katholischen Kirche, ist aus der Zahl der 58 Kardinäle, der höchsten Geistlichen, von diesen selbst gewählt. Die Ebene rings um Rom, die sogenannte römische Campagna, ist ein schlecht und nur zum Teil bestellter Acker mit ungesunder Luft, der sich bis in die lateinischen Thäler hineinstreckt. An ihrer Westseite liegt nahe der Tiber-Mündung der kleine Ort Ostia, 50 E., und an ihrer SO.-Seite erhebt sich das vulkanische, waldige Albaner-Gebirge mit den Sommer-Orten der Römer; und im Süden desselben dehnen sich die Pontinischen Sümpfe aus, eine der wenigen Gegenden Italiens, deren Vegetation der der Wälder und Wiesen Deutschlands ähnelt, aber mit der gefährlichen Fieberluft behaftet ist. — Östlich von Rom liegt Tivoli, 7700 E., auf steiler Felswand, mit prachtvollen Wasserfällen. — Civita vecchia (spr. Tschiwita weckia), 10.500 E., am Meere, war die Festung des Kirchenstaates.

§ 276 (245). Die südliche Hälfte der Halbinsel, die erst das eigentliche warme Italien ist, bildet das ehemalige Königreich Neapel, größer als Bayern, ein von der Natur reich ausgestattetes, aber sehr vernachlässigtes Land, meist Gebirge, nur auf der Ostseite des Apennin mit einer Ebene, welche gute Schafweide bietet und in deren nördlichem Teile die Schlacht bei Cannä stattfand.

11*

Neapel, 450.800 E., liegt an dem wegen seiner Schönheit berühmten Golfe von Neapel, vor welchem sich die schönen Inseln Ischia (spr. Iskia) und südlicher Capri aus dem Meere erheben. Die Stadt zieht sich an den Anhöhen hinauf. Nach W. hin führt ein als Thor dienender, durch den Berg geschlagener Tunnel zu der vulkanischen, seenreichen Gegend der phlegräischen Felder; nach SO. eine Eisenbahn zum feuerspeienden Vesuv und weiter am Meere hin. Zu beiden Seiten des Vesuv liegen durch die Ausbrüche des Vesuv im Jahre 79 verschüttete Städte der Römer, nämlich das zur Hälfte aufgegrabene Pompeji, und das nur in unterirdischen Gängen sichtbare Herculanum, über welchem die Stadt Portici steht. Die fruchtbare Ebene um Neapel, die glückliche Ebene genannt, reicht im Norden bis Capua, 12.200 E., das an der Stelle des alten Capua steht. — Castellamare, 18.300 E., am Golfe von Neapel, auf der Halbinsel von Sorrento. — Südlicher Salerno, 19.900 E., am Meere. — Foggia (spr. Fodscha), 34.200 E., im SW. des Monte Gargano. — Bari, 49.400 E., am Adriatischen Meere. — Lecce (spr. Lesse), 18.500 E., Hauptstadt von Apulien, mit bedeutendem Handel von Olivenöl. — Reggio (spr. Redscho), 19.100 E., das alte Rhegium, an der Straße von Messina. — Tarent, 20.500 E., ehemals mit 300.000 E., liegt an dem danach benannten Meerbusen.

§ 277 (246). Auch die Insel Sicilien ist sehr fruchtbar, aber ganz vernachlässigt; sie besteht fast nur aus Gebirgen und zerschnittenen Hochebenen. Im NO.-Teile der Insel erhebt sich der 10.200 F. = 3313 m. h. feuerspeiende Ätna, unten mit Wald, höher hinauf mit Alpenweiden, in der Höhe nur mit Lava, Steinasche und Schnee bedeckt.

Hauptstadt ist das an der Nordküste gelegene schöne Palermo, 186.400 E., mit 300 Kirchen und 60 Klöstern. — An der Ost-Ecke der Insel liegt Messina, 70.300 E., der wichtigste Handelsplatz; 1783 ist es durch ein Erdbeben zu einem Schutthaufen zusammengeschüttelt worden. — Südlicher Catania, 83.500 E., die schönste Stadt der Insel am Meere und der fruchtbaren Ebene, welche südlich den Ätna umgiebt. — Siracusa, 18.200 E., südlicher am Meere. Es bestand in alter Zeit aus 5 Städten und hatte mehr als 1 Mill. Bewohner. — Im westlichen Teile am Meere Marsala, 14.100 E., Festung, berühmt durch ihren Wein; und Trapani, 26.900 E., Salzgewinnung. — Die Ägatischen Inseln. — Vor der Nordküste Siciliens liegen die vulkanischen Liparischen Inseln, von denen Stromboli und Volcano feuerspeiende Berge sind. — Siciliens wichtigster Handelsartikel ist der Schwefel.

15 Meilen südlich von Sicilien liegen die Insel Malta und 2 kleinere, 6,7 QM. groß, mit 149.000 Bew., Sandsteininsel mit wenig Ackererde, aber fruchtbar. Die Insel gehörte ehedem den Johanniter-Rittern, seit 1800 den Engländern. — Festung Valetta, 36.500 E.

Die Insel Sardinien besteht aus einigen fruchtbaren Ebenen und waldigen Gebirgen, deren höchster Gipfel fast 6000 F. = 1918 m. Höhe hat. — Cágliari (spr. Kaljari), 29.900 E., an der Südküste. — Sássari, 30.500 E., zwischen Olivenwäldern im nordwestlichen Teile.

Das Königreich Griechenland.

§ 278 (247). Dieses 1829 von der Türkei freigewordene Königreich, 910 QM. mit 1.458.000 Bewohnern, ist so groß wie Böhmen und besteht aus der Halbinsel Morea oder dem Peloponnes, an Größe dem Regierungs-Bezirk Königsberg gleich; aus dem nördlich davon gelegenen Festlande (Hellas), so groß wie Westfalen; und zahlreichen, östlich und westlich davon, im ägäischen und ionischen Meere gelegenen Inseln: Euböa, den Kykladen und den Jonischen Inseln, insgesamt so groß wie Schleswig. Griechenland ist fast überall großartiges Gebirgsland, innerhalb dessen wenige kleine Ebenen liegen, und erhebt sich meist mit steilen Felsufern aus dem Meere. Die Gebirge sind bewaldet, und der Boden ist im Ganzen wenig angebaut. Kleine Rosinen oder Korinthen sind das Hauptprodukt für den Handel. — Unter den Gebirgen des Festlandes ist der 7600 F. = 2470 m. h. Parnaß das höchste. Nördlich davon reicht ein Gebirge nach Osten bis an den Golf von Zeitun, und daran hin führt der Paß der Thermopylen. Östlich vom Parnaß liegt der Kopaïs-See, und südlich von diesem erhebt sich der 4700 F. = 1527 m. h. Helikon. Der mehr als $^3/_4$ Meile breite und bis 236 F. = 77 m. hohe Isthmus von Korinth verbindet mit dem Festlande die Halbinsel Morea. Im nördlichen Teile derselben steht der 7300 F. = 2371 m. h. Kyllene; die mittlere Hochfläche ist das Weideland Arkadien, und durch die mittlere der drei südlichen Halbinseln, durch die mainottische, zieht das 7400 F. = 2400 m. h. Taÿgĕtos-Gebirge. — Das fruchtbare, aber auch gebirgige und waldreiche Euböa ist einer der besten Teile des Reiches. Die Kykladen sind hohe, rauhe, felsige Inseln, zum Teil vulkanisch, wie namentlich Santorini; auch die Jonischen Inseln sind felsig und hoch, wald- und wasserarm.

§ 279. Griechenland ist reich an Ruinen, welche Denkmäler aus der Zeit der alten Griechen sind. Abkömmlinge dieser alten Griechen mögen die Bewohner der Kykladen sein; die auf dem Festlande gehören größtenteils den slavischen Völkern an, so daß sie in sehr vielen Gegenden nicht einmal die neugriechische Sprache verstehen. Im Allgemeinen sind in diesem trägen, betrügerischen, für Handel und Schiffahrt geborenen Volke die Männer groß und schön, die Frauen unansehnlich, selbst häßlich. An Bildung fehlt es fast gänzlich. Das Land ist in 14 Nomen geteilt.

Hauptstadt **Athen**, 44.500 E., eine Stunde von dem am Meere gelegenen Hafenorte **Piräus**, 11.000 E. Athen liegt am Fuße des 180 F. = 58,5 m. hohen Tafelfelsen der **Akropolis**, der alten Felsenburg, auf welchem neben anderen Tempeln die Ruinen des berühmten Minerven-Tempels stehen, welcher Parthenon heißt; die Propyläen sind das Säulenthor, durch welches man die obere Fläche betritt. Neben der Stadt steht der schön erhaltene, 32,5 m. lange Theseus-Tempel. Nördlich von Athen liegen die Marmorbrüche des **Pentelikon**-Berges; westlich von Athen, südlich von dem alten Eleusis, die Insel **Salamis** (Seeschlacht a. 480 a. C.); östlich, jenseit der Berge am Meere, die Ebene von **Marathon**. Noch nördlicher, unfern des Kopaïs-See's im SO., **Theben**, 3000 E., ein schlechter Ort. — Westlicher liegen elende Dörfer an der Stelle des alten Plataä, Leuktra und Chäronea. — Am Süd-Abhange des Parnasses steht das Dorf Kastri an der Stelle des alten **Delphi**, von welchem wenige Spuren übrig sind. Noch westlicher, an der danach benannten Meerenge, **Lepanto**, 900 E., Seeschlacht 1571. Nordwestlich am Süd-Ufer des Arta-Sees die **Actium** genannte Uferstelle. — Auf Euböa **Chalkis** oder Negriponte, 6450 E., durch eine Brücke über den Euripus-Kanal mit dem Festlande verbunden. Gegenüber südlich lag einst **Aulis**.

§ 280. Auf dem Peloponnes: **Nauplia** oder Napoli di Romania, 4000 E., der festeste Hafen Griechenlands. — **Argos**, 9000 E., hat zahlreiche Ruinen aus dem Altertume; südlich lag der Lernäische Sumpf. — Das feste **Hydra**, 7400 E., auf der Insel gleichen Namens, hat die geschicktesten Seeleute Griechenlands. — **Korinth**, 1900 E., einst mit 300.000, liegt neben der 1774 F. = 576 m. h. Felsenfeste **Akrokorinth**. Hier fanden im Altertume die isthmischen Spiele statt. Eine 1 Meile lange Mauer sperrte ehedem den Isthmus. — Am Ostfuße des Taygetos-Gebirges **Sparti**, 2700 E., neben den Ruinen des alten Sparta. — Auf der 2000 F. = 650 m. h. Ebene von Arkadien liegt **Tripolis**, 7000 E., einige Stunden südlich von den Ruinen von Mantinea. — Westlich lag in Elis der alte heilige Bezirk **Olympia** mit seinen Tempeln, Theatern, Hainen u. s. w., wo die olympischen Spiele gefeiert wurden. Nördlicher, an der Küste **Patras**, 16.600 E. — Südlicher an der West-Küste **Navarin**, Seeschlacht 1827. — Auf der mittleren Kykladen-Insel **Syra** liegt **Hermupolis**, 21.000 E., ein wichtiger Handelsort, nächst Athen die größte Stadt. Die Insel **Paros** ist durch ihren Marmor berühmt, Tinos und Santorini durch ihren Wein. — Auf den ionischen Inseln: **Corfú**, 15.450 E., auf der gleichnamigen Insel, der fruchtbarsten und schönsten. Auf der kleinen Felseninsel Ithaka sind kaum noch Spuren aus ältester Zeit vorhanden. Alle diese Inseln liefern Korinthen (kleine Rosinen), Wein, Öl und Seide.

Das osmanische oder türkische Kaiserreich.

§ 281 (248). Der türkische Kaiser oder Sultan, der geistliche Nachfolger (d. i. Chalif) des Propheten Mohammed, ist in Europa, Asien und Afrika Oberhaupt von etwa 47 Mill. Bewohnern, auf 100.000 □M.: das ist ein Gebiet über halb so groß wie Europa. Etwa ³/₅ davon (59.240 □M. mit 20½ Mill. E.)

kommen auf die afrikanischen Reiche Ägypten und Tripolitanien, in denen er nur die Herrscher bestätigt und Tribut empfängt; die asiatischen Länder sind fast sechsmal so groß als Preußen (34.300 QM.) und haben 17$\frac{1}{2}$ Mill. Bew.; und die europäischen sind fast so groß wie das Deutsche Reich und haben fast 9 Mill. Bew.

Aber auch in Europa stehen noch die Länder Bosnien, Bulgarien, Ost-Rumelien, insgesamt etwa fast so groß wie Italien, mit fast 3$\frac{1}{2}$ Mill. Bew., im Schutzstaaten-Verhältniß zur Türkei.

Die europäische Türkei ist fast durchweg gebirgig und hat nur wenige kleine Ebenen, z. B. die von Thessalien, ist aber von ausgedehnten und fruchtbaren Thälern durchzogen. Die mit der Küste des Adriatischen Meeres parallel laufenden Gebirgsketten erheben sich an der Nordost-Ecke von Montenegro im Dormitor zu 8000 F. = 2600 m., und etwas weiter hin liegt der ebenso hohe Schar-Dagh. Von hier nach S. zieht das im südlichen Teile Pindos genannte Gebirge, mit 7000 F. = 2274 m. h. Gipfeln; und östlich von diesem steht am Busen von Salonichi der mehr als 9140 F. = 2970 m. h. Olymp, an dessen Südfuße das Thal Tempe ans Meer führt. Vom Schar-Dagh nach Osten zum Schwarzen Meere zieht der bis 5250 F. = 1700 m. h. Balkan oder Hämus.

§ 282. Hauptstadt ist das am Bosporus gelegene Stambul, Byzanz oder Konstantinopel, 600.000 Bew., auf sieben Hügeln, eine der am schönsten gelegenen Städte. Ein als Hafen dienender schmaler Meerbusen, genannt das Goldene Horn, trennt von der alten Stadt und dem Stadtteile des Serail oder der ehemaligen Wohnung der Sultane die nördlich gelegenen, mehr den europäischen Städten gleichenden Teile Pera und Galata. Konstantinopel gegenüber auf asiatischer Seite liegt Stutari, mit 70.000 E. und dem großen Kirchhofe der Türken. Die Straßen zwischen den meist hölzernen Häusern und Hütten sind eng, krumm und sehr unsauber. Das Hauptthor am Palaste des Groß-Besirs oder Premier-Ministers heißt die Hohe Pforte; der Staatsrath versammelt sich in der Gerichtshalle oder dem Divan. Die Zahl der mit Kuppeln gedeckten und daneben mit schlanken, spitzen Thürmen oder Minarets (von welchen zum Gebete gerufen wird) versehenen mohammedanischen Tempeln, sogenannten Moscheen, ist groß. Die berühmteste ist die Sophien-Moschee; sie war bis 1453 eine christliche Kirche. Auch die Zahl der Khans und Karawanserais, einer Art von Gasthäusern, sowie die der Badehäuser und Kaffeehäuser ist sehr groß. Die Stadt hat bedeutenden Handel, der von Griechen, Juden, Armeniern und Europäern geführt wird, aber wenig Fabrikation; die Türken sind großenteils ein träges Volk. Die überall mit Orten, Landhäusern und schönen Bäumen besetzten Ufer des Bosporus sind reizend.

Die südlich vom Balkan gelegene Provinz Ost-Rumelien hat seit 1879 einen christlichen Gouverneur. Darin liegen: die zweite Hauptstadt, das ziemlich verödete Adrianopel oder Edirné, 150.000 E., nahe am Maritza-Flusse, durch Handel und Fabriken wichtig. — Filibé oder Philippopolis, 45.000 E., am Maritza, hat Fabriken. — Gallipoli, 20.000 E., auf einer Halbinsel, ist eine Handelsstadt. — Im alten Makedonien: Salóniki (das alte Thessalonichi), 80.000 E., ist nächst Konstantinopel der wichtigste Handelsort. — 8 M. im NW., jenseit des Vardar, liegen die Ruinen von Pellä, der Residenz Philipps von Makedonien und des Geburtsortes Alexanders des Großen. — Nordöstlich Seres, 30.000 E., Handel und Baumwollenbau. In der fruchtbaren Ebene dabei das Dorf Filibé (Philippi), einst die Gemeinde des Paulus. Schlacht a. 42 a. C. — Am SO.-Ende der Chalcidischen Halbinsel der heilige Berg Athos, wo etwa 3000 Mönche in 20 großen Klöstern, die zu den ältesten gehören, in Einsiedeleien ꝛc. leben.

§ 283. Im alten Thessalien: Larissa, 30.000 E., am Salamvria, wichtiger Fabrikort in sehr fruchtbarer Ebene. — Südlich Phersala, 5000 E., Schlacht a. 48 a. C., und östlich die Hügel Kynoskephalä, Schlachten 365 und 197 a. C. — In Albanien: Jánina oder Joánina, 30.000 E., feste Hauptstadt an einem See. — Skutari, 20.000 E., an dem danach benannten See, Fabrikstadt, ehemals groß. — Auf der Insel Candien oder Kreta, zehnmal so groß als Rügen, wo sich der Berg Ida 7560 F. = 2455 m. h. erhebt, liegt Canëa, 12.000 E., das den besten Hafen hat. — Zu den Sporaden, welche indeß zur asiatischen Türkei gerechnet werden, gehören: Lemnos oder Stalimne (lemnische Erde, ein Heilmittel); Lesbos oder Mytilene, eine fruchtbare, an Produkten reiche Insel, Geburtsland des Alkäos und der Sappho; Sakiz oder Chios, im W. der Jonischen Halbinsel, fruchtbar, gilt als Geburtsland Homers; Samos oder Sisam, ein griechisches Fürstentum, welches dem Sultan Tribut zahlt, liefert Wein; Pathmos, wo der Evangelist Johannes als Verbannter seine Offenbarung geschrieben hat; Kos oder Ko, Geburtsland des Apelles; Rhodos (die Stadt Rhodos 10.000 E., hat wichtigen Schiffbau) war von 1309 bis 1523 im Besitze der Johanniter-Ritter. Im dritten Jahrh. a. C. stand hier 56 Jahre lang der eherne Koloß, den ein Erdbeben umgeworfen hat.

Ein Vasallenreich des türkischen Kaisers ist:

Das Fürstentum Bulgarien, eine erbliche, constitutionelle Monarchie (seit 1879). 1160 □M. mit 1.859.000 Bew. — Die Hauptstadt Sofia hat 18.000 E., — die ehemalige Hauptstadt Tirnowa 12.000 E. — Warna, 16.000 E., ist eine Hafenfestung am Schwarzen Meere. Schlacht 1414. — An der Donau: Widdin, 19.000 E., und Rustschuk, 23.000 E. Von letzterer geht eine Eisenbahn nach Warna. — Schumna ist eine starke Festung in den nördlichen Vorbergen des Balkan-Gebirges.

In den türkischen Provinzen Bosnien und Herzegowina, welche seit Sept. 1879 von österreichischen Truppen besetzt sind: Seraï-Bosna, 50.000 E., hat Fabrikation. —

Ehemals gehörte zur Türkei:

§ 284 (249). Das Fürstentum Rumänien, 3 mal so groß als Schlesien, mit 5⅓ Mill. Bewohnern, das untere Donauland, umfaßt die ehemaligen Hospodarschaften (die Herrschaften) der Walachei und der Moldau (nach dem rechten Nebenflusse des Sereth, der Moldawa benannt). Der Fürst ist vom Lande gewählt. Außer den Wlachen bewohnen das Land zahlreiche Zigeuner, auch Armenier und Juden. Das Land hat sehr fruchtbaren Boden, wird aber nur erst zum kleinen Teil angebaut; an Steinsalz ist es sehr reich.

Hauptstadt **Bukurescht**, gewöhnlich Bukarest genannt, 177.600 E., eine schmutzige orientalische Stadt. — **Jassi** (spr. Jaschi), 90.000 E., ebenso. — An der Donau liegen **Braïla**, 28.300 E., **Galatz**, 80.000 E., **Ismaïl**, 21.000 E., alle mit großartigem Getreidehandel.

Das Fürstentum **Serbien**, von der Morawa durchflossen, größer als Schlesien, ist eine erbliche constitutionelle Monarchie. Die Serben sind das gebildetste slavische Volk der Türkei. Das Land ist mit Erzen, Wäldern und reichem Ackerlande gesegnet.

Belgrad, 27.600 E., an der Donau, eine zum Teil verödete Festung. — **Passarowitz** (richtig Poscharewatz), 6900 E., an der Donau; Friede 1818. — Bei **Orsowa** (spr. Orschowa) durchfließt die Donau die enge, 10 M. lange, gefährlichste Flußenge Europas.

Das Fürstentum **Montenegro** liegt am SO.-Ende Dalmatiens. Es ist ein unzugängliches, kleines Gebirgsland, von einem tapferen, aber wilden slavischen Volksstamme bewohnt, der griechischen Kirche angehörig, wie die vorigen Länder. In keinem dieser drei Länder giebt es türkische Truppen. — **Zetinje**, 1400 E.

Alle türkischen Häfen führen Getreide aus, obwohl der Boden schlecht angebaut wird; auch viel Mais oder türkischen Weizen gewinnt man, und man baut Tabak und Baumwolle. Auch Vieh kommt aus der Türkei, sowie Teppiche, gefärbtes Leder, etwas Seide und Rosenöl.

Das europäische Rußland.

§ 285 (250). Das gesamte russische Reich umfaßt 404.200 ☐Meilen, also mehr als $1/7$ der ganzen aus dem Meere hervorragenden Erdoberfläche, oder etwa so viel, wie die uns bei Vollmond sichtbare Mondoberfläche. In 37 gleiche Teile geteilt, kommen 10 auf Europa und 27 auf Asien (dasselbe Zahlenverhältniß, wie zwischen der trocknen und der vom Meere bedeckten Erdoberfläche). Dieses große Reich hat nahe an 88 Mill. Bewohner, und davon wohnen fast $1/7$ in Asien (13 Mill.) und $6/7$ in Europa (75 Mill.).

Das europäische Rußland reicht von $44 1/4$ bis $70 1/2°$ n. B. durch 394 g. M., und von $35 1/2$ bis $82°$ östl. Länge durch 420 g. M. Es macht $5/9$ von ganz Europa aus (98.400 ☐M.). In der eisigen, sumpfigen Waldzone, welche an das nördliche

Eismeer grenzt, haben die nördlichsten Gegenden jährlich eine drei Monate lange Nacht; hier wohnen auf einem Gebiete, das $1/7$ von ganz Europa ausmacht, nur 16 bis 20 Menschen auf jeder Quadratmeile. Südlicher folgt dann ein von Ost nach West reichender Strich der dichtesten Wälder, welche dreimal so groß sind als der Preußische Staat. $2/3$ derselben gehören der Krone. Darauf folgt in der Mitte des Landes die Gegend des Ackerbaues, wo auf $1/5$ von ganz Rußland (ein Bereich, doppelt so groß als Frankreich) unermeßliche Mengen von Roggen und Gerste, auch Weizen, namentlich aber Hanf, Flachs und Leinsaat (mindestens $2/3$ der gesammten europäischen Produktion) großenteils zur Ausfuhr nach andern Ländern Europas gewonnen werden. Südlicher folgt die Zone der Steppen, in welcher die größte Rinder-, Pferde- und Schafzucht stattfindet; Pferde, z. B. hat Rußland mehr als das ganze übrige Europa. In einigen Gegenden am Schwarzen Meere endlich beginnt ein ausgezeichneter Weinbau. Die Zone des Ölbaums, der Seide und des Zuckerrohres, nämlich Transkaukasien, südlich vom Kaukasus, gehört schon nicht mehr Europa an. Rußland reicht somit durch alle Zonen, die tropische ausgenommen, und die Fülle seiner Produktion ist sehr groß. — Die Bewohner gehören fast 100 verschiedenen Völkern und Volksstämmen an. Russen (Groß- und Klein-Russen) sind 50 Mill., Polen 4.500.000, Juden 2.800.000, Deutsche 2.000.000. — Herrschende Religion ist die griechisch-katholische; das Oberhaupt dieser Kirche ist der Kaiser. In Polen herrscht die römisch-katholische, in den Ostsee-Provinzen die lutherische Religion. — Rußland ist in 60 Gouvernements eingeteilt.

§ 286 (251). In den Ostsee-Provinzen, größer als das Königreich England, mit 3 Mill. Bewohnern (England hat 20 Mill.) liegen Rußlands bedeutendste Handelsstädte, welche den größten Teil der Ausfuhr besorgen. Etwa die Hälfte des Landes ist mit Wäldern bedeckt, in denen Bären und Wölfe hausen. Die Bewohner der Städte sind seit 700 Jahren Deutsche, und daher sind diese Provinzen in der Bildung den übrigen voraus.

In Ingermanland: St. Petersburg, 667.963 E., an der Newa, die 1703 durch Peter den Großen zwischen Sümpfen gegründete prächtige Hauptstadt, die Residenz des Kaisers. Seine Paläste, Plätze und Kirchen gehören zu den großartigsten der Welt. Es ist nächst Moskau die bedeutendste Fabrikstadt Rußlands, und sein Handel ist außerordentlich groß. Es sind im Sommer fast $+ 27°$, im Winter fast $- 31°$ R. vorgekommen. — 6 M. westlicher liegt auf einer Insel Kronstadt, 47.200 E., der

Europa: Rußland.

wichtigste Kriegshafen Rußlands. — Narva, 6500 E., am Meere, Schlacht 1700. — In Esthland: Reval, 31.300 E., Hafenstadt am Finnischen Meerbusen, von Felsen umgeben. — In Livland: Riga, 103.000 E., unfern der Düna-Mündung, eine deutsche Stadt, nächst Petersburg Rußlands wichtigste Handelsstadt. — Dorpat, 20.500 E., an der Embach, im W. des Peipus-Sees. Universität. — In Kurland: Mitau, 22.200 E.

§ 287. In West- oder Weiß-Rußland, so groß wie die Königreiche Preußen und Bayern zusammengenommen, dessen Wälder so groß sind wie der halbe Preußische Staat, werden ungeheure Mengen von Weizen und Flachs gewonnen. Dies vom Njemen und dem oberen Dnjepr nebst deren Nebenflüssen bewässerte Land enthält in seiner Mitte ein ungeheures Gebiet von Sümpfen. Der nördlichste Teil ist das alte Samogitien, der südlichste das alte Wolhynien und Podolien.

Wilna, 64.200 E., an der Wilia, ehemals Hauptstadt von Litauen, Universitäts- und Handelsstadt. — Mohilew (spr. Mogilew), 40.400 E., am Dnjepr. — Bei Borißow, 5700 E., geschah der Übergang über die Beresina, 1812. — Minsk (spr. Misk), 35.600 E. — An der preußischen Nordgrenze Tauroggen.

Das ehemalige Königreich Polen, das Gebiet der oberen und mittleren Weichsel, nahe so groß wie das Königreich England, ist ebenfalls sehr fruchtbar und liefert viel Weizen und Holz. Schmutz und Elend sind beim Volke heimisch, das auf sehr niedriger Stufe der Bildung steht. $^1/_8$ der Bevölkerung, nämlich 783.000, sind Juden.

Warschau, 320.136 E., an der Weichsel, eine der schönsten Städte Europas, hat wichtigen Handel und Fabriken. — Ljublin, 26.700 E., ist die zweite Handelsstadt. — Neu-Georgijewsk, ehemals Modlin, ist eine starke Festung an der Mündung des Narew (ehemals Bug genannt) in die Weichsel.

§ 288 (252). Groß-Rußland, 7 mal so groß als Preußen (42.700 QM.) und mit fast eben so vielen Bewohnern als dieses hat (24$^1/_2$ Mill.), zerfällt durch den von den Petschora-Quellen zum Njemen ziehenden Uwalli oder Nordrussischen Landrücken in ein nördliches Stück, fast $^2/_3$ des Ganzen mit 1$^1/_2$ Mill. Bewohnern, und in ein südliches, mehr als $^1/_3$ mit 23 Mill. Das erstere wird von der Petschora, dem Mesen, der Dwina und dem Onega durchflossen und umschließt den großen Ladoga- und Onéga-See. Hier ist die Waldfläche, welche Finnen, Lappen, Samojeden und Russen als Jäger durchziehen, um Pelzwerk zu sammeln, so groß wie Frankreich, England und Irland. Im südlichen Teile wird auch hier sehr viel Flachs und Hanf gebaut.

Archangelsk, 18.300 E., an der Dwina, ist der wichtigste Handelshafen (der kürzeste Tag 3$^1/_4$ Stunde). — Wologda, 17.200 E., ist Haupt-Handels-Niederlage. — Die vor der Nordküste gelegenen Inseln Novaja-Semlja (d. h. Neues Land), Baygatsch-Inseln und Kalguew (spr. Kolgujew), $^1/_8$ von der Größe des Preußischen Staates, sind ohne Bewohner und werden nur von Jägern und Fischern besucht.

Das Wolga-Oka-Don-Gebiet ist nicht nur der bevölkertste Teil Rußlands, sondern auch der für die Produkte des Ackerbaues und der Fabriken wichtigste. Diese 17 Gouvernements sind fast zweimal so groß wie das Deutsche Reich. Moskau, 602.000 E., an der Moskwa, war vor der Gründung Petersburgs, mit dem es durch eine Eisenbahn verbunden ist, die Hauptstadt, und seine Festung oder der Kreml war Residenz der russischen Czare oder Kaiser. Es ist Rußlands wichtigste Fabrikstadt und Mittelpunkt des Handels im Innern. In Moskau sind im Sommer $+ 29°$, im Winter fast $- 34°$ R. vorgekommen. — Die Gegend im NO. bis zur Wolga ist Rußlands Fabrik-Gegend. — Nischnij-Nowgorod oder Nischegorod, 44.200 E., an der Wolga, hält eine der größten Messen der Welt. — Tula, 57.400 E., bedeutende Fabrikstadt, namentlich für Metall-Arbeiten. — Smolensk, 24.300 E., Festung am Dnjepr. Schlacht 1812. — Pskow, 18.300 E., südlich unfern des Peipus-Sees. Handel, Fabriken. — Groß-Nowgorod, 17.100 E., nördlich vom Ilmen-See, ehemals mit 400.000 E., als es Hauptstadt eines Freistaates, des ganzen nördlichen Rußlands, war

§ 289 (253). Klein-Rußland oder die Ukraine, vom mittleren Dnjepr und einigen seiner Nebenflüsse durchströmt, ist einer der fruchtbarsten Teile Rußlands, fast so groß wie Ungarn.

Kijew, 127.250 E., am Dnjepr, herrlich gelegen, ist eine der ältesten Städte Rußlands, ehemals die Hauptstadt des südrussischen Reiches. — Berditschew, 52.600 E., die westlichste Stadt, ist fast nur von Juden bewohnt. — Poltáwa, 34.000 E., an der Worskla. Schlacht 1709. — Char'kow, (spr. Karkoff), 82.100 E., am Donez, eine der schönsten Städte Rußlands, Universitäts- und Handelsort, der eine sehr bedeutende Messe hält.

§ 290 (254). Süd- oder Neu-Rußland, das Steppenland nördlich vom Schwarzen Meere, größer als die Insel Großbritannien. Alles ist Wiese und Weide; Wald und Wasser fehlen. Noch vor 70 Jahren war es ein Teil der Türkei. Die Bevölkerung gehört mehr als einem Dutzend Nationen an. Hier sind wichtige Kolonien von Deutschen und Juden. Das Land ist durch seinen Seehandel und seine großen Viehherden wichtig.

Odessa, 184.800 E., am Schwarzen Meere, an welchem es der Haupthafen ist, namentlich für Getreide. — Nikolajew, 82.800 E., am Bug, fester Kriegshafen und Hauptstation der Flotte. — Cherson (spr. Kerssón), 46.300 E., nahe der Mündung des Dnjepr, Festung, treibt viel Handel. — In Bessarabien die Hauptstadt Kischenew, 102.400 E., die wohl 20 Nationen angehören, wichtige Handels- und Fabrikstadt, die berühmten Weinbau und Viehzucht treibt. — Bendery, 24.600 E., am Djnestr, Festung. — Taurien besteht aus der Nogaischen Steppe, so groß wie Pommern, und der Halbinsel Krim, so groß wie Sicilien. Letztere ist flach, wasserlose und holzleere Steppe, nur am Südrande von einem bis 4700 F. = 1527 m. h. Gebirge mit südlicher Vegetation gesäumt. Hauptstadt Ssimferópol, 17.100 E., zwischen schönen Gärten. — Ssewástopol, 13.300 E., starke Festung an der Westseite. — Kertsch-Jenikalé (früher Kafa oder Feodosia), 22.400 E., hatte im Mittelalter 100.000 E.

Die Provinz der Don'schen Kasaken, vom Don durchflossen,

mehr als doppelt so groß wie Bayern, ein Wiesen- und Weinland, das große Viehzucht treibt. Es hat nur eine Stadt,

Nowo-Tscherkask am Don, 33.400 E., aber zahlreiche Flecken (Stanizen), Dörfer und Meierhöfe. Andere Kasaken hausen nördlich vom Kaukasus, nördlich vom Kaspischen Meere und längs der ganzen Südgrenze Sibiriens.

§ 291 (255). Im unteren Wolgalande, dem ehemaligen Czartume Astrachan, einem von Baschkiren, Kalmacken, Kirghisen und Tataren bewohnten Gebirgs- und Steppenlande, finden sich im Norden Wälder, deren Gesamtfläche so groß wie Böhmen ist, im Süden aber unbenutzbare Sandsteppen von einer Ausdehnung gleich Ungarn nebst dem halben Siebenbürgen, und dort kommen nur 148 Bewohner auf jede Quadratmeile (im Gouvernement Moskau 2931).

Kasan d. h. Kessel, 86.300 E., ehemals Hauptstadt eines Tataren-Königreiches, im Weizenlande, hat Kreml (Citadelle) und Universität, bedeutende Fabrikation (Juchten) und Handel nach Asien. — Astrachan, 48.200 E., an der unteren Wolga, hat ansehnliche Industrie, ausgezeichneten Weinbau, Dampfschiffahrt auf dem Kaspischen See nach Persien, von Armeniern betriebenen Handel und großartigen Fischfang, der namentlich viel Kaviar und Hausenblase liefert. — Ssaratow, 85.200 E., an der Wolga, hat Fabrikation und Handel. An der Wolga liegen 102 deutsche Kolonisten-Dörfer. — Uralsk, 17.600 E., am Uralflusse, ist der reiche Hauptort der Uralschen Kasaken.

Das Uralland, zu beiden Seiten des Uralgebirges gelegen, ist zum Teil das ehemalige Czartum Kasan; der östlich vom Gebirge gelegene Teil ist fast $3/4$ so groß wie der Preußische Staat, der westlich gelegene so groß wie Frankreich nebst Bayern; die Hälfte ist Wald, dessen Fläche größer ist, als der Flächeninhalt von Preußen nebst Bayern; die Fläche des nicht nutzbaren Landes ist nahe so groß wie der Preußische Staat. Durch die Gewinnung von Gold, Platin, Kupfer, Eisen und Salz in den Bergwerken des Uralgebirges ist dieses Land eins der wichtigsten Rußlands.

Jekaterinburg, 25.100 E., ist Oberbergamt und hat die Kupfer-Münze und Kanonengießerei. — Perm, 22.300 E., an der Kama; Kupferbergwerk. — Irbit, 4200 E., der wichtigste Meß-Ort für das asiatische Rußland. — Orenburg, 35.600 E., am Ural, Festung in dürrer Steppe, treibt großen Handel nach Inner-Asien. — Nischnij-Tagilsk, eine der wichtigsten Bergwerksstädte der Erde.

Das Großfürstentum Finland.

§ 292 (256). Der Großfürst ist der Kaiser von Rußland. Dieses Land, welches etwas größer ist als der Preußische Staat und so viel Bewohner hat, wie das 20mal kleinere Württemberg, ist eine von 132 großen und kleinen Seen durchlöcherte Granitplatte mit unbedeutenden Höhenzügen, zum vierten Teile mit wildreichen Wäldern bedeckt, im Inneren strichweise ganz unbewohnt. Der nördlichste Teil hat um Neujahr eine vierwöchentliche Nacht. Fischerei, Rindvieh- und Rentierzucht sind bedeutend. Es giebt nur Städte und Gehöfte, aber keine Dörfer. Die Finnen sind fast alle Protestanten. — Helsingfors, 35.400 E., Haupthafen und Universität; dabei auf Felsen-Inseln die Festung Sweaborg. — Åbo (spr. Obo), 23.150 E. Dabei die Ålands (spr. Olands-) Inseln. — Torneå (spr. Torneo), 900 E., an der schwedischen Grenze.

Die Königreiche Schweden und Norwegen.

§ 293 (257). Beide Königreiche, welche seit 1814 einen und denselben König haben, aber völlig von einander getrennte Reiche sind, erfüllen die Skandinavische Halbinsel, welche so groß ist wie ganz Österreich, Süd-Deutschland und die Rhein-Provinz (13.782 QM.), aber nur soviel Bewohner hat, wie Bayern und Hessen haben (6.340.000). Von 55 bis 71° nördl. Br. reicht sie 240 M. weit, bei einer Breite von 55 bis 105 M. Die Westseite der Halbinsel, eigentümlich durch die tief eingreifenden, mit steilen, gewaltigen Felsenmauern eingefaßten Fjorde und die Millionen von kleinen vorgelagerten Felsen-Eilanden, Skären (spr. Schären) genannt, hat viel Regen und Nebel, milde Winter und kühle Sommer (— 5° und + 14,6° R.), obwohl auch — 19° und + 23° vorgekommen sind; dagegen hat die Ostseite ein sehr strenges Klima, namentlich am Nord-Ende der Ostsee, wo im Winter — 12°, selbst — 40°, im Sommer + 13°, selbst + 25° vorkommen. — Der höchste Rücken läuft nahe der Westküste, derselben in ihren Krümmungen folgend, aus dem höchsten Norden durch die ganze Halbinsel, aber nicht als ein Gebirgsgrat, sondern nur als eine breite Wasserscheide, im Norden Kjöl, d. i. Kiel genannt. (Ein Kjölen-Gebirge giebt es also nicht). Dieser Rücken reicht westlich fast bis ans Meer und senkt sich in stufenförmigen Terrassen, auf welchen zahlreiche von den Strömen durchflossene Seen liegen, zum Ufer der Ostsee. Auf der Höhe, die mit mächtigen Gletschern (Fonde oder Bräen) belegt ist, erheben sich Gebirge (Fielde) und einzelne Berge (Tinde) im Norden die 5770 F. = 1875 m. h. Sulitelma; in 61⅓° n. Br. der 7147 P. F. = 2322 m. h. Snöhättan im Dovre-

Fjeld, und in 60⅓° n. Br. der 7390 F. = 2400 m. h. Skagstölstind (spr. Schagstölstind) und der 7883 F. = 2561 m. h. Ymesfjeld in den Jötun-Fjelden, d. i. in den Riesenbergen.

§ 294. Die zahlreichen parallelen Flußthäler, welche Schweden von der Höhe des Kiels nach SO. durchziehen, senken sich, wie gesagt, stufenförmig, so daß die Flüsse, Elf, pl. Elve genannt, in Wasserfällen und Stromschnellen zum Meere hinabgehen; so der Kalix-, Angermanna-, Dal-Elf ꝛc. Am Meere zieht sich ein Streifen Tiefland hin, von welchem im südlichen Schweden noch mehr vorhanden ist, so daß der dritte Teil Schwedens Tiefebene ist, nicht mehr als 100 m. über der Meeresfläche liegend; auf diesem freilich armen Boden (nur $1/_{22}$ der Bodenfläche ist Acker) ist der größte Teil der gesamten Bevölkerung mit Ackerbau beschäftigt. Man baut noch Gemüse im Sommer am Nord-Kap, Gerste bis in 69½° n. Br. Das Hauptprodukt Schwedens ist sein Holz; denn mehr als die Hälfte des Landes ist mit dichtem Walde bedeckt, der am Botnischen Meerbusen bis an das Meer herunterreicht, im höchsten Norden aber an vielen Stellen ganz fehlt; daher gehören auch Holz, ganz oder geschnitten, und Theer zu den hauptsächlichsten Ausfuhr-Produkten, und Schweden hat unzählige Sägemühlen und Kohlenbrennereien. Dasselbe gilt von Norwegen. Außerdem sind die Gebirge beider Länder aber auch reich an Erzen; Schweden gewinnt namentlich Eisen zu Dannemora, Silber zu Sala, Kupfer zu Falun; Norwegen Eisen zu Arendal, Silber zu Kongsberg, Kupfer zu Röeros. — Die Bewohner sind germanischer Abstammung und fast durchweg Protestanten. In Norwegen, das eine der freiesten Verfassungen in Europa hat, durfte ehemals kein Jude wohnen. Das Volk ist gebildet und fleißig; in neuerer Zeit hat sich in Schweden das Fabrikwesen sehr gehoben. Der Handel ist ansehnlich. Die im höchsten Norden nomadisch lebenden Lappen in Lappland sind zum Teil noch Heiden; sie nähren sich von der Rentierzucht und Jagd (Waldlappen) oder vom Fischfange (Fischerlappen, Seelappen), einige auch durch Ackerbau (Böelappen). — Schon in Stockholm dauert die kürzeste Nacht nur 6 Stunden und daher wird es hier zu Ende Juni nie ganz finster; in Torneo dauert die kürzeste Nacht nur 2½ Stunden; am Nord-Kap ist im Sommer 2 Monate Tag, im Winter 2 Monate Nacht.

§ 295 (258). Das Königreich Schweden, so groß wie

Norddeutschland nebst Jütland, zerfällt in Norrland oder die fünf Marken, größer als Italien, mehr als die Hälfte des Ganzen, aber nur mit 48 Menschen auf jeder Quadratmeile; in das eigentliche Schweden-Reich, $1/3$, und das Goten- oder Göta-Reich, $1/5$ des Ganzen; beide zusammen sind in 25 Statthalterschaften oder Läns geteilt. Das Schweden-Reich wird vom Goten-Reich ungefähr durch die tiefe Einsenkung geschieden, in welcher die vier großen Seen Mälar-, Hjelmar-, Wetter- und Wener-See liegen (der letztere so groß wie der Regierungsbezirk Minden, alle vier so groß wie Schleswig). Letztere beide gehören schon Schwedens fruchtbarsten Provinzen, Ost- und West-Gotland an. Südlich davon erhebt sich der Boden wieder in dem waldigen und sumpfigen Berg- und Heidelande Smoland. und die Halbinsel endet dann mit dem flachen, fruchtbaren Schonen.

Das Schwedenland besteht aus den ehemaligen Provinzen Upland, Westmanland, Dalarne, d. i. Thäler, Wermland, Nerike, d. i. Nieder-Reich, Södermanland; das Goten-Land aus Ost- und West-Gotland, Dalsland, Bohusland, Halland, Smoland, Blekingen, Schonen; zu Norrland gehören Jemtland, Herjeodalen, Helsingland, Medelpad, Ongermanland.

Stockholm, 152.600 E., die schöne, königliche Residenz am Ausflusse des Mälar-Sees, die erste Fabrik- und Handelsstadt des Landes. — Gefle, 17.600 E., Handel. — Uppsala, 13.000 E., ein dorfartiger Universitätsort; in der Kirche die Gräber Gustav Wasas und Linnés. — Göteborg, 68.800 E., am Göta-Elf, der zweite Fabrik- und Handelsort. Der Fluß macht nach seinem Austritte aus dem Wener-See die Trollhätta-Wasserfälle, und neben diesen ist der aus Etagen-Schleusen gebildete großartige Trollhätta-Kanal in den Granitfels gesprengt, mittelst dessen die Schiffe 40 m. hoch zu dem See hinaufgehoben werden. Aus dem Wener-See führt der Göta-Kanal in den Wetter-See und aus diesem mit Benutzung kleiner Seen und des Motala-Flusses zur Ostsee. — Lund, 12.800 E., Universität. — Ystadt, 6700 E., an der Südküste. Handel. — Malmö, 32.300 E. — Karlskrona, 17.300 E., der erste Kriegshafen. — Kalmar, 9900 E. der Insel Öland gegenüber. — Norrköping (spr. Norrtschöping), 27.000 E. nächst Stockholm die bedeutendste Fabrikstadt. — Auf der Insel Gotland die alte Hansestadt Wisby, 6600 E.

§ 296 (259). Das Königreich Norwegen, etwas größer als Großbritannien mit Irland, das aber 20mal so viel Bewohner hat, ist in 17 Provinzen geteilt, welche Ämter genannt werden. Von alten Provinz-Namen sind zu merken: im Süden Thelemarken, im Gebiete des Drammen Ringerige, d. i. König Ring's Reich, Hedemarken (das lange Thal des Glommen) Gudbrandsdalen (das lange Thal seines Nebenflusses, mit dem Mjösen-See). Der vierte Teil Norwegens, meist im S., ist mit ewigem Schnee bedeckt; mehr als die Hälfte besteht aus Seen, Sümpfen, Schnee und Felswüsten; nur $1/56$ ist Acker. Man gewinnt das

Getreide im Innern, wo nur einzelne Höfe liegen, und verbraucht es an den Küsten, wo die Städte liegen. Die Kabliau-Fischerei, welche Stockfisch und Klippfisch liefert, sowie der Herings- und Hummerfang ist eine Hauptbeschäftigung und ernährt viele Tausende; die erstgenannten Fische sind besonders eine Nahrung des Volkes in den Seestädten Süd-Europas.

Kristiania, 77.000 E., an einem Fjord schön gelegen, ist Hauptstadt und Universität, auch ein lebhafter Handelsort. — Bergen, 34.400 E., alte Hansestadt, der erste Handelsort. — Drontheim, 22.600 E., an einem Fjord, aus Holzhäusern bestehend, wie alle norwegischen Städte, war sonst Hauptstadt. — Hammerfest, 2125 E., auf der Insel Kvalöe, ein Handelsort, die nördlichste Stadt Europas. Die Bewohner verkürzen sich die 2 Monate lange Winternacht durch Theater, Konzerte, Gesellschaften u. s. w. — Dazu gehört der Archipel der Lofoten und südlicher der der Fichten-Inseln, von denen die Normannen nach der Normandie zogen.

Das Königreich Dänemark.

§ 297 (260). Dänemark, welches von 1450 bis 1814 mit Norwegen vereinigt gewesen ist, hat die Größe von Hannover oder von der Provinz Brandenburg, und besteht aus der Halbinsel Jütland und den halb so großen dänischen Inseln Seeland, Fünen, Möen, Falster, Laaland (spr. Lolland), Langelang, Arröe, Taasinge, Bornholm ꝛc. 694½ QM. mit 1.940.000 Bew. Von dem norwegischen Besitztume sind ihm geblieben die Far- (nicht Fär-) Öer, d. h. Schaf-Inseln, die Insel Island (1860 QM., also doppelt so groß wie Böhmen, aber nur zu $^2/_5$ bewohnbar), und nur mit 39 Bewohnern auf jeder Quadratmeile; die Kolonien in Grönland, etwa so groß wie Portugal, aber nur mit 6 Bewohnern auf jeder QM., und zwei kleine westindische Inseln; — insgesamt 3491 QM. mit 130.400 Bewohnern, incl. Dänemarks 4185 QM. mit 2.070.400 Bew.

Dänemark ist ein flaches, auf den Inseln fruchtbares Land, das Getreide und Vieh im Überflusse producirt, wichtige Fischerei und ausgedehnten Handel treibt. Kopenhagen, 233.000 E., auf Seeland am Sunde, eine Festung, die erste Manufaktur- und Handelsstadt des Landes. — Nördlicher Helsingör oder Elsenör, 8900 E., beherrscht durch das Kastell Kronborg den Sund. — In Jütland: Aalborg (spr. Olborg), 11.700 E., am Liimfjord. — Aarhuus (spr. Orhus), 15.000 E., am Kattegat. — Island ist eine arme Felsen-Insel, nur zum neunten Teil bewohnbar, mit wenigen Bäumen, aber mit zahlreichen feuerspeienden Bergen. Die Bewohner treiben Schaf- und Rentierzucht. Holz bringt das Meer von Ssibirien. — An der Westküste Grönlands wohnen mehr als tausend Dänen, namentlich in Kolonien der Religionssekte der Herrnhuter, bei den Eskimos; hier sind Walfisch-, Walroß- und Narwalfang, sowie der Seebären- und Seehundsschlag wichtig.

Die Vereinigten Königreiche oder Großbritannien und Irland.

§ 298 (261). Die Insel Großbritannien, etwa so groß wie die Halbinsel Italien ohne die halbe Lombardei, reicht von 50 bis fast 61° n. Br. 164 M. von Süden nach Norden, bei einer Breite von 14 bis 65 M. von W. nach O. Das an der engsten Meeresstelle etwas mehr als 2 M. davon entfernte Irland, mehr denn doppelt so groß als die Provinz Brandenburg, mißt 65 M. von N. nach S. und etwa 35 M. von W. nach O., 1530 g. □M. mit 5½ Mill. Bew. — Großbritannien besteht aus dem Königreiche England, dem Fürstentume Wales (spr. Wehls) und dem Königreiche Schottland, zusammen 4175 □M. mit 28½ Mill. Bew. Zwischen beiden Inseln liegen in der Irischen See die Insel (Königreich) Man und die Insel Anglesea (spr. Engelßi), zu welcher hin über die Menai-Straße zwei sogenannte Röhrenbrücken führen, unter denen die Schiffe mit vollen Segeln hindurchfahren. Großbritannien hat an der Westseite tiefe Einschnitte: die Bristol-Bai zwischen der langen, gebirgigen, mit dem Kap Landsend endigenden Halbinsel Cornwallis und der breiten, gebirgigen Halbinsel Wales; die Liverpool-Bai am Nord-Ende von Wales; die Morecombe-Bai an der Südseite des gebirgigen Cumberland; die Solway-Bai nördlich davon; der Clyde- (spr. Kleid) Busen, noch nördlicher. An der Ostseite liegen: die Themse-Bai, zwischen der Halbinsel Kent und Ost-Angeln; die Wasch, nördlich von letzterer; der Firth (b. i. Fjord) des Forth- (spr. Fors) Flusses und der Firth des Tay-Flusses und die Murray-Bai. An der steilen Südküste liegt die schöne Insel Wight (spr. Ueit); vor der Nordspitze die Gruppe der baumlosen, felsigen Orkney-Inseln oder Orkaden, und noch entfernter die ähnliche Gruppe der Shetland-Inseln; westlich von Schottland die durch den Minsch-Kanal in äußere und innere Hebriden oder Westliche Inseln getrennte dritte Gruppe, deren größte Lewis (spr. Luis) und Skye (spr. Skei) heißen; eine der südlichsten ist die Insel Mull, vor deren Westseite die kleine Insel Staffa liegt, berühmt durch die großartige, aus regelmäßigen Basaltsäulen gebildete Fingals-Grotte. Die beiden größten Einschnitte an der sehr zerrissenen Westküste Irlands sind die Donegal- und die Galway-Bai (spr. Gälluä). Im S. der letzteren springt Europas westlichste Felsspitze, das Kap Dunmore vor, und unfern im S. desselben liegt die kleine

Insel Valentia, von welcher der große Telegraphendraht nach Amerika durch das Atlantische Meer gelegt ist.

§ 299. Die Ostseite Englands ist fast durchweg flach, erhebt sich nach W. hin allmählich, und an der Westseite liegen die gebirgigen Gegenden; das erzreiche Cornwallis, das wilde cambrische oder wallisische Felsenland Wales, in dessen nördlichem Teile der 3306 P. F. = 1094 m. h. Snowdon (spr. Snodn) liegt, und das Cumbrische Gebirge in Cumberland; in der Mitte zieht das plateauartige Peak-Gebirge (spr. Pik) von N. nach S. — Schottland, durch die Reste der alten Pikten-Mauer von England geschieden, ist fast ganz Gebirge und Hochlandschaft; die vom Forth-Clyde-Kanal durchzogene Einsenkung und der Caledonische Kanal zerschneiden es in drei Stücke; dem südlichen gehört das Cheviot- (spr. Tschewiot) Gebirge, dem mittleren das Grampian-Gebirge an; der nördlichste ist fast unbewohntes, feuchtes Hochland, mit braunem Moose bedeckt und braunen Gewässern, ähnlich Norwegen und dem nördlichen Irland. Dies letztere ist im Inneren flach und sumpfig; aber rings an den Küsten liegen einzeln verteilte Gruppen von Bergland. — An Englands Ostseite münden die Themse, die zum Humber (spr. Ömber) vereinigten Trent und Ouse (spr. Us), und der Tyne (spr. Tein); an der Westseite die Severn und die Mersey (spr. Merßi). Der größte Fluß Irlands ist der mehrere Seen verbindende Shannon (spr. Schännon). Im nördlichen Irland liegen zwei größere Seen: der Lough Neagh (spr. Lach Neh) und der Lough Erne; im SW.-Teile des mittleren Schottlands der Loch Awe (spr. Lach Ah) und der Loch Lomond (spr. Lohmönd). Die zahlreichen kleineren Flüsse Großbritanniens werden zum Teil zur Speisung der unzähligen Kanäle benutzt, von denen England durchzogen ist.

§ 300 (262). Das Klima ist milde, feucht, neblig; an der Südküste kann man im December in der See baden und die Myrte bleibt während des Winters im Freien; der Neß-See im nördlichen Schottland gefriert nie; aber die Sommer haben dafür auch nicht Wärme genug, um die Weintrauben zu reifen, in den meisten Gegenden nicht einmal die Äpfel.

Der Boden ist reich an Eisen und Blei, und man gewinnt von beiden Metallen hier mehr, als im ganzen übrigen Europa; Zinn (in Cornwallis) hat kein anderes Land Europas in gleicher Menge. Die ungeheure Steinkohlengewinnung, welche noch Jahrhunderte in gleicher Weise fortgesetzt werden kann, beschäftigt und ernährt unzählige Menschen und ist die Grundlage für die britische Industrie. In England ist mehr als $1/3$ des Bodens für den Acker- und Gartenbau bestimmt und dieser wird so gut als möglich gehandhabt. Wald fehlt fast ganz; fast die Hälfte ist Weide, Busch und Sumpf. In Irland ist mehr als $1/4$ Acker, überhaupt über $2/3$ treffliches Land, fast $1/6$ ist Sumpf. In Schottland ist fast $1/9$ Acker und über $2/3$ untaugliches Land. Wales ist felsig und meist kulturunfähig. Die Viehzucht ist bedeutend und berühmt, der Fischfang sehr ansehnlich. — Im Fabrikwesen kann sich kein anderes Land mit den britischen Inseln messen; nirgend wird soviel Baumwolle, Wolle und Flachs versponnen und verwebt und werden so viele Metalle zu unzähligen Waren-Artikeln verarbeitet, wie hier; und die übrigen Fabrikationszweige stehen auf gleicher Höhe. — Der britische Handel ist der bedeutendste, die Handelsflotte die größte und die Kriegsflotte die stärkste auf der Erde.

§ 301 (263). Die Bewohner sind anglosächsischer Abstammung. Keltischen Stammes sind das Volk in Cornwallis, das in den Bergen von Wales, ein großer Teil der Bewohner Irlands und die Hochlands-Bewohner in Schottland. — In Handel und Industrie kann sich kaum ein anderes Land mit diesem messen. An allgemeiner Volksbildung und an Sinn für die Künste fehlt es. Die herrschende Kirche ist in England die anglikanische, in Schottland die presbyterianische, in Irland die römisch-katholische; außerdem gibt es aber eine große Menge von Religionssekten; denn es herrscht überhaupt ein großes Maß persönlicher Freiheit. Die Regierungsgewalt gehört dem Herrscher nebst seinen Ministern und den im Parlamente (dem Ober- und Unterhaus) versammelten Stellvertretern des Volkes.

Das Land ist in Shires (spr. Scheirs, im Sing. Schir) oder Counties (spr. Kauntis), d. i. Grafschaften geteilt, und zwar England in 40, Wales in 12, Schottland in 32, Irland in 32.

§ 302 (264). Im Königreich England, 2396 QM. mit $23 1/4$ Mill. Bew., so groß wie Bayern nebst Böhmen, und dem Fürstentum Wales, 347 QM. mit $1 1/4$ Mill., ist die Hauptstadt

London, 3.490.000 E., zu beiden Seiten der Themse, wo die City und Westminster ꝛc. auf der linken, Southwark (spr. Saußirk) auf der rechten Seite des Flusses liegen. Es besteht aus 20 Städten oder Flecken und 17 Dörfern, und ist eine der größten Städte der Erde, zugleich die erste Handelsstadt der Welt (ihr zunächst kommen Liverpool und New-York). Große Parks liegen innerhalb der Stadt, längs des Flusses ausgedehnte Docks, d. h. von Magazinen umgebene Bassins zur Aufnahme der zu beladenden oder zu entladenden Schiffe. Die Sankt Pauls-Kirche und die gothische Westminster-Abtei sind darin die bedeutendsten Gotteshäuser. Großartig ist das Parlamentsgebäude. Der Tower (spr. Tauer) an der Themse ist die feste ehemalige Residenz des Hofes, jetzt Arsenal und Gefängniß; jetzige Residenz ist der Palast St. James (spr. Dschehms). Beide Ufer sind unterhalb der Themse durch zwei Tunnel verbunden. In dem Stadtteile Greenwich (spr. Grienitsch) die Sternwarte und das prachtvolle ehemalige Invaliden-Hospital. — Südlich bei Sydenham der ungeheure Krystall-Palast, das großartigste Museum der Welt. — Westlich von London Windsor (spr. Uindsr), 11.800 E., an der Themse, mit großartigem Residenzschlosse. — Östlich von London Woolwich (spr. Wulitsch), an der Themse, Hauptdepot der Artillerie (73.400 Kanonen), wo alle Kriegsdampfer gebaut werden. — Dover, 28.500 E., am Pas de Calais, eine mächtige Festung. Überfahrt nach Frankreich, 4½ Meile. — An der Südküste Brighton (spr. Breitn), 102.300 E., ein glänzender Badeort. — Southampton (spr. Sauthempt'n), 54.000 E., eine der wichtigsten Seestädte, Abfahrt der Dampfschiffe und Packetboote. — Portsmouth (spr. Portsmoß), 127.000 E., der Haupt-Kriegshafen, wo die Flotte liegt; in dem südlich davor sich ausdehnenden Meeresteile, der Rhede von Spithead (spr. Spithed), macht sie ihre Übungen in Seeschlachten. — Plymouth (spr. Plimmoß), 132.800 E. (einschließlich zweier daran stoßender Städte), Handelsort mit einem Haupt-See-Arsenale. Südlich davon im Meere steht der 23,4 m. hohe Leuchtturm von Eddystone, der bekanteste, aber nicht der bedeutendste der 330 Leuchttürme an den britischen Küsten. — Westlicher liegen die 145 Scilly-Felsen-Inseln, im Altertume wegen ihres Zinns berühmt, jetzt aber ohne Zinn. — Südlich von England liegen im Kanale, wie die Engländer den Canal la Manche kurzweg nennen, nahe den französischen Küsten die Normannischen oder Kanal-Inseln, fruchtbar, in lieblichem Klima, der einzige Rest von Englands vormals großem Besitztume auf französischem Boden.

§ 303. An der oberen Themse: Orford, 32.500 E., ein schöner Bischofssitz, Englands erste und reichste Universität. — 12 M. nördlich von London Cambridge (spr. Kembridsch), 30.100 E., die zweite großartige Universität. — Am Themsebusen auf der Nordseite Colchester (spr. Coltschestr), 26.400 E., weit berühmt durch ihren Austernfang. — Nördlicher, in Ostangeln, Norwich (spr. Noritsch), 84.000 E., seit 500 Jahren berühmte Fabrikation von Wollenwaaren. — In der Nähe des unteren Severn: Bristol, 203.000 E., eine großartige Fabrik- und Handelsstadt. — Östlich Bath (spr. Baßß), 53.000 E., ein zum Teil prächtiger Bade- und Fabrikort.

Wo sich reiche Steinkohlenlager und Eisenerze finden, da haben sich große Fabrik-Bereiche entwickelt. 1) Im südlichen Wales der Bereich des Eisens. Merthyr-Tydfil (spr. Teidfil), 52.000 E., producirt Eisenbahnschienen jährlich zu Millionen von Centnern für alle Länder; Cardiff, 40.000 E., führt das Eisen und die Kohlen aus; auch Swansea (spr. Swänsi), 51.700 E., das die größte Kupferausschmelzung der Welt hat, aus Erzen fremder Erdteile. — Bei Bangor an der Menai-Straße die größten Schieferbrüche Englands. — 2) Der Metallwaren-Bereich in Warwickshire und Staffordshire. Mittelpunkt ist Birmingham, 374.400 E., eine der wichtigsten Fabrikstädte der Welt, mit mehr als 300 Dampfmaschinen, rings von Fabrikdörfern umgeben. Daneben Soho, die größte Dampfmaschinen-Fabrik, wo Watt die Dampfmaschine erfunden hat. — Eine bedeutende Fabrikstadt liegt hier nahe bei der anderen. — Im SO. am Avon (spr. Ähwn) Stratford, 7300 E., Shakespeares Geburtsort. — 3) Der 11³/₄ geogr. QM. große Töpferei-Bezirk (Potteries). Stoke am Trent, 131.000 E. und 8 andere Orte bilden auf 1¹/₈ g. M. fast einen einzigen Ort von 230.000 E., wo ungeheure Mengen Töpfer- und Porzellan-Waren gefertigt werden. — Östlich liegt Nottingham (spr. Nattinghäm), 93.600 E., und südlich davon Leicester (spr. Leßter), 143.600 E., die wichtigsten Fabrikorte für gestrickte Waren.

§ 304. 4) Der Baumwollen-Bereich. Mittelpunkt ist Manchester (spr. Männtscheßr), 359.200, incl. des gegenübergelegenen Salford 522.200 E., die dritte Stadt Englands, für Baumwollspinnerei und Weberei der erste Platz der Erde, mit mehr als 200 Kattunfabriken, zugleich Mittelpunkt des Maschinenbaues. Die Fabriken beschäftigen ¹/₂ Mill. Menschen im Umkreise einiger Meilen. In den zahlreichen rings umherliegenden großen und kleinen Städten Lancashires sind 1500 Baumwoll-Fabriken vorhanden, ³/₄ aller englischen. — Im W., an der Mersey-Mündung Liverpool (spr. Liwerpul), 527.100 E., (und ihm gegenüber Birkenhead (spr. Birkenhet, 45.400 E.), nächst London die größte Stadt Englands und der wichtigste Handelsplatz. Es führt für die genannten Fabriken die rohe Baumwolle aus Nord-Amerika, Ost-Indien, Ägypten, Brasilien u. s. w. heran (jährlich über 1000 Mill. Pfund), und seine Ausfuhr an britischen Produkten ist 1¹/₂ mal so groß, als die von London. Nächst London besitzt es die meisten Schiffe. Die Eisenbahn nach Manchester geht zum Teil unter der Stadt hin. — 5) Der Wollwaren-Bereich. Mittelpunkt ist Leeds (spr. Lihds), 298.200 E.; zahlreiche andere große und kleine Städte (Bradford mit 174.300 E.) nehmen alle an der ungeheuren Wollspinnerei und Weberei neben anderen Fabrikationszweigen Teil. — Südlicher liegt Sheffield (spr. Scheffihld), 282.100 E., für die ungeheure Fabrikation der besten Stahlwaren und Kurzen Waren der wichtigste Ort. — Östlich Hull (spr. Höll), am Humber, 140.000 E., Haupthafen für den Handel mit Hamburg und der Ostsee. — Nordwestlich York, 44.000 E., an der Ouse (spr. Us'), ehemals Sitz der römischen Kaiser, Residenz des höchsten Erzbischofs oder Primas von England, mit der schönsten Kathedrale des Landes. — 6) Der Steinkohlen-Bereich. Newcastle (spr. Niukahßel), 191.000 E., am Tyne (spr. Tein), nebst dem gegenübergelegenen Gateshead (spr. Gehtshed), außer durch den Maschinenbau u. s. w. besonders wichtig durch den großen Handel mit Steinkohlen, an welchem auch andere hier in Northumberland und Durham gelegene Orte Teil nehmen, namentlich Sunderland, 110.300 E., das zugleich den größten Schiffbau Englands hat.

§ 305 (265). Im Königreich Schottland, 1433 QM. mit 3¹/₂ Mill. Bewohnern, so groß wie Bayern nebst Oberhessen, das zu Anfang des 17. Jahrhunderts an England gekommen ist, ist Hauptstadt das schön gelegene

Edinburg, 215.100 E. und die damit fast verbundene Hafenstadt Leith (spr. Lies), 52.900 E. — Glasgow (spr. Gläßko), 555.930 E. am Clyde und an Kanälen, die größte und wichtigste Stadt, mit ungeheurer Fabrikation, namentlich für Baumwolle, und der vierte Handelsplatz Großbritanniens. Hier und in Port Glasgow, 10.800 E., u. s. w., findet der größte Dampfschiffbau der Welt statt. — Perth (spr. Perß), 26.500 E., am Tay, ehemals Residenz der Könige Schottlands. — Dundee (spr. Dönndi), 139.000 E., am Tay, die wichtigste Stadt Großbritanniens für Leinwandfabrikation und Handel, die weithin die ganze Gegend beschäftigt. — Aberdeen (spr. Aberdihn), 97.000 E., am Dee, Universitäts-, Fabrik- und Handelsstadt.

§ 306 (206). Im Königreich Irland, 1530 □M. mit $5^{2}/_{5}$ Mill. Bew., größer als Bayern nebst Salzburg, das Land der Armut und des Elendes (jährlich wandern 90.000 nach Nord-Amerika aus), obwohl es ein schönes Acker- und Weideland ist (das im 13ten Jahrhundert an England gekommen ist); in der Provinz Leinster ist die Hauptstadt

Dublin (spr. Döbblin), 315.000 E., eine prächtige Universitäts- und Handelsstadt. — An der Südküste, in der Provinz Munster, Cork, 78.700 E., der zweite Handelsplatz, genannt das Schlachthaus Englands, weil es für die britischen Schiffe das Pökelfleisch, den Schinken, Speck u. s. w. liefert, ebenso wie Waterford, 23.300 E. — An der Westseite in der Provinz Connaught (spr. Kannaht), Galway (spr. Gälluäh), 15.600 E., wichtige Handelsstadt. — Im Norden, in der Provinz Ulster, Belfast (spr. Belfäßt), 174.400 E., Irlands Haupthandelsplatz, der große Leinwandfabrikation treibt.

§ 307 (267). Britisch sind außerdem in Europa:

Die kleine Felseninsel Helgoland vor der Mündung der Elbe, mit berühmten Seebädern. — Das feste, durch seinen Handel wichtige Gibraltar, Stadt und Fels. — Das südlich von Sicilien gelegene Malta (Festung Valetta, 36.500 E.) seit a. 1800, das früher den Malteser-Rittern gehört hat. — Die südlich von Kleinasien gelegene Insel Cypern, 7mal so groß als Rügen; darauf Lekoscha oder Nikosia, 20.000 E.

In Afrika: Die Kolonien am Kap und Natal nebst Transvaal-Land, größer als der österr.-ungar. Staat; außerdem das an Kolonial-Produkten ergiebige Ile de France oder Mauritius, die Seychellen und Amiranten, kleine Felsen-Inseln im Indischen Oceane; die Felsen-Insel St. Helena, wo Napoleon I. von 1815 bis 1821 gelebt hat, und die Himmelfahrts-Insel oder Ascension (spr. Aszenschn) im Atlantischen Oceane; die Kolonie Sierra Leona und einige Quadratmeilen an der Küste von Senegambien, und die Kolonie an der Goldküste in Ober-Guinea.

In Asien: Aden an der Südküste Arabiens, Insel Hongkong an der Südküste Chinas; Insel Labuan an der NW.-Küste von Borneo; Nordost-Borneo, die Andamanen, Nikobaren und Lakkadiven; und in Vorder- und Hinter-Indien nebst Ceylon 70.600 □M. mit 134 Mill. Bewohnern, also mehr als 12mal so viel Land als in Europa. — Das Festland Australien, $^7/_9$ von Europa, ist ganz britisch; außerdem Neu-Seeland, $^1/_9$ der britischen Inseln. — Die Fidschi-Inseln.

In Süd- und Mittel-Amerika: die Falklands-Inseln, Guyana (größer als die Insel Großbritannien), Britisch Honduras oder Belize, Jamaica und Kleine Antillen, nebst den Bahama-Inseln und Bermuda-Inseln (627 □M.). — In Nord-Amerika, im N. der Vereinigten Staaten, ist ein Gebiet fast von der Größe Europas britisch, aber nur mit $3^2/_3$ Mill. Bewohnern; der wichtigste Teil desselben ist das Dominium Canada.

Insgesamt sind sonach britisch: 382.000 □M. mit 240 Mill. Bewohnern, d. h. fast $^1/_6$ der Erde und fast $^1/_6$ der Menschen.

Die Republik Frankreich.

§ 308 (268). Frankreich liegt zwischen 42° und 51° n. B. und zwischen 13° und 26° östl. Lge. und mißt von NW. nach SO. 143 und von SW. nach NO. 130 g. Meilen. Ihm gehört im S. eine 84 M. lange Küste des Mittelmeeres, und im N. und W. eine dreimal so lange Küste des Atlantischen Meeres; daher ist sein Seehandel ein sehr bedeutender, und seine Flotte wird nur von der britischen übertroffen. Nach O. und NO. ist es nicht scharf abgegrenzt; vielmehr geht es dort unmittelbar in die deutschen Landschaften über, und es gehörten sogar deutsche Volksstämme zu Frankreich.

Frankreich ist 9600 □M. groß, also mehr als $1^1/_2$ mal so groß wie Preußen, mit fast 37 Mill. Bewohnern. Etwa der zwölfte Teil ist gebirgig; nahe die Hälfte ist bestellbares Land, aber kaum $^1/_7$ reicher Boden; $^1/_7$ ist Heide und Busch, $^1/_{25}$ Weinland, $^1/_{40}$ Wald.

Das Gebirgsland besteht 1) aus den West-Alpen, von der Küste des Mittelmeeres bis an den Genfer-See, im O. von der Ebene des Po, im W. vom Thale des Rhone und der Provençalischen Tiefebene begrenzt. — 2) Aus dem Gebirgslande der Bretagne und Normandie, in welchem sich die Monts Arrés und die Montagnes Noires von W. nach O. ziehen. — 3) Aus den französischen Mittelgebirgen. Sie beginnen mit dem längs der Maas ziehenden Argonner Walde, an den Quellen der Maas; und an der Grenze der Schweiz mit den parallelen Kalkketten des im höchsten Gipfel 5300 F. = 1720 m. hohen Jura-Gebirges und der daneben gelagerten Hochebene von Langres (spr. Langer). Zwischen Saone, Rhone und Loire ziehen sich dann nach S. das Côte d'Or- und Lyonnais-Gebirge und verlaufen mit dem großen gekrümmten Bogen der Cevennen am Kanal dü Midi, unfern des Nordfußes der Pirenäen; bei der Loire-Quelle haben sie in dem ehedem vulkanischen Teile einen 5290 P. F. = 1754 m. h. Gipfel. Westlich daneben zieht zwischen Allier und Loire von N. nach S. das Forez-Gebirge (spr. Foreh) und erhebt sich zu 5050 F. = 1640 m.; und von diesem westlich, ebenfalls von N. nach

S., das Auvergner-Gebirge, eine Reihe erloschener Vulkane, im nördlichsten Teile allein 60, wo der 4510 F. = 1465 m. h. Puy de Dôme steht; im mittleren Teile liegt der höchste Gipfel der französischen Mittelgebirge, der 5800 F. = 1886 m. h. Mont Dore; im südlichen der 5720 F. = 1858 m. h. Cantal. Noch weiter westlich erfüllen Berglandschaften die ganze Mitte Frankreichs. — Im NO. zieht neben dem Rhein das jetzt deutsche Gebirge des Wasgenwaldes (franz. les Vosges), an dessen Westseite sich die Hochebene von Lothringen (Lorraine) anlegt.

§ 309. Das fruchtbare flandrische Flachland an der Nordgrenze bewässert die Schelde (l'Escaut) mit ihren Nebenflüssen. In den Canal la Manche münden die Somme und die Seine: letztere kommt von der Hochebene von Langres und nimmt rechts die Aube, Marne und Oise (spr. Oase), links die Yonne auf. Sie bewässert das sogen. Pariser Becken. In den Biscayischen Meerbusen mündet der große Strom des Landes, die von den Cevennen kommende Loire (Loare), welche links den Allier (Allieh), Cher (Schär), Indre (Engder), Vienne (Wienne), rechts im Unterlaufe die Mayenne aufnimmt. Die Loire steht durch den Kanal von Orléans u. a. in Verbindung mit der Seine, und in ihrem Unterlaufe geht von ihr ein Kanal durch die Bretagne. Südlicher mündet die Charente (spr. Scharangt) und die an der Mündung Gironde genannte Garonne, welche in der Mitte der Pirenäen entspringt und eine der fruchtbarsten Landschaften Frankreichs durchfließt; auf der linken Seite ihres Unterlaufes ziehen sich die berühmten Weinhügel von Medoc hin. Von Toulouse an der Garonne geht der Kanal du Midi nach O. bis Cette am Mittelländischen Meere und weiter. Südlich von der Gironde zieht längs der Küste die traurige Sand-, Sumpf- und Heidelandschaft les Landes hin, fast bis zur Mündung des aus den Pirenäen kommenden Adour. Der größte der ins Mittelmeer sich ergießenden Ströme Frankreichs ist der nördlich vom St. Gotthardt entspringende Rhone. Derselbe durchfließt den Kanton Wallis und den Genfer-See (Lac Leman); dann tritt er quer durch die Jura-Ketten und wendet bei Lyon rechtwinklig nach S. um, indem er die von N. kommende Saone (spr. Sohne) aufnimmt. Im unteren Laufe durchfließt er die an Mandeln, Feigen, Wein und Oliven reiche Provençalische Tiefebene und schließt zwischen seine Mündungsarme die große Sumpf- und Weide-Insel Camargue, neben welcher sich eine ausgedehnte Stein-Ebene, genannt la

Crau, hin erstreckt. Links in den Rhone gehen die Jsère und Dürance. Der Kanal von Burgund verbindet die Saone mit der Yonne, der Kanal du Centre die Saone mit der Loire, der Marne-Rhein-Kanal die Marne mit der Jll bei Straßburg, und der Rhone-Rhein-Kanal den Doubs, einen Nebenfluß der Saone, mit dem Rheine.

§ 310. Frankreich fehlt es an keinem der notwendigen Produkte, aber es hat auch an keinem einen ungewöhnlichen Reichtum, ausgenommen den Wein; es ist das erste Weinland der Erde. In seinen Fabriken steht es nur England nach; namentlich wird es in der Seidenfabrikation nirgend übertroffen.

Im nordöstlichen Teile ist ein kleiner Teil der Bevölkerung noch deutschen Stammes. Die nördliche Hälfte spricht französisch, die südliche Hälfte provençalisch; die Bewohner der Bretagne sind, wie die von Cornwallis, Wales und Jrland, Kelten oder Gallier und sie sprechen eine besondere Sprache; im SO. spricht man italienisch, an den West-Pirenäen vaskisch. — Herrschende Religion ist die katholische; im Süden aber giebt es Reformirte und Lutheraner.

Kriegshäfen: 1) Cherbourg. 2) Brest. 3) Toulon. 4) La Rochelle.

Handelshäfen: 1) Havre. 2) Marseille. 3) Bordeaux. 4) Nantes.

Fabrikstädte: 1) Paris. 2) Lyon. 3) Lille. 4) Rouen. 5) St. Etienne. 6) Nimes.

Frankreich ist in 87 Departements geteilt, welche größtenteils nach Flüssen benannt sind. Es ist aus der Vereinigung einer Menge besonderer Länder entstanden.

§ 311 (269). I. Das nördliche Frankreich, der reichste, aufgeklärteste und bevölkertste Teil.

1) Jle de France, der älteste Teil, Franken, seit dem 16. Jahrh. genannt la France, fast so groß wie Württemberg, bestehend aus den Departements der Aisne (Ähne), Oise, Seine, Seine und Marne, Seine und Oise. — Paris, 1.988.800 E., zu beiden Seiten der Seine; der älteste Teil, la Cité, liegt auf Inseln im Flusse; die eigentliche ehemalige Stadt umgrenzen Boulevards, d. i. zu schönen breiten Straßen umgewandelte Bollwerke; um diese herum gruppiren sich die ehemaligen Faubourgs oder Vorstädte, und rings um diese endlich liegt eine große Zahl von Flecken oder Dörfern, welche jetzt alle zu Paris gehören. Das Ganze umschließt ein Gürtel vereinzelter Festungswerke. An der Westseite liegt das Gehölz (Park) von Boulogne, an der Ostseite das von Vincennes, innerhalb ein Lustwald, genannt die Elyseïschen Felder. Im nördlichen Teile der 400 F. = 130 m. h. Hügel Montmartre. — Paris ist der Mittelpunkt der Fabrikthätigkeit aller Art, der Wissenschaft und der Künste Frank-

reichs, aber nicht der Welt, wie die Franzosen meinen; an edlerer sittlicher Bildung fehlt es ihm vielfach. — 4 Stunden im SW. **Versailles**, 49.800 E., ehemals Residenz, mit weltberühmtem Park und großen Kunstschätzen. Zwischen ihm und Paris liegt **Saint Cloud** (spr. Kluh), 4700 E. Schloß und Park. — **Sèvres**, 6500 E., die weltberühmte Porcellanfabrik.

2) **Normandie**, ein Gartenland, etwa von der Größe der Rheinprovinz. — **Rouen**, 104.900 E., an der Seine, eine der wichtigsten Fabrikstädte. — **Le Havre** oder **Havre de Grace**, 85.400 E., Festung an der Seine-Mündung, Frankreichs wichtigste Handelsstadt. — **Cherbourg**, 36.300 E., am Nord-Ende der Normannischen Halbinsel, Frankreichs stärkster Kriegshafen. — **Caen**, (spr. Kang), 33.100 E., an der Orne. — **Dieppe**, 19.500 E.; Seebäder.

§ 312. 3) **Picardie**, ein von der Somme durchflossenes, fruchtbares Flachland. — **Amiens**, 61.600 E., Somme.

4) **Artois**. — **Boulogne sür Mer**, 40.100 E., fester Hafen und Seebad, Überfahrt nach England; treibt viel Fischerei und Handel. — Festung **Arras**, 26.800 E., an der Scarpe. — **Calais**, 12.600 E., sehr fest; Überfahrt nach England.

5) **Flandern**, ein äußerst fruchtbares Gartenland und eine der wichtigsten Fabrik-Landschaften. — **Lille**, 162.770 E., eine der stärksten Festungen mit ungeheurer Industrie. Ganz nahe andere bedeutende Fabrikstädte. — **Cambray**, 17.000 E., an der Schelde; Fabrikstadt. — **Valenciennes**, 22.700 E., Festung an der Schelde; fabricirt, wie alle flandrischen Orte, sehr viel Leinwand, Battist und Spitzen. Man gewinnt nämlich in Flandern den feinsten Flachs. — **Dünkerque**, 35.000 E., in den Dünen am Meere, eine sehr hübsche, in holländischer Weise gebaute Handelsstadt.

6) **Champagne**, etwa so groß wie die Rheinprovinz. Sie umfaßt das Ardenner- und Argonner-Wald-Gebirge, ausgedehnte Kreide-Steppe und das zerschnittene Hochland von Langres. Dep.: Ardennen, Aube, Marne, obere Marne. — **Reims** (spr. Rängs), 80.100 E., an der Bêle, hat große Wollwaarenfabrikation und Weinhandel. In der schönen gothischen Kathedrale wurden sonst die Könige von Frankreich gekrönt. Hauptstadt war ehedem **Troyes** (spr. Troá), 41.300 E., an der Seine. **Chalons für Marne**, 20.200 E., Fabrikstadt. Dabei die Catalaunischen Felder, Schlacht a. 452. — **Sedan**, 15.900 E., a. d. Maas, Festung.

7) **Lothringen**, eins der besten Länder Europas, wenig größer als der Regierungsbezirk Königsberg, durchflossen von der Mosel, Meurthe und Maas. Dep.: Meurthe und Mosel, Meuse (Maas), Vogesen. — **Nancy**, 66.300 E., Meurthe, ehemalige Hauptstadt. — **Toul**, 9600 E., an der Mosel; Festung **Verdun**, an der Maas, 15.400 E.

§ 313 (270). II. Das östliche Frankreich, aufgeklärter und reicher als die Mitte.

8) Das **Franche-Comté Burgund**, das gebirgige Jura-Land. Dep.: Jura, Doubs, Obere Saone. **Besançon**, 42.800 E., am Doubs.

9) **Herzogtum Burgund** (Bourgogne), etwa so groß wie die Provinz Sachsen, ein wichtiges Weinland. Dep.: Ain, Yonne, Saone und Loire, Côte d'Or. — **Dijon**, 45.600 E., Hauptstadt am Kanal, älter als die Römer-Zeit.

10) **Lyonnais**. Dep.: Loire, Rhone. **Lyon**, 342.800 E., am Rhone und an der Saone, die Hauptstadt des östlichen Frankreich, nächst Paris

die größte Stadt und wichtigste Fabrikstadt, für die Fabrikation der Seidenwaaren der wichtigste Ort der Welt; außerdem sind eine Menge anderer Fabrikzweige blühend. — **Saint-Etienne**, 126.000 E., mit reichen Steinkohlengruben, hat sehr große Waffen-, Seidenbänder- und Glas-Fabrikation.

§ 314. III. Das mittlere Frankreich.

11) **Orléannais**, eins der schönsten und fruchtbarsten Länder, so groß wie Württemberg. Dep.: Eure und Loire, Loir und Cher, Loiret. — **Orléans**, 50.000 E., Loire.

12) **Nivernais**, die waldreichste Gegend Frankreichs. Dep.: Nièvre. — **Nevers**, 20.600 E., Loire.

13) **Bourbon**, so groß wie das Elsaß, mit dem Stammort der Bourbons, Bourbon l'Archambault, 2450 E. Dep.: Allier. — **Vichy**, 6200 E., a. Allier, Frankreichs vornehmster Badeort.

14) **Berry**, meist flaches, sandiges Heideland. Dep.: Cher, Indre. — **Bourges**, 31.100 E., am Cher, eine der ältesten und schlechtesten Städte, mit einer der schönsten gothischen Kirchen.

15) **Touraine**. Dep.: Indre und Loire. — **Tours**, 48.300 E., Loire.

16) **Marche**, Die Gallische Mark, ein bergiges Heide- und Waldland. Dep.: Charente, Creuse, Vienne.

17) **Limousin**, größer als Hessen, ein kaltes, regenreiches Wiesen- und Waldland, eins der ärmsten in Frankreich. Dep.: Corrèze, Obere Vienne. — **Limoges**, 35.100 E., an der Vienne, Fabrikstadt.

18) **Auvergne**, die kälteste und unfruchtbarste Gegend des Inneren, ein wildes und malerisches Gebirgsland, ein halbes Jahr lang mit Schnee bedeckt. Dep.: Cantal, Puy de Dome. — **Clermont-Ferrand**, 37.100 E., unfern des Puy de Dome.

§ 315 (271). IV. Das westliche Frankreich, in Unterricht, Bildung und Industrie dem übrigen nachstehend.

19) **Augoumais, Saint-Onge und Aunis**, die von der Charente bewässerten fruchtbaren Ebenen und Weinhügel. Dep.: Charente und Untere Charente. — **Angoulême** (spr. Anghulehm), 28.700 E., an der Charente. — **Cognac** (Conjac), 13.800 E., Charente, hat Weinbau und ist Niederlage des berühmten, aus Weintrauben bereiteten Franz-Branntweins. — **Rochefort**, 25.500 E., Charente, einer der großen Kriegshäfen. — **la Rochelle**, 19.000 E., Festung, Seebäder.

20) **Poitou**, so groß wie Westfalen, hat große Viehzucht. Der westliche Teil heißt die Vendée. Dep.: Beide Sèvres, Vendée, Vienne. — **Poitiers**, 31.700 E., sehr alt, groß, schlecht, schwach bewohnt. Schlacht a. 732.

21) **Anjou** nebst Saumurois, ein Land des Ackerbaues und der Viehzucht. Dep.: Maine und Loire. — **Angers** (spr. Angscheh), 55.400 E., an der Mayenne, ist älter als die Römer-Zeit. Fabriken.

22) **Maine** nebst Perche. Dep.: Mayenne, Sarthe. — **Laval**, 25.100 E., Mayenne. Für die Leinweberei in Frankreich ist dies die wichtigste Gegend.

23) **Bretagne**, etwas kleiner als Württemberg nebst Baden. Dieses keltische Land ist arm und rauh. Der Boden ist reich an Blei und Eisen. Dep.: Cotes du Nord, Morbihan (ein Meerbusen), Finisterre, Ille und Vilaine, Untere Loire. — **Nantes**, 122.250 E., Loire, treibt großen Handel. — **Rennes**, 53.600 E., Handelsstadt. — **Brest**, 66.800 E., an

Granitbergen, der zweite Kriegshafen Frankreichs. — Lorient, 31.000 E., auf Felsen-Inseln, Sitz des Handels mit Ost-Asien. — Saint-Malo, 10.100 E., treibt großartigen Fischfang bei Neu-Fundland.

§ 316. V. Das südwestliche Frankreich, das Weinland.

24) Guyenne (Aquitanien), so groß wie Schlesien, das Garonne-Land, teils unfruchtbares Sandland im W., teils unfruchtbares Felsland, teils fruchtbare Thal-Landschaft und Ebene. Dep.: Gironde. — Bordeaux, 215.100 E., an der Gironde, eine sehr alte, prächtige Stadt, der dritte Handelshafen Frankreichs, für Wein und Branntwein der erste der Welt. Nordwestlich das Fort Medoc. Die Fluß-Ufer haben den bedeutendsten Weinbau Europas.

25) Gascogne (Baskenland) nebst Béarn oder Nieder-Navarra, etwas größer als Belgien, zum Teil Pirenäen-Gebirge, zum Teil Weinhügel, zum Teil Garonne-Ebene. Dep.: Gers, les Landes, Ober- und Nieder-Pirenäen. — Bayonne, 22.300 E., Adour, befestigte Handelsstadt; liefert berühmte Schinken (Bayonnet). — Pau (spr. Pah), 27.600 E., an der Gave. — Biarritz, 3350 E., Seebäder. — Bigorre, 7200 E. und Barèges (Seidenfabriken), Badeorte, hoch in den Pirenäen gelegen.

§ 317 (272). VI. Das südöstliche Frankreich, das provençalische und das Alpenland.

26) Roussillon und Foix. Dep.: Ost-Pirenäen und Ariège. Sie liegen in den Pirenäen. — Perpignan, 24.400 E., Festung. An Foix grenzt die kleine Hirten-Republik Andorra, 18.000 E., welche unter französischem Schutze steht.

27) Languedoc, etwas kleiner als die Rheinprovinz und Westfalen. Die Sprache von Oc weicht völlig von der im nördlichen Frankreich gesprochenen Sprache von Oui ab. Das zum Teil sehr fruchtbare und ergiebige Land liefert namentlich Seide, Wein und Olivenöl, sowie Mandeln, Feigen u. s. w. Dep.: Haute-Garonne, Tarn, Hérault, Gard. — Toulouse, 131.640 E., an der Garonne, die Hauptstadt des südlichen Frankreich. — Albi, 15.900 E., am Tarn (Albigenser). — Cette, 28.200 E., am Meere, Weinhandel. — Montpellier, 55.300 E., hat Fabriken. — Nimes (spr. Nihm), 60.800 E., eine Römer-Stadt mit römischem Amphitheater, einer der bedeutendsten Fabrikorte Frankreichs. Unfern der Pont du Gard, Rest einer römischen Wasserleitung. — Lünel, 8300 E., liefert berühmten Wein. — Beaucaire, 8000 E., am Rhone, hält eine große Messe für die Kaufleute des Orientes.

28) Das Dauphiné oder Delphinat, das Land der Isère. — Dep.: Isère, Drome, Obere Alpen. — Grenoble, 43.100 E., fest, im großartigen Alpenthale der Isère. — Vienne, 23.000 E., Rhone, war ehemals Sitz der Grafen, welche einen Delphin (franz. Dauphin) im Wappen führten. Der älteste französische Prinz war jedesmal Regent des Dauphiné und hieß deshalb der Dauphin.

29) Savoyen, ein rauhes Alpenland mit elenden Ortschaften. Dep.: Savoyen und Ober-Savoyen. Hauptstadt Chambéry, 16.500 E. — Aix les Bains (spr. Äß), 2700 E., berühmte Heilquellen. — Chamouny, 500 E., am Fuße des Mont-Blanc.

30) Provence, so groß wie die Provinz Sachsen, einer der schönsten Teile Frankreichs: kahle Berge, grüne Oasen, dunkelblaues Meer mit weißen Ufern, Orangen- und Ölbäume, Mandel- und Pflaumenbäume, Feigen- und Oleandergebüsche und Wein; im östlichen Küstenlande selbst

Kaktus und Palmen, Granatäpfel, Myrten und Lorbeer. Längs des Meeres die Corniche-Eisenbahn, die schönste in Europa in Betreff der Landschaft. Dep.: Alpen, See-Alpen, Var, Vauclüse, Rhone-Mündungen. — Marseille (spr. Marßehj), 318.870 E., 2500 Jahre alt, ist Frankreichs zweite Handelsstadt, weithin von Gärten, Weinbergen und Landhäusern umgeben. Es hat die großartigste Wasserleitung Europas. — Aix, (spr. Ähs), 23.400 E., war sonst Hauptstadt der Provence, berühmt durch die Troubadours. — Toulon, 61.400 E., einer der größten Kriegshäfen, mit dem bedeutendsten Arsenale. Überfahrt nach Algier. — Arles, 15.600 E., a. d. Rhone, hat die bedeutendsten römischen Ruinen. Es war Hauptstadt des arelatischen Reiches. — Avignon, 33.200 E., a. d. Rhone, hatte einst 100.000 E. und war Sitz mehrerer Päpste. — Orange, 10.200 E., Stammort des Hauses Oranien. — Nizza, 46.700 E., am Meere, in wunderschöner Natur und südlichem Klima, wie es in Italien erst Neapel hat. — Grasse, 9700 E., Antibes, 5500 E., Cannes, 13.500 E., bauen auf vier Meilen nur die wohlriechendsten, weit ins Meer hinausduftenden Blumen zur Bereitung der Blumenöle oder Parfüms.

31) Corsica. Dep.: Corse, nicht halb so groß wie der Regierungsbezirk Potsdam, ist ein dichtbewaldetes Felsgebirge mit südlicher Vegetation. — Bastia, 17.000 E., an der NO.-Küste. — Ajaccio (spr. Ajatscho), 16.400 E., an der West-Küste. Napoleons I. Geburtsort (a. 1769).

§ 319 (273). Frankreich besitzt außerhalb Europas: 1) In Ostindien einige Quadratmeilen und Städte (namentlich Pondicherry, an der Ostküste); in Hinter-Indien über Tausend Quadratmeilen mit $1^{3}/_{5}$ Mill. Bew., an der Mündung des Me-khong. — 2) In Australien die Marquesas-Insel, die Gambier-Insel, Wallis, Tahiti, Neu-Caledonien ꝛc., 380 QM. mit 78.000 Bew. — 3) In Süd-Amerika: Guayana, (Cayenne); in Mittel-Amerika mehrere der Kleinen Antillen (Martinique, Guadeloupe); in Nord-Amerika zwei kleine Felsen-Inseln an der Südküste von Neu-Fundland (St. Pierre und Miquelon. — 4) In Afrika: Algerien, so groß wie Österreich, mit $2^{7}/_{8}$ Mill. Bew., geteilt in die Provinzen Algier, Constantine, Oran. Ferner: Senegambien, einen Ort an der Goldküste, zwei Inseln am Nord-Ende Madagaskars, eine von den Comoren (Mayotte), und Ile Bourbon oder la Réunion, eine der Mascarenen. In Summa 9500 Quadrat-Meilen mit $5^{2}/_{3}$ Mill. Bew., einschließlich der Schutzstaaten: Cambodia in Hinter-Indien, und der Gesellschafts- und Tuamotu-Inseln, 11.169 QM. mit $6^{1}/_{2}$ Mill. Bew.

Das Königreich Belgien.

§ 320 (274). Im N. grenzt an Frankreich Belgien, zwischen $49^{1}/_{2}$ und $51^{1}/_{2}°$ n. B. liegend, 30 M. von N. nach S. und 32 M. von W. nach O. messend, ehemals ein Teil der

Niederlande, von denen es sich 1830 losriß; der Hauptbestandteil sind die früher Österreichischen Niederlande. Die südliche Hälfte, in welche sich die an Eisen und Steinkohlen reichen Ardennen hineinziehen, ist bergig, aber fruchtbar und gut angebaut; der NO.-Teil besteht großenteils aus Torfmooren und öden Sandwüsten. Belgien enthält 535 QM. mit 5⅓ Mill. Bew., ist also an Größe etwa ¾ der Mark Brandenburg. Die Bewohner sind fast durchweg katholisch; wohl die Hälfte derselben sind Belgier, welche flamändisch oder vlämisch sprechen; und fast die Hälfte Wallonen, welche wallonisch und französisch sprechen. — Belgien ist in 9 Provinzen geteilt.

Durch Ackerbau, Bergbau, eine ungewöhnliche Zahl von Fabriken und Handel ist das Land wohlhabend. Ein Netz von Kanälen und Eisenbahnen überzieht alle Provinzen. Die Hauptflüsse sind die Schelde mit ihren Nebenflüssen, und die Maas mit der Sambre und Ourthe.

1) **Brabant**. **Brüssel** (Bruxelles), 162.800 E., einschließlich der Vororte, 380.238 E., an der Senne, ist die schöne Hauptstadt, reich durch Fabriken und Handel. Südlicher beim Busch von Soignes: Waterloo, das Haus la belle Alliance und der Kreuzweg Quatre Bras. — Löwen (Louvain), 33.900 E., vor 300 Jahren die berühmteste Universität der Welt.

2) **Antwerpen**, so groß wie der Ober- und Nieder-Barnimsche Kreis; im N. sandig und Heidefläche. — Antwerpen (Anvers) 155.820 E., an der Schelde, 20 Meilen vom Meere, ein sehr bedeutender Handelsort und die Hauptfestung Belgiens, wichtig durch Bauwerke und Kunstschätze. — Mecheln, 39.000 E., öde, Sitz des Erzbischofs.

3) **Ost-Flandern**, etwa eben so groß wie die vorige, mit fast 15.000 Bewohnern auf jeder QM., also eine der bevölkertsten Gegenden Europas, von großer Fruchtbarkeit. — Gent (Gand), 129.200 E., an der Schelde, dem Raume nach die größte Stadt Belgiens, mit bedeutenden Fabriken und großer Blumenzucht.

4) **West-Flandern**, so groß wie Brabant. Brügge (Bruges) 45.100 E., an mehreren Kanälen, hat Spitzen- und Leinenfabrikation und war im 13. Jahrhundert einer der ersten Handels- und Fabrikorte der Welt. — Kortrijk (Courtray), 26.400 E., Festung, fertigt die feinste Leinwand. — Ostende, 16.800 E., am Meere, Haupthafen, Seebad, Fabriken und Handel; Überfahrt nach England. — Ipern (spr. Eipern), Festung und Fabrikstadt, 15.500 E., früher mit 200.000 E.

§ 321. 5) **Limburg**. — 6) **Hennegau** (Hainaut), größer als Brabant; fruchtbarer Boden, sehr reich an Eisen und Steinkohlen. — Mons (Bergen), 24.300 E., Festung. — Doornik (Tournay), 32.100 E., an der Schelde, Festung, Fabriken von Teppichen u. a. — Charleroy, 15.900 E., an der Sambre, Festung, fabricirt viel Eisenwaaren und Glas.

7) **Namür**, so groß wie die vorige; eine schöne Provinz mit dem malerischen Maasthale. — Namen (Namür), 25.100 E., starke Festung und Fabrikort für Metallwaaren. — Ligny, Schlacht 1815.

8) **Lüttich, so groß wie Antwerpen.** Lüttich (Liège), 118.140 E., an der Maas, mit großer Citadelle, Universität, Steinkohlengruben, der erste Fabrikort des Landes; für Stahl- und Eisenwaren, namentlich für Waffen, einer der wichtigsten der Welt. Fast eine Vorstadt ist der Flecken Herstal (Pipin). Das nahe dabei gelegene Seraing, 24.300 E., hat eine der bedeutendsten Dampfmaschinen-Fabriken. — Verviers, 37.800 E., an der Weeze, hat ungeheure Tuchfabrikation. — Spa, 6000 E., Badeort am Hohen-Venn-Plateau. — Der kleine Ort Limburg, ehemals Hauptstadt, liefert berühmten Käse. — Dorf Landen, Pipins Geburtsort.

9) **Luxemburg,** die größte, aber am schwächsten bevölkerte Provinz. — Arlon, 5800 E., mitten in den Ardennen. — Bouillon, 2500 E., mit Gottfried von Bouillons Stammschloß.

Das Königreich der Niederlande.

§ 322 (275). Im N. von Belgien gelegen, reicht es von $50^{3}/_{4}$ bis $53^{1}/_{2}°$ n. B., und mißt von N. nach S. 50, von W. nach O. 34 Meilen. Es sind 597 QM. mit nahe 4 Mill. Bew. Dieses ebene Mündungsland des Rheins und der Maas ist durch den Fleiß und die Sorgfalt der Niederländer erst bewohnbar gemacht worden; daher finden sich hier so viel Abzugsgräben und Kanäle, wie kaum in irgend einem anderen Lande, und die durch Entwässerung in Grasflächen umgewandelten Sumpfstrecken, die sogenannten Polders, nehmen einen großen Raum ein. Die letzteren sind mit Dämmen gegen einbrechende Flußwasser geschützt, sowie ein Teil der Meeresküsten durch riesige Dämme und Deiche, wo die natürlichen Sandbünen nicht ausreichen. Manche fruchtbare Strecken liegen sogar tiefer als die durchschnittliche Höhe der Meeresoberfläche ist. Das Land hat unzählige Windmühlen. Das Klima ist Winters und Sommers gemäßigt, sehr feucht, fast immer windig. Große Strecken des Bodens sind Torfmoore, daher ein großer Reichtum an Torf. Der Hauptreichtum des Landes aber sind die Rinder, Schafe und Ziegen, von denen reichlich Butter und Käse gewonnen wird; ferner der Weizen, Roggen, Hafer, Gerste und Buchweizen, Kartoffeln, Ölsämereien, Krapp, Tabak, Erbsen, Bohnen, Obst ꝛc. Außerdem ist der Fischfang in der Nähe und in fernen Meeren wichtig. Einen großen Teil seines Reichtums aber hat das Land durch seinen Handel mit Produkten anderer Erdteile, namentlich mit Zucker, Kaffee und Gewürzen, gewonnen. Auch viele Fabrikzweige blühen, namentlich der Schiffbau, die Zucker-Raffinerie, die Baumwoll-, Woll- und Leinenfabrikation, die Holz- und Ölmühlen, die Tabaksfabriken, die Diamantschleifereien.

Der Rhein teilt sich nach seinem Austritte aus Preußen und sendet links die Waal ab; weiterhin bei Arnhem ist er rechts mit der Jissel (spr. Eisel) verbunden; bei Wijk bij Duurstede (spr. Weik bei D.) teilt er sich in den Lek, links, und den Krummen Rhein, rechts; bei Utrecht in die Vecht, rechts, und den Alten Rhein, links, und der letztere mündet mittelst mächtiger Schleusen bei Katwijk (spr. Katweik) in die Nord-See. — Die Maas nimmt östlich von Gorinchem die Waal auf, östlich von Rotterdam den Lek, und geht mit mehreren Mündungsarmen in die Nordsee. — Die Ost- und West-Schelde mündet bei den Inseln Seelands. — Der Große Kanal von Nord-Holland verbindet Amsterdam mit dem Helder, der Kölnische Kanal Amsterdam mit dem Lek, die Süd-Willems-Fahrt Herzogenbusch mit Maastricht; außerdem liegen die meisten Ortschaften an Kanälen. — Im Laufe der Zeit sind durch Einbruch des Meeres an den Küsten die Meerbusen entstanden: der Dollart, der Zuidersee (spr. Seudersee), vor welchem die Nordsee-Inseln Texel, Vlieland, Terschelling und Ameland liegen, sowie der Biesboch (d. i. Binsenbusch) zwischen Süd-Holland und Nord-Brabant.

$^7/_{13}$ der Bewohner sind protestantischer Religion, meist im N., $^1/_3$ dagegen römisch-katholisch, meist im S. In den großen Städten wohnen viele Juden. — Die Abgeordneten des Volkes bilden die sogenannten General-Staaten (Kammern).

§ 323 (276). Die Niederlande sind in 11 Provinzen eingeteilt.

1) **Nord-Brabant**, im S. der Maas, die größte Provinz ($^1/_4$ des Regierungsbezirks Potsdam), zum Teil Heide, im NW. fruchtbar. Hertogenbosch, 24.500 E., Festung, Handel und Fabriken. — Breda, 16.100 E., Festung am Mark. — Tilburg, 26.100 E., die größte Fabrikstadt für Wollwaren.

2) **Gelderland**, eben so groß, von Rhein, Waal und Jissel durchflossen, die schönste Provinz, an den Flüssen reich angebaut und mit Landhäusern geziert. — Arnhem, 38.000 E., am Rhein, hat blühenden Handel. — Nijmegen oder Nimwegen, 23.500 E., Festung an der Waal, Friede 1678. — Zutphen, 14.500 E., an der Jissel, Festung.

3) **Süd-Holland**, zwischen der Maas- und Rhein-Mündung, nur so groß wie der Barnim, aber sehr stark bevölkert, mit fruchtbaren Poldern. — Der Haag oder s'Gravenhage, östlich von den Meeresdünen, 107.900 E., die schöne, gartenreiche Residenz des Königs, eine der besten Städte Europas. Nahe am Meere das Seebad Scheweningen (spr. Skeweningen), 10.000 E. — Delft, 24.500 E., handelt mit Butter und Käse. — Rotterdam, 142.585 E., an der Maas, blühende Handels- und Fabrikstadt. — Dordrecht, 26.600 E., an der Merwe, Holzhandel. Nahe der Biesbosch. — Leiden, 41.300 E., unfern der Rhein-Mündung,

eine berühmte Universität. — Seehafen **Hellevoetsluis** (spr. Hellevutsleus), 4700 E.

4) **Nord-Holland**, die Halbinsel, im W. des Zuidersee, zum großen Teile Polders; sie ist noch etwas kleiner als die vorige. **Amsterdam**, 302.266 E. Hauptstadt der Niederlande, an der Amstel und dem Meerbusen Ij (spr. Ei), von welchem jetzt nach W. ein Kanal zum Meere führt, eine große Handels- und Fabrikstadt, mit Schiffswerften, Maschinenbau-Anstalten, Zucker-Raffinerien, Tabaks-Fabriken, Diamantschleifereien. — — **Zaandam** (spr. Saandam), 12.800 E., am Zaan, hat 200 Windmühlen für Öl, Holz, Papier, Tabak, Farben u. s. w. — **Alkmaar**, 12.200 E., am Nordholländischen Kanal, der größte Käse-Markt. Nordwestlich in den Dünen das Dorf Kamp, Schlacht 1707. — **Hoorn**, 9800 E., am Zuidersee, hat den größten Handel mit Kühen. — **Edam**, 5400 E., am Zuidersee, handelt mit Käse. — **Haarlem**, 34.800 E., 2 M. im W. von Amsterdam, an dem ausgetrockneten Haarlemer Meere, hat viel Baumwoll-Fabriken und berühmte Blumenzucht. — **Der Helder**, 22.000 E., Kriegshafen am Nord-Ende des Großen Kanals.

§ 324. 5) **Seeland**, so groß wie der Kreis Teltow, besteht aus Inseln und dem seeländischen Flandern, trefflich angebaut, liefert hauptsächlich Weizen. — **Middelburg**, 16.000 E., auf der Insel Wälchĕren. — **Vlissingen**, 10.000 E., ebendaselbst, fester Kriegs-Hafen.

6) **Utrecht** (spr. Ütrecht), so groß wie der Kreis Templin, die kleinste Provinz. — **Utrecht**, 66.100 E., am Rhein, Universität und viele Fabriken; es war einst Hauptstadt der Republik Holland. Friede 1713.

7) **Friesland**, im O. des Zuidersees, hat im W. herrliche Vieh-Wiesen, im O. Torfmoore und Heiden, ein sauberes, reiches Land. — **Leeuwarden** (Löwardn), 27.100 E. — **Harlingen**, 11.000 E., blühende Hafenstadt.

8) **Ober-Ijssel** (spr. Eißel), d. h. Jenseit des Ijssel, besteht im O. aus Torfmooren und Heiden. — **Zwolle**, 21.600 E., am Schwarzwasser.

9) **Groningen**, ein fruchtbares Land. — **Groningen**, 40.600 E. Universität und Handelsstadt.

10) **Drenthe**, schwach bevölkert, hat unerschöpfliche Torfmoore.

11) **Limburg**, rechts an der Maas. — **Maastricht**, 29.100 E., Festung an der Maas, Fabrik und Handelsstadt. — **Roermond** (spr. Rurmond), 9700 E., an der Maas, Fabrikstadt. — **Venlo**, 8500 E., Festung an der Maas.

§ 325 (277). Die Niederlande besitzen außerhalb Europas: in Süd-Amerika **Surinam** (2167 QM.), mit der Hauptstadt Paramaribo; einige westindische Inseln (Curaçao); in Asien die herrliche Insel Java, reich an tropischen Produkten, mit den Handelsstädten Batavia, Samarang und Surabaja; den größten Teil von Sumatra, Borneo und Celebes; die zinnreichen Inseln Bangka und Biliton; die Kleinen Sunda-Inseln; die Molukken oder Gewürz-Inseln (Amboina liefert hauptsächlich Gewürznägel, Banda Muskatnüsse). — Im Ganzen, einschließlich der Niederlande, 31.109 QM. mit 25 Mill. Bewohnern.

Europa: Die Schweiz.

Die Schweiz.

§ 326 (278). Zwischen Deutschland, Frankreich und Italien liegt die von N. nach S. 30, von W. nach O. 42 M. messende Schweiz. Sie ist zur Hälfte ein Alpen-Gebirgsland; die sogenannte Flache Schweiz streckt sich vom Genfer- zum Boden-See zwischen den Alpen und dem Jura-Gebirge hin. Die Hauptflüsse sind der Rhein, welcher sie im O. und im N. fast umfließt, und die ihm links zufließende Aare, welche die Wasser zahlreicher Seen aufnimmt: des Neuchateller- und Bieler-, des Murten- und Sempacher-, des Zuger-, des Walen- und Zürcher-Sees; und der Rhone, welcher den Genfer-See durchfließt; der Tessin, welcher zum Po geht; der obere Inn. — Der berühmteste Gebirgsteil sind die längs des oberen Rhone liegenden Berner Alpen, mit dem 13.160 F. = 4275 m. h. Finster-Aarhorn, der 12.827 F. = 4167 m. h. Jungfrau und den wenig niedrigeren Schreckhörnern; die südlich davon gelegenen Peninischen Alpen, mit dem 14.178 F. = 4638 m. h. Monte Rosa und dem 13.870 F. = 4505 m. h. Matterhorn; das zwischen Rhein- und Rhonequelle gelegene Gotthardt-Gebirge, mit 10.000 F. = 3250 m. h. Gipfeln; die Vierwaldstätter, Schwyzer und Glarner Alpen; die Silvretta-Alpen, links neben dem oberen Inn. Über die Alpen führen der Simplon-, Gotthardt- und Splügen-Paß, durch den Gotthardt der neue Tunnel-Paß.

Die Schweiz enthält 752 QM., ist also nur wenig größer als die Provinz Brandenburg, und hat 2¾ Mill. Bewohner, ist also eben so stark bevölkert wie diese. Gute Unterrichts-Anstalten sorgen für die Volksbildung. Mehr als die Hälfte sind Reformirte, weniger als die Hälfte Katholiken. $7/10$ sprechen deutsch, nicht $1/4$ französisch, $1/18$ italienisch, $1/60$ romanisch. — $1/7$ des Bodens ist mit Seen, Flüssen und Gletschern (50 QM.) bedeckt, und außerdem ist $1/5$ unbenutzbarer Felsboden. — Ebenen und Thäler sind gut angebaut und der Boden ist ergiebig. Eine Hauptbeschäftigung ist die Viehzucht, welche man auf den Bergweiden (Almen) treibt; daher wird sehr viel Käse ausgeführt, aber viel mehr Vieh und Butter eingeführt als ausgeführt. Viele Städte, namentlich in der protestantischen Schweiz, sind zu wichtigen Fabrikstädten geworden. Handel und Gewerbe blühen überall.

§ 327 (279). Die Schweiz ist in 22 ganze, richtiger in 25 Republiken oder ganze und Halb-Kantons geteilt, welche zusammen die Schweizerische Eidgenossenschaft bilden. Regiert wird sie von dem erwählten Bundes-Rate zu Bern und von der Versammlung der Bundes-Abgeordneten der einzelnen Kantons.

1) **Basel** (a. Stadtteil. b. Landschaft). — Basel, 44.800 E., am Rhein, vielleicht die reichste Handelsstadt der Schweiz. Universität. Seidenfabriken.

2) **Aargau.** — Aarau, 5450 E., a. d. Aare, Fabrikort. Ruine Habsburg, bei Brugg.

3) **Zürich**, ein wichtiges Fabrikenland. Zürich, 21.200 E. (mit den Vororten, 56.700), am See, die schönste, blühendste Stadt, die wichtigste für die Wissenschaften. Universität. — Wädensweil, 6000 E., und Winterthur, 9400 E. Fabrikstädte.

4) **Schaffhausen**, 5½ QM. — Schaffhausen, 10.300 E., am Rhein, ganz mittelalterlich. Rheinfall beim Schlosse Laufen.

5) **Thurgau**, fruchtbares Obstland mit Fabriken.

6) **St. Gallen.** — St. Gallen, 16.600 E., a. d. Sittern, bedeutende Fabriken. Badeort Pfäfers, 1500 E.

7) **Appenzell** (a. Inner-Rhoden, katholisch. b. Außer-Rhoden, reformirt). In Außer-Rhoden sehr viel Kunstfleiß; Herisau, 9700 E.

8) **Solothurn.** — Solothurn, 7000 E., a. d. Aare, am Fuße des Weißensteins, mit der kostbarsten Kirche der Schweiz, Residenz des Bischofs von Basel.

9) **Bern**, der größte Kanton nächst Graubünden, 125 QM. (so groß wie Sachsen-Weimar-Eisenach, Sachsen-Koburg-Gotha und Sachsen-Altenburg). Bern (spr. Bährn), 36.000 E., a. d. Aare, Hauptstadt der Schweiz. Universität. Viel Handel und Fabriken. — Wasserfälle des Hasle-Thales. Viehzucht des Emmen-Thales.

10) **Luzern**; große Viehzucht. — Luzern, 14.500 E., am See. — Sempach, 1100 E., Schlacht 1386.

11) **Zug**, der kleinste Kanton, 4⅓ QM. — Zug, 4300 E., am See. — Bergabhang Morgarten, Schlacht 1315.

§ 328. 12) **Schwyz**; treibt Viehzucht. — Schwyz, 6150 E. — Brunnen am Vierwaldstätter See; gegenüber ein Wiesen-Abhang, genannt das Rütli. — Küßnacht, 2850 E., am Nord-Ende des Sees. — Der Rigi-Berg, zwischen dem Vierwaldstätter- und Zuger-See. — Kloster Einsiedeln, einer der berühmtesten Wallfahrtsorte der Welt.

13) **Glarus**, ein Fabrikenland. — Glarus, 5500 E., a. d. Linth.

14) **Unterwalden** (a. Ob dem Wald. b. Nid dem Wald), der malerisch schönste Kanton. Viehzucht.

15) **Uri**, sehr schwach bevölkert. — Altorf, 2700 E., bei der Reuß.

Die französisch redende Schweiz bilden:

16) **Freiburg**, ein reich gesegnetes Bergland mit schönem Viehstande. — Freiburg, 10.900 E., a. d. Saane. Zwei berühmte Drahtbrücken. — Murten, 2300 E. Schlacht 1476.

17) **Waadtland** oder Pays de Vaud, im N. des Genfer-Sees, genannt der Garten der Schweiz. — Lausanne, 26.500 E., am See. — Vevay, 9700 E., und eine Reihe sich daran schließender Orte am Nord-Ufer des Genfer-Sees, berühmt wegen ihres herrlichen, milden Klimas. — Grandson, 1600 E., am Neuchateller-See. Schlacht 1476.

18) **Neuchatel** oder Neuenburg, im Jura-Gebirge, hat sehr be-

deutende Fabrikation. — Neuchatel, 13.300 E., am See. — Locle und Chaux-de-Fonds, 10.300 und 19.900 E., in einem rauhen Jura-Thale, sind die Hauptorte für die Uhrenfabrikation.

19) Genf oder Genève, 5³/₁₀ QM. — Genf, 47.600 E., am Rhone, die reichste und bevölkertste Stadt der Schweiz, mit Universität, vielen wissenschaftlichen Anstalten, großer Fabrikation und bedeutendem Handel.

20) Wallis, der achte Teil der Schweiz, das Rhone-Thal zwischen den Berner- und Peninischen Alpen. — Sion oder Sitten, 4900 E., am Rhone. — Badeort Leuk, 600 E. — Von Martigny geht die Straße über den Großen Bernhard, von Brig die über den Simplon nach S.

Die italienische oder wälsche Schweiz bildet der Kanton

21) Tessin oder Ticino (spr. Titschino). — Lugano, 6000 E., am Lugano-See. — Bellenz oder Bellinzona, 2500 E., am Tessin und an der Gotthardt-Straße.

Zu ⅓ deutschen und ⅔ romanischen Stammes sind die Bewohner in:

22) Graubünden (a. Oberer oder Grauer Bund. b. Gotteshaus-Bund. c. Zehn-Gerichten-Bund), der größte Kanton, von den Rheinquellen bis über den Inn reichend; nur mit 700 Bewohnern auf der QM., also die schwächste Bevölkerung der Schweiz. Viehzucht. — Chur, 7550 E., nahe dem Rhein. Handelsstadt. Von hier nach S. die Straße über den Splügen. — Das obere Inn-Thal ist das Engadin.

Fünfter Abschnitt.

Deutschland und Österreich.

I. Die Alpen und Karpaten.
(Siehe die §§ 145. 150.)

§ 329 (280). Deutschland liegt zwischen den Alpen und der Nord- und Ostsee und reicht (von W. nach O.) von den links an der oberen Maas hinziehenden Bergen bis zu den östlich von der March hinziehenden, so daß ein Teil der Alpengebirge, das gesamte deutsche Mittelgebirgsland und ein Teil des nordöstlichen Flachlandes in sein Gebiet fallen. Es ist eine von N. nach S. allmählich ansteigende Ebene, auf welcher Hügel- und Bergmassen, sowie Kettengebirge aufgesetzt sind; im S. legt sich dieselbe an den Nordfuß des Alpensystems. Obwohl das letztere nur zum Teil deutsches Bergland ist, so sollen doch hier auch seine außerdeutschen Teile genannt werden.

Das 3660 ☐M. einnehmende, 20 bis 40 M. breite Alpensystem steht mit seinem Südfuße in der lombardisch-venetianischen Tiefebene, aus welcher lange, schmale Seen in die Berge hineingreifen; an seiner Westseite zieht sich die Tiefebene des unteren Rhone und das Rhonethal selbst hin; an seinen Nordfuß legt sich vom Genfer-See bis Wien die Hochebene der Flachen Schweiz und die Bayerische Hochebene, und auch hier bezeichnet eine ganze Reihe von Seen den Gebirgsrand; nach der Ostseite hin verlaufen sich die an Höhe abnehmenden Gebirgszüge in die zwischen dieselben hineinreichenden Ungarischen Tiefebenen. — Im Allgemeinen liegt der höchste, mit ewigem Schnee und mit Gletschern bedeckte Teil im mittleren Streif und bildet die eigentlichen Central-Alpen, meist krystallinische Gesteinsmassen; ihnen zur Seite liegt der Streif der Mittel-Alpen, meist Sandstein und Kalkgebirge; und diesen wieder zur Seite, den Nord- und Südfuß bildend, folgen die Vor-Alpen, aus neueren Gesteinsbildungen zusammengesetzt. Hie und da scheiden ansehnliche Längenthäler diese Streifen von einander; und manches tief einschneidende Querthal ist benutzt worden, um einen die Nord- und Südseite verbindenden Alpenpaß oder eine Alpenstraße anzulegen.

§ 330 (281). Der höchste Teil der Alpen findet sich da, wo das System am schmalsten ist, im S. des Genfer-Sees; dort liegt zwischen den Quellen der nach Genf fließenden Arve und der zum Po fließenden Dora das fast 15.000 F. = 5000 m. h. **Montblanc-Gebirge** (Dromedarbuckel 14.817 F. = 4810 m.). Von hier bis zur Küste des Mittelmeeres, längs welcher die landschaftlich schönste Eisenbahn Europas, die Corniche-Bahn, aus Frankreich nach Genua führt, reichen

A. **Die West-Alpen**, aus welchen nach O. der Po mit seinen obersten linken Nebenflüssen, nach W. die letzten linken Nebenflüsse des Rhone (Isère, Durance) entspringen. Man teilt sie in a. Die Meer-Alpen (Straße über den Colle di Tenda). — b. Die Cottischen Alpen mit dem 12.270 F. = 3986 m. h. Monviso, Quelle des Po. — c. Die Disans-Alpen, der großartigste und wildeste Teil, mit dem 12.970 F. = 4215 m. h. Ollan und dem 11.860 F. = 3854 m. h. Pelvour. — d. Die Grajischen Alpen. Über den 11.060 F. = 3593 m. h. Mont-Cenis führt eine Eisenbahn und unter ihm hindurch eine Tunnelbahn, quer durch das Gebirge. Der 12.450 F. = 4045 m. h. Mont-Iséran, Quelle der Isère. Südlich vom Mont-Blanc, unfern von ihm, liegt der Kleine St. Bernhardt, welchen Hannibal überschritten hat.

§ 331 (282). B. Vom Mont-Blanc nach O. reichen bis zum 30. Meridiane die **Mittel-Alpen**. Zunächst ziehen nach O. a. die Peninischen- oder Walliser-Alpen (der 7600 F. = 2478 m. h. Große St. Bernhardt mit einem nicht fahrbaren Passe und einem Hospize in 7610 F. = 2472 m. Höhe; und der 14.280 F. = 4638 m. hohe Monte Rosa), die sich als Lepontinische Alpen nach NO. wenden; über diese führt die Simplon-Straße, auf welcher man zuerst (1804) über die Alpen fahren konnte. — b. Daran stößt das Gotthardt-Gebirge, von welchem nach O. der Vorder-Rhein, nach N. die Reuß, nach W. der Rhone, nach S. der Tessin ausgehen. Eine wichtige Straße führt vom Vierwaldstätter-See über ihn ins Tessinthal; das Hospiz auf dem Passe steht in 6507 F. = 2114 m. h., aber die Gipfel sind bis über 9600 F. h. — An den Gotthardt grenzen c. im N. der Peninischen Alpen die Berner-Alpen, der besuchteste Teil dieser Gebirge. Darin erheben sich die 12.827 F. = 4167 m. h. Jungfrau und das über 13.160 F. = 4275 m. h. Finster-Aarhorn; darüber führt in der Mitte der Gemmi-, am Ost-Ende der Grimsel-Paß. — d. Die Vierwaldstätter Alpen, mit dem 9970 F. = 3239 m. h. Titlis im SW. des Vierwaldstätter Sees. — e. Die bis östlich an den Rhein reichenden Schwyzer- und Glarner-Alpen, mit dem 5540 F. = 1800 m. h. Rigi am Vierwaldstätter See. — f. Im S. des Gotthardt die Tessiner- und g. die Adula-Alpen. Am Adula- oder Vogelsberge entspringt der Hinter-Rhein. Hinüber führen der Bernhardin- und Splügen-Paß. Östlicher, rechts vom Rhein, folgen die Rätischen Alpen, nämlich links vom Inn h. die Silvretta-Alpen (der 9900 F. = 3216 m. h.

Septimer und der Julier) und rechts vom Inn i. die großartigen Bernina-Alpen (Berninaspitze über 12.470 F. = 4052 m. h.) — Weiter östlich liegen zwischen dem Inn und der oberen Etsch, k. die Oetzthaler- oder Tiroler-Alpen (der 11.100 F. = 3600 m. h. Oetzthaler Ferner). — Nördlich davon reichen vom Bodensee bis zum Durchbruche des Inn l. die Vorarlberger und Bayerischen Alpen (am 8800 F. hohen Solsteine im NW. von Innsbruck ist die Martinswand). — Im S. der Tiroler Alpen reichen bis an den Garda-See m. die Ortler-Alpen mit der 12.020 F. = 3905 m. h. Ortelesspitze. Im Westen derselben führt aus dem Inn und oberen Etsch-Thal der Stilfser- oder Wormser-Paß ins Adda-Thal und an den Comer-See.

§ 332 (283). C. Östlich vom 30. Meridiane oder von einer Linie über die Salzach- und Drauquellen breiten sich die Ost-Alpen aus.

Der centrale Zug heißt vom 4370 F. = 1421 m. h. Brenner, wo eine Eisenbahn über die Alpen führt, und vom 10.780 F. = 3503 m. h. Dreiherrnspitz an a. die Kette der Hohen Tauern (d. h. Pässe). Darin ist der 11.700 F. = 3800 m. h. Groß-Glockner der bedeutendste Gipfel. Bei der Quelle der Mur teilt sich die Tauernkette und zieht nördlich und südlich von diesem Flusse weiter. Von dem an der Nordseite liegenden Gastein führt einer der Pässe über das Hochgebirge. Nördlich von den Tauern, links von der herumfließenden Salzache, liegen b. die Salzburger Alpen (darin der 8200 F. = 2660 m. h. Watzmann am Königs-See bei Berchtesgaden). Östlich von der Salzache folgen c. die Salzkammergut-Alpen (darin der 5480 F. = 1780 m. h. Schafberg und der Badeort Ischl). — d. Mit dem Wiener-Walde und dem kurzen Kahlenberge laufen die Alpen bei Wien an der Donau aus. — Die älteste der über das Alpengebirge gehenden Eisenbahnen ist die, welche Wien und Triest verbindet und im SW. von Wien in 2996 F. = 974 m. H. den Semmering übersteigt. — Im S. der Tauern ziehen rechts längs der Drau und zwischen Drau und Save e. die Karnischen Alpen; und südlich von diesen breiten sich von dem an den Save-Quellen gelegenen, 8800 F. = 2866 m. h. Terglou f. nach SO. die Julischen Alpen aus, die mit der Steinwüste des Karst-Plateau's (Zirknitzer See, Adelsberger Höhle) bis an Triest herantreten. — Als letzte östliche Ausläufer der Alpen kann man ansehen: g. das an der Donau östlich von Wien endende Leitha-Gebirge; h. den bis an den rechten Winkel des Donaulaufes, im N. des Balaton-Sees ziehenden Bakony-Wald, und i. die Kroatisch-Slavonischen Bergzüge, welche als k. Fruschka-Gora bis an die Donau zwischen der Drau- und Theiß-Mündung hinziehen.

§ 333 (284). Im O. der Alpen, davon getrennt durch die 140 und 1760 QM. umfassende Ober- und Nieder-Ungarische Tiefebene, liegen die dem Alpensystem an Ausdehnung fast gleichen Karpatischen Mittelgebirge (3424 QM.).

Sie beginnen gegenüber vom Leitha-Gebirge, im W. von Preßburg an der Donau, mit dem nicht bedeutenden Zuge der Kleinen Karpaten. An diese schließen sich bei der Quelle der Weichsel und den oberen rechten Zuflüssen dieses Stromes die untergeordneteren Massen (bis 5300 F. = 1722 m. hoch) der waldigen Beskiden. Von diesen südlich erhebt sich zwischen dem oberen Dunajez und dem Poprad der kurze Zug der Hohen Tatra, das einzige Hochgebirge des mittleren Europa außer den Alpen, mit den etwa 7800 F. = 2530 m. h. Gerlsdorfer-, Eisthaler- und Lomnitzer-Spitzen. Südlich von ihm und dem Poprad streicht die Kleine Tatra, und den weiteren Raum bis zum rechten Winkel der Donau und bis an die Kleinen Karpaten erfüllen die erzreichen, landschaftlich schönen Ungarischen Erzgebirge, mit einem 5470 F. = 1776 m. h. Gipfel, dem Großen Fatra. — Von den Beskiden weiter nach O. und dann nach SO. zieht in einem großen Viertel-Kreisbogen das breite, aber nicht hohe Karpatische Waldgebirge, auf seiner Innenseite von den reichsten Steinsalzlagern Europas begleitet. Es endet am 44. Meridian in 45½° n. Br., an der SO.-Ecke des Siebenbürger Hochlandes. Die Ostseite dieser 1000 QM. großen, 1400 F. (457 m.) hohen Hochebene bildet dieses Waldgebirge: die N.- und W.-Seite das Siebenbürgische Erzgebirge, im südlichen Teile mit Gold-Bergwerken; und die S.-Seite schließt die hohe Kette der von C. Ritter so benannten Transsylvanischen Alpen (mit dem 7830 P. F. = 2543 m. h. Negoi), die in der Mitte von der Aluta durchbrochen sind, in deren Thal die Karolinenstraße, die alte Heeresstraße der Römer nach Dacien hinein, aus Siebenbürgen nach Rumänien hinabführt.

II. Die Flüsse und Mittelgebirge Deutschlands.
(Siehe §§ 142 bis 149.)

Gebiet der Nordsee.

§ 334 (285). Der Rhein. 1) Der Schweizer-Rhein, von der Quelle bis Basel, 50¼ g. M.

Der Vorder-Rhein entspringt an der Ostseite des St. Gotthardt zwischen dem im N. gelegenen Berge Krispalt und dem im S. gelegenen Lukmanier, nimmt rechts den kleinen Medelser-Rhein auf und fließt nach ONO. Der Hinter-Rhein entspringt am Vogelsberge, fließt bis Splügen nach O., biegt nach N. um, nimmt rechts bei Thusis die Albula auf, und vereinigt sich bei Schloß Reichenau mit dem ersteren. Der vereinigte Strom wendet bei Chur nach N. um, nimmt rechts die Ill auf, und ergießt sich östlich von dem Dampfschiff-Hafen Rorschach in den 9⅘ QM. großen Boden-See. An ihm liegen Konstanz, Bregenz, Lindau. Diesen verläßt er, nach W. fließend, bis er auf die Jura-Felsmassen trifft, welche ihn nach S. ablenken und über welche er bei Schaffhausen als 300 F. br., bis 70 F. h. Rheinfall hinabstürzt. Er nimmt darauf links die Thur auf, in welche rechts die Sittern, mit den Städten Appenzell und St. Gallen, mündet, und fließt weiter nach NO. Dort tritt links zu ihm die Aare, der größte Schweizer Fluß nächst dem Rheine. Sie entspringt am O.-Ende der Berner Alpen am Finster-Aarhorn, durchfließt das schöne Hasle-Thal, tritt in den Brienzer-See (spr. Brihnzer) und über Interlaken in den Thuner-See, und fließt über Bern nach NW. bis an den Fuß des Jura-Gebirges, wo sie rechtwinklig umwendet. Dort empfängt sie links die Zihl, die aus dem Bieler- und Neuchateller-See kommt. Darauf nimmt sie rechts den Großen Emmen auf und den aus dem Sempacher See kommenden Suren und fließt über Solothurn und Aarau weiter nach NO. Rechts geht ihr die Reuß zu. Diese kommt von der N.-Seite des St. Gotthardt, tritt nördlich von Altorf bei dem

Dampfschiff-Hafen Flüelen in den Vierwaldstätter-See, und verläßt diesen bei Luzern. Nahe bei ihr mündet die Limmat. Diese entspringt in den Glarner-Alpen als Linth, fließt nach N., ist zwischen dem Walen- und Zürcher-See kanalisirt (Linth-Kanal) und verläßt den letzteren bei Zürich. In der Nähe der Mündung beider Flüsse, bei Baden, steht die Ruine der Habsburg. — Bei Basel mündet links die Birs, welche aus dem Schweizer und Französischen Jura herfließt. Dieses Kalkgebirge, aus langen, parallelen Ketten von Korallenkalk bestehend, verbindet die deutschen Mittelgebirge und die Alpen, mit welchen es im SW. von Genf gleichsam verwachsen ist. Dort liegen auch seine 5300 F. = 1720 m. h. bedeutendsten Erhebungen (Mont Recület); bei Solothurn der wegen seiner Aussicht auf die Alpen berühmte 3950 F. =1283 m h. Weißenstein.

§ 335 (286). 2) **Der Rhein der oberrheinischen Tiefebene von Basel bis Bingen, 55 g. M.**

Durch die 30 M. lg. und nur wenige Meilen br., äußerst fruchtbare oberrheinische Tiefebene fließt der Rhein in Gestalt einer 7 und macht un-
zählige, jetzt zum Teil mittelst Durchstiche abgeschnittene Krümmungen. Es liegen hier an ihm: Breisach, Kehl, Speyer, Mannheim, Worms, Mainz, Bingen. Links münden in den Rhein: die Ill, mit den Städten: Mühlhausen, Colmar, Straßburg; der Queich, mit Landau; der Hoch-Speyer-Bach, mit Speyer; die Nahe, mit Kreuznach und Bingen. Die Ill steht durch den Rhone-Rhein- oder Elsasser- oder Mühlhauser-Kanal mit dem Rhone in Verbindung. — Das Quellgebiet der meisten dieser linken Zuflüsse des Rheins ist ein dem Rhein parallel laufender Gebirgszug; seine südliche Hälfte, mit 4400 F. = 1428 m. h. Gipfeln, bildet das Wasgau- oder Vogesen-Gebirge, die nördliche Hälfte die Hart und das Pfälzer-Gebirge, alle überreich an Weinbergen. Im W. dieses Gebirgszuges liegt die Lothringische Hochebene, und im Westen dieser bezeichnen die links neben der Maas hinziehenden Argonnen den großen Jura-Zug, welcher nach S. und dann nach O., im S. von Basel, streicht, und so den ganzen Wasgauwald umschließt.

§ 336 (287). Rechts münden in den Rhein: die Elz, links mit der Dreisam und daran Freiburg; die Kinzig, mit Offenburg und Kehl; die Murg, mit Rastadt; der Neckar, mit Tübingen, Cann-
stadt (nahe westlich Stuttgart und Ludwigsburg), Heilbronn, Heidelberg, Mannheim. In ihn mündet links die Enz, mit Wild-
bad, in sie mündet rechts die Nagold, daran Calw; rechts der Kocher und Jagst. Endlich mündet gegenüber von Mainz der aus dem Fichtel-
gebirge entspringende, aus Rotem und Weißem Main entstehende Main, mit den Städten Baireuth, Kulmbach, Schweinfurt, Würzburg, Aschaffenburg, Offenbach, Frankfurt. Links in ihn mündet die als Fränkische Rezat (mit Ansbach) nach SO. fließende und dann nach N. umbiegende Regnitz, mit Fürth, Erlangen, Bamberg; an der ihr rechts zufließenden Pegnitz liegt Nürnberg, und die nördlicher mündende Wiesen ist der Fluß der Fränkischen Schweiz. Die Regnitz ist durch den Ludwigs-Kanal mit der Altmühl verbunden, und ist somit eine Verbindung zwischen Rhein und Donau hergestellt. Rechts in den Main mündet die Itz, mit Koburg; die Fränkische Saale, mit Kissingen; die Kinzig, mit Hanau; die Nidda, welche rechts die Wetter auf-

nimmt. — Das Quellgebiet der meisten auf dieser Strecke rechts zum Rhein gehenden Flüsse ist ein dem Rhein parallel laufender Gebirgszug; seine südliche Hälfte bildet der Schwarzwald, am höchsten im S., wo der 4600 F. = 1494 m. h. Feldberg, der Belchen und der Blauen liegen; die Mitte bildet das Neckar-Bergland, und der Teil nördlich vom unteren Neckar ist der plateauartige Odenwald (östlich von der sogenannten Bergstraße), worin der Katzenbuckel 1930 F. = 627 m. h., der Krähenberg 1674 F. = 544 m., der Melibocus oder Malchen 9600 F. = 520 m. hoch ist. Das durch den Main davon abgeschnittene Stück heißt der Spessart, mit dem 1835 F. = 596 m. h. Geiersberge. — Im O. dieses Gebirgszuges liegt die vom Kocher und Jagst, von der Rezat und der Altmühl durchflossene Schwäbische Hochebene, und im O. dieser bezeichnet der Fränkische Jura im O. der Regnitz den großen Jura-Zug, welcher nach S. und dann nach SW. längs der Donau als Schwäbische- oder Rauhe-Alp in Gestalt eines breiten Rückens bis zum Schwarzwalde hinstreicht (wo der Hohe Randen im N. von Schaffhausen die Verbindung mit dem Schweizer-Jura andeutet), und so denselben ganz umzieht. Vor seinem Nordfuße stehen vereinzelte Kegel, wie der 2647 F. = 860 m. h. Hohenzollern, die Teck, der 2140 F. = 695 m. h. Hohenstaufen, der Rechberg u. s. w.

§ 337 (288). 3) Die Rhein-Enge und der Nieder-Rhein, von Bingen bis Emmerich, 45 g. M.

Nachdem der Rhein von Mainz bis Bingen an dem durch seine Weinberge berühmten, am Südfuße des Taunus-Gebirges gelegenen Rheingaue von O. nach W. geflossen ist, tritt er bei Bingen und Rüdesheim, wo auf einer kleinen Rhein-Insel der Mäusethurm neben dem Strudel des Binger Loches steht, in ein enges Thal zwischen den mit Wein bedeckten, mit Burgruinen gekrönten und zahlreichen Ortschaften gezierten Schieferbergen. Vorbei an der königl. Burg Stolzenfels, dem im Rheine stehenden Schlößchen Pfalz und am Loreley- (d. h. Lauterer Schiefer-) Felsen fließt er bis in die Nähe von Bonn, wo links der Berg Rolandseck, rechts der Drachenfels steht und zwischen beiden die Insel Nonnenwerth liegt, und wo links die Berge aufhören und rechts weiter vom Rhein-Ufer zurücktreten. Am Rheine liegen auf dieser Strecke: Coblenz mit Ehrenbreitstein, Neuwied, Bonn, Köln mit Deutz, Düsseldorf, Wesel, Emmerich.

Rechts in den Rhein mündet: die Lahn, sehr gekrümmten Laufes, mit Marburg, Gießen, Wetzlar, Weilburg, Limburg, Nassau, Ems. Ferner die Sieg mit Siegen und Siegburg; die Wied; die Wupper, mit Barmen und Elberfeld, unfern von ihr Solingen: sie ist der an Fabrikorten mit Wassermühlen und Dampfmaschinen reichste Fluß Deutschlands (in der Grafschaft Mark); die Ruhr, mit Arnsberg, Mülheim, Ruhrort, links durch die Lenne, rechts durch die von Brilon herkommende Möhne verstärkt; die Lippe, mit Lippstadt und Hamm; unweit von ihr Paderborn. — Links in den Rhein mündet: die aus dem Wasgauwalde entspringende Mosel, mit Toul, Metz, Trier, in welche rechts die Meurthe (spr. Mörthe) mit Lüneville und Nancy, und die Saar mit Saarbrücken und Saarlouis, links die Sauer mündet, die rechts die Alzig, mit Luxemburg, aufnimmt. Ferner links die Nette; die Ahr; die Erft.

§ 338 (289). Die Höhen links und rechts vom Rheine bilden zusammen die Hochebene des Rheinischen Schiefergebirges, und dieses ursprüngliche Ganze ist durch den Querspalt, welchen der Rhein durchfließt, zerteilt. Links füllt den Raum zwischen Nahe und Mosel, Rhein und Saar der waldige Hunsrück. In ihm unterscheidet man im W. den Hochwald, in der Mitte den Idar-Wald, mit dem 2507 F. = 814 m. h. Wald-Erbeskopf, und im O. den Soonwald. Ihm gegenüber liegt rechts vom Rheine, zwischen Lahn, Wetter und Main, der plateauartige Taunus oder die Höhe, mit dem 2700 F. = 877 m. h. Großen Feldberge. Links vom Rheine breitet sich bis an die Mosel, Maas und Sambre die öde Hochebene der ehedem an vulkanischer Thätigkeit reichen Eifel aus, mit dem Laacher See und der 2340 F. = 760 m. h. Hohen Acht, welche nach Aachen hin den Namen Hohes Benn führt, und weiter nach W. Ardenner-Wald genannt wird. Ihr gegenüber liegt rechts vom Rheine zwischen Sieg und Lahn der Westerwald, darin der 2015 F. = 655 m. h. Salzburger Kopf; und gegenüber von Bonn erhebt sich in der Ecke neben der Sieg-Mündung das kleine Siebengebirge mit dem 1428 F. = 464 m. h. Ölberge und dem 1001 F. = 325 m. h. Drachenfels. Zwischen Sieg und Ruhr setzt sich die Hochebene, auf welcher Bergzüge stehen, fort und wird unter dem Namen Sauerländisches Gebirge zusammengefaßt; in demselben liegt bei der Lenne-Quelle der 2590 F. = 842 m. h. Kahle Astenberg. Längs der oberen Ruhr, zwischen ihr und der Lippe, zieht der Haarstrang hin. Gegenüber vom Sauerlande, links vom Rhein, beginnt schon die Niederrheinische Tiefebene, welche wie ein Busen bis Köln in das Gebirge einschneidet.

§ 339 (290). 4) **Der unterste Lauf des Rheines von Emmerich bis zur Mündung, 24,8 g. M.**

Auf holländischem Gebiete gabelt sich der Rhein; der nördliche von beiden Armen heißt Rhein (mit Arnhem) bis Wijk (Weil), von da westlich Lek, bis Krimpen, und von da westlich Neue Maas, an welcher Rotterdam liegt. Bei Wijk geht rechts von ihm der Krumme Rhein ab, bis Utrecht, wo rechts von ihm die Vecht zur Zuider-See abgeht, während der Alte Rhein westlich über Leiden fließt und bei Katwijk durch ein Schleusenthor künstlich mündet, während er bis a. 1806 sich hier in den Sanddünen verlor. Der südliche und stärkere der beiden großen Arme heißt die Waal (Nymwegen).

Mit der Waal mündet der Zwillingsstrom des Rheins, die Maas, welche vom Plateau von Langres kommt und die Ardennen durchfließt. An ihr liegen Verdun, Sedan, Namür, Lüttich, Maastricht, Hertogenbosch. Links nimmt sie die Sambre auf, rechts die Ourthe bei Lüttich, in welche rechts die Weeze fließt (mit Verviers) und die Roer, mit Jülich und Düren, in welche links die von Aachen kommende Worm geht.

§ 340 (291). **Die Ems** kommt vom Teutoburger Walde, mit Meppen und Emden, rechts geht ihr die Haase zu. **Die Weser.** 1) Die Quellflüsse der Weser: Fulda und Werra.

An der vom Süd-Ende des Thüringer Waldes kommenden Werra liegen Hildburghausen und Meiningen und östlich von ihr Eisenach und Gotha. An der aus dem Röngebirge entspringenden Fulda, welche links die Eder aufnimmt, liegen Fulda, Hersfeld und Kassel. — Der von NW. nach SO. ziehende, 20 M. lg. Thüringer-Wald erhebt sich am höchsten in den über 3030 F. = 984 m. h. Beerberge und Schneekopfe; der 2820 F. = 916 m. h. Inselsberg ist der besuchteste Gipfel. Im NO. dieses Gebirges liegt die Thüringische Hochebene. — Das zwischen dem Thüringer-Walde und dem Rheinischen Schiefergebirge sich ausbreitende Hessische Berg- und Hügelland besteht aus: dem an den Spessart sich anschließenden Rön-Gebirge (mit dem 2866 F. = 931 m. h. Heiligen Kreuzberge); dem bei den Quellen der Nidda gelegenen, 2410 F. = 783 m. h. Vogelsgebirge, im O. der Wetterau-Ebene; dem im W. von Kassel sich erhebenden Habichtswalde (mit der Wilhelms-Höhe); dem bei der Fulda- und Werra-Vereinigung gelegenen Kaufunger Walde, von welchem südöstlich der 2310 F. = 750 m. h. tafelbergförmige Meißner steht.

§ 341 (292). 2) Die Weser von Münden bis Minden.

In gewundenem Laufe durchzieht die Weser das Weser-Bergland, bis sie mit einer rechtwinkligen Umbiegung im SW. von Minden durch das enge Thor der Porta Westfalica das Gebirge verläßt und in die Ebene eintritt. An ihr liegen Münden, Karlshafen, Höxter, Holzminden, Hameln, Rehme, Minden. — Links münden die Diemel und die Werre. — Zwischen der Weser und Leine breitet sich der Sollinger-Wald aus, nördlich von ihm liegt der Hils, und nördlich von diesem ziehen die Ketten des Deister und Süntel. Längs der Weser von O. nach W. begleiten die Weser-Berge den Fluß, der sie in der Porta Westfalica durchbricht, und setzen westlicher als Wihe- oder Mindensche Berge und als Osterberge fort. Südlich von letzteren zieht der Teutoburger Wald, der südlich von der Werre-Quelle als Egge eine südliche Richtung annimmt.

3) Der Umlauf der Weser, von Minden bis zur Mündung.

An ihr liegen Bremen, Elsfleth, Geestemünde mit Bremerhafen. Rechts mündet die Aller, mit Celle und Verden, und diese nimmt links die aus dem Ober-Harze kommende Oker, mit Wolfenbüttel und Braunschweig, und die vom Eichsfelde kommende Leine, mit Heiligenstadt, Göttingen und Hannover, auf; in letztere fließt rechts die Innerste, mit Klausthal und Hildesheim. — Rechts fließt zur Weser die Wümme, links die vom Dümmer-See kommende Hunte, mit Oldenburg. Die Weser mündet östlich vom Jade Busen.

§ 342 (293). Die Elbe. 1) Die böhmische Elbe, von der Quelle bis Aussig (53,5 M.).

Die nahe der Schneekoppe im Riesengebirge entspringende Elbe nimmt zuerst südlichen Lauf, geht dann westlich und darauf in Windungen nach NW. An ihr liegen Hohenelbe, Josephstadt, Königgrätz, Kollin, Leitmeritz, Aussig. — Rechts fließt zu ihr die Iser, vom Iser-Gebirge, mit Jung-Bunzlau. Links die Adler oder Erlitz, aus Stiller- und Wilder-Adler entstehend, und die Moldau. Diese kommt aus dem mittleren Teile des Böhmer-Waldes, fließt nach SO. und biegt dann nach N. um. An ihr liegen Budweis und Prag. Rechts nimmt sie die Luschnitz auf (mit Tabor) und die Sásawa, links die Wotawa und die Beraun.

Ferner geht links zur Elbe die aus dem Fichtelgebirge kommende Eger, mit den Städten Eger und Theresienstadt; an dem rechts zu ihr fließenden Tepl liegt Karlsbad. Nördlich von der Eger mündet die Biela, in deren Thale Töplitz liegt, und die bei Aussig mündet. — Zwischen Leitmeritz und Aussig durchfließt die Elbe das kleine vulkanische Mittelgebirge, dessen höchster Punkt der unweit Töplitz gelegene, 1400 F. = 455 m. h. Millischauer Donnersberg ist (beim Dorfe Millischau).

§ 343 (294). Das auf vier Seiten von Gebirgen eingefaßte Böhmen hat in der Gegend der unteren Eger und der Iser-Mündung seine tiefste und fruchtreichste Gegend. Von da nach S. besteht die Hälfte des Landes aus terrassen- oder stufenförmig aufsteigenden, bergigen Hochebenen, welche ergiebig an Erzen und Steinkohlen sind, fruchtbar und reich an Wäldern. A. Nach der SO.-Seite wird Böhmen geschlossen durch den Mährischen Rücken, eine überall beackerte Höhe, welche nur an einigen Stellen als ein wirkliches Gebirge erscheint. B. Die SW.-Seite Böhmens schließt der Böhmer-Wald. Vom Fichtelgebirge, aus welchem die Eger nach O., die Saale nach N., der Main nach W. und die Nab nach S. kommen, und das im 3270 F. = 1069 m. h. Schneeberg und dem etwas niedrigeren Ochsenkopf seine höchsten Gipfel hat (zwischen ihm und dem Thüringer Walde liegt die waldige Hochebene des Franken-Waldes), zieht der Böhmer Wald nach SO. bis an die Donau, wo sich der Mährische Rücken an ihn anschließt und der Greiner Wald und der Manhart, d. h. der Mondwald, seine Vorstufen bilden. Im mittleren Teile ist er am höchsten, und dort liegt der fast 4490 F. = 1458 m. h. Große Arber, ihm zunächst der Rachelberg, der Dreisesselberg u. a. Der obere Regen trennt von ihm den ihm zur Seite liegenden lieblichen Bayer-Wald.

§ 344 (295). C. Auf der NW.-Seite wird Böhmen geschlossen durch das vom Fichtelgebirge bis zur Elbe reichende, der Eger parallel streichende Sächsische Erzgebirge, dessen höchste Punkte, der Keil- und Fichtelberg, 3920 F. = 1275 m. hoch, in der Mitte liegen. Vor seinem steilen südlichen Abfalle finden wir zahlreiche Badeorte; sein sanfterer, nördlicher Abfall ist das Voigtländische Bergland und die Saalplatte. — An das Erzgebirge im O., wo die Elbe hindurchbricht, legt sich das Elbsandstein-Gebirge mit seinen verworrenen Schluchtenthälern, die Sächsische Schweiz genannt, wo auf der böhmischen Grenze rechts der 1720 F. = 556 m. h. Große Winterberg, links der Schneeberg steht. Bei den Felsmassen der 920 F. = 300 m. h. Bastei, dem 1120 F. = 362 m. h. Königstein und dem rechts an der Elbe ihm gegenüberstehenden Lilgensteine wird es von der Elbe bespült. Östlich daran schließt sich das aus kurzen Ketten und einzelnen Kegelbergen bestehende Lausitzer Bergland, zu welchem z. B. die Landskrone bei Görlitz, der Hochwald von Oybin bei Zittau, westlicher die 2450 F. = 796 m. h. Lausche und südlicher der 3118 F. = 1013 m. h. Jeschken gehören.

§ 345 (296). D. Die NO.-Seite Böhmens schließt das Sudeten-Gebirgssystem, das höchste der deutschen Mittelgebirge. Es besteht a. aus dem neben dem Lausitzer Berglande sich erhebenden Iser- und Riesengebirge, ersteres mit der 3460 F. = 1124 m. h. Tafelfichte, letzteres mit dem höchsten Berge der deutschen Mittelgebirge, der 4960 F. = 1611 m. h. Schnee- oder Riesenkoppe, dem Hohen-Rade, der Großen Sturmhaube u. a. — b. Das Glatzer Gebirgsland gruppirt sich um die obere Glatzer-Neiße, eine, wie Böhmen, auf vier Seiten von Gebirgen umschlossene Tiefe. 1) Die NO.-Seite schließt nördlich von der Neiße und dem Paß von Warta das Eulengebirge mit der Hohen-Eule, südlich von der Neiße das Schlesische Grenzgebirge mit dem Heidelberge. 2) Die NW.-Seite schließt das Waldenburger-, Schweidnitzer- 2c. Bergland. 3) Die SW.-Seite schließt das 2840 F. = 921 m. h. Heuscheuer-Gebirge (dabei das Adersbacher Sandstein-Gebirge), südlich vom Passe von Nachod die 3350 F. = 1088 m. h. Hohe-Mense, und die nebeneinander, von N. nach S. streichenden Erlitz- und Habelschwerter-Gebirge. 4) Die SO.-Seite schließt das Glatzer Schneegebirge, mit dem 4360 F. = 1417 m. hohen Glatzer-Schneeberge, an welchem die March entspringt. — c. Das Schlesisch-mährische Gesenke (eigentlich Jesenik, d. i. Eschen-Gebirge) das dritte Gebirge von den Marchquellen bis zur oberen Oder, mit dem 4580 F. = 1487 m. h. Altvater. — An das südöstliche Ende der Sudeten schließt sich der nach SW. verlaufende Mährische Rücken.

2) Die gekrümmte und gestreckte Sächsische Elbe von Aussig bis Wittenberg (27,3 M).

Nach dem Mittelgebirge durchfließt die Elbe das Elbsandstein-Gebirge, dessen Höhen beiderseits, namentlich aber rechts an sie herantreten und sie bis in die Nähe von Dresden begleiten; nördlich erscheinen nur noch einmal bei Meißen Felsen an ihrem Ufer. Daran liegen Schandau, Königstein, Pirna, Dresden, Meißen, Torgau, Wittenberg. — Rechts mündet die Schwarze Elster.

§ 346 (297). 3) Die den Fläming umfließende Elbe, von Wittenberg bis Magdeburg (24 M).

An der breiten vorliegenden Fläche des Fläming weicht die Elbe nach W. aus, um sich bei der Saale-Mündung nach NW. um ihn herumzuziehen. — Links mündet die Mulde, entstehend aus der östlich fließenden Freiberger- und der westlicher fließenden Zwickauer-Mulde, beide vom Erzgebirge kommend. Daran liegen liegen Freiberg, Zwickau, Dessau. — Der Lauf der aus dem Fichtelgebirge kommenden Saale besteht aus: einer peitschenförmigen Schlinge bis Rudolstadt; einem gestreckten Laufe bis Naumburg; einer Sförmigen Krümmung bis zur Mündung. Daran liegen: Hof, Saalfeld, Rudolstadt, Jena, Naumburg, Weißenfels, Merseburg, Halle, Wettin, Bernburg. — Rechts in die Saale mündet die die Saalplatte durchfließende Weiße-Elster, mit Plauen, Greiz, Gera, Zeitz; und diese nimmt rechts die Pleiße auf, mit Altenburg und Leipzig. — Links in die Saale mündet: bei Rudolstadt im Thüringer Walde die kleine Schwarza, an der die Schwarzburg liegt; die Ilm, mit Ilmenau und Weimar; die Unstrut, in Gestalt eines liegenden ∞ fließend, vom Eichsfelde, mit Mühlhausen und Langensalza. Die neben ihr streichenden Höhenzüge sind das Hayich, die Schmücke und die Finne. In diese mündet rechts die Gera, mit Arnstadt und Erfurt, links die Wipper mit Sondershausen, und die die Goldene Aue durchfließende Helme, mit Nordhausen; zwischen den beiden letzteren Flüssen liegt das kleine, 1400 F. = 455 m. h. Kyffhäuser Gebirge. Endlich mündet links in die Saale die vom Brocken kommende Bode, mit Quedlinburg und Staßfurt, welche rechts die Selke und links die Holzemme, mit Wernigerode und Halberstadt, aufnimmt. — Der Harz ist eine 15 M. lg. und 5 M. br. ovale Hochebene, auf welcher einzelne Bergmassen stehen, im W. Ober-Harz genannt (aus ihm kommen Oker und Innerste), mit dem am Nordrande stehenden, 3512 F. — 1141 m. h. Brocken; im O. Unter-Harz genannt, mit dem neben der Selke sich erhebenden 1770 F. — 576 m. h. Ramberge oder der Victorshöhe. Wo die Bode den Harz verläßt, da liegen die Felsen der Roßtrappe.

§ 347 (298). 4) Die nach N. gerichtete Altmärkische Elbe, von Magdeburg bis zur Havel-Mündung (7,5 M.).

Links fließt ihr zu: die aus dem Drömling-Sumpfe kommende Ohre und die bei Tangermünde einfließende Tanger. Rechts die Havel. Sie kommt aus dem Boden-See in Mecklenburg, fließt nach S., wird dann fast zu einer Aneinanderreihung von Seen und wendet sich nach NW. An ihr liegen Oranienburg, Spandau, Potsdam, Brandenburg, Rathenow, Havelberg. — Links nimmt sie auf: die aus dem Lausitzer Berglande kommende Spree, mit Bautzen, Spremberg, Kottbus, Lübben, Fürstenwalde, Köpnik, Berlin, Charlottenburg. Oberhalb Lübbens teilt sie sich in Tausende von schmalen Armen, welche den Spreewald durchirren, und nordöstlich davon durchfließt sie den Schwielung-See. Die Spree steht durch den Friedrich-Wilhelms- oder Müllroser-Kanal mit der Oder in Verbindung. — Links in die Havel geht auch die bei Potsdam mündende Nuthe, mit Jüterbogk und Luckenwalde. — Rechts in die Havel mündet der Rhin, mit Rheinsberg, Ruppin, Fehrbellin; und die Dosse, mit Wittstock, Wusterhausen und Neustadt. — Die obere Havel steht bei Liebenwalde mittelst des Finow-Kanals (an welchem Eberswalde liegt) nach O. hin mit der Oder im Oderbruche in Verbindung; in der Nähe von Oranienburg verbindet der Ruppiner-Kanal sie mit dem Rhin; und die untere Havel steht bei Plaue, im W. von Brandenburg, durch den Plaueschen Kanal (an welchem Genthin liegt) mit der Elbe in Verbindung.

§ 348 (299). 5) Die untere Elbe, von der Havel-Mündung bis zur Nord-See, wo sie mehr als 1 g. M. breit und so tief wird, daß die größten Schiffe bis Hamburg hinaufgehen können (44,7 M.).

Rechts mündet: die Stepenitz, mit Perleberg und Wittenberge; die aus dem Müritz-See kommende Elde (nahe Ludwigslust); die kanalisirte Delvenau-Stecknitz, von welcher der Stecknitz-Kanal zur Trave führt; die in Hamburg mündende Alster; der Stör, mit Itzehoe und Glückstadt. — Links münden: der Aland, mit der Biese und diese mit der Uchte; an letzterer liegt Stendal, die Jetzel, mit Salzwedel; die Ilmenau, mit Lüneburg; die Schwinge, mit Stade.

Nördlich von der Elbe mündet die Eyder, deren Oberlauf mittelst des Holsteinischen Kanals mit dem Kieler Meerbusen verbunden ist.

Gebiet der Ostsee.

§ 349 (300). Die Trave kommt von Eutin, von N., mit Lübeck, und mündet in die Lübecker Bucht. — Die Warnow, mit Rostock. — Die Recknitz geht in den Saaler Bodden.

Europa: Deutschland und Österreich.

Die Oder. 1) **Die Oberschlesische Oder, von der Quelle bis Breslau.** Die Oder entspringt auf dem Schlesischen Gesenke, beschreibt einen kleinen Halbkreis und wendet sich nach NW., wo sie parallel dem Sudetenzuge, zwischen diesem und der Polnischen und Tarnowitzer Höhe durchfließt.

An ihr liegen: Oderberg, Ratibor, Kosel, Oppeln, Brieg, Ohlau, Breslau. — Rechts münden: die Olsa oder Ölsa, von den Beskiden, mit Teschen; die Klodnitz, mit Gleiwitz; die Malapane. — Links die Oppa, vom Altvater, mit Jägerndorf und Troppau; die Glatzer Neiße, mit Habelschwert, Glatz und Neiße, die Ohlau mit Ohlau.

2) **Die achtfach umgebogene Oder, von Breslau bis Schwedt.**

Daran: Groß-Glogau, wo die Thalränder aufhören, Krossen, Frankfurt, Küstrin, Schwedt. Im N. von Frankfurt sondert sich links die Alte Oder ab und durchfließt die entsumpfte Niederung des Oderbruches, auf dessen hohem Westrande Freienwalde liegt. — Links münden: die Weistritz, mit Schweidnitz, rechts mit der Peilau und dem Schwarzwasser, links mit dem Strigauer Wasser; die Katzbach, mit Goldberg und Liegnitz, rechts mit der Wüthenden Neiße, woran Jauer liegt; der Bober, entspringt im SW. von Waldenburg, mit Hirschberg, Löwenberg, Bunzlau, Sprottau, Sagan, Krossen; und in ihn münden links der Zacken, aus dem Riesengebirge, mit Warmbrunn, und der Queiß, mit Lauban; die Lausitzer oder Görlitzer Neiße, mit Reichenberg, Zittau, Görlitz, Muskau, Guben. — Rechts in die Oder gehen: die Bartsch, die Warte, mit Posen und Landsberg, und in diese rechts die Netze, links die Prosna, mit Kalisch, und die Obra, mit Meßeritz.

§ 350 (301). 3) **Der unterste Oderlauf, von Schwedt bis zur Mündung.**

Von Garz an, wo die Oder quer durch den Pommerschen Landrücken hindurchgeht, wird der Oderlauf ein doppelter, indem östlich von der eigentlichen Oder die Reglitz läuft, welche sich in den zur Oder geöffneten Dammschen See ergießt, ebenso wie die Plöne, die den Madü-See durchfließt; nahe nördlich vom Dammschen See mündet die Ihna, mit Stargard. Nördlich von Stettin erweitert sich das Oderbett zum Papenwasser, und dies erweitert sich weiter nördlich zum Großen Pommerschen Haff, dessen westlicher Teil Kleines Haff heißt. In dieses mündet von S. die aus der Ukermark kommende Uker, mit Prenzlau und Pasewalk; und von W. die aus Mecklenburgischen Seen kommende Peene, mit Anklam. Nördlich von dem Haff liegen die Inseln Usedom und Wollin, durch welche die Oder drei Mündungen erhält; die westliche heißt Peene, mit Wolgast; die mittlere Swine, mit Swinemünde; die östliche Diwenow, mit Wollin und Kammin.

In die Ostsee münden: die Rega, mit Treptow; die Persante mit Kolberg; die Wipper, mit Rügenwalde; die Stolp, mit Stolp; die Lupow; die Leba.

§ 351 (302). **Die Weichsel.** 1) **Der große Halb-**

kreis der Weichsel, von der Quelle bis zur Mündung der Brahe.

Die Quelle der Weichsel, welche mit der Mündung in ein und demselben Meridiane liegt, ist in den nördlichen Karpaten; von derselben fließt sie eine kleine Strecke nach N. und wendet sich nach O., um in einem großen Halbkreise, dem unteren Teile einer 5, der ihr ganzer Lauf gleicht, das vorliegende Sandomirer-Gebirge zu umfließen. An ihr liegen: Krakau, Sandomiers, Warschau mit Praga, Neu-Georgiewsk oder Modlin, Plock (spr. Plozk), Thorn. Rechts nimmt sie auf: die Raba, mit Bochnia; den vom Tatra-Gebirge kommenden Dunajez, in den rechts der Poprad mündet; den San, den Narew, in den links der Bug mündet, mit Ostrolenka und Pultusk; die Drewenz. — Links die Pilica (spr. Piliza); die von N., von der Pommerschen Höhe kommende Brahe, mit Bromberg, die durch den Bromberger Kanal mit der Netze verbunden ist.

2) Der unterste Weichsellauf.

Bei der Brahe-Mündung biegt die Weichsel rechtwinklig um und fließt quer durch den preußischen Landrücken, der ihr hohe Uferränder giebt. An ihr liegen Graudenz und Dirschau. Rechts geht von ihr die Nogat ab, mit Marienburg, und diese nimmt rechts die Liebe auf, mit Marienwerder; die Nogat geht mit 20 Mündungen ins Frische Haff. Die Weichsel teilt sich abermals und geht als Alte Weichsel mit 14 Mündungen ins Frische Haff und als Danziger Weichsel nahe Danzig, bei Weichselmünde und Neufahrwasser in die Danziger Bucht.

Die Passarge, mit Braunsberg, mündet in das Frische Haff.

Der Pregel, auf der russischen Grenze entspringend, heißt in seinem obersten Laufe Pissa. Daran liegen: Gumbinnen, Insterburg, Wehlau, Königsberg. Von ihm geht rechts die Deime, mit Labiau, zum Kurischen Haff. — Rechts mündet in ihn der Inster; links die Angerap, aus dem Löwentin- und Mauer-See, mit Lötzen und Angerburg; die Alle, mit Heilsberg und Friedland. Wo das Wasser des Pregel und des Frischen Haffes zur Ostsee ausfließt, liegt Pillau.

§ 352 (303). Die Donau. 1) Die Jura-Donau, von der Quelle bis Regensburg ($61\frac{1}{4}$ M.).

Die an der Ostseite des südlichen Schwarzwaldes entspringende Donau entsteht aus der Vereinigung von Brigach und Breg, wozu noch ein kleines Wässerchen bei Donaueschingen tritt. Die Donau begleitet auf der SO.-Seite den Deutschen Jura, indem sie nach ONO. fließt, stellenweis durch sumpfige Strecken, welche hier Moose oder Riede heißen. An ihr liegen: Donaueschingen, Sigmaringen, Ulm, Donauwörth, Ingolstadt, Kehlheim, Regensburg. Links münden in sie: die Altmühl, welche durch den von Erlangen kommenden Ludwigs-Kanal mit dem Stromsysteme des Rhein in Verbindung steht; die Nab, aus dem Fichtelgebirge, die Pfälzer Ebene durchfließend; der Regen, aus dem Böhmer-Walde. — Rechts münden: die Iller, bei Ulm mündend; der Lech, mit Landsberg und Augsburg. Das Lechfeld trennt von ihm die links in ihn mündende Wertach.

2) Die Donau des Böhmer-Waldes, von Regensburg bis Krems ($51\frac{1}{4}$ M.).

Die nach OSO. gewendete Donau umfließt in einem flachen Bogen das südliche Böhmen. An ihr liegen: Passau, Linz, Grein, Krems. — Rechts münden: die aus den Bayerischen Alpen kommende Isar mit München und Landshut, welche links die den Ammer-See durchfließende Amper (rechts mit dem aus dem Wurm- oder Starnberger-See kommenden Wurm) aufnimmt; der im W. der Berninaspitze entspringende, das Engadin und das Innsbrucker Thal durchfließende und bei Kufstein die Alpen nach N. hin verlassende Inn, welcher kürzer ist, als der obere Donaulauf bis zur Inn-Mündung bei Passau. In den Inn mündet die aus dem Chiem-See kommende Alz, und die das Pinzgau durchfließende Salzache, mit Hallein und Salzburg, die bei ihrer Umbiegung nach N. rechts die Gasteiner Ache aufnimmt. In die Donau mündet ferner rechts: der den Traun- oder Gmundner-See durchfließende Traun, welcher links das aus dem Wolfgang-See kommende Ischl aufnimmt. Dieser See und die nördlich von ihm gelegenen sind die Salzkammergut-Seen. Dem Laufe der Salzache ähnelt der der Enns, mit Radstadt und Steier, letzteres bei der links mündenden Steier.

§ 353 (304). 3) **Die Donau der beiden Österreichischen beckenförmigen Ebenen, von Krems bis zur March-Mündung (19,2 M.).**

Bei Krems treten die Berge von der Donau zurück und sie durchfließt die kleine Tullner Ebene; bei Klosterneuburg treten sie wieder heran, indem links der Bisamberg, rechts der Kahlenberg das Thor bildet, durch welches der Strom in das Wiener Becken und das Marchfeld, 10,66 M. lang, tritt. Dasselbe verläßt er bei der March-Mündung, indem er durch das Felsenthor tritt, welches links die Kleinen Karpaten, und rechts das Leitha-Gebirge bildet. — Rechts mündet die Leitha, mit Bruck (der von ihr umflossene Neusiedler-See ist von Sumpf umgeben). — Links mündet die March, vom Glatzer-Schneeberg, der Hauptstrom Mährens, an welchem Olmütz liegt. Rechts geht in diese: die Thaia; in diese links die Iglawa, mit Iglau; in diese links die Schwarzawa, mit Brünn; in diese links die Zwittawa, und die Littawa, an welcher Austerlitz liegt.

4) **Die Donau der Ober-Ungarischen Tiefebene, von Preßburg bis Waitzen (26¼ M.).**

Bei Preßburg sendet die Donau links einen Arm ab, die Neuhäusler Donau, und bildet mit ihm die Insel Große Schütt, und zugleich rechts einen andern Arm, die Kleine Donau, und bildet mit ihm die Kleine Schütt. Bei Waitzen tritt sie durch ein anderes, links vom Neograder-Gebirge, rechts vom Bakony-Walde gebildetes Gebirgsthor, biegt rechtwinklig nach S. um und tritt in die Nieder-Ungarische Ebene. Bis hierher hat sie etwa die Hälfte ihres Laufes zurückgelegt. An ihr liegen Preßburg, Komorn, Gran, Waitzen. — Rechts nimmt sie die in einem großen Bogen fließende Raab auf, mit der Stadt Raab. Links die vom Tatra-Gebirge kommende Waag; die Neutra; die das Ungarische Erzgebirge, mit Schemnitz und Kremnitz, durchfließende Gran; die Eipel.

§ 354 (305). 5) **Die Donau der Nieder-Ungarischen Tiefebene, von Waitzen bis Neu-Orschova (97,6 M).**

Die nach S. gewendete Donau fließt sehr gewunden in einem unregelmäßigen, von mächtigen Schilfwäldern eingefaßten Bette. Auf den letzten

10 M. dieser Strecke durchfließt sie zwischen den steilen Felswänden des links an sie herantretenden Banater Gebirges und dem rechts sie einengenden Serbischen Gebirge die gefährliche, von Felsen durchsetzte Klissura, die großartigste Flußenge Europas. — An ihr liegen Budapest, Peterwardein, Belgrad, Neu-Orschova. — Rechts münden die Abzüge aus den sumpfigen Umgebungen des Platen- oder Balaton-Sees; die aus dem östlichen Tirol, dem Puster-Thale, kommende Drau, halb so lang als der Rhein, mit Villach, Klagenfurt, Marburg, Warasdin, links mit der aus den Tauern kommenden Mur, an welcher Judenburg, Bruck und Grätz liegen; die am Terglou entspringende Save, der Drau parallel fließend, mit Laibach und Agram, rechts mit der Kulpa, Unna, Urbas, Bosna, Drina; die Morawa, entstehend aus Serbischer und Bulgarischer Morawa. — Links in die Donau geht die fischreiche Theiß, fast so groß wie der Rhein, vom Karpatischen Waldgebirge in äußerst gewundenem, ungeregeltem Laufe herfließend. An ihr Tokay, Szolnok, Szegedin. Rechts nimmt sie den Bodrog und die Hernad auf, links die aus Siebenbürgen kommenden: Samosch (mit Klausenburg), Körösch, und Marosch, mit Karlsburg. Ferner die Bega aus dem Banate (d. h. Mark) und den Bega-Kanal, mit Temeschvar. Im W. dieses Kanales verbindet der Kaiser-Franzens- oder Batzer-Kanal die untere Theiß nach W. hin mit der Donau.

§ 355 (306). 6) Die Wlachische Donau, von Neu-Orschova bis Silistria (40 M.).

Die Donau hat hier gegen die fruchtbare Ebene Rumäniens ein niedriges, versumpftes linkes Ufer, und gegen die hohe Platte der Bulgarei ein hohes rechtes Ufer. An ihr liegen Widdin, Nikopoli, Sischtova, Ruschtschuk (mit dem gegenüberliegenden Dschurdschewo) und Silistria. — Rechts mündet der Isker (nahe Sofia), links die Alt oder Aluta, aus Siebenbürgen, und die Dimbowitza.

7) Die Dobrudscha-Donau, von Silistria bis zur Mündung (54 M.).

Die der Donau östlich vorliegende öde Weidehochlandschaft der Dobrudscha macht, daß der Strom von Silistria, in eine Menge von Armen zerteilt, nach NO. und N. ausbiegt, bis er sich bei Galatz nach SO. und O. um die Hochebene herum zum Schwarzen Meere bewegt. Von den Hauptarmen des Donau-Delta ist der nördliche die Kilia-Donau; der mittlere, der Sulina-Arm, ist der einzige fahrbare. An der Donau liegen Brälla, Galatz, Ismail und Tutschkowa, Tultscha. — Links mündet der Sereth, der rechts die Moldawa oder Moldau und die Goldene Wistriza aufnimmt; der sehr lange Pruth, mit Tschernowitz; und der den langen Jalpusch-See durchfließende Jalpusch.

§ 356. III. Die Staaten des deutschen Kaiserreiches.

Seit dem 10. Januar 1871 bilden die 25 deutschen Staaten nebst den reichsunmittelbaren Gebieten Elsaß und Deutsch-Lothringen ein erbliches Deutsches Kaiserreich. Die Gesetzgebung wird ausgeübt durch den Bundesrath, dessen Präsidium der Krone Preußens zusteht, und der aus den Vertretern der Mitglieder des Bundes besteht, welche zusammen 58 Stimmen abgeben; und aus dem Reichstage, 382 in den verschiedenen Staaten gewählte Abgeordnete. Diese Staaten sind:

		QM.	Einw.	Hauptstadt.
1)	Königreich Preußen u. Lauenburg	6311$^1/_{10}$ m.	25.742.400	Berlin.
2)	„ Sachsen	272 „	2.760.600	Dresden.
3)	„ Bayern	1377$^3/_4$ „	5.336.200	München.
4)	„ Württemberg	354$^1/_5$ „	1.881.500	Stuttgart.
5)	Großh. Baden	273$^3/_4$ „	1.507.200	Karlsruhe.
6)	„ Hessen	139$^2/_5$ „	884.220	Darmstadt.
7)	„ Mecklenburg-Schwerin	241$^2/_3$ „	553.600	Schwerin.
8)	„ Mecklenburg-Strelitz	53 „	95.670	Neu-Strelitz.
9)	„ Oldenburg	116 „	319.300	Oldenburg.
10)	„ Sachsen-Weimar-Eisenach	66 „	292.930	Weimar.
11)	Herzogt. Sachsen-Meiningen	44$^4/_5$ „	194.500	Meiningen.
12)	„ Sachsen-Koburg-Gotha	35$^3/_4$ „	182.600	Koburg.
13)	„ Sachsen-Altenburg	24 „	145.850	Altenburg.
14)	„ Anhalt	42$^2/_3$ „	213.570	Dessau.
15)	„ Braunschweig	67 „	327.500	Braunschweig.
16)	Fürstent. Lippe	21$^3/_5$ „	112.450	Detmold.
17)	„ Schaumburg-Lippe	8 „	33.130	Bückeburg.
18)	„ Waldeck-Pyrmont	20$^3/_5$ „	54.740	Arolsen.
19)	„ Schwarzburg-Rudolstadt	17$^1/_{10}$ „	76.700	Rudolstadt.
20)	„ Schwarzburg-Sondershausen	15$^3/_2$ „	67.500	Sondershausen.
21)	„ Reuß ältere Linie	5$^4/_5$ „	46.980	Greiz.
22)	„ „ jüngere Linie	15 „	92.400	Schleiz.
23)	Freie Hansestadt Hamburg	7$^3/_5$ „	388.620	
24)	„ „ Lübeck	5$^1/_7$ „	56.900	
25)	„ „ Bremen	4$^1/_2$ „	142.200	
26)	Elsaß und Deutsch-Lothringen	263$^1/_2$ „	1.531.800	Straßbg., Metz.
		9803,6 mit	42.727.360	

§ 357 (307). Ein Teil dieser Staaten setzt sich aus verschiedenen nicht zusammenhängenden Stücken zusammen.

Zu Preußen gehört außer dem großen Ganzen noch: 1) Das Fürstentum Hohenzollern, fast ganz von Württemberg umschlossen; 2) Schleusingen-Suhl-Schmalkalden im Thüringer-Walde; 3) Ziegenrück an der oberen Saale; 4) die beiden Landspitzen am Eingange zum Jade-Busen (Wilhelmshaven).

Zu Bayern gehört außer dem großen Ganzen die links am Rhein gelegene Provinz Pfalz.

Zum Großherzogtum Baden gehört die auf Schweizer Gebiet an der Westseite des Bodensees gelegene Stadt Konstanz.

Das Großherzogtum Mecklenburg-Strelitz besteht außer kleinen Parzellen aus 2 Stücken: eins an der Ostseite von Mecklenburg-Schwerin und eins an der Westseite desselben, neben Lübeck.

Das Großherzogtum Sachsen-Weimar-Eisenach besteht hauptsächlich aus 5 Stücken: 1) Dem Herzogtum Weimar; 2) dem Herzogtum

Eisenach; 3) dem Neustädter Kreise; 4) der Parcelle mit Ilmenau, im S. von Erfurt; 5) der Parcelle mit Allstedt, an der unteren Helme, in Preußen.

Das Großherzogtum Oldenburg besteht aus 3 Stücken: 1) Dem Herzogtum; 2) dem Fürstentum Lübeck nebst Eutin, in Holstein; 3) dem Fürstentum Birkenfeld im Hunsrück.

Das Großherzogtum Hessen besteht aus 2 Stücken: 1) der Provinz Oberhessen; 2) der Provinz Starkenburg nebst der Provinz Rhein-Hessen.

Das Herzogtum Sachsen-Meiningen besteht aus 2 Stücken: 1) dem Herzogtum; 2) der Parcelle Kamburg bei Naumburg, in Preußen.

Das Herzogtum Sachsen-Koburg-Gotha besteht aus 3 Stücken: 1) dem Herzogtum Gotha; 2) dem Herzogtum Koburg; 3) der Parcelle an der Westseite von Sondershausen.

Das Herzogtum Sachsen-Altenburg besteht aus 2 Stücken: 1) dem Ostkreise und 2) dem Westkreise.

Das Herzogtum Anhalt besteht aus 2 Stücken: 1) einem an der Elbe, Mulde und Saale; 2) einem im östlichen Harze (Selkethal).

§ 358. Das Herzogtum Braunschweig besteht aus 5 Stücken: 1) einem breiten, die 3 nördlichen Kreise; 2) einem langen Stück, die 2 südlichen Kreise; 3) dem Blankenburger Kreis im Harze; 4) der Parcelle mit Calvörde in der Altmark (Regierungsbezirk Magdeburg); 5) der Parcelle Thedinghausen an der unteren Weser, bei Bremen.

Das Fürstentum Waldeck-Pyrmont besteht aus 2 Stücken: 1) dem Fürstentum Waldeck; 2) dem Fürstentum Pyrmont, im O. von Lippe. (Auch jedes der beiden Lippeschen Fürstentümer besteht aus 2 getrennten Stücken.)

Das Fürstentum Schwarzburg-Rudolstadt besteht aus 3 Stücken: 1) der Unterherrschaft mit Frankenhausen, unten in der Ebene, vom Regierungsbezirke Merseburg umschlossen; 2) der Oberherrschaft, oben im Thüringer-Walde, mit Rudolstadt aus 2 Stücken bestehend.

Das Fürstentum Schwarzburg-Sondershausen besteht aus 3 Stücken: 1) der Unterherrschaft, mit Sondershausen, unten in der Ebene, vom Regierungsbezirke Erfurt umschlossen; 2) der Oberherrschaft, oben im Thüringer-Walde, mit Arnstadt, aus 2 Stücken bestehend.

Die Reußischen Länder (ältere Linie mit Greiz, jüngere Linie mit Schleiz und Gera) bestehen aus 2 Stücken: 1) dem auf der Saalplatte; 2) der Herrschaft Gera, zwischen den Altenburgischen Stücken.

Das Gebiet von Hamburg besteht, außer aus kleinen Parcellen, aus 2 Stücken: 1) Hamburg und den Vierlanden; 2) Curhafen bei der Elbe-Mündung.

Das Gebiet von Bremen besteht aus 2 Stücken: 1) Bremen; 2) Bremerhafen, nördlicher an der Weser.

Die übrigen deutschen Staaten sind nicht zerstückt.

§ 359 (308). Die Bewohner der deutschen Bundesstaaten sind zu $^{11}/_{12}$ Deutsche; das übrige Zwölftel besteht aus: 150.000 Litauern und Kuren in Preußen, 2.450.000 Polen in Preußen, Posen und Schlesien, und Kassuben in Pommern, 50.000 Mährern und Tschechen in Schlesien, 140.000 Wenden in Brandenburg und Schlesien, sowie im Königr. Sachsen, 150.000 Dänen in Schleswig, 220.000 franz. Stammes in der Rheinprovinz. — $^{5}/_{9}$ der Bewohner gehören der evangelischen Kirche an, fast $^{3}/_{9}$ sind Katholiken; 521.000 Juden. Die katholische Kirche überwiegt in den Rheinlanden, in Westfalen, Posen, Hohenzollern, nächstdem in Schlesien, Westpreußen, in einigen Teilen Hannovers, Wiesbadens, Kassels,

Oberhessens und Oldenburgs. — Die Hälfte der Bodenfläche ist Acker und Gartenland, 1/4 ist Wald, 1/6 Wiese und Weide, 1/11 giebt keine Bodenprodukte. — Man hält über 3 1/4 Mill. Pferde über 15 1/2 Mill. Rinder, 24 3/4 Mill. Schafe, über 7 Mill. Schweine, 2 1/4 Mill. Ziegen, fast 12.000 Esel und Maultiere. — Man gewinnt jährlich 242 Pfund Gold, 233.000 Pfd. Silber, 152.000 Ctr. Kupfer, fast 2 Mill. Ctr. Blei, nahe 35 1/4 Mill. Ctr. Roh-Eisen, über 1 Mill. Ctr. Zink, 645 1/4 Mill. Ctr. Stein- und 155 Mill. Ctr. Braunkohlen, 10 5/6 Mill. Ctr. Salz. — Den größten Seehandel hat Hamburg; einer der wichtigsten Mittelpunkte für den Binnenverkehr ist Leipzig. Nahe 48.000 Schiffe laufen jährlich in die Häfen ein und ebenso aus. Die Handelsflotte zählt 4805 Schiffe, wobei 336 Dampfer.

4275 g. Meilen Eisenbahnen sind im Betriebe, und 18.096 Meilen Telegraphenleitungen sind gelegt. — Die Armee zählt im Frieden 401.659, im Kriege 1.392.000 Mann. — Die Flotte besteht aus 741 Fahrzeugen, wovon 70 Dampfschiffe sind, und hat 452 Kanonen. Bundeskriegshäfen sind der Kieler Hafen und der Wilhelmshaven am Jadebusen. Von den bisherigen Preußischen Festungen gehen ein: Stettin, Alt-Damm, Kosel, Wittenberg, Erfurt, Minden.

§ 360 (309).

Provinz.	Festung 1. Ranges.	Festung 2. Ranges.	Festung 3. Ranges.
Preußen:	Königsberg und Danzig.	Thorn.	Pillau, Weichselmünde, Lötzen, Marienburg, Graudenz, Memel.
Posen:	Posen.	—	—
Brandenburg:	Spandau.	Küstrin.	—
Pommern:	Swinemünde.	—	Stralsund und Kolberg.
Schlesien:	—	Glatz, Neiße und Groß-Glogau.	Silberberg.
Sachsen:	Magdeburg.	Torgau.	—
Schl.-Holstein:	—	Kiel.	Friedrichsort, Sonderburg-Düppel.
Hannover:	—	Wilhelmshaven.	Weser-Mündung, Cuxhafen und Stade.
Westfalen:	—	—	—
Rheinland:	Köln, Koblenz, Ehrenbreitstein.	Wesel, Saarlouis.	Deutz.

Preußen hat das Besatzungsrecht in der hessischen Festung Mainz und in der sächsischen Festung Königstein.

Die übrigen Festungen Deutschlands sind:

in Elsaß-Lothringen:	Metz, Straßburg; Diedenhofen, Neu-Breisach; Bitsch.
in Baden:	Rastadt.
in Württemberg:	Ulm.
in Bayern:	Passau, Ingolstadt, Landau, Germersheim, der Marienberg bei Würzburg.

§ 361. Die Universitäten des deutschen Reiches sind:

Provinz.	Stadt.	Provinz.	Stadt.
Preußen:	Königsberg.	Mecklenburg:	Rostock.
Pommern:	Greifswald.	Königreich Sachsen:	Leipzig.
Brandenburg:	Berlin.	Thüring. Staaten:	Jena.
Schlesien:	Breslau.	Hessen:	Gießen.
Sachsen:	Halle.	Elsaß:	Straßburg.
Schlesw.-Holstein:	Kiel.	Bayern:	München, Erlangen, Würzburg.
Hannover:	Göttingen.		
Hessen-Nassau:	Marburg.	Württemberg:	Tübingen.
Westfalen:	Münster.	Baden:	Heidelberg, Freiburg.
Rheinprovinz:	Bonn.		

§ 362 Preußen ist in 12 Provinzen und diese sind in 35 Regierungsbezirke geteilt, welche im folgenden Paragraphe aufgeführt sind:

Sachsen zerfällt in 4 Regierungsbezirke: Dresden, Leipzig, Zwickau, Bautzen.

Bayern zerfällt in 8 Regierungsbezirke: Ober-Bayern, Nieder-Bayern, Oberpfalz nebst Regensburg, Ober-Franken, Mittel-Franken, Unter-Franken nebst Aschaffenburg, Schwaben nebst Neuburg, Pfalz.

Württemberg zerfällt in 4 Kreise: Neckar-, Jagst-, Donau- und Schwarzwald-Kreis.

Baden zerfällt in die 4 Kreise: Karlsruhe, Mannheim, Freiburg und Konstanz.

Hessen zerfällt in 3 Provinzen: Starkenburg, Rheinhessen, Oberhessen.

Elsaß-Lothringen ist in 3 Regierungsbezirke geteilt: Ober-Elsaß, Nieder-Elsaß und Lothringen.

A. Der Preußische Staat.

§ 363 (310). Preußens 12 Provinzen zerfallen in folgende Regierungsbezirke:

Provinz.	QM.	Einwohner.	Regierungsbezirk.
1) Ost-Preußen	671,5	1.856.421	Königsberg, Gumbinnen.
2) West-Preußen	463,1	1.343.060	Danzig, Marienwerder.
3) Posen	525,8	1.606.084	Posen, Bromberg.
4) Brandenburg	724,6	3.126.411	Potsdam, Frankfurt (und Stadt Berlin).
5) Pommern	546,8	1.461.980	Stettin, Köslin, Stralsund.
6) Schlesien	731,6	3.843.699	Breslau, Liegnitz, Oppeln.
7) Sachsen	458,4	2.168.988	Magdeburg, Merseburg, Erfurt.
8) Schlesw.-Holstein	332,1	1.073.926	Schleswig.
	4453,9	16.480.569	

Provinz.	□M.	Einwohner.	Regierungsbezirk.
9) Hannover	695,3	2.017.393	Hannover, Hildesheim, Lüneburg, Stade, Osnabrück, Aurich (sind Land-Drosteien).
10) Hessen Nassau	284,4	1.467.898	Kassel, Wiesbaden.
11) Westfalen	366,8	1.905.697	Münster, Minden, Arnsberg.
12) Rheinprovinz	489,9	3.804.381	Düsseldorf, Köln, Koblenz, Aachen, Trier.
Hohenzollern	20,7	66.466	Sigmaringen.
	6311,5	25.724.404	

§ 364 (311). 1) **Provinz Brandenburg**, fast so groß wie die Schweiz.

Die Hauptstadt **Berlin**, 1.045.000 E., an der Spree, im Spreethale mit fruchtbarer und freundlicher, auf der höheren Fläche mit sandiger, aber nicht unfruchtbarer Umgebung, gehört zu den vortrefflich gebauten Städten, und namentlich ist dem zwischen dem Dom und dem Brandenburger Thore gelegenen Teile nicht Vieles anderwärts in Bezug auf Schönheit an die Seite zu stellen. Es ist für Wissenschaft und Kunst, für Fabrikation und Handel einer der wichtigsten Orte in Deutschland. — Nahe **Charlottenburg**, 25.900 E., mit einem königl. Schlosse.

Reg.-Bezirk **Potsdam**. **Potsdam**, 54.200 E., a. d. Havel, der am schönsten gelegene Ort der norddeutschen Tiefebene, zweite Residenz. Dabei zahlreiche königl. Schlösser und Gärten, namentlich Sans-Souci. Festung **Spandau**, a. d. Havel, 27.000 E. — **Brandenburg**, 27.400 E., a. d. Havel. — **Luckenwalde**, 13.800 E., Nuthe, Fabriken. — **Neu-Ruppin**, 12.500 E., am Ruppiner See. — **Rathenow**, Havel, 9960 E., Fabriken. — **Prenzlau**, 15.600 E., Uker. — **Eberswalde**, 10.500 E., Finow-Kanal.

Reg.-Bezirk **Frankfurt**. **Frankfurt a. d. Oder**, 47.200 E. Östlich Kunersdorf. — **Landsberg a. d. Warte**, 21.400 E. — Festung **Küstrin**, 11.200 E., Warte-Mündung; nördlich Zorndorf. — **Guben**, 23.700 E. — **Kottbus**, 25.600 E., Spree.

2) **Provinz Pommern**, ein Herzogtum, nahe so groß wie das Königreich der Niederlande.

Reg.-Bezirk **Stettin**. Festung **Stettin**, 81.000 E., Oder, eine der wichtigsten Handelsstädte Preußens. — **Swinemünde**, 8000 E., Festung und Seebad auf der Insel Usedom. — Dorf **Misdroy**, 900 E., Seebad auf der Insel Wollin. — **Stargard**, 20.200 E., Ihna. — **Anklam**, 11.800 E., Peene.

Reg.-Bezirk **Stralsund** oder Neu-Vorpommern. Festung **Stralsund**, 27.800 E., am Strela-Sunde, bedeutender Seehandelsplatz. — **Greifswald**, 18.000 E., Universität. — Auf der 17 □M. großen Insel **Rügen** das Seebad **Putbus**, an der NO.-Seite die 400 F. = 130 m. h. Kreidefelsen Stubbenkammer, und an der Nordspitze auf dem 152 F. = 49,2 m. h. Kap Arkona ein 75 F. = 24,8 m. hoher Leuchtturm.

Reg.-Bezirk Köslin. Köslin, 14.800 E. — Stolp, 18.300 E., Stolp. — Festung Kolberg, 13.500 E., Persante.

§ 365 (312). 3) Provinz Ost-Preußen, nicht ganz so groß wie das Königreich Dänemark.

Reg.-Bezirk Königsberg. Festung Königsberg, 122.636 E., Pregel, Handelsstadt mit Universität, Schloß ꝛc. Die Krönungsstadt der Preußischen Könige. Befestigter Vorhafen Pillau, 3200 E. — Seebad Kranz, a. d. Nordküste von Samland. — Memel, 20.000 E., Festung, am Kurischen Haff, die nördlichste Stadt Preußens.

Reg.-Bezirk Gumbinnen. Gumbinnen, 9100 E., Pissa. — Insterburg, 16.300 E., Inster. — Tilsit, 20.300 E., Memel.

4) Provinz West-Preußen, so groß wie die Prov. Sachsen.

Reg.-Bezirk Danzig. Darin die fruchtbare Weichsel-Niederung. Danzig, 98.000 E., a. d. Mottlau, nahe der Weichsel, Festung und wichtige Handelsstadt für Getreide und Holz. Der Hafen heißt Neufahrwasser, gegenüber von der Festung Weichselmünde. Im SW., der über 1022 F. = 332 m. h. Thurmberg, der höchste im nördlichen deutschen Flachlande. — Elbing, 36.000 E., Elbing. — Marienburg, 8500 E., Nogat, mit dem Schloß der Deutsch-Ordensmeister, dem schönsten Bauwerke des nördlichen Deutschlands. — Dirschau, 9700 E., Weichsel, eine der größten aller Brücken.

Reg.-Bezirk Marienwerder. Marienwerder, 7600 E., Liebe. — Festung Thorn, 21.100 E., Weichsel. — Festung Graudenz, 16.600 E., Weichsel.

5) Provinz Posen, ein Großherzogtum, nahe so groß wie Belgien.

Reg.-Bezirk Posen. Posen, 65.700 E., starke Festung, a. d. Warte. — Polnisch Lissa, 11.100 E., hat Fabriken.

Reg.-Bezirk Bromberg. Bromberg, 31.300 E., Brahe und Bromberger Kanal. — Gnesen, 11.200 E., die älteste Königsstadt der Polen.

§ 366 (313). 6) Provinz Schlesien, ein Herzogtum, nahe so groß wie die Schweiz.

Reg.-Bezirk Breslau. Breslau, 240.500 E., Oder, die zweite Stadt Preußens und Residenz, Universität, eine wichtige Fabrik- und Handelsstadt. Westlich der Schlachtort Dorf Leuthen (1757). — Brieg, 16.400 E., Oder. Westlich der Schlachtort Dorf Mollwitz (1741). Schweidnitz, 19.700 E., Weistritz, Fabrikort. — Dörfer Langenbielau I bis IV, 12.950 E., Leinweberei. — Waldenburg, 14.700 E., Fabrikort und eins der wichtigsten Steinkohlenlager Deutschlands. — Nahe der Badeort Salzbrunn, 3600 E. — Festung Glatz, 12.500 E., Neiße. — Nahe die Badeörter Reinerz, 3400 E., Cudowa und Landeck, 2500 E.

Reg.-Bezirk Liegnitz oder Niederschlesien. Liegnitz, 31.400 E., Katzbach. Nahe die Kadetten-Anstalt Wahlstatt, Schlachtort (1241, 1760, 1813). — Festung Groß-Glogau, 18.000 E., Oder. — Grünberg, 12.200 E., Fabriken und Weinbau. — Hirschberg, 13.000 E., Bober, die wichtigste Stadt am Riesengebirge. — Nahe der Badeort Warmbrunn, 5000 E. — Görlitz, 45.300 E., Neiße, Hauptstadt der Preußischen Lausitz.

Reg.-Bezirk Oppeln oder Oberschlesien. Oppeln, 12.500 E., Oder. — Kosel, 4800 E., Oder. — Ratibor, 24.600 E. — Festung Neiße, 19.500 E. — Auf der Höhe von Tarnowitz, 7300 E., liegen Beuthen, 22.800 E., Königshütte, 26.000 E., Kattowitz, 11.400 E. — Leobschütz, 11.400 E. — Neustadt, 12.500 E. und Gleiwitz, 14.100 E., in einer der wichtigsten Bergwerksgegenden Preußens, mit sehr bedeutenden und zahlreichen Hüttenwerken.

§ 367 (314). 7) **Provinz Sachsen**, ein Herzogtum, ⅔ von Hannover.

Reg.-Bezirk Magdeburg. Magdeburg, 122.800 E. (einschl. Sudenburg und der Vorstädte), Elbe, Festung, Fabrik- und Handelsstadt. — Halberstadt, 27.800 E., Holzemme. — Quedlinburg, 17.000 E., Bode; Dorf Thale, 3300 E., bei den Felsen der Roßtrappe am Nordrande des Harzes. — Aschersleben, 17.400 E., Wipper. Burg Askanien. — Burg, 15.200 E., Tuchfabriken. — Stendal, 12.900 E., Uchtequelle. — Salzwedel, 8300 E., Jetzel. Beide letztere im nördlichen Teile des Reg.-Bezirkes, welcher die Altmark heißt.

Reg.-Bezirk Merseburg. Merseburg, 13.700 E., Saale. — Halle, 60.500 E., Saale, Universität, Salzwerk. Francke's Stiftungen. Viel Industrie. — Naumburg, 16.300 E., Saale. — Badeort Kösen, 2000 E. — Weißenfels, 16.900 E., Saale. — Schlachtörter Groß-Görschen (1813), Lützen (1632, 1813), Roßbach (1757). — Zeitz, 16.500 E., Elster. — Eisleben, 14.400 E., Luthers Geburtsort. — Mansfeld, Bergbau. — Festung Torgau, 10.700 E., Elbe. — Schlachtort Mühlberg (1547), 3300 E. — Wittenberg, 12.400 E., Elbe, ehemals kurfürstliche Residenz.

Reg.-Bezirk Erfurt. Erfurt, 50.500 E., Gera. — Heiligenstadt, 5200 E., Leine. — Mühlhausen, 20.900 E. Unstrut. — Nordhausen, 21.300 E., südlich vom Harze in der Goldenen Aue. — Langensalza, 9900 E., Unstrut (Schlacht 1866). — Im Thüringer Walde Schmalkalden, 6200 E. (zu Hessen-Nassau gehörig), Suhl, 10.500 E., beide mit Eisenverarbeitung. — Schleusingen, 3400 E., sehr industriös.

§ 368 (315). 8) **Provinz Hessen-Nassau**, ein Kurfürstentum und Herzogtum (Nassau), so groß wie das Königreich Sachsen.

Reg.-Bezirk Kassel. Kassel, 56.700 E., Fulda. Dabei Park und Schlösser Wilhelmshöhe. — Marburg, 9660 E., Lahn, Universität. — Fulda, 10.800 E., Fulda. — Hanau, 22.400 E., Main, Fabrikstadt. Schlacht 1813.

Reg.-Bezirk Wiesbaden. Wiesbaden, 43.700 E., berühmter Badeort am Taunus-Gebirge. — Biebrich, 7700 E., Rhein, Residenzschloß. — Homburg vor der Höhe, 8300 E., Badeort. — Berühmte Badeörter sind ferner: Langenschwalbach, 2700 E., Schlangenbad, 3407 E., Ems, 6100 E., Selters, 1900 E., Soden, 1300 E.; berühmte Weinorte: Rüdesheim, 3500 E., Geisenheim, 2800 E., Aßmannshausen, 800 E., Johannisberg, 1050 E., Hochheim ɮc. 2600 E. — Frankfurt am Main, 134.800 E., einschl. der Vororte, eine alte wichtige Stadt, in welcher ehemals die deutschen Kaiser gewählt und gekrönt wurden. Sehr bedeutender Handel. Messen.

9) **Provinz Hannover**, ein Königreich, kleiner als die Provinz Brandenburg, in 6 Landdrosteien geteilt.

Hannover, 127.600 E., einschl. Linden, Leine. — **Hildesheim**, 22.600 E., Innerste. — **Goslar**, 9800 E., am Nord-Harze, eine der ältesten deutschen Städte und ehemals kaiserl. Residenz. — **Göttingen**, 17.000 E., Leine, Universität. — **Lüneburg**, 17.500 E., Ilmenau. — **Celle**, 18.200 E., Aller. — **Harburg**, 17.100 E., Elbe, gegenüber von Hamburg, mit welchem es durch eine Brücke verbunden ist. — **Stade**, 8800 E., Schwinge, Festung. — **Osnabrück**, 29.900 E., Haase. — **Emden**, 12.900 E., am Dollart, Seehafen. — **Seebad Norderney**, 2000 E., auf einer Insel. — **Klausthal** und **Zellerfeld**, 12.800 E., Bergwerksstädte im Harze.

§ 369 (316). 10) **Provinz Schleswig-Holstein**, nebst Herzogtum Lauenburg, so groß wie das Königreich Sachsen nebst dem Großherzogtum Weimar-Eisenach.

Herzogtum Schleswig. **Schleswig**, 14.500 E., am Busen Schlei. Schlachtorte Eckernförde, 5000 E., und Idstabt; das ehemalige Danewerk (ein Wall). — **Flensburg**, 26.500 E., am Meere. Handelsstadt. — **Hadersleben**, 8400 E., die nördlichste Stadt. — Seebad auf den Inseln Sylt und Föhr. — **Sonderburg**, 5800 E., auf der Insel Alsen, östlich vom Dorfe Düppel, Festung.

Herzogtum Holstein. **Altona**, 84.100 E., neben Hamburg, bedeutender Seeplatz. — **Kiel**, 44.100 E., Kriegshafen des norddeutschen Bundes am Kieler Fjord, Universität und Handelsstadt.

Herzogtum Lauenburg. Hauptstadt **Ratzeburg**, 4200 E., an einem See. — **Lauenburg**, a. d. Elbe, 4600 E.

11) **Provinz Westfalen**, ein Herzogtum, größer als Württemberg.

Reg.-Bezirk Münster. **Münster**, 35.700 E., mit einer katholischen Akademie.

Reg.-Bezirk Minden. **Minden**, 17.100 E., Weser. — **Herford**, 12.000 E., Werra. — **Bielefeld**, 26.600 E., Leinenfabriken. — **Paderborn**, 13.700 E., mit schönem, altem Dome. — Badeort Stadt **Oynhausen** (spr. Öhnhausen(, 2000 E., beim Dorfe Rehme, 1000 E.

Reg.-Bezirk Arnsberg. **Arnsberg**, 5500 E., Ruhr. **Iserlohn**, 16.800 E., im Sauerlande; Metallwaaren-Fabriken, die auch den ganzen W. und S. des Reg.-Bezirkes erfüllen. — **Siegen**, 12.900 E., Eisen-Bergwerke. — **Hamm**, 18.900 E., Lippe; dabei die Burgruine Mark. — **Soest** (spr. Sohst), 13.100 E., in fruchtbarer Gegend. — **Dortmund**, 57.800 E., Fabrikstadt. Nahe im NO. **Hörde**, 12.800 E., Steinkohlengruben und eins der größten Eisenwerke Deutschlands. — **Bochum**, 28.400 E.

§ 370 (317). 12) **Rheinprovinz**, fast so groß wie das Königreich Sachsen nebst den Thüringischen Ländern.

Reg.-Bezirk Düsseldorf. $1/_{64}$ des Staates, $1/_{20}$ der Bevölkerung, also der bevölkertste Teil Preußens, mit 14.700 Bew. auf jeder □M. — **Düsseldorf**, 81.000 E., Rhein. — **Elberfeld** und das ebenso große **Barmen**, zusammen 167.100 E., Wupper, die bedeutendsten Fabrikstädte Deutschlands, mit nahe an 120 Dampfmaschinen, mehr als 600 Fabriken. Das ganze Wupperthal ist eine einzige Reihe von Fabriken, durch Wasser und durch Dampf getrieben. — Solingen, 15.100 E., Wupper, ein Hauptort für die Stahlwaren-Fabrikation, an welcher zahlreiche Orte Teil nehmen; der wichtigste ist Remscheid, 22.000 E. — Krefeld, 62.900 E., die wichtigsten Seide- und Sammtfabriken Preußens. — Viersen, 19.700 E. und Gladbach, 32.000 E., mit großartigen Spinnereien und Manufakturwarenfabriken. — Rheydt, 16.000 E., Fabrikstadt. — Festung Wesel, 19.100 E., Rhein. — Kleve, 9200 E., nahe dem Rheine. — Essen, 76.500 E., Mittelpunkt des großen Steinkohlen-Bergbaues. — Dabei Krupp's Eisen- und Stahlwerke, die großartigsten Deutschlands, mit 268 Dampfmaschinen. — Duisburg, 37.400 E. — Mülheim, 14.500 E., und Ruhrort, 9000 E., haben den größten Steinkohlenhandel.

Reg.-Bezirk Köln. Köln, 154.600 E. und Deutz, 14.500 E., Festungen am Rhein, einander gegenüber, durch eine eiserne Brücke verbunden. Der größte Dom Deutschlands. Wichtige und reiche Handelsstadt. — Bonn, 28.100 E., Rhein, Universität.

Reg.-Bezirk Aachen. Aachen, 79.600 E., Worm, Karls des Großen Residenz und Krönungsstadt der deutschen Kaiser. Heiße Schwefelquellen. Dabei die Fabrikstadt Burtscheid, 10.200 E. — Eschweiler, 11.000 E., Fabrikstadt. — Eupen, 14.800 E., Weeze, a. d. belgischen Grenze, die bedeutendsten Tuchfabriken Preußens. — Jülich, 5100 E., Roer.

Reg.-Bezirk Koblenz. Koblenz, 29.300 E., Mosel-Mündung, Festung. Gegenüber die Felsenfestung Ehrenbreitstein, 4900 E., am Rhein. — Neu-Wied, 9500 E., Rhein. — Die königl. Burg Stolzenfels am Rhein. — Kreuznach, 13.800 E., Nahe, Salzwerk und Bad. — Wetzlar, 6800 E., Lahn.

Reg.-Bezirk Trier. Trier, 33.000 E., Mosel, alte Stadt mit Ruinen von Römer-Bauten. Saarbrücken (und St. Johann), 20.000 E., Saar. — Festung Saarlouis, a. d. Saar, 6800 E.

Fürstentum Hohenzollern, fast so groß wie die Insel Rügen.

Darin die kleinen Städte Sigmaringen, 3800 E., an der Donau, und Hechingen, 3500 E., unfern von Berg und Burg Hohenzollern.

Am Eingange zum Jade-Busen der norddeutsche Kriegshafen Wilhelmshaven, 10.200 E.

B. Das Königreich Sachsen.

§ 371 (318). Preußen ist $23\frac{1}{5}$ mal so groß als Sachsen, hat aber nur 10mal so viel Bewohner. Sachsen gehört daher zu den bevölkertsten Ländern und ist eins der fleißigsten und rührigsten. Das Land ist fast ganz protestantisch, der Hof aber katholisch. Es zerfällt seit 1878 in 4 Regierungsbezirke.

Dresden. Hauptstadt Dresden, 205.300 E., Elbe, in freundlicher Gegend, eine der schönsten deutschen Städte, reich an Kunstwerken. Nahe das königl. Lustschloß Pillnitz, die Festung Königstein und die Thalgründe der sächsischen Schweiz. — Freiberg, 24.300 E., Mulde, Bergwerke und berühmte Berg-Akademie. — Meißen, 13.600 E., Elbe, alter Sitz der Markgrafen; Schloß und Dom. Weinbau.

Leipzig. Leipzig, 135.500 E., einschließlich der Vororte 336.700 E., Pleiße, Universität. Sehr wichtige Handelsstadt (Messen), Mittelpunkt des deutschen Buchhandels. Schlacht am 16. und 18. Oct. 1813.

Zwickau. Nächst der Wupper-Gegend die wichtigste Fabriken-Gegend Deutschlands. Zwickau, 33.100 E., Mulde, Handelsort in sehr fabrikenreicher Gegend. — Chemnitz, 82.200 E., nächst Elberfeld und Berlin die bedeutendste Fabrikstadt Deutschlands. — Glauchau, 21.600 E., Mulde, in den Schönburgschen Landen, ist die zweite Fabrikstadt Sachsens. — Plauen, 31.000 E., Elster, im Voigtlande (das den kaiserlichen Voigten gehörte), wichtige Fabrikstadt. Andere wichtige Fabrikorte sind: Meerane, 22.100 E.; Krimmitschau, 18.600 E.; Reichenbach, 15.300 E.; Annaberg, 11.800 E., der Mittelpunkt für alle erzgebirgischen Produkte und der Spitzen-Fabrikation.

Bautzen. Bautzen oder Budissin, 15.300 E., Spree. Im SO. Dorf Hochkirch, Schlacht 1758. — Zittau, 21.400 E., Neiße, Fabrikstadt (Leinen). — Herrnhut, 1130 E., Brüder-Gemeinde.

§ 372 (319). Die folgenden 8 Staaten faßt man unter dem Namen der Thüringischen Staaten zusammen.

C. Das Großherzogtum Sachsen-Weimar-Eisenach. — Weimar, 17.500 E., Ilm. Darin die Wohnungen von Göthe, Schiller, Herder, Wieland. — Apolda, 12.400 E., Fabrikstadt. — Jena, 9000 E., Saale, Universität. Schlacht 1806. — Eisenach, 16.200 E., Hörsel. Dabei die Wartburg. — Badeort Ruhla, 4400 E. (zur Hälfte zu Gotha gehörig).

D. Das Herzogtum Sachsen-Koburg-Gotha. — Koburg, 14.400 E., Itz; dabei die Feste und schöne Schlösser. — Gotha, 22.700 E., Leina-Kanal, der lebhafteste Handelsort Thüringens.

E. Das Herzogtum Sachsen-Meiningen. — Meiningen, 9500 E., Werra. — Hildburghausen, 5200 E., Werra. — Saalfeld, 7400 E., Saale. — Sonneberg, 7300 E., und 3 andere Ortschaften fabriciren Kinder-Spielzeug für die ganze Welt.

F. Herzogtum Sachsen-Altenburg. — Altenburg, 22.300 E., Pleiße. — Eisenberg, 5560 E.

G. Fürstentum Schwarzburg-Sondershausen. — Sondershausen, 5700 E., Wipper, westlich vom Kyffhäuser. — Arnstadt, 9200 E., Gera, südlich von Erfurt.

H. Fürstentum Schwarzburg-Rudolstadt. — Frankenhausen, 5500 E., östlich vom Kyffhäuser. — Rudolstadt, 7600 E., Saale. — Schloß Schwarzburg, im Schwarza Thale.

I. Fürstentum Reuß jüngere Linie — Residenz Schleiz, 4700 E. — Gera, 20.800 E., Elster, bedeutende Fabriken.

K. Fürstentum Reuß ältere Linie. — Hauptstadt Greiz, 12.700 E., Elster.

§ 373 (320). L. Herzogtum Anhalt.
Dessau, 17.500 E., Mulde, ist Residenz. — Köthen, 13.600 E. — Zerbst, 12.000 E. — Bernburg, 15.700 E., Saale. — Ballenstedt, 4500 E., am Nordrande des Harzes. — Alexisbad a. d. Selke, im Harze.

M. Herzogtum Braunschweig, $1/11$ der Mark Brandenburg.
Braunschweig, 57.900 E., Oker, Residenz, mit mittelalterlich deutschen Häusern. — Wolfenbüttel, 10.460 E., Oker. — Helmstedt, 7500 E. — Holzminden, 5900 E., Weser. — Blankenburg, 3800 E., am Nord-Harze.

N. Fürstentum Waldeck-Pyrmont.
Residenz Arolsen, 2000 E. — Badeort Pyrmont, 3000 E.

O. Fürstentum Lippe.

Residenz Detmold, 6500 E., Werra. — Lemgo, 4500 E.

P. Fürstentum Schaumburg-Lippe.

Residenz Bückeburg, 4300 E.

Q. Großherzogtum Oldenburg, nicht $1/_{6}$ der Provinz Brandenburg.

Residenz Oldenburg, 15.700 E., Hunte. — Hafenörter Brake, 2400 E., Weser, und Varel, 4400 E. — Seebad auf der Nordsee-Insel Wanger-Ooge. — Eutin, 4000 E., in Holstein. — Oberstein, 4100 E., im Fürstentum Birkenfeld im Hunsrück, mit zahlreichen Steinschleifereien. — Birkenfeld, 2300 E. —

§ 374 (321). R. Großherzogtum Mecklenburg-Schwerin, so groß wie der Regierungsbezirk Stettin.

Schwerin-Altstadt, 28.000 E., am einem See, Residenz. — Ludwigslust, 6000 E. — Wismar, 14.500 E., Seehandelsplatz. — Seestadt Rostock, 34.200 E., Warnow, die wichtigste Stadt. — Westlich Doberan, 3800 E., Seebad.

S. Großherzogtum Mecklenburg-Strelitz.

Neustrelitz, 8500 E. — Neu-Brandenburg, 7500 E., am Tollenser-See.

T. Die freie Hansestadt Lübeck, 44.800 E., Trave, wichtige Handels- und Fabrikstadt, mit dem Hafenorte Travemünde, 1700 E. Es war im Mittelalter Haupt des Hansa-Bundes.

U. Die freie Stadt Hamburg, 264.700 E., einschl. der 15 Vororte 348.500 E., Elbe, die wichtigste Handelsstadt Deutschlands, deren Handel sich über die ganze Erde erstreckt. Der schönste Teil der Stadt umgiebt das Alsterbassin. — Kuxhafen-Ritzebüttel, 4100 E., an der Elbe-Mündung, Seebad, Festung.

V. Die freie Stadt Bremen, 111.000 E., Weser, wie Hamburg 15 M. vom Meere entfernt. Bedeutender Handel; für Wein und Tabak der wichtigste Ort; ebenso für die Auswanderer. — Bremerhafen, 12.300 E., Weser, treibt Seehandel.

§ 375 (322). Die südlich vom Main gelegenen Staaten waren schon vor 1870 mit den norddeutschen Bundesländern für den Fall des Krieges verbündet und gehörten mit ihnen demselben Zoll-Vereine an.

Die Bewohner sind Deutsche: Bayern, Franken, Schwaben, Alemannen u. s. w., nur in der Pfalz sind einige Tausend französischer Abstammung. — In Bayern sind 71% katholisch, in Württemberg 30%, in Baden 65%, in Hessen 28%. — $3/_{7}$ der Bodenfläche ist Acker- und Gartenland, $1/_{3}$ ist Wald, $1/_{5}$ Wiese und Weide, $1/_{15}$ ist ohne Produktion.

§ 376 (323). W. Großherzogtum Hessen. Es ist eins der bevölkertsten Länder Deutschlands.

Provinz Ober-Hessen, von der Preuß. Provinz Hessen-Nassau umschlossen, ist das arme Land des Vogelsberges und das der fruchtbaren Wetterau. — Gießen, 13.900 E., Lahn, Universität.

Provinz Starkenburg, der Odenwald und die Rhein-Ebene. — Darin Darmstadt, 43.700 E., Residenz. — Offenbach, 25.900 E., Main, Fabrikstadt. — Ruine Starkenburg im Odenwalde.

Provinz Rheinhessen, das Pfälzer Gebirgsland.

Darin Mainz, 56.400 E., Rhein, Festung, der Schlüssel Deutschlands, hat nächst Köln und Mannheim den wichtigsten Rheinhandel. Eine Brücke verbindet es mit Castel, 3000 E. Es hat preußische Besatzung. — Bingen, 6400 E., Rhein und Nahe. — Worms, 16.600 E., Rhein. — Weinorte: Nierstein, 2300 E., Bodenheim, 2000 E., Laubenheim ꝛc.

§ 377 (324). X. **Großherzogtum Baden**, fast so groß wie der Regierungsbezirk Gumbinnen, das Land des Schwarzwaldes, gegenüber vom Elsaß. Es ist in 4 Bezirke: Karlsruhe, Freiburg, Konstanz und Mannheim, oder in 11 Kreise geteilt, auch nach Ortschaften benannt.

Karlsruhe, 43.000 E., eine schöne, stille Stadt. — Pforzheim, 24.000 E., Enz, die wichtigste Fabrikstadt. — Rastadt, 12.200 E., Murg, Festung. — Baden-Baden, 11.000 E., der besuchteste Badeort der Welt. — Mannheim, 46.500 E., Rhein, Neckar-Mündung, die wichtigste Handelsstadt, nächst Köln die bedeutendste am Rhein, eine der schönsten deutschen Städte. — Heidelberg, 23.900 E., Neckar, Universität, reizend gelegen. Dabei die Ruine des Pfalzgrafen-Schlosses, die schönste in Deutschland. — Freiburg im Breisgau, 30.000 E., Dreisam; Universität, schönes gothisches Münster. — Konstanz oder Kostnitz, 12.000 E., am Boden-See. — Donaueschingen, 3400 E., Donau.

§ 378 (325). Y. **Königreich Württemberg**, etwas größer als der Regierungs-Bezirk Frankfurt, das Land des Neckar und seiner Zuflüsse. Es ist in 4 Kreise geteilt.

Neckarkreis. Stuttgart, 107.300 E., nahe am Neckar, ist Hauptstadt, eine schöne deutsche Stadt, die viel Industrie hat. — Kannstadt, 15.100 E., Neckar, Handelsstadt in der volkreichsten Gegend. — Ludwigsburg, 14.700 E., nördlich von Stuttgart, militärische Hauptstadt. — Eßlingen, 15.700 E., Neckar. — Heilbronn, 21.200 E., Neckar, die wichtigste Fabrikstadt.

Schwarzwaldkreis. Tübingen, 10.500 E., Neckar, Universität. — Reutlingen, 15.300 E., viel Industrie. — Wildbad, a. d. Enz, im Schwarzwalde, 2700 E.

Donaukreis. Ulm, 30.200 E., Donau, Iller-Mündung, Festung, mit prächtigem gothischen Dome. — Friedrichshafen, 2900 E., am Boden-See.

Jagstkreis. Ellwangen, 4200 E., Jagst. — Gmünd, 12.800 E. — Ruine Hohenstaufen. — Berlichingen, a. d. Jagst. — Schwäbisch Hall, 8400 E., Kocher.

§ 379 (326). Z. **Königreich Bayern**, größer als Brandenburg nebst Pommern. Es macht ⅔ von Süd-Deutschland aus. Fast ¾ der Bewohner sind Katholiken. Es ist in 8 Regierungs-Bezirke geteilt und von diesen liegt einer, die Pfalz, von den übrigen getrennt, links am Rheine.

Ober-Bayern. Die Hauptstadt München, 193.000 E., a. d. Isar, Universität. Es ist durch schöne Bauwerke und Kunstschätze vor anderen Städten Deutschlands ausgezeichnet. — Ingolstadt, 14.500 E., Donau, wird Festung ersten Ranges. — Reichenhall, 3800 E., nahe der Salzburgischen Grenze, Salzwerk und Bad. — Ebenda Berchtesgaden,

1800 E., unfern des Königs-Sees und des Gletscher tragenden Watzmann, der 8181 F. — 2671 m. h. ist.

Nieder-Bayern. Festung Passau, 14.800 E., Donau, Inn-Mündung, schön gelegen. — Landshut, 15.000 E., Isar. — Kelheim, 2800 E., Donau, Altmühl-Mündung, Anfang des Ludwigs-Kanals; dabei die schöne Befreiungshalle, ein Ruhmestempel zum Andenken an die Befreiungskriege.

Oberpfalz mit Regensburg. Regensburg, 38.300 E., Donau, wichtig für den Donauhandel, ehemals die wichtigste Haupt- und Handelsstadt Süd-Deutschlands. — Unfern auf den Bergen an der Donau die Walhalla, ein Ruhmestempel für die Büsten aller großen Männer Deutschlands. — Amberg, 13.400 E., Vils.

Ober-Franken. Hauptstadt Bayreuth, 18.600 E., am Roten Main, einst die preußische Residenz. — Hof, 18.100 E., Saale, Haupthandelsort im Fichtel-Gebirge. — Bamberg, 27.000 E., Regnitz, Dom; in fruchtbarer Gegend. Dabei die Babenburg.

Mittel-Franken. Hauptstadt Ansbach, 13.300 E., fränk. Rezat, früher preußisch. — Erlangen, 13.600 E., Regnitz, Universität. — Nürnberg, 93.000 E., Pegnitz, die ausgedehnteste Stadt Bayerns, im Mittelalter eine der ersten Städte Deutschlands für Handel, Kunst und Wissenschaft. Es ist Bayerns wichtigste Fabrikstadt. Nahe im Dorf Stein: Faber's Bleistift-Fabrik, die größte vorhandene. — Unweit Fürth, 27.400 E., Pegnitz-Mündung, neben Nürnberg die wichtigste Fabrik- und Handelsstadt.

Unter-Franken mit Aschaffenburg. Hauptstadt Würzburg, 45.000 E., Main, befestigt. Universität, Wein. — Schweinfurt, 11.200 E., Main. — Aschaffenburg, 13.500 E., Main. — In der Rön der Badeort Kissingen, 3500 E., a. d. fränk. Saale.

Schwaben mit Neuburg. Augsburg, 57.200 E., Lech, eine Römer-Kolonie, war im Mittelalter Mittelpunkt von Deutschlands Handels- und Fabrikwesen und ist noch jetzt ein wichtiger Handelsplatz. Rathaus (Confession). — Memmingen, 7800 E., im Algau. — Nördlingen, 7200 E., an der Württembergischen Grenze. — Lindau, 5100 E., im Boden-See, auf einer Insel.

Pfalz. Speier, 14.100 E., Rhein; 8 Kaisergräber im Dome. — Neustadt an der Hart, 10.200 E., Speierbach, Fabrikstadt. — Freihafen Ludwigshafen, 12.100 E., Mannheim gegenüber. — Festung Landau, 7600 E., Queich. — Festung Germersheim, 6400 E., Rhein. — Kaiserslautern, 22.100 E., Lauter; und Zweibrücken, 9200 E., sehr industriöse Städte.

§ 380. E. Die reichsunmittelbaren Gebiete Elsaß und Deutsch-Lothringen, nahe so groß wie Sachsen, sind ursprünglich deutsch, gehörten aber ersteres seit 1697, letzteres seit 1552 zu Frankreich, das sie 1871 im Frieden zu Versailles hat abtreten müssen. Elsaß ist ein schönes, fruchtbares, gut angebautes Land, stark bevölkert und reich an Fabrikthätigkeit.

Nieder-Elsaß. Straßburg, 92.400 E., an der Ill, starke Festung, Universität, eine wichtige Industrie-, Handels- und Gelehrten-Stadt. Das Münster ist 440 F. — 143 m. h. — Weißenburg und Wörth, Schlachten 1870.

Ober-Elsaß. Mühlhausen, 65.400 E., an dem Ill- und Rhone-

Rhein-Kanal, für Baumwoll- und Wollenwaren-Fabrikation ein äußerst wichtiger, reicher Ort. — Kolmar, 22.700 E., an der Ill, Fabrik- und Handelsstadt.

Lothringen. Metz, 53.200 E., an der Mosel, sehr starke Festung in reich angebauter Gegend. Unfern die Schlachtorte Courcelles, Vionville, Gravelotte, Noisseville. — Forbach, 4700 E., am Spicheren-Berg, nahe bei Saarbrücken.

Nicht zu Deutschland gehört das **Großherzogtum Luxemburg**, dessen Großherzog der König der Niederlande ist. Es ist ein katholisches Land mit deutscher Bevölkerung, 47 □M. mit 197.500 Bew. Hauptstadt Luxemburg, 15.900 E., an der Alzette.

IV. Die österreichisch-ungarische Monarchie.

§ 381 (327). Dieses große Reich ist im Verlaufe von Jahrhunderten aus einer ganzen Reihe von Ländern entstanden, welche allmählich durch die Habsburgischen Herrscher vereinigt worden sind. Es besteht jetzt aus den folgenden:

A. Die Länder Österreichs.	□M.	Bewohner.	Städte.	Märkte.	Dörfer.	Ortschaften.
1. Erzherzogtum Österreich unter der Enns	360,0	1.990.708	36	232	4187	4455
2. Erzherzogtum Österreich ob der Enns	217,9	736.557	15	90	6058	6163
3. Herzogtum Salzburg	130,1	153.159	3	21	733	757
4. " Steiermark	407,8	1.137.990	20	98	3834	3952
5. " Kärnten	188,4	337.694	10	28	2911	2949
6. " Krain	181,4	466.334	14	23	3194	3231
7. Gefürstete Grafschaft Görz und Gradisca, Markgrafschaft Istrien und Freistadt Triest nebst deren Gebiet	145,1	600.525	28	22	991	1041
8. Gefürstete Grafschaft Tirol nebst Vorarlberg	532,6	885.789	22	33	2420	2475
9. Königreich Böhmen	943,6	5.140.544	372	226	12.551	13.149
10. Markgrafschaft Mähren	403,8	2.017.274	86	190	3041	3317
11. Herzogtum Schlesien	93,5	513.352	25	9	671	705
die deutschen Länder	3604,5	13.979.926				
12. Königreich Galizien	1425,6	5.444.689	83	230	11.060	11.373
13. Herzogtum Bukowina	189,9	513.404	7	8	456	471
14. Königreich Dalmatien	232,3	456.961	17	60	812	889
im Reichsrath vertreten sind	5451,8	20.394.980	738	1270	52.919	54.927

B. Die Länder der ungarischen Krone	QM.	Bewohner.	Städte.	Märkte.	Dörfer.	Ortschaften.
15. Königreich Ungarn nebst dem Großfürstentum Siebenbürgen	5092,1	13.645.421	179	729	13.059	13.967
16. Königreich Kroatien und Slavonien	789,0	1.846.154	11	40	3310	3361
17. Freistadt Fiume	0,36	17.880	1	—	3	4
die ungarischen Länder	5.881,5	15.509.455	191	769	16.372	17.332
Summa	11.330,12	35.904.435	929	2039	69.291	72.259
jetzt		37.331.400				

§ 382 (328). Es ist also etwa um die Fläche Galiziens größer als Frankreich, hat aber $2^1/_2$ Mill. Bewohner weniger als dieses; es ist $1^4/_5$ mal so groß als Preußen und hat $1^1/_2$ mal so viel Bewohner als dieses. (Frankreichs Einnahmen betragen 745 Mill., Großbritanniens 544 Mill., Österreichs 413 Mill., Preußens 238 Mill. Thaler.)

Von den Bewohnern sind $^1/_4$ Deutsche, fast $^1/_5$ Tschechen, Mähren und Slovaken, fast $^1/_7$ Magyaren, $^1/_{12}$ Ruthenen, $^1/_{12}$ Kroaten und Serben, fast $^1/_{12}$ Ostromanen, $^1/_{15}$ Polen, $^1/_{29}$ Slovenen; 1.376.000 Juden, 160.000 Zigeuner, 9000 Armenier ꝛc. — $^7/_9$ der Bewohner sind Katholiken, $^1/_{10}$ Evangelische, $^1/_{11}$ der orientalisch-griechischen Kirche angehörig. Ausgenommen die Bukowina, Siebenbürgen und die Militärgrenze bilden die Katholiken überall die Mehrzahl; in Ungarn und Siebenbürgen ist $^1/_4$ der Bewohner Evangelische, die auch in Böhmen, Schlesien und Mähren zahlreich sind. — $^1/_3$ der Bodenfläche ist Ackerland, mehr als $^1/_3$ Wald, nahe $^1/_4$ Wiesen, Weiden und Gärten, nahe $^1/_8$ giebt keine Produkte.

Über $3^1/_2$ Mill. Pferde, über $12^7/_{10}$ Mill. Rinder, 20 Mill. Schafe, $1^1/_2$ Mill. Ziegen, fast 7 Mill. Schweine. — Man gewinnt 2803 Pfd. Gold, 78.480 Pfd. Silber, 10 Mill. Ctr. Eisen, 7900 Ctr. Quecksilber, 39.700 Ctr. Kupfer, 159.000 Ctr. Blei, 55.000 Ctr. Zink, 24.308 Ctr. Schwefel, 610.000 Ctr. Graphit, $235^1/_2$ Mill. Ctr. Stein- und Braunkohlen, fast 9 Mill. Ctr. Salz. — 2470 g. M. Eisenbahn und 6543 g. M. Telegraphenlinien. — Universitäten sind zu Wien, Prag, Gratz, Innsbruck, Lemberg, Krakau, Budapest, Agram, Czernowitz, Klausenburg. — Die Armee zählt im Frieden 292.000, im Kriege 1.044.800 Mann. Es giebt 48 Festungen und Forts, wovon 6 eigentliche Festungen. — Die Marine besteht aus 58 Fahrzeugen mit 320 Kanonen, davon 30 Dampfer. Außer den 983 Segelschiffen zählt die Handelsflotte auch 78 Dampfer.

In den deutschen und slavischen Ländern besteht ein Herrenhaus und ein Haus der Abgeordneten; beide zusammen bilden den Reichsrath. Der ungarische Reichstag besteht ebenfalls aus zwei Kammern: der Magnatentafel und der Repräsentantentafel. Kroatien und Slavonien hat seinen besonderen Landtag.

§ 383 (329). 1) Das Erzherzogtum unter der Enns (unterhalb, d. i. östlich von dem Enns-Flusse), kleiner als der Regierungs-Bezirk-Potsdam. 4 Kreise: Ober- und Unter-Wiener-Wald, Ober- und Unter-Manhart-Kreis.

Wien, 1.020.770 E., rechts a. d. Donau-Kanal, wo die Wien mündet, in freundlicher Gegend. In der inneren, alten Stadt steht die sogenannte Burg, d. i. das kaiserl. Schloß, und der 425 F. = 138 m. h. Stephansturm; ringsumher liegen 36 Stadtteile, sogenannte Vorstädte. Lebhafte Fabrikthätigkeit und Handel. Unweit der Leopolds- und Kahlenberg bei Klosterneuburg, 5300 E., mit dem reichsten Augustinerkloster, und das kaiserl. Sommerschloß Schönbrunn. Östlich auf dem linken Donau-Ufer die Schlachtörter Groß-Aspern, Eßlingen, Groß-Enzersdorf, Deutsch-Wagram (1809). — Südlich der Badeort Baden bei Wien, 7600 E. — Wiener-Neustadt, 19.200 E., Leitha, Fabriken und Handel. — Krems, 8200 E., Donau. — Benediktiner-Abtei Möll, Donau.

2) Das Erzherzogtum Österreich ob der Enns, etwas größer als der Regierungs-Bezirk Bromberg, geteilt in Mühl-, Inn-, Traun- und Hausruck-Kreis.

Linz, 33.400 E., Festung. — Steyr, 13.400 E., Enns, fabriziert Eisenwaren. — Badeort Ischl, 2200 E., Traun.

3) Herzogtum Salzburg, so groß wie der Regierungs-Bezirk Trier.

Salzburg, 20.300 E., Salzache, wunderschön gelegen. — Hallein, 3600 E., Salzache. — Wildbad Gastein, in der Tauernkette.

§ 384 (330). 4) Herzogtum Steiermark, fast so groß wie der Regierungs-Bezirk Königsberg, geteilt in die Kreise Graz, Bruck, Marburg. $1/3$ der Bewohner sind Slovenen, die übrigen Deutsche.

Graz oder Grätz, 81.100 E., Mur, schön gelegen. — Bruck, 2900 E., Mur. — Nördlicher der Wallfahrtsort Mariazell, 1200 E. Marburg, 12.800 E., Drau. — Cilli, 4200 E., Sann.

5) Herzogtum Kärnten, so groß wie der Regierungs-Bezirk Magdeburg. $3/10$ der Bewohner sind Slovenen, die übrigen Deutsche.

Klagenfurt, 15.300 E., Glan. — Villach, 4300 E., Drau. — Nahe das Bergwerksdorf Bleiberg, 4000 E.

6) Herzogtum Krain (d. h. Mark), im SO. Windische Mark genannt, fast so groß wie Kärnten. $9/10$ sind Slovenen.

Laibach, 22.600 E., Laibach. — Ober-Idria, 3800 E., Idrizza, Quecksilberbergwerk. — Flecken Adelsberg, mit der 2,3 Klom. langen Tropfsteinhöhle. — Der Zirknitzer-See.

7) Die gefürstete Grafschaft Görz und Gradisca mit der Markgrafschaft Istrien und dem Gebiete der Freistadt Triest, einschließlich der nördlichsten dalmatinischen Inseln so groß wie der Regierungs-Bezirk Danzig. Kreise Görz, Mitterburg und die unmittelbare Stadt Triest. Die Bewohner sind Slovenen, Italiener, Friauler, Kroaten, Serben, Deutsche.

Triest, Stadt und Gebiet, 101.000 E., am Meere, eine schöne Stadt, die wichtigste Seehandelsstadt Österreichs. Dampfschiff-Kourse nach der Levante. — Görz, 16.300 E., Isonzo. — Aquileja, 1700 E., einst mit

100.000, als es das zweite Rom hieß und den Handel zwischen Nord- und Süd-Europa vermittelte, ist durch Attila zerstört und leidet an Fieberluft. — Pola, 16.300 E., Österreichs Kriegshafen an der Südspitze Istriens, mit römischen Bauwerken. — Mitterburg oder Pisino, 2900 E.

§ 385 (331). 8) **Gefürstete Grafschaft Tirol nebst Vorarlberg**, fast so groß wie Belgien, das aber 6mal so viel Bewohner hat, zerfällt in die Kreise Innsbruck, Bregenz, Brixen, Trient. $^2/_5$ der Bewohner, im südlichen Teile des Landes, sind Italiener.

Innsbruck, 23.000 E., Inn, Hauptstadt. Kaiser Maxens und Hofers Grabmäler in der Hauptkirche. — Bregenz, 3700 E., am Boden-See, in der Landschaft Vorarlberg. — Der Kurort Meran, 6200 E., Etsch. Nahe die Ruine des Schlosses Tirol. Nördlich Dorf Sand am Passeyer-Bach. — Bozen, 11.700 E., Eisach. Fabrik- und Handelsstadt. — Trient (spr. Trihnt) (Tridentum), 17.100 E., Etsch. Concil 1545 bis 1563. — Rovereto, 9100 E., Etsch, Seidegewinnung.

9) **Königreich Dalmatien**, so groß wie der Regierungs-Bezirk Stettin, ein schmales, 50 M. langes Felsen- und Insel-land, mit wenig Acker und Wald. Die an der Küste gelegenen Städte nähren sich zum Teil durch Fischerei und Handel und haben italienische Bevölkerung ($^1/_8$); die übrigen sind Serben.

Hauptstadt Zara, (spr. Sara), 20.900 E., am Meere. — Spalato, 12.200 E., mit großen römischen Ruinen, Handelsstadt. — Ragusa, 5300 E., ehemals eine Republik. — Cattaro, 2000 E., Handelsstadt an der Grenze von Montenegro.

§ 386 (332). 10) **Königreich Böhmen**, fast so groß wie Brandenburg nebst dem Regierungs-Bezirk Stettin, zerfällt in 13 nach Städten benannte Kreise. Es ist ein von der Natur reich begabtes Land mit industriösen Bewohnern, das eigentliche Fabrikland Österreichs. $^2/_5$ sind Acker, $^1/_4$ ist Wald. Die Zahl der großen Güter ist bedeutend. Obstbau, Jagd und Teich-fischerei sind ausgezeichnet. Es hat einen großen Reichtum an Steinkohlen, Blei und Eisen. Unter den verschiedenen blühenden Fabrikzweigen sind die von Tuch, Leinwand und Glas zu nennen. $^3/_5$ der Bewohner sind Tschechen, $^2/_5$ Deutsche.

Prag, 189.900 E., Moldau, mit einer ansehnlichen Brücke. Auf der Hradschin genannten Höhe steht das Schloß und der Dom. Die älteste deutsche Universität. Es ist Mittelpunkt der Fabrikation und des Handels. Prag gewährt, wie Salzburg, eins der schönsten Städtebilder. — Reichen-berg, 22.400 E., Neiße, großartige Tuchfabrikation. — Nördlich Fried-land, 4500 E., am Riesengebirge, Wallensteins Besitzung. — Leitmeritz, 10.000 E., Elbe, Obstbau. — Festung Eger, 13.400 E., Eger. — Festung Josephstadt, 2600 E., und Königgrätz, 5500 E., Elbe. — Budweis, 17.400 E., Moldau. — Bedeutend sind für die Flachsspinnerei Trau-tenau (die größten Spinnereien Deutschlands), für Leinenfabrikation Rum-burg und Schönlinde, für die Glasfabrikation Gablonz und Haida;

als Bergwerksorte Kuttenberg, 12.800 E., Pschibram, 9300 E., Pilsen, 23.700 E., Joachimsthal, 5300 E., im Erzgebirge (die hier geprägten Silberstücke hießen Joachimsthaler oder kurzweg Thaler) u. s. w. — Berühmte Heilquellen haben Teplitz oder Töplitz, 11.600 E.; Bilin, 4300 E.; Karlsbad, 7300 E., am Tepl; südlicher Marienbad; Franzensbad bei Eger u. s. w. — Berühmte Schlachtorte sind: Kolin, 9200 E., Elbe (1757); Czaslau (bei Chotusitz 1742), 6000 E.; Lobositz, 3100 E., Elbe (1756); Kulm und Nollendorf, östlich von Teplitz (1813); Sohr (nicht Sorr), bei Trautenau (1745); Nachod, an der Glatzer Grenze (1866); Sadowa, westlich von Königgrätz (1866).

§ 387 (333). 11) **Markgrafschaft Mähren**, fast so groß wie der Regierungs-Bezirk Potsdam nebst Mecklenburg-Strelitz, ein fruchtbares Ackerland mit sehr gewerbfleißigen Bewohnern, ist in 6 Kreise geteilt. $^7/_{10}$ der Bewohner sind Mähren ꝛc. $^3/_{10}$ Deutsche.

Hauptstadt Brünn, 73.800 E., Zwittawa, wichtige Fabrikstadt. Nahe der Schlachtort Austerlitz. — Iglau, 20.000 E., Iglawa. — Festung Olmütz, 15.200 E., March. — Proßnitz, 15.800 E., Rumza. — Sternberg, 13.500 E. — Kremsier, 9900 E., March.

12) **Herzogtum Schlesien**, so groß wie der Regierungs-Bezirk Minden. Die Hälfte der Bewohner sind Deutsche, die Hälfte Polen und Mährer.

Troppau, 20.300 E., Mora, und Jägerndorf, 8100 E., Oppa, gehören dem Fürsten von Liechtenstein. — Teschen, 9800 E., Olsa, gehört dem Erzherzog Albrecht. — Dorf Gräfenberg, Kaltwasser-Heil-Anstalt.

§ 388 (334). 13) **Das Königreich Galizien nebst Lodomerien, und das Großherzogtum Krakau nebst den Herzogtümern Auschwitz und Zator**, so groß wie Bayern nebst Sachsen-Koburg-Gotha. Es zerfällt in West-Galizien (mit Krakau) und Ost-Galizien (mit Lemberg). Es hat seinen Namen von dem im 14. Jahrhundert zu Polen gehörenden Fürstentum Halicz am Dnjestr. Der von Ruthenen oder Rotreußen bewohnte östliche Teil hat von den am Bug gelegenen Orte Wlodimir den Namen Lodomerien erhalten.

Krakau, 50.000 E., Weichsel, Universität; Residenzburg der alten polnischen Könige und Gräber derselben. Lebhafter Handel. Nahe der 40 m. h. Grabhügel Kosciuszkos. — Nahe Wieliczka, 5000 E., eins der bedeutendsten Steinsalz-Bergwerke. — Lemberg, 87.100 E., Peltew, eine der schönsten Städte Österreichs; ansehnlicher Handel. — Brody, 19.000 E. ($^2/_3$ Juden), an der russischen Grenze, der regste Handelsort. — Tarnopol, 20.100 E., Sered; Handel.

14) **Herzogtum Bukowina**, d. h. Rotbuchenwald, etwas größer als die Regierungsbezirke Köln und Koblenz, gehörte noch vor 90 Jahren zur Türkei. Mehr als die Hälfte des

Landes ist Wald und Weide. Nahe die Hälfte der Bewohner sind Ruthenen, fast die Hälfte Rumänen.

Czernowitz (spr. Tschernowitz), 34.000 E., Pruth, Handelsort, Universität.

§ 389 (335). 15) **Das Königreich Ungarn**, etwa $^2/_3$ von Preußen, ein überaus reich begabtes Land von großer Zukunft. $^4/_9$ der Bevölkerung sind Magyaren (spr. Madiaren), $^1/_7$ bis $^1/_6$ Slovaken, $^1/_8$ bis $^1/_7$ Deutsche, $^1/_8$ bis $^1/_7$ Rumänen, $^1/_{20}$ Kroaten und Serben, $^1/_{25}$ Ruthenen; außerdem Juden, Zigeuner, Slovenen, Bulgaren, Armenier, Griechen. Über die Hälfte der Bewohner sind römische Katholiken, fast $^1/_4$ Protestanten. — 40,5% des Bodens sind Ackerland, 27% Wald, 16% sind unproductiv. Der Viehstand ist sehr groß, namentlich die Zahl der Pferde und der Rinder, so daß die Hälfte des ganzen österreichischen Viehstandes auf Ungarn kommt. — Zu Ungarn gehört auch das früher selbständige Großfürstentum **Siebenbürgen**, so groß wie die Provinz Brandenburg nebst dem Königreich Sachsen. Die Bewohner sind zu $^3/_5$ Rumänen, fast $^1/_3$ Ungarn, zu denen auch die an der Ostgrenze wohnenden Szekler gehören, und Sachsen $^1/_{10}$, welche im 12. Jahrhundert hier eingewandert sind.

Distrikt diesseit der Donau. Preßburg, 46.500 E., Donau. — **Budapest**, 270.476 E., Hauptstadt, an der Donau. Es besteht aus Ofen oder Buda, Festung auf einem Berge links, und Pest. Eine Kettenbrücke führt zum gegenüber gelegenen Pest, der größten und industriösesten Stadt, mit prächtigen Palästen, reicher Universität. Versammlungsort der Kammern, Messen. Buda gewinnt viel Wein. — **Gran**, 8800 E., Donau, Sitz des Primas, erzbischöflicher Palast, die schönste Kirche des Landes. — **Kecskemet** (spr. Ketschkemet), 41.200 E., in der Sandsteppe, eine wichtige magyarische Stadt; vielleicht war es Attilas Hauptsitz. — **Kremnitz**, 8400 E., prägt die ungarischen Dukaten. — **Schemnitz**, 14.000 E., die reichsten Gold- und Silber-Bergwerke. — **Neusatz**, 19.100 E., Donaubrücke nach dem gegenüber liegenden Peterwardein. — **Maria-Theresiopol**, 56.300 E.

Distrikt jenseit der Donau. Festung Komorn, 12.300 E., Donau, auf der Insel Schütt. — **Ödenburg**, 21.100 E., Wein. — **Raab**, 20.000 E., Raab. — **Stuhlweißenburg**, 22.700 E., im SW. von Ofen, ehemals Krönungs- und Begräbnißort der Könige. — **Mohacs** (spr. Mohatsch), 12.100 E., Donau. Schlacht 1687. — **Szigetvar** (spr. Ssigethvar), 4700 E., ehemals Festung, von Zriny vertheidigt 1566.

Distrikt diesseit der Theiß. Kaschau, 21.700 E., an der Hernad, Hauptstadt von Ober-Ungarn. — **Tokaj**, 5000 E., Theiß, berühmter Wein. — **Munkacs** (spr. Munkatsch), 8600 E., mit festem Bergschlosse. **Erlau**, 19.100 E., Erlau, Wein. — In der von deutschen Sachsen bewohnten Grafschaft Zips im SO. des Tatra-Gebirges ist **Neudorf**, 6700 E., der blühendste Ort, und **Käsmark**, 4000 E., am Poprad, ein Handelsplatz.

Distrikt jenseit der Theiß, einschließlich der ehemaligen Wojwodschaft (d. h. Herzogtum) Serbien und dem Temescher Banat (d. h. Herrschaft) Großwardein, 28.700 E., Körösch, eine alte, merkwürdige Stadt. — Szegedin (spr. Ssegedin), 70.200 E., Theiß, Festung, Handelsstadt. — Debrezen (spr. Debrezen), 46.100 E., im O. von Pest in einer Sandheide, eine echte Magyarenstadt oder vielmehr ein Haufen von Dörfern mit kotigen Straßen. Viel Industrie und Handel. — Temesvar (spr. Temeschwar), 32.200 E., Temesch, die schönste Stadt Ungarns. — Mehadia, 2000 E., berühmte Bäder. — Orschowa, 1200 E., Donau, Festung.

Siebenbürgens Städte: Hermannstadt, 19.000 E., Cibin, Hauptstadt des Sachsenlandes. — Klausenburg, 26.400 E., Ssamosch, befestigte Hauptstadt. Universität. — Festung Karlsburg, 7900 E., Marosch. — Kronstadt, 28.000 E., nahe der Südgrenze, Handelsstadt. — Gewaltige Salzbergwerke und Gold- und Silber-Bergwerke.

§ 390 (336). 16) **Königreich Kroatien und Slavonien**, etwa so groß wie Württemberg, zwischen Drau und Save, meist Kroaten, 1/8 Serben.

Agram, 20.000 E., Save, Hauptstadt Kroatiens, Universität. — Esseg, 17.200 E., Drau, Hauptstadt Slavoniens.

17) **Fiume**, mit selbständiger Verwaltung, 17.900 E., am Quarnero-Golfe, prächtig gebauter Freihafen.

Die **Militärgrenze**, der 85 Meilen lange, südliche Grenzstrich gegen die türkischen Länder, etwas kleiner als Württemberg nebst Baden. 4/5 der Bewohner sind Kroaten und Serben, 1/7 Deutsche, 1/8 Wlachen ꝛc. Sie zerfiel in eine kroatisch-slavonische und eine serbisch-banatische Militärgrenze. Alle waffenfähigen Bewohner, etwa 100.000, sind zugleich Soldaten und Ackerbauer; immer nach 14 Tagen ist jeder auf eine Woche Soldat; alle Grenzposten stehen durch Patrouillen mit einander in Verbindung. Der Zweck war ursprünglich, Einfällen der Türken zuvorzukommen und das Eindringen der Pest abzuhalten. Dieser Landesteil ist jetzt aufgelöst und den Nachbarländern Ungarn und Kroatien hinzugefügt.

Peterwardein, 4000 E., starke Felsen-Festung a. d. Donau. — Karlowicz, 4400 E., Donau. — Semlin, 8900 E., Donau, Save-Mündung, Belgrad gegenüber. — Zengg, 3500 E., Freihafen am Adriatischen Meere.

www.ingramcontent.com/pod-product-compliance
Lightning Source LLC
Chambersburg PA
CBHW031741230426
43669CB00007B/438